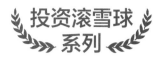

投资滚雪球
系列

股票投资

入门、进阶与实战

朱孜　王俊龙　著

U0275153

清华大学出版社

北京

图书在版编目 (CIP) 数据

股票投资入门、进阶与实战 / 朱孜 , 王俊龙著 . —北京：清华大学出版社，2021.11（2022.2重印）
（投资滚雪球系列）
ISBN 978-7-302-59441-3

Ⅰ . ①股… Ⅱ . ①朱… ②王… Ⅲ . ①股票投资－基本知识 Ⅳ . ① F830.91

中国版本图书馆 CIP 数据核字 (2021) 第 216682 号

责任编辑：顾　强
装帧设计：方加青
责任校对：宋玉莲
责任印制：杨　艳

出版发行：清华大学出版社
　　　　　网　　　址：http://www.tup.com.cn，http://www.wqbook.com
　　　　　地　　　址：北京清华大学学研大厦 A 座　　　　　邮　　编：100084
　　　　　社 总 机：010-62770175　　　　　邮　　购：010-62786544
　　　　　投稿与读者服务：010-62776969，c-service@tup.tsinghua.edu.cn
　　　　　质 量 反 馈：010-62772015，zhiliang@tup.tsinghua.edu.cn
印 装 者：三河市天利华印刷装订有限公司
经　　销：全国新华书店
开　　本：185mm×260mm　　　印　　张：24.75　　　字　　数：478 千字
版　　次：2022 年 1 月第 1 版　　　印　　次：2022 年 2 月第 2 次印刷
定　　价：118.00 元

产品编号：088502-01

谨以此书献给希望通过学习穿越牛熊的股票投资者

推荐语

本书是作者多年来驰骋资本市场的实践心得，融理念与实操于一体，全面深刻地回答了股民关心且疑惑的宏观分析、行业分析、财报分析、技术分析等基本问题，彰显了作者敏锐的洞察力，是一部不可多得的股市实操指南。对股民入门炒股、走出投资误区和提升实操能力大有裨益！

——原中信银行私人银行部总经理　李国峰

从思路上看，这是本炒股百科全书；从操作上看，这是本可直接使用的炒股手册。只要严格遵循作者所讲，无论把股票当作生财之道、提升之门还是发展之路，你都必有收获！

——西南财经大学财商研究中心执行主任　潘席龙

学习投资应该由浅入深，这本书通过一个又一个的实际案例，让小白明白投资市场的真相，也让资深理财师看到，浩瀚的投资海洋竟有着如此迷人的知识宝藏。

——中国金融理财师大赛专家评委、中欧工商管理学院客座教授　阮震宇

本书不是一本纯粹讲战法的炒股秘籍，它结合了作者本人在股市中征伐多年的经历和感悟，或许能够给初入股市或进入股市多年、遭遇瓶颈的投资者一些帮助。股市是一个综合体，作者看到了这点，看到了股市与人生大道之间的关系，真是难能可贵。

——原《第一财经》主持人、复旦求是学院客座教授、《极简缠论》作者　张晓峰

本书通俗易懂，它深入浅出地帮读者建立了很多基础性的概念，描述了很多基础性的知识，列出了很多基础性的工具，确实书如其名，非常适合股市投资者入门与进阶。

——《长期投资制胜之道：抓住牛市，跨越熊市》作者、雪球大 V　徐志

在一众股市大咖里，朱玸是难得的用大白话讲专业、用方法论教赚钱的一位。作者从自身的炒股实践出发，给小白炒股打开了一扇大门，比那些空谈理论的"专家"对普通人更具价值。

——公众号"小波思基"主编　波姐

看懂股票，学会投资，愿此书成为您财富增值的明灯！

——知名基金投研专家、《韭菜理财经》作者　丰兴东

作者引经据典、深入浅出地写作此书，尤为难得的是还结合了市场实例，于我而言实在是一本不错的股票投资科普大作。

——公众号"啃金融"主编　啃哥

本书堪称"A 股投资大全"，很适合新手股民搭建系统性的投资框架。与理论性的教科书不一样，这本书的内容更贴合市场，并且穿插故事和实际案例，风格活泼并易于理解。

——公众号"小白读财经"主编　谢天斌

散户在股市中常处于劣势地位，本书就是为散户而作，难得的是在保证专业的同时又做到通俗易懂，每一位散户读完后应该都会有所收获。

——公众号"MoneyKing"主编　钱大

炒股就像跳舞，踏准节奏才能获得收益！《股票投资入门、进阶与实战》是一本让小白快速找准自己投资节奏的"秘籍"，它的很多知识点都是从实战而来，帮助大家拨雾寻道，值得一读！

——公众号"菜鸟理财"主编　洪佳彪

|自|序|
股票投资的三重价值

因工作的原因，2012 年我刚上班便开始关注股市，但仅限于小打小闹。真正认真投身于这片"战场"，拿出近三年的工资入市厮杀，是在 2014 年 11 月。那是 2015 年"疯牛"的前夜，当时也是在周围同事和朋友的影响下，闻到了"牛"味，并由此拉开炒股之路的序幕。

七年的时光，经历了 2014—2015 年大牛市和随后的股灾、2017 年的"价值牛"、2018 年的"结构熊"和 2019 年的"科技牛"。2020 年在新冠肺炎疫情冲击下，更是随阴晴不定的 A 股翩翩起舞，不长的炒股生涯竟也经历了两轮完整的牛熊周期。

七年间，从"小白"成长为职业投资者，经历过多次大涨大跌，账户净值起起落落后，曾无数次思考过炒股的意义究竟是什么。在与"韭菜"股民、牛散、基金经理等各色股市参与者深入交流后，同时也结合自己的投资经历，我发现股票投资的意义对不同人或不同投资阶段而言，都不尽相同。

一、股票投资的第一层意义——生财之术

炒股的第一要义，是赚钱。每个股民入市都是为赚钱而来，这是股票投资最现实的一层意义。那么，股票真能帮大家赚到钱吗？

中国的投资圈一直有"风险投资／私募股权投资→期货→股票→偏股型基金→偏债型基金→保险→存款"这一条"鄙视链"，潜在风险越往后越低，可能获得的收益也逐个降低。

对于芸芸众生而言，一级市场的风险投资、创业投资基金、股权私募基金可望而不可即，也无法承受动辄本金全无的极高风险。

期货投资在入场门槛、保证金交易和强制平仓等方面对初级投资者也同样极不友好。

2020年3月，原油价格狂跌逾50%，比水还"便宜"的原油价格吸引了大批"投资者"的目光。但期货高额的入场费把大多数投资者拒之门外，此时低门槛、100%保证金的中行"原油宝"引起了一大批"抄底者"的关注。4月，原油价格持续下跌，一度跌到20美元以下，不少人叫嚣着"原油跌无可跌"，借助"原油宝"冲入原油市场。

4月21日凌晨，我们见证了历史——WTI原油5月期货合约首次出现负值结算价-37.63美元/桶！而中行也在22日发公告确认，WTI原油5月期货合约CME官方结算价-37.63美元/桶为有效价格，并发布了具体的结算价格。

这个被确认的结算价，意味着众多通过原油宝抄底的投资者亏得一塌糊涂：如果按照中行原油宝4月20日22时停止客户交易时的11.7美元报价抄底，第二天不仅保证金赔完，还要倒欠银行三倍的保证金！

一个没杠杆的期货产品都能让投资者一夜间倾家荡产，更何况大多数期货本身都是带着杠杆的。作为一个普通的投资者，既没有内幕信息，也没有高超技术，想要在零和博弈的期货上战胜包括专业投资者在内的其他人，何其艰难！

至于保险，在我看来保险就应当姓"保"——它的保障价值很有存在的必要，但太多投资连结型保险在销售时被吹得天花乱坠，实际收益又往往低得可怜。

最后是存款。存款是中国人的优良传统，储蓄率即便在近几年不断下降的情况下，目前依然保持在46%的高位。

在上班的头一年里，我认真执行过流行至今的"十二存单法"，自我感觉也的确不错。但在考虑过近十年的通货膨胀后，我发现了一个残酷的事实——以本人当时那点工资（每个月15 000元不吃不喝全存上），靠像老一辈们那样老老实实在银行存钱吃利息，想买上北京的房子需要30年左右。也就是打工一辈子，才能在退休那会儿买上房！

而股票呢？

我做了测算，买入大家认为一年到头也涨不了一点的国有银行股（建行股）并坚定持有十年（分红再投入），收益曲线如图0-1所示。

也就是说，买银行股比存钱在银行划算得多得多！这还是建行，如果是投资成长性更好的招行会是怎样的呢？

假设2004年初，投资者跟风花10万元买入上市一年半股价稳定的招商银行，当时股价是10.88元，一个月后股价涨到了当年的最高点——12.66元，之后开始长达两年的震荡下跌。

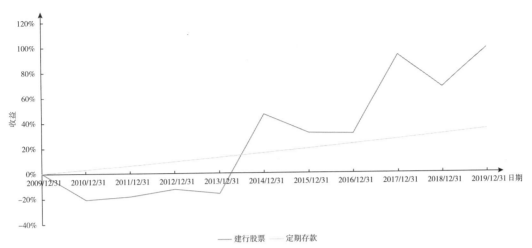

图 0-1　2010—2019 年建行股票与定期存款收益对比

假设投资者从买入后便长持不动，无论是 2015 年到达过的 5.86 元，还是 2017 年到达过的 46.33 元，既没有底部抄底补仓，也没有高点逃顶。仅在每年分红到账的当天继续"无脑"买入（交易税费按 0.1% 算），以及在配股首日卖出配股所需金额的股票，用于配股。

将相关数据输入表格后，结果如表 0-1 所示。

表 0-1　2004—2019 年招商银行投资收益推演

公告日期	分红方案（每 10 股）			配股方案（每 10 股）		收盘价	红利	增加股数	持股数	市值
	送股（股）	转增（股）	派息（元）	配股股数	配股价格					
2004-01-02						10.88			9191	99 998
2004-05-11		2	0.92			8.94	846	1933	11 124	99 446
2005-06-20		5	1.1			6.19	1224	5759	16 883	104 506
2006-02-24		0.8589				7.07	0	1450	18 333	129 615
2006-06-16			0.8			7.16	1467	205	18 538	132 730
2006-09-21			1.8			9.63	3337	346	18 884	181 852
2007-07-04			1.2			23.93	2266	95	18 978	454 155
2008-07-28			2.8			24.74	5314	215	19 193	474 836
2009-07-03	3		1			18.59	1919	5861	25 054	465 756
2010-03-05				1.3	8.85	16.12	0	1469	26 523	427 551
2010-07-01			2.1			12.81	5570	434	26 957	345 324
2011-06-10			2.9			12.78	7818	611	27 568	352 325
2012-06-07			4.2			11.25	11 579	1028	28 597	321 713
2013-06-13			6.3			12.32	18 016	1461	30 058	370 309

续表

| 公告日期 | 分红方案（每10股） | | | 配股方案（每10股） | | 收盘价 | 红利 | 增加股数 | 持股数 | 市值 |
	送股（股）	转增（股）	派息（元）	配股股数	配股价格					
2013-08-28				1.74	9.29	10.66	0	672	30 730	327 579
2014-07-11			6.2			9.69	19 052	1964	32 694	316 804
2015-07-03			6.7			17.61	21 905	1243	33 937	597 623
2016-07-13			6.9			17.05	23 416	1372	35 309	602 011
2017-06-14			7.4			21.30	26 128	1225	36 534	778 175
2018-07-12			8.4			26.04	30 689	1177	37 711	982 005
2019-07-12			9.4			35.40	35 449	1000	38 712	1 370 396

截至 2019 年 7 月 12 日，该投资者持有招商银行 38 712 股，按照当日收盘价 35.40 元算，市值 137 万，年化收益率 18.4%。

就算是和大家认为增值最快的房产相比，股票的收益也毫不逊色。我们用北京西城区近十年的房价涨幅和格力电器的股价作个对比，如图 0-2 所示。

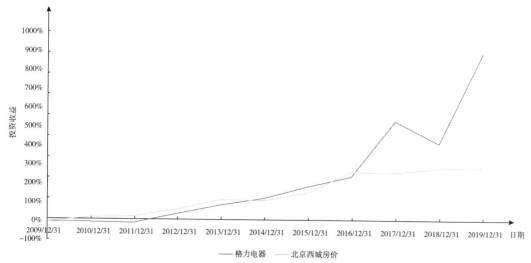

图 0-2　2010—2019 年北京西城房价与格力电器股票投资收益对比

优秀的股票长期持有下来和价格涨势最高的北上广深房产相比也毫不逊色，那为什么人们却觉得投资房产的收益更加稳定呢？这是因为房价短期波动相对较小，投资额也相对较大，不容易做短线交易；而股价短期波动较大，投资者总想高抛低吸赚更多钱，结果往往是一通追涨杀跌后，收益反倒不如长持。

所以对于普通人而言，选择优质股并坚持长期持有，获得的收益绝不逊于其他投资。

这并非我的独家发现——杰里米·西格尔曾在《股市长线法宝》一书中，对美国 1802—2002 年两百年间，持有股票、债券、黄金、美元等各类资产的表现做过统计，从结果看，200 年间，一个充分分散的股票投资组合的年平均真实收益率为 6.6%，这意味着每十年股票组合的价值就翻一番。固定收益投资的真实平均收益率与之相比则大为逊色：长期债券的年平均收益率为 3.6%，而短期债券的年平均收益率只有 2.7%。黄金的年平均收益率只有 0.7%。从长期看，黄金的投资收益率一直高于通货膨胀率，但只是略高一点。而美元现金，自 1802 年以来，购买力平均每年下跌 1.4%，200 年后的美元购买力仅是最初的 5%！

最后得出的结论是，股票远远跑赢其他各类资产！

究其原因，在于股票并不单单是一纸凭证，它的背后是融入经济浪潮中的一个个实体企业。人类文明不断进步，科学技术不断创新，各行各业实体经济高速发展，股权投资实际就是在最直接地分享经济发展的果实，这一优势是其他投资工具都不具备的。这点对 19、20 世纪的美国适用，对现在的中国同样适用。

二、股票投资的第二层意义——提升之门

依靠中国资本市场的茁壮成长，公募基金发展 21 年来整体年化平均收益超 17%。稳健的基金投资当然也能帮你赚钱，但那是委托专家投资，个人能力难以得到提高。对我而言，是股市帮我打开了一扇通往全新世界的大门。

我本科和研究生学的都是法律，和经济金融沾边的可能就是经济法、金融法、证券法等照本宣科的法律课程。所以在跨专业进入金融行业后，很长一段时间都感到力不从心，甚至看一些稍有深度的财经杂志都吃力。但在炒股后，在"赚钱"这一原始动机的驱动下，我开始"从入门到精通"，逐步掌握了各种专业经济词汇和金融知识，这对了解国内外经济形势发展、吃透财经热点事件及其影响都大有助益，对本职工作也起到了相当的促进作用。

但这还仅是浅层次的"能力提升"。股票投资无时无刻不在考验人性，能极大地锻炼心性和心智。从拒绝短线追涨杀跌的诱惑，到面对某个小道消息时一笑了之不为所动，再到当英国脱欧、中美贸易摩擦、新冠肺炎疫情等黑天鹅事件来临时保持冷静，乃至在暴跌、熔断、股灾中淡定自若，这一出出股市悲喜剧，不正是对自身性格和修养的锤炼吗？

另外，股票投资还有利于跟外界的互动和交流。一方面，投资某只个股能让我们尝试去了解一个行业或一家公司，这是在日常工作和学习中难以去主动碰触的；另一方面，投资还能让我们和股友之间建立起深刻的、如战友般的友情。线上有股友群，天南地北的人们通过电脑和手机为同一个目标而畅谈；线下有各种聚会，平

时还有距离感的人们一聊起彼此熟悉的资本市场，顿时拉近了距离。本人就是在炒股后，特别是创建"小潴创投"公众号后，结识了太多的投资界好友——有粉丝，有专业投资者，有职业经理人，也有曾经高不可攀的领导。因缘而聚，没有等级没有隔阂，只因我们志同道合。

这一层意义带给我们的快乐是单纯的"赚钱"所达不到的。

三、股票投资的第三层意义——生存之道

对专业投资者而言，股票投资的第三层意义是生存之道。

专业投资者看问题做事情的视角都会和普通人有所不同：不管是重大投资还是生活琐事都更讲逻辑，不凭情感喜好随性出手。判断事物都更辩证，面对各式各样的"突发事件"都更从容，从股票投资中养成的很多习惯，渗入了生活中的点点滴滴。

此外，不同于一般人炒股只是为了打发时间、赚点小钱，专业投资者在选择以投资为生之后，不论是作为散户，还是作为私募或公募基金经理替人投资理财，都注定从此要保持高度自律——太多的专业人士，明明比一般人有钱得多，依然极度勤奋。第一时间阅读和解读财务报告，实地考察与调研上市公司，与投资者、客户、粉丝保持密切沟通，撰写研究报告，盯盘，交易，等等。外人看来光鲜亮丽，但个中辛苦冷暖自知。

即便辛苦，也是值得，谁让股票投资是真爱呢？

四、感悟与祝福

王国维先生曾在《人间词话》中写到对人生三重境界的感悟："古今成大事业、大学问者，必经过三种境界。'昨夜西风凋碧树，独上高楼，望尽天涯路'，此第一境界；'衣带渐宽终不悔，为伊消得人憔悴'，此第二境界；'众里寻他千百度，蓦然回首，那人却在，灯火阑珊处'，此第三境界。"

炒股的三层价值也好似王国维先生体悟的三重境界。从一开始懵懂地仅为赚钱改善生活而来，到此后发现打开了通往美丽新世界的大门，最后经过多轮牛熊市检验的佼佼者，真正靠股票投资实现了财富自由，或者走上职业投资之路。

本书为小白而作，小白可以由此入门，逐步成长为"大咖"。在由"术"至"道"的蜕变中，你会发现，炒股带给每一个人人生的改变远不止"赚钱"那么简单。

祝福读者，在股票投资的路上，在追求财富自由的路上，早日找到属于自己的"灯火阑珊处"。

目 录

第一章 理 念

第二章 基 础

第三章　宏　观　经　济

第四章　行　　业

第五章　财　　报

第六章　估　　值

第七章 技 术

第八章　消　息

第九章 实 战

后 记

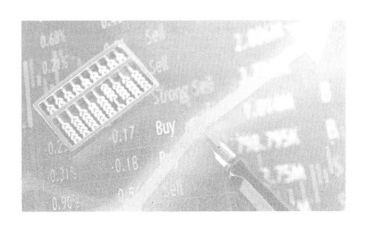

第 一 章

理 念

第一节 | 股市并非零和博弈

不少人对股市总有一种刻板印象：这是个投机倒把的"脏地方"，"韭菜"是被割了一茬又一茬；股票市场是零和游戏，散户的钱都被机构、庄家和游资给赚了。这经常会被出于各种目的用来"劝诫"股民：或因为在股市投资中失意，或对炒股天然抱有偏见，或是想推销其他金融产品。总之，就是想告诉你股市和赌场无异：一个人的盈利必然建立在另一个人的亏损之上，一个人赚钱的快乐也必然建立在另一个人赔钱的痛苦之上。

如果这一论点成立，万千股民、金融机构、上市公司从事的只是一场尔虞我诈、钩心斗角、不创造任何价值的牌九游戏，但事实果真如此吗？

一、短线交易是"负和"游戏

"零和博弈"是博弈论（Game Theory）中的一个经典概念，意指参与博弈的各方，在残酷竞争下，一方的收益必然意味着另一方的损失，博弈各方的收益和损失相加总和永远为0。

如果仅将股票投资狭隘地定义为短线交易，把某只股票视为竞价商品，当多空双方今天买入明天卖出，只是围绕着一天内或某几天的股价曲线做买卖拉锯动作时，股市的确只是一个投机倒把的场所。将这样的"炒股"（"炒"字的确传神）贬斥为"击鼓传花"没毛病，说是"庞氏骗局"也不为过，甚至连零和交易都称不上——买卖过程要收取印花税，券商和交易所还要收取各类佣金和费用，如表1-1所示。

表1-1 上海、深圳证券交易所各类交易税费对比

证交所 费用类型	上海证券交易所		深圳证券交易所	
	A股	B股	A股	B股
佣金	不超过成交金额的0.3%，起点5元	不超过成交金额的0.3%，起点1美元	不超过成交金额的0.3%，起点5元	不超过成交金额的0.3%，起点5港元

续表

证交所 费用类型	上海证券交易所		深圳证券交易所	
	A 股	B 股	A 股	B 股
过户费 （B股为结算费）	成交面额的 0.06% （双向）	成交金额的 0.05%	无	无
印花税	成交金额的 0.1% （出让方单边缴纳）	成交金额的 0.1% （出让方单边缴纳）	成交金额的 0.1% （出让方单边缴纳）	成交金额的 0.1% （出让方单边缴纳）
经手费 （包含在佣金中，交易所收取）	成交金额的 0.0087% （双向）	成交金额的 0.026% （双向）	成交金额的 0.0147% （双向）	成交金额的 0.030% （双向）
证管费 （包含在佣金中，深交所称监管费，证监会收取）	成交金额的 0.004% （双向）	成交金额的 0.004% （双向）	成交金额的 0.004% （双向）	成交金额的 0.004% （双向）

所以，对短线交易者而言，炒股连零和交易都算不上，而是标准的"负和"游戏——随着交易次数的增多，买卖双方都可能沦为输家，稳赚不赔的只有税收部门、交易所和券商。2020 年全国证券交易印花税高达 1774 亿元，40 家上市券商仅经纪业务收入一项便达 1140.34 亿元！这和长期押大小的赌棍下注次数越多押错概率越大，只有抽水的赌场稳定赢利是一个道理，也是股谚"七亏二平一赚"的根本原因。

二、长线投资能实现共赢

但如果把眼界放广阔，眼光放长远，从"投资"的视角看股市，我们会发现这其实是一个充满正能量的"正和博弈"市场——博弈的双方或多方利益都有所增加，整个社会的利益均得到提升。

于国家而言，最大的意义显然不在于那几千亿元的印花税。股市不但是经济的"晴雨表"，更是资源的"定价器"和经济的"发动机"。充分发挥股市的资源配置功能，募集社会闲散资金推动经济发展，以此促进产权体系改革和经济体制改革，才是管理层推动发展多层次资本市场体系的战略意义。近年来，A 股国际化趋势明显，MSCI（明晟）和富时罗素等指数纷纷加大 A 股的纳入比例，更是股市扩大利用外资渠道的功能体现。

于企业而言，通过首次公开募股（IPO）直接融资的长期成本远低于间接融资（银行贷款），募集的资金在持续经营期内可长期使用且不必支付固定利息，充分保证公司生产经营的资金需求。此后还能通过股权质押、定向增发等手段提升筹资能力。此外，上市成为公众持股公司，接受监管机构、中小股东和公众的监督，将有助于提高公司治理水平，提升公司社会形象。从 20 世纪 90 年代上海交易所开业之初的"老八股"，到现在近 4000 家上市公司，30 年间有无数企业借助 A 股跻身国内行业龙头，有些甚至成为世界巨头。

于股民，股票投资（而不是投机）同样是典型的正和博弈。

股市零和博弈论者犯的是类似刻舟求剑的机械主义错误，他们将股票视为静态的商品，却忽视了股票背后企业的生命力，也就是股票代表的权益会随时间而变化。

举一个简单的例子。

假想一个简化的股票市场，无交易税费，无分红。

小猪开的包子铺准备上市，以每股 10 元的价格首次公开发售 10 股股票，小龙购得其中 1 股。之后几年间，小龙手中的股票发生了以下流动：

小龙以 15 元的价格将该股票卖给了小马；

小马以 8 元的价格将该股票卖给了小牛；

最终小牛以 20 元的价格将该股票卖给了小兔。

整个过程中：

小猪包子铺售出 1 股股票获得 10 元；

小龙获利：15-10=5 元；

小马亏损：15-8=7 元；

小牛获利：20-8=12 元；

小兔付出：20 元购得 1 股股票。

小龙、小马、小牛共计获利：5-7+12=10 元。

从结果看，持股人以外的市场参与者总收益，等于当前持股人持股价与发行价价差。但这就结束了吗？并没有。

回到例子中：

在发行股票的前一刻，小猪包子铺共有净资产 100 元。包子铺成功融资后获得了更快的发展。多年后，在小兔持有股票时，小猪包子铺净资产已经达到 10 000 元，而 1 股股票是公司股份的 10%，也就是价值 1000 元。

股票背后的价值是随企业兴衰而增减的，整个投资过程还是简单的零和游戏吗？

那股民在股票市场中赚 / 赔的钱从何而来？我们常说的股票市场创造财富，股灾中经常被媒体渲染的"万亿市值蒸发"又是怎么回事？

再以一个故事为例：

小猪尝到包子铺 IPO 的甜头，又开了间烤肉店并再次运作上市。

上市后小猪烤肉店的所有资产是 10 000 元，发行 100 股，每股 100 元。其中小猪作为大股东留了 40 股，剩下 60 股卖给了左邻右舍。小猪承诺每年只要赚钱，就把净利润的 50% 分给大家——也就是分红。

企业上市的时候，其全部资产的定价就是由其股票的总市值决定的。这个市值之后会随着市场的定价不断变动，可能高于其原本的账面价值也可能低于其账面，这也就是常说的"高估"或"低估"。

上市后，正值盛夏，生意特别好。会计小鸡一算，看这架势，小猪烤肉店今年能赚 4 万元，明年分红的时候一股能分 400 元。

小鸡把这个消息告诉了小马，小马又告诉了小龙。口口相传后，大家都知道了小猪烤肉店明年每股能分 400 元。

这时候小兔一想，这一股光分红都 400 元，我手里才 5 股太少了，我得再买点。但大家都不傻，100 元一股肯定买不来，于是小兔以 350 元一股的价钱收购小猪烤肉店股票。

小龙觉得烤肉店生意好是因为夏天，等到冬天就不行了，年底肯定赚不了 4 万元，最多赚 3 万元。这时一听有人 350 元收股票，果断卖给了小兔。

其他人一看这一股能卖 350 元啊，那我的股票也值 350 元。此时所有人都觉得自己的股票值 350 元。

此时小猪烤肉店的市值就是 35 000 元。

在股票市场上也是如此，由于人们的认知不同，对一家企业的估值也不同（当然有一部分投机交易者不是对企业估值，而只是对"股价"定价），当有其他交易者的报价超过自己的心理价位时就会卖出，这便达成了交易。而剩余的未交易股份，由已交易股份的成交价定价，也就产生了账面上的"市值提升"。这只是纸上富贵，在落袋之前都只是"浮盈"。

一个月后，道路改造，烤肉店生意很差，不仅赚不到钱，还得去银行借钱改造店面布局。

会计小鸡说，完了，今年烤肉店别说赚 4 万元了，可能最后赚不到钱还要赔本。

人们一听慌了，趁着距离年底有时间，赶紧卖股票哇！可是大家都知道烤肉店赚不到钱，而且因为赔钱现在还欠银行2000元，卖350元一股根本没人要，100元一股都没人买。

只能继续压价，直到80元才卖出去。

这时候每股股票只值80元，小猪烤肉店的市值变成8000元。

股票市场上，投资者常常会因为一些中短期的"利空"因素而抛售股票，进而导致股价下跌，企业的市值也就下降了，这部分少掉的市值就是所谓的"市值蒸发"。但事实上，钱并没有消失，而只是由于少数交易者带来的市场定价，进而市场对整个公司的资产进行了重新定价。

两个月后，道路修好，改造后的店面吸引了更多的人，到年底不仅还上了银行贷款，还额外赚了6000元。此外，每股还分红60元，店铺净资产也达到了13 000元，新的邻居们都愿意用130元一股甚至更高的价格购买股票。

当"利空"过后，那些由于恐慌交易而"低估"的股价会逐渐恢复，而被"蒸发"的市值就又回来了。

现实中的每家上市企业都不过是大一点的"包子铺"或"烤肉店"。对于价值投资者而言，股市是一个正和博弈的场所。他们关注的是估值而不是单纯的股价，更注重价格与价值之间的偏离情况，以及公司未来的成长空间。当优质白马龙头股的股价明显低于合理估值时，价值投资者就会择机介入，当估值存在泡沫时则会卖出。这一部分赚的同样是买卖价差的钱，但和频繁押大小赌博式的交易行为有本质区别。

此外，长期经营稳定的上市公司净利润正向增长趋势明显，每年会给股东相应的现金或股票分红。1994—2019年，A股累计归母净利润26万亿元，分红9万亿元，分红比例约35%，上市以来分红总金额大于融资额度的优秀公司超过200家！这是长期投资者享受的中国经济发展，各行业长足进步和持股企业稳健成长的红利，也是价值投资的意义所在。

综上，股市于国于家、于公于私都有其重要价值，绝不是简单的零和博弈。它可以是"负和"也可以是"正和"，关键在于抱有何种投资理念，以何种方式参与。《诗经》有云："投我以木桃，报之以琼瑶。"股市最大的魅力在于选择自由——你可以选择短线投机并因此担惊受怕、患得患失，也可以选择价值投资，畅享祖国经济发展的红利。前者可能会双输，而后者绝对能达成共赢。当选择了后者，下次有人再来耳边以"零和博弈"劝你"戒股"时，便可以自信满满地把这人怼回去！

| 第二节 | **稳健致富需树立资产配置理念（上）**

近年来，金融市场改革不断深化，2015 年《存款保险条例》明确存款保险实行限额偿付，2018 年资管新规打破刚兑，银行存款、理财和信托等过去稳稳的刚性兑付品种不再旱涝保收。而在历经 2015 年股灾、2016 年四季度债券市场暴跌和贯穿 2018 全年的熊市和 P2P 集中爆雷后，越来越多的投资者意识到没有任何一种资产可以高枕无忧。

笔者也经常劝一些狂热的股民不要把全部身家押在股票上，而应该牢牢树立起资产配置的理念：股票只是各大类资产中的一部分，要想稳健致富，需要依靠配置在各类市场环境中表现不一的资产，实现平滑风险、"东边不亮西边亮"的效果。

过去很长一段时间里，普通人可投资品种匮乏。除了存款、理财和买房，似乎钱并没有其他太好的去处。如图 1-1 所示，和发达国家相比，我们在房产和存款上的配置比例明显过高。而在房地产进入滞涨周期，世界各国不断降息齐步迈入负利率时代的背景下，这样的配置结构显然不利于对抗通胀。

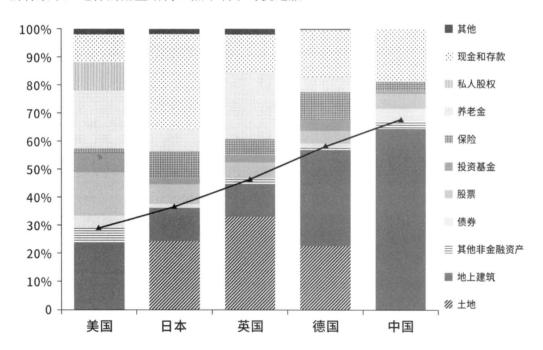

资料来源：中金公司研报。

图 1-1　2019 年各国居民资产配置结构

随着金融创新步伐的加快，2012 年股指期货诞生，2013 年推出第一只黄金 ETF 和 QDII 海外债基，股指期权于 2015 年面市，各商业银行的纸黄金、纸原油等产品也相继问世，普通投资者已经具备了跨市场甚至是跨国挑选投资品种进行资产配置的条件，如图 1-2 所示。

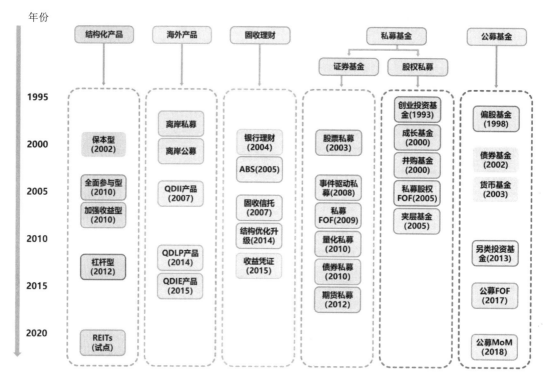

资料来源：中金公司研报。

图 1-2　中国财富管理主要产品图谱

一、资产配置理论简介

稍有些投资经验的朋友，应该都听过"不要把鸡蛋放在同一个篮子"这句话。它由 1981 年诺贝尔经济学奖得主詹姆斯·托宾提出，因通俗易懂而被视为资产配置理论的代表性金句，成为妇孺皆知的投资信条。

资产配置理论肇始于美国经济学家哈里·马克维茨在 1952 年提出的均值方差模型，后经夏普、林特纳等经济学家，以及桥水、美林甚至美联储等机构的完善和优化，完成了"均值方差→风险评价→经济周期＋大类资产配置（典型的当属美林投资时钟模型，如图 1-3 所示）→多项大类资产搭配策略"的过渡。

各类投资模型很复杂，深入研究是教授和专业机构的事儿。作为新入市的理财小白，只需要树立分散投资的基本意识，明白资产配置不过是利用不同资产间的风险差异，降低整体风险，从而降低投资组合波动，达到稳健致富的目标即可。

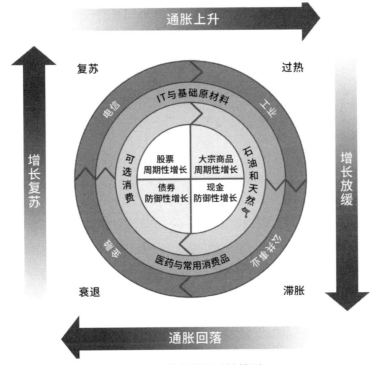

图 1-3　美林投资时钟模型

还得提醒注意，托宾教授"不要把鸡蛋放在同一个篮子"经典之语的后半句是"但也不要放在太多的篮子里"。很多投资者虽然嘴上挂着资产配置和分散投资，但在行动中却没能真正理解资产配置理念。前几年 P2P 集中爆雷那会儿，有这样一个心酸故事广为流传：

小王学会了分散投资，不把鸡蛋装在一个篮子里。所以聪明的小王把资金分散放到了不同的 P2P 平台：投×家、银×网、唐小×、联×……结果现在所有维权群里都能看到小王的身影。而人们对小王的评价是：这的确是遵循了鸡蛋不放在一个篮子里的投资准则，结果发现这些篮子都在一辆破车上，现在车翻了，蛋也碎了一地。

资产配置绝不是让你分散投资同一品种，而是要在各大类资产中进行均衡配置，因为同一品种的资产往往有着较强的相关性，而不同的大类资产的相关性较弱甚至完全相反。

资产配置中所谓的相关性，是指两个投资标的在某段时间区间内的涨跌相似性（或者叫作关联程度）。举个简单的例子：

2018 年股市单边下跌，不同的股票虽然行业和主营业务天差地别，但彼此间依然有着强相关性，几乎都在同步下跌。而此时债市却迎来长牛，信用债价格普涨。在

2018 年里股债"跷跷板效应"十足，如果搭配合理，能起到较好地对抗极端行情的资产配置效果。

所以很多人抱怨资产配置"不灵"，很大一部分原因在于选择的多个篮子属性趋同。本质上是同一个篮子，投资再多的平台，选择再多不同公司的同属性投资品种，以为是在分散投资，却依然逃不过堆积风险！

二、资产配置的基本准则

小白在进行资产配置时，需理解并严格遵守以下四条准则。

一是非法的东西不碰。 "你惦记着别人的利息，别人惦记的是你的本金。"近年来非法集资、P2P 爆雷等案例层出不穷。一些架设在境外的场外配资平台，虚拟炒股、外汇和贵金属投资平台，更是圈走了很多人辛苦攒了多年的积蓄。如果遇到"保本高收益"一类的捡钱美事儿，一定不是馅饼而是陷阱。

二是不懂的东西不碰。 即便是经过监管备案的合法投资品，在没有充分学习和研究前，也不能轻易下手。很多投资者耳根子软，一听别人买了都赚钱，一经亲友或银行、保险工作人员推荐，不分青红皂白就跟着买。多数"原油宝"参与者可能都没想到油价还会有负的时候，本金亏光后甚至还要倒贴（最终因各种原因并未实际倒贴）。还有老人既看不懂产品介绍，也不知晓其底层投的究竟是何种资产、封闭期多长，只看"预期收益率"就一股脑买了几百万元。结果第二年儿子结婚买房要用时，才发现这个产品买入后要锁定三年。

三是安全性、收益性和流动性难以兼得。 有舍方有得，资产配置在很大程度上就是在这个"不可能三角"间追求平衡。典型的例子，活期存款是为了保证资金安全和支用灵活，战略性放弃部分收益；定期理财、信托则是追求相对较高的收益，牺牲了一段时间的流动性，如表 1-2 所示。

表 1-2　各类金融产品合理收益率

产品类型	合理收益率	产品简单分析
货币基金	1.5% ~ 3%	投资大额存单、债券等，流动性好，安全性高
银行智能存款	1.35% ~ 4.5%	受银行存款保险制度的保护，50 万元内，100% 兑付
银行理财产品	3% ~ 4%	大部分安全性较好，但有的理财是非保本产品
纯债型债券基金	3% ~ 6%	投资各种债券，如国债、企业债等，安全性高
P2P	5% ~ 8%	信用风险大，别碰

产品类型	合理收益率	产品简单分析
定投偏债型基金	5% ~ 10%	定投这些基金产品，中长期定投年化收益一般 10%
定投指数基金		
定投股票型基金	（-30%）~ 30%	定投股票型基金，A 股超额收益明显，年化能有 10% 以上
股票	（-50%）~ 50%	股市波动大，情绪也容易崩溃，容易上瘾，高风险
期货、现货、外汇、虚拟币等	可能血本无归	一般投资者压根做不来，最好别碰

四是风险应与自身相匹配。要诚实面对自己的风险偏好，当面对不同的收益诱惑时，应主动选择自己有能力承担风险的品种。牛市时股票和偏股型基金可能会带给你较高收益，但熊市时损失本金的风险你能否接受？股权私募、天使创投等可以助你一夜暴富，但最后若血本无归你能否做到坦然面对？这些都是你在投资前需要思考的问题。

第三节 稳健致富需树立资产配置理念（下）

很多男生爱踢足球，也应该都玩过 SEGA 公司制作的一款名为《足球经理》的经典游戏。资产配置并没有那么高深玄妙，和职业经理人经营球队有相似之处。

像按禀赋和能力挑选球员，分配前锋、中场、后卫和守门员一样，按各大类资产属性不同将资产分为进攻型、稳定型和防守型资产。

在赛前准备阶段，根据比赛的性质（职业联赛、锦标赛或国际比赛）、重要程度和对手强弱等因素确定赛事目标，在进行财务规划和资产配置前，也应该有的放矢地明确自己到底想要什么，最后希望的综合收益究竟是多少。

最后，职业经理人和教练会在正式比赛前，拟定是用偏进攻的 433、343 阵型，还是用偏防守的 541、532 阵型迎敌作战。制订资产配置计划，则是根据具体的理财目标配置不同比例的各类资产。

一、主要资产分类

（一）进攻型资产

进攻型资产好比球队中英姿飒爽的前锋，主要职责是攻城略地、射门得分。所以进攻型资产大多是牺牲较多安全性和流动性来提高收益的产品，按照风险由大到小排序，主要包括：原油和商品期货、VC/PE 等一级市场股权投资、股票和偏股型基金等。

因投资门槛和难易程度等原因，大部分普通人会选择股票来负责进攻。前文细细列举过股票之"美"，如果你是一位资深股民，有自己的投资逻辑和独到眼光，过往数年的战绩还不错，股票的确堪当"首发先锋"。但一支球队即便强如巴西，如果排出 10-0-0 的阵容，连守门员都不要了，球门也难逃被对方球队频繁洞穿的命运。

（二）稳定型资产

稳定型资产就是齐达内般老成持重的中场球员，进可前冲，退可防守。这类资产在牺牲部分流动性和小部分安全性的基础上尽可能提升收益，按照风险由大到小排序，主要包括：基金定投、信托、债券型基金、公募类 REITs、理财、国债等。

没错，大家认为的有钱人专属的高收益"保本"产品——信托，竟然是稳定型资产中风险仅次于基金定投的产品。2020 年 5 月 27 日，停牌多日的安信信托发了一则公告：本公司大股东的股份被上海市公安局冻结。而早在停牌前，该股股价已从 59元跌到 2 元。数据显示，安信信托已有价值 300 多亿元的产品逾期。

（三）防守型资产

足球是 11 个人的游戏，好的球队离不开优秀的后卫和守门员，资产配置不可能少了防守型资产。这类资产可以保证遭逢疾病、失业、天灾人祸等巨变时，幸福的家庭不会因措手不及而丢盔弃甲。按照收益由高到低排序，防守型资产主要包括定期存款、货币基金或现金管理类理财、活期存款、外汇、黄金和保险等。

它们像守门员般机警而值得信任——创造收益能力不强，却在风险降临时发挥重要作用，以确保家庭资产安全着陆。其中的黄金更是属于零息资产，本身没办法生息，却有较高的避险属性，这种避险属性能在经济、政治环境突发重大变化时起到缓冲作用。同样是避险资产的美元和日元等，则可以在经济环境缺乏流动性时发挥作用，且安全性优于黄金。而保险从某种角度来说是负息资产，通过牺牲收益率和流动性来降低遭遇风险后的损失。

不同球队有不同风格，巴西队灵动浪漫，德国队细腻严谨，同一名球员也会因运动生涯的高潮和低谷而表现差异极大；而不同类型的资产在宏观环境和经济周期的变化下也有各自的高光时刻。

这也是资产配置的另一魅力所在：即便在进攻型资产萎靡的年份，也可能由于稳定型资产进入相对强势期，自己的资产组合会获得不错的收益。

二、资产配置的目标

资产配置目标应该与人生各阶段的所得和所需相结合，建议按所处的年龄层（生命周期）确定自己的资产配置目标，可分为三个时期。

（一）青年时期

踏入社会，开始赚工资的年轻人要学习自己打理资产。此时没有财富积累，每月结余也有限，却有"初生牛犊不怕虎"般的好奇心。学习如何理财的兴趣较浓，通常风险偏好也比较高，可以通过基金定投这种形式每月进行投资。指数类基金是一个比较好的选择，可以理解为强制储蓄，建议初学者设置一个止盈目标位。假如没有时间了解基金类产品，可以选择货币基金、债权类基金以及年金类保险，以季度、年度为单位进行强制储蓄。如果极度保守，定期存款和国债就是更适合的投资工具。很多学生初入大学就开启了财富之旅，建议通过债券型基金进行配置，可以兼顾流动性和安全性需求。

（二）中年时期

事业渐入佳境后，收入增多，也相对稳定。但在上有老下有小的压力下，要维持一定水准的生活水平，需要在做好风险防控的前提下加大投资力度。该阶段可以将相对较多的资产放在股票、基金等权益型产品中，同时也要设置一些周期较长的"目标投资"，为未来的退休生活作准备。具体可以选择那些长期风险低、收益稳健的产品，如养老目标FOF、专项基金定投和股债均衡的混合基金等。同时，为了抗衡风险，有必要配置部分重疾险和意外险。

这个阶段，利用自己青年时期积累的知识和经验，均衡配置进攻型和稳定型资产，并开始逐渐增加保险等防守型资产。

（三）老年时期

赚钱已不再是第一要务，而应该享受承欢膝下的美好时光，并收获一生资产配置的成果。此阶段的消费需求逐渐减少，在资金安排上比较规律，尽量避免做股权、期货、股票和偏股型基金等高风险投资，可以选择中长期的固收类产品，同时可选择护理险、意外险等保障类保险产品作为老年的风险保障补偿。有些老年人考虑比较多的还有财富传承问题，这一目标可通过配置黄金、家族信托、终身寿险和保险金信托等实现。

对于这个时期的人群，自身的资产要以防守型和稳定型资产为主，其中保守型资

产的结构也以流动性为首要考虑因素。

概言之，年轻人要进击，中年人要创富，老年人要守财。资产配置的目的不是单纯创造尽可能多的财富，而是要综合运用各种手段，对财富、生活乃至人生进行规划，从而让自己持续稳定地享受高品质生活，更从容地应对可能遇到的风险。

三、各类人群的资产配比建议

每个人处在不同的生命阶段，资产量级、风险承受能力和开支习惯也各异，很难有一套放之四海而皆准的资产配置方案。但无论资产如何配置，须始终围绕一个目标：满足日常生活所需之后，在自身所能承受的最大风险下，尽可能提高资产组合收益。以下分类基本能涵盖平时关注财富规划问题较多的各类人群。

（一）职场新人

这类人有着"后浪"的锐气，特点是收入和积蓄有限，但因一人吃饱全家不饿，风险承受能力较强。各类资产具体配比建议如图 1-4 所示：60% 进攻型资产 +30% 稳定型资产 +10% 防守型资产。

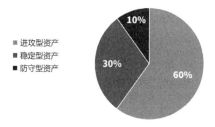

图 1-4　职场新人核心资产配置比例

年轻就是资本，职场新人的核心资产配置可围绕"勇于尝试，积累经验"主题进行。将 60% 的资金投入股票或权益基金中，感受市场的残酷，在不断的成功和失败中积累经验，为未来的大额投资打下地基；再将 30% 的资金投入偏债基金或进行基金定投，切身感受市场冷暖和经济周期对不同资产的影响，同时发挥基金定投强制储蓄的特性为自己的人生积累财富；最后剩余 10% 的资金主要投资于货币型资产，一方面满足自己的日常消费，另一方面则用于提升自己的"硬件"——考证书、看书，学习各种技能。

（二）中产"夹心层"

"夹心层"人群的特点是在单位已有一定资历，但又还没站上领导岗位；家中上有老下有小，家庭开支压力较大。增加收入、防范未知风险和为未来谋划是"夹心层"群体资产配置的核心需求。各类资产具体配比建议如图 1-5 所示：40% 进攻型资产 + 40% 稳定型资产 +20% 防守型资产。

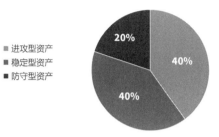

图 1-5　中产"夹心层"核心资产配置比例

正如其名，上有老下有小的"夹心层"是最喘不过气的一个群体，推荐的资产配置玩法是"左手防守，右手进攻"。用大约 20% 的家庭资产配置现金类资产和家庭保险，剩下的 80% 资产均衡地配置在进攻和稳定型资产中。其中 40% 的进攻型资产要以股票和权益基金为主，40% 的防守型资产均衡地配置在基金定投、债券型、"固收 +"或理财等产品中。

所谓"固收 +"，是指通过主投较低风险的债券等固定收益类资产构建一定的基础收益，同时辅以小部分权益资产来增强收益的基金，这部分增强收益的方式可以是通过打新、定增、投资可转债或者二级市场股票等形式。在标准的基金分类中并没有所谓的"固收 +"基金，"固收 +"更多的是一个营销概念。但由于采取债券固收类为主、权益为辅投资策略的产品普遍回撤都较小，客户体验好，于是人们就用"固收 +"代指采取这种投资策略、回撤较小的基金。

值得注意的是，此阶段无论是进攻型资产还是稳定型资产，在投资周期和期限上都要开始逐渐拉长。股票要以优质公司为主，只用小部分资产参与热点炒作，基金以长期绩优稳定的主动管理基金为主。而稳定型资产，为未来养老、子女教育等特定目标设置的"专款账户"采用基金定投、偏债基金等波动较大的形式配置，迫在眉睫的短期目标则尽量以理财、中短债等收益确定性高的产品为主。

现金类资产以 6 ~ 12 个月日常生活所需的现金量为主，保险则以"保大不保小，保重不保轻"的原则配置。优先保障极端的情况，如重疾险和意外险，优先保障家庭中作为主要经济来源的成员。另外需要注意，保险就要购买纯粹的保障性产品，不要选择那些把保障、投资、保值混为一谈的产品。冠以各类花名的万能险、分红险、投连险等产品失去了保险的初心，且真实性价比并不如所宣传的那么高。

（三）全职美太太

这类人群的特点是有钱且有闲，缺少基本的投资知识却又总想"赚大钱"。这种心理可能和她们想向家人证明自己虽退出职场但依然有能力存在一定关系。各类资产具体配比建议如图 1-6 所示：50% 进攻型资产 +30% 稳定型资产 +20% 防守型资产。

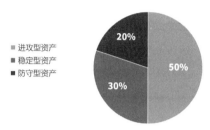

图 1-6　全职美太太核心资产配置比例

最适合全职美太太的资产配置玩法是"稳稳的幸福"。将资产中的 30% 投资于绩优稳定的基金，20% 甚至更少的资金投资于股票。把较多的资金投资于基金是为了充分借助基金经理的专业知识和投研能力，在牛市中帮自己抓住更多的热点，在熊市中减少进攻型资产的损失。如果是浸淫股市却依然难以实现正收益的老股民，建议不要再炒股，而是通过偏股型基金实现"曲线救国"。

除了进攻型资产，"美太太"们还要用 30% 的资产均衡配置理财、债基等稳定型资产或定投基金，让自己的资产组合更加稳定。如果本身对风险比较厌恶的话，还可配置一定比例（不超过 10%）的黄金，提高资产组合的保值性和安全性。

最后一定要将 20% 的资产留作 6 ～ 12 个月的日常生活金，还要给在外辛苦赚钱的丈夫配置一份"爱的保障"——保险。

（四）有钱老板

老板的特点是见识广、收入高，对资本市场有一定认识且风险承受能力强。但因发展事业奇缺时间，经常还有急需的大额资金缺口出现，所以资产配置时要保证充足的流动性，进攻型资金可以往长持方向摆布。各类资产的具体配比建议如图 1-7 所示：40% 进攻型资产 +20% 稳定型资产 +40% 防守型资产。

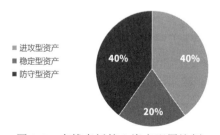

图 1-7　有钱老板核心资产配置比例

老板们首先可以拿出 40% 的资金配置大额存单、活期存款和货币基金等高流动性产品以备不时之需，同时要为自己这根家庭顶梁柱购买保险以提高家庭保障。

剩下的资产中，将 40% 左右的资金投资于进攻型资产，可以选择基金或者值得长持的好股，毕竟老板们都是大忙人，并没有太多工夫花费在短线炒作上。

稳定型资产以稳健的债券型基金和长期理财为主，建议少有时间管理账户的老板们减少指数基金定投的参与度，因为指数基金波动不小，不能及时止盈止损的话，很容易频繁坐过山车。

近年来，定投指数基金这种"傻瓜式"的投资形式在财经媒体和财经博主的宣传下火爆"出圈"。但它其实并不像很多人臆想的那样，只要无脑坚持就能坐等收益。这里以某只已经发行超 10 年的挂钩沪深 300 的指数基金定投为例，假设从 2016 年开始每月定投 1000 元，截至 2020 年 6 月，收益情况如表 1-3 所示。

表 1-3　定投沪深 300 指数基金收益情况

日期	期数	累计收益率	日期	期数	累计收益率	日期	期数	累计收益率	日期	期数	累计收益率
2016-01-04	1	0.00%	2017-03-01	15	7.50%	2018-05-02	29	8.97%	2019-07-01	43	15.67%
2016-02-01	2	-7.79%	2017-04-05	16	8.40%	2018-06-01	30	9.02%	2019-08-01	44	12.63%
2016-03-01	3	-4.59%	2017-05-02	17	5.81%	2018-07-02	31	-0.08%	2019-09-02	45	13.82%
2016-04-01	4	3.41%	2017-06-01	18	7.67%	2018-08-01	32	1.82%	2019-10-08	46	13.26%
2016-05-03	5	2.65%	2017-07-03	19	12.08%	2018-09-03	33	-1.52%	2019-11-01	47	16.08%
2016-06-01	6	1.10%	2017-08-01	20	15.64%	2018-10-08	34	-2.25%	2019-12-02	48	12.56%
2016-07-01	7	1.38%	2017-09-01	21	16.70%	2018-11-01	35	-5.22%	2020-01-02	49	20.88%
2016-08-01	8	2.72%	2017-10-09	22	17.47%	2018-12-03	36	-2.82%	2020-02-03	50	7.90%
2016-09-01	9	6.01%	2017-11-01	23	19.83%	2019-01-02	37	-10.75%	2020-03-02	51	18.16%
2016-10-10	10	5.23%	2017-12-01	24	19.00%	2019-02-01	38	-2.86%	2020-04-01	52	6.98%
2016-11-01	11	6.75%	2018-01-02	25	20.36%	2019-03-01	39	10.87%	2020-05-06	53	13.93%
2016-12-01	12	11.92%	2018-02-01	26	23.79%	2019-04-01	40	16.63%	2020-06-01	54	14.93%
2017-01-03	13	4.92%	2018-03-01	27	17.68%	2019-05-06	41	8.38%			
2017-02-03	14	5.21%	2018-04-02	28	12.70%	2019-06-03	42	6.88%			

可以看到，定投开始后收益率逐渐增加，在 2018 年 2 月时定投收益率达到了 23.79%。但之后随着市场走弱定投收益率开始下降，到 2019 年 1 月收益率最低为 -10.75%。之后在 2020 年初再次回到 20%，而到 2020 年 6 月，收益率再次回到了 15% 左右。出现这种现象，是由我国股市牛短熊长，指数数年间仅做宽幅震荡，未能走出真正的长牛慢牛导致的。如果选择波动性更大的中证 500，收益"过山车"现象更明显，如图 1-8 所示。

图 1-8　某中证 500 指数基金累计收益率波动统计

所以指数定投建议采用适时止盈再定投的策略，即当收益达到目标收益后进行止盈，通过加大定投金额再投资来让收益最大化。

（五）退休族

该群体的特点是收入下滑但空暇增多，风险承受能力也开始降低。应围绕低风险、低波动和高流动性等关键词展开资产配置，各类资产的具体配比建议如图 1-9 所示：20% 进攻型资产 +50% 稳定型资产 +30% 防守型资产。

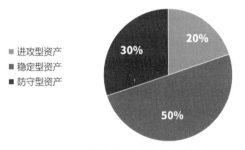

图 1-9　退休族核心资产配置比例

退休族最合适的资产配置玩法是"固收＋"，此"固收＋"并非前文所说的"固收＋"产品，而是采用与其相似的配置思路。

首先将资产中的30%用于配置流动性现金类资产，以备不时之需（看病、住院等）。

然后用剩下 70% 的资金建立一个"固收＋"组合——20% 的股票或基金等进攻型资产加上 50% 的理财、债基、国债等稳定型固收资产。这样即便出现极端的市场情况，股票、基金大亏 40%，依靠固收类资产的稳定收益，也能把整个资产配置的损失降到 5% 以内。只有如此，退休族才能既参与股市，又不至于大亏时身心俱疲，毕竟身体是革命的本钱。

最后，建议所有初学者，无论何种人群，无论处在哪个年龄阶段，在资产配置过程中都要尽可能少用杠杆。很多人期望一夜暴富，利用杠杆炒股、炒房、炒期货，也确有可能在短期内博得极高收益。但只要遇到一轮单边下跌、一次"黑天鹅"、失业，甚至是意外，美梦都可能像彩色泡泡般随时破裂。

之所以建议采用资产配置的方法进行投资，就是尽量降低风险，让资产稳健增值——先保障基本生活，再保证良好的子女教育、提高养老生活质量和应对重大危机。在满足以上种种后，才能畅想投资界人人憧憬的那四个字——财务自由。

第四节｜股票组合投资的必要性

唯有经过科学细致的财富规划，将存款、股票、基金和保险等各大类资产组合配置，理财小白才能稳步向财富自由的彼岸进军。而具体到股票投资中，尤其是新入市的股民，同样应该以组合的形式进行投资，才能避免股海触礁，成为"七亏二赚一平"中赚钱的那一小部分人。

一、组合投资是平衡收益和风险的艺术

很多"过来人"会劝告新入市的小白，买股票不如买基金。这是根据亲身经历发出的善意提醒：自己在股市里追涨杀跌、瞎捣鼓股票的效果，往往远不如将资金委托给专业人士打理。但是这些人却很少反思，是何种原因造成了"炒股不如买基"的局面？

除了基金经理的投资能力和基金公司投研团队的研究实力支撑外，一般人投资基金更赚钱，最重要的原因无非两个：一是持有时间比股票更长，也就是常说的"少折腾"；二是本篇要讲的主题——基金本身就是实践现代组合投资理论，平衡了收益和风险的杰出发明。

股票与其他投资品种一样，也是有风险的，其风险程度较存款、理财等防守型品种更大。股票投资的风险既包括市场整体下跌的系统性风险，还包括行业、个股的各类黑天鹅事件。

以图片版权龙头——视觉中国为例：

2018 年大盘单边下跌，沪指从 1 月 29 日的最高点下跌超 30%。而作为正版图片领域占据半壁江山的王者，同期的视觉中国却逆势上涨 12%，很能体现质优抗跌的白马气质。但在 2019 年 4 月上旬，视觉中国爆出黑洞照片滥用版权的黑天鹅事件，被全网讨伐，群起而攻之，三个交易日暴跌 28%。

在这种连续跌停板的闪崩式下跌中，如果满仓或者重仓视觉中国，大幅亏损无法避免。但如果将仓位平均分散到 5 只个股中，即便遭遇黑天鹅，给总资产带来的亏损也不过 5.6%。

多年的实践经验表明，A 股里不是所有公司都能够完全信任，到了熊市更可能会成为连环爆雷的修罗场。即便是调研能力、财务报表分析能力、公司内情动态掌握能力远强于普通股民的专业投资者基金公司，也严格遵循股票组合不得少于 20 个品种，买入每一种证券都有一定比例限制的行业通行规则。也正因为如此，投资风险才能大大降低。

江湖大侠尚且如此，刚入股海的"小鱼小虾"岂不更得谨慎行之？

赌博型选手喜欢孤注一掷的原因，大体是散户钱少，想发财得用狠力，重仓甚至满仓押宝某只个股才能达到快速致富的效果。还有很多人嫌组合投资赚钱太磨叽，温温吞吞不刺激。

但新手最好还是接受"盈亏同源，慢比快好"的事实，太多企图赚快钱的短线、超短线选手每天就是趴在电脑前盯着一条条黄白交杂、红绿斑驳的曲线和 K 线，每天干着"刀口上舔血"的营生。今天一个涨停欢呼雀跃，明天一个跌停又痛不欲生。即便是持股时间更长的波段型选手，全仓一只个股的玩法也会令自己无论涨跌始终处在高度紧张状态。哪怕研究再透彻，对基本面和业绩表现再有信心，也会担负着巨大的心理压力。稍有波动，遇到市场调整或个股震荡洗盘时，这些人很难保持心态的从容平静。而股价一旦拉升，也很容易在上涨初期就被洗出局。

在同等的风险水平下，通过多样化的行业和个股选择，可以平滑股票价格的波动，在一个较长的时期内获得最大收益。2015 年股灾过后的几年间，市场风格经历了多轮变化：股灾后人们意识到价值投资的重要性，蓝筹权重、价值白马受到热烈追捧。此后风格又轮转到成长风格，5G、芯片、新能源等概念轮番登场。热门板块也不断在医药、消费、科技、周期等之间来回切换，并且这种风格转换还有愈演愈烈之势。

那么如何做到气定神闲，而不是在起涨板块之间挑花了眼不知买哪个好？显然通过组合投资，按比例给看好的板块配置权重，再精选其中代表性个股的做法，远远强于追涨杀跌、押宝个股。

二、正确理解集中和分散的辩证统一

在明确组合投资的意义后，持股数量究竟应该集中还是分散，或者说到底该多集中多分散，同样是投资界争论至今的经典话题。

巴菲特对此曾有过经典论述："分散投资是对无知者的保护，对于那些清楚自己在干什么的投资者，分散没有太多意义。"股神不会撒谎，他本人的投资风格也确实经历了由分散到集中的变化——早期他遵循其师格雷厄姆的"捡烟蒂"投资理论，持股分散而多元，在遇到一生挚友查理·芒格后开始深入研究公司基本面，对看好的行业和个股敢于重仓。在伯克希尔·哈撒韦向美国证监会提交的 2020 年四季度持仓报告中，巴菲特提到该公司股票投资总市值 2699 亿美元，前十大重仓股占比超 85%，持仓占比最大的苹果高达 1177 亿美元，占比达 43.62%！而通过持股美银、运通、穆迪、合众等银（投）行和评级机构，金融股总市值占比超过了 23%！（见表 1-4）

表 1-4　2020 年四季度伯克希尔·哈撒韦十大重仓股

十大持仓	占　　比	市值（亿美元）
苹果	43.62%	1177
美国银行	11.35%	306
可口可乐	8.13%	219
美国运通	6.79%	183
卡夫亨氏	4.18%	113
Verizon（威瑞森）	3.19%	86
穆迪	2.65%	71
美国合众银行	2.26%	61
雪佛龙	1.52%	41
德维特	1.40%	38

富可敌国的千亿美金投资于区区 10 家企业，这种集中度自然是惊人的。但大家考虑过没有，在大手笔投资前，伯克希尔的投资决策委员会进行过多少投前调研工作？身为重要股东对其投资公司内部信息和动向的掌握程度，是普通散户可比的吗？

普通投资者都对宏观环境和行业政策变化了解不深，仅凭公开信息和财务报表等分析也无法全面掌握公司实际经营情况，更何况消息闭塞且无数据分析能力的新人。巴菲特在回答投资者提问时也说过，如果不是职业投资者，不追求通过管理资金实现超额收益率的目标，98% ～ 99% 的投资者应该"高度分散"。

但对此我们持保留意见——且不说过度的分散会稀释收益，普通人账户持股数太多容易导致注意力分散，极端事件发生时也不可能管理得过来。分享一个真实案例：

2015 年大牛市时市场情绪一片亢奋，某位股友将积蓄和家中给的买房款通通砸入股市。新手入市如刘姥姥进了大观园般兴奋，对蹭蹭往上涨的股票见一个爱一个，到 5000 点时百万级别的账户中零零散散竟然装了 80 多只股票。结果市场牛熊切换急转直下，千股跌停中卖都卖不出去。直到 5 年后这位牛市中天天数涨停板的"百股大仙"还有不少个股深套，闭口再也不谈股市了。

这当然是极端的例子，但很多落难股民都是几十万元的资金买了二三十只个股，结果绿油油一片十分瘆人，这是散户经常犯的"摆地摊"毛病。人在赚钱的诱惑面前总是容易极端和偏执，除了"摆地摊"，还有一种与其截然相反的典型错误，就是"满仓押宝"，赌某只个股能大涨甚至翻倍，最后却落得深度套牢的悲惨故事也同样不胜枚举。

那究竟持有多少只个股才是合适的？格雷厄姆曾在其著作《聪明的投资者》中，对投资者给出过持股数量最少 10 只，最多 30 只的建议。但我认为 10 ～ 30 只还是略多，职业投资者或基金管理专业人士可以如此配置，我对新人的建议是根据资金体量大小，10 万元以内资金可购置 3 ～ 5 只个股进行组合，百万级别的资金可以适当买多一些，数量控制在 6 ～ 10 只为宜。千万资金？炒股小白不应该拿这么多钱来练手，翻看前两节，先考虑做资产配置吧！

股票组合投资的方法被普遍运用于基金管理中，这其实也是按职业投资者或基金经理的标准严格要求自己。大道至简但却知易行难，新人如果能从一开始就坚持纪律做组合投资，就像为自己的投资王国建成了一道坚固的城墙，看起来平淡无奇却经久耐用。若是没有组合投资分散风险的意识，股票账户就像沙中之塔，再漂亮也难以经受大风大浪的考验，随时可能会因为底盘不稳而坍塌。

本节旨在将分散风险、组合投资的理念植入新股民心中，而具体如何打造符合自己风险偏好，以便更有效率地达成目标收益率的股票组合，将放在本书最后一章中与大家分享。

第五节 | 多数股票或许只适合投机

改革开放后，国人在办企业这件事上的勤奋程度令人叹为观止。国家统计局数据显示，2019 年新登记市场主体 2377 万户，日均新登记企业 2 万户，年末市场主体总数达 1.2 亿户。也就是说，到 2019 年底，全国大中小企业再加上个体工商户，从事生产经营活动的单位一共有 1.2 亿之多！

与之对比的一组数据则是，截至 2019 年 12 月 31 日，沪深两市仅有 3765 家上市公司。数量级上的云泥之别意味着，能从亿万企业中脱颖而出在 A 股公开上市，一定都是各自行业中的翘楚，堪比通过高考的北大清华学生。

上市不容易，上市后前景远大。尤其是对民营企业而言，能从初创后不断发展壮大，最后通过资本运作实现在 A 股上市，经历过的奋斗和艰辛可想而知。上市后接受更严格的监管和更广泛的公众监督，利于优化公司治理结构。利用公开募集的资金和此后的再融资，可更进一步将企业做大做强。这一切看上去很美好，A 股 30 多年来也确实孕育了众多最终走向世界 500 强的伟大企业。但即便如此，对普通投资者而言，当下的不少个股只适合投机（超短线或波段），而不具备长线投资的价值。

一、投资和投机的区别

中国传统文化天然地贬斥"投机倒把"，在人人言必称巴菲特的当下，"投机"自然成为贬义词，短线交易在投资鄙视链中处于较低的位置。但实际上，在英文语境中，投资（investment）本身就有买进买入的含义，投机可以被包括在广义的"投资"一词中；而投机（speculation）有沉思、思索、推测、猜测的语义，本身不带价值判断色彩，更可以理解为是一种经过深思熟虑后，追求交易差价的投资行为。

巴菲特的老师，享有"价值投资之父"美誉的格雷厄姆先生也曾对投机做过带贬义色彩的定义——投资必须满足三个条件：一是以深入分析为基础，二是以确保本金安全为前提，三是获得适当的回报。不满足这些要求的就是投机。

立场决定态度，这样的定义并不符合价值中立原则，而更像"屁股决定脑袋"。投机者就不做深入分析吗？搅动世界金融风云的索罗斯、自称"我是投机人士，始终如一"的科斯托拉尼等人恐怕不会同意；雇用 92 个全职和 1400 个兼职调查员，收集了 25 000 多张小票，进行 10 000 个小时的门店录像，最终出具 89 页做空瑞幸咖啡报告的浑水研究也不会同意。投机者就不在乎本金安全？适当的回报大概是多少？这些都是格雷厄姆无法自圆其说的。

也许正因如此，格老又在《聪明的投资者》一书中重新阐释了投机和投资的区别——他认为，两者之间最大的区别在于其对股市的态度。投机者的主要兴趣在于预测市场波动，并从中获利；投资者的主要兴趣在于按合适的价格购买并长期持有合适的股票。

这样的解释就符合我们的胃口了：**投机和投资只有门派之别，并无高下之分。**每个人可以根据自己的资金大小、知识背景、人生阅历等选择投入哪一个门派。有的人初始资金只有几万块钱，你要他学巴菲特，买个价值股拿一年半载一动不动不太现实；有的人只有初中学历，你要求他学格雷厄姆去测算什么自由现金流，恐怕也不现实；很多高手都经历过由投机到价值投资，再兜兜转转回到投机的路上，都与其投资经历（如价投康得新、康美药业受打击）有关。

股市最大的魅力就是自由，完全可以根据个人情况选择加入不同的门派学习，并在觉得不合适的时候退出。而不必笃信某位大师的"教义"，事实上，格雷厄姆本人也曾在大萧条中因为急于翻本加杠杆抄底，最后遭遇破产。

二、部分股票或许只适合投机的原因

格老所说的"按合适的价格购买合适的股票"并长期持有，当然是美好的。在监管严苛、机构投资者占比更大、市盈率更为合理的美股和港股，以及 A 股的将来，确实存在价值投资的一方沃土。但诚实地说，以 A 股目前的情况，部分个股可能只能以"投机"的态度参与。

第一，A 股牛短熊长，个股经常"坐过山车"。短促的牛市里不分好股、差股，股价都能暴涨。而在漫长的熊市里，很多股将长期下跌。如因追高套牢后自欺欺人骗自己是"价值投资"，始终无法改变"解套思维"，无疑将白白浪费交易机会，极大降低资金效率。

电广传媒成立于 1998 年，背靠素有"电视湘军"之称的湖南广电，是我国最早以传媒业务登陆 A 股的上市公司，号称"中国传媒第一股"。创投界赫赫有名的达晨创投也是其下全资子公司，在 2015 年 3 月还给投资者讲了一出与美国最大独立制片商狮门影业强强合作的"中国好故事"，在牛市中获得众多券商和大 V 的推荐，股价一飞冲天。

但在潮水退去后，无数散户才发现自己在裸泳——从 2015 年 7 月一路跌到 2018 年 10 月，每股股价由 42.97 元跌至 3.69 元方才见底，直到 2021 年，股价依然在 6 块左右徘徊。

这样从"大众情人"最终沦为"底部垃圾"的个股案例不胜其数。这样的企业，无论故事讲得多么冠冕堂皇，无论有多少人物为其背书，值得"长持"吗？看了这样的股价表现，还敢轻易去"长持"那些基本面并不熟悉的企业吗？

第二，"渣男股"太多，雷暴不断。不光是远有蓝田近有獐子岛的造假重灾区农业板块，连以白马股扎堆闻名的医药板块都不乏"渣男股"。以康美药业为例，2018 年初，这只被股民视为"优质资产"的大牛股的股价在资本的推动下扶摇直上，市值直逼 1400 亿元，跻身千亿级医药巨头。但从同年 10 月开始，不断有财务造假的新闻爆出。虽康美极力解释，股价依然持续下跌。2018 年底，康美正式被证监会立案调查，中国医药股史上最大的一宗财务造假案呼之欲出。2019 年 4 月 29 日，随着康美一份《前期会计差错更正》公告，曝光康美药业造假 300 亿元，要知道截至 2019 年 4 月 30 日，康美药业总市值不过才 474.5 亿元。

第三，业绩和股价容易大幅波动的公司也尽量少做长持，突出的代表是有色、化工等周期股。以华友钴业为例，该股从 2018 年的 1 月 2 日至 3 月 15 日，短短两个半月，股价从 80.97 元涨到了 135.8 元，涨幅超 67%。其后震荡下跌，到 2018 年底时股价仅为 26.15 元，跌幅 80%。之后，随着 2019 年的春节行情，它又在两个月内创造急涨 65% 的神话。到 2019 年 7 月下旬，股价又被打回原形，跌幅达 46.8% 之多。之后开始窄幅震荡，到 11 月中旬股价仍在 25 元上下震荡。随后 3 个月，股价达到 58.61 元，涨幅达 136%。短短的两年多内，股价经历过"脚踝斩"，也创造过三个月翻一倍多的股价奇迹。这类股价随主营产品的价格产生巨幅波动，各季度业绩变化极大的个股，长持只会一次次乘坐"过山车"。唯有结合基本面和技术面的变化实行波段操作，才可能赚得钵满盆满。

第四，大量不分红低净资产回报率（ROE）的"铁公鸡"公司股票，不具备长持的逻辑基础。这类企业往往不仅利润质量差，而且盈利能力也很弱。以 2019 年大火的紫鑫药业为例，该企业自 2012 年以来 ROE 就是个位数，上市 13 年仅分红过 4 次，最后一次是 2016 年，其后股价长期在 5～8 元震荡。2019 年借"工业大麻"概念，股价一度冲上 16.56 元，但之后仅一个月不到，股价就直接"腰斩"。此外，该股同样也被怀疑财务造假。长持这类企业的股票不仅赚不到钱，还随时可能面临因财务问题而退市的风险。

看惯了价值投资大师"鸡汤"文的读者，可能会认为此处笔者所表达的观点有点消极。但正是因为 A 股牛短熊长，个股股价容易"坐飞车"，"渣男股"太多导致雷暴不断的特点，才更凸显出好股的稀缺性——寻找优秀企业，特别是在其随市场调整时买入，在股市颠簸时紧握筹码，绝对能帮助我们"穿越牛熊"。

那么，什么样的公司股票才是值得长持的好股呢？

第六节 ｜ 好股长持，静待花开

标题这句话我常挂在嘴边，用来劝慰和安抚一个个明明拿着优质标的，却因股价的一时波动而焦躁不安的人。这句话看似简单，却有四层含义。

一、何为好股

先拉一个"负面投资清单"，将爆出财务造假、业绩急速下滑、实控人或高管层道德品质瑕疵等丑闻的"雷股"，以及行业红利期已过、业绩常年表现不佳、高估值低分红率的"渣股"，股价长期低位徘徊、成交量换手率明显过低、市场人气不足的"底部股"排除，A 股上市公司中能选的标的就没那么多了。

换个角度考虑，"好股"至少要符合以下 5 个标准。

（一）好行业

自古消费、医药出牛股，这些行业与人们的日常生活息息相关，茅台、格力、恒瑞等"名牌好股"已经持续强势多年。在科技创新备受重视的当下，科技行业也不能忽视，这一领域可能会出现引领未来十年的好公司和新白马股。而农业、军工、环境等行业中能持续走强的优质企业较少，和经营不透明、上市部分资产盈利能力弱、单一客户依赖性强、回款能力差等原因相关。石油、煤钢、有色和化工等周期行业则容易受大经济周期和主营品种小周期等因素影响，股价容易急涨急跌、波动太大而不适合长期持有。总的来说，好行业就是指那些国计民生需要、国家政策支持、日常经营可持续发展的行业。

（二）好赛道

在选定大行业后，还可以去挖掘小而美的细分赛道。一个好的赛道，除观察当前规模外，更要深挖其未来潜力及潜在市场。比如近两年，随着我国养宠渗透率和消费水平的双双提升，宠物食品这一赛道逐渐崭露头角，该赛道的两大龙头佩蒂股份、中宠股份近两年也表现不俗。

选好赛道后，还要在赛道中寻觅最好的那几匹马。如何选择？旧赛道选白马，新赛道挑黑马。

旧的赛道经过多年发展，新成员很难再有机会进入。龙头企业经过多年整合，市场份额占比大，经营环境稳定有序，行业话语权强，现金流稳定，每年提供可观的分红。身骑白马可能跑得不是最快的，但一般会较稳。

而新赛道技术创新快，商业模式变革快，经常会出现新人颠覆旧人的现象。这种背景下选择那些跑得非常快的马，更容易在市场份额争夺战中成为赢家，赚取超额收益。但参与黑马博弈需要更加谨慎——冷不丁会有马掉坑里或把腿摔断的情况。

（三）好指标

故事讲得再好，财务指标差劲的公司也不具备投资价值。很多质疑价值投资的人会问，财务造假怎么办？这一问题不可回避，但可以通过持续跟踪财务指标变化，定期检视关键指标勾稽关系，以及合理分配投资占比等办法来解决或优化。此外，选择财务指标比较好的"优等生"至少比去买常年成绩不及格的"差等生"踩雷概率低。

以净资产回报率（ROE）为例，长年 ROE 大于 15% 的企业大多都是我们耳熟能详的好公司，如表 1-5 所示。

表1-5 2016—2020年ROE大于15%的上市公司

万科A	东方生物	振邦智能	艾迪精密	索菲亚	中国中免	玉禾田	新洁能	恒辉安防	兔宝宝	老凤祥	科锐国际	中科软
深圳能源	保利地产	征和工业	海利尔	蒙迈科技	泛微网络	艾可蓝	德业股份	深圳瑞捷	三花智控	陆家嘴	艾德生物	雪龙集团
德赛电池	重庆啤酒	华亚智能	安图生物	金禾实业	新莱特	贝仕达克	力鼎光电	祥源新材	南极电商	海尔电器	森霸传感	长源东谷
华侨城A	联美控股	爱尔眼科	亿嘉和	完美世界	广州酒家	北鼎股份	四方新材	中红医疗	荣盛发展	通策医疗	凯伦股份	丸美股份
美的集团	生益科技	同花顺	宁水集团	金达威	甘李药业	新产业	嵘泰股份	苏文电能	中航光电	水井坊	捷佳伟创	艾华集团
广宇发展	中再资环	信维通信	健友股份	浙江美大	华翔股份	胜蓝股份	华达新材	尤安设计	大华股份	通化东宝	宏达电子	众望布艺
泸州老窖	嘉化能源	中颖电子	三棵树	美亚光电	昭衍新药	美瑞新材	三人行	蕾奥规划	九阳股份	宏发股份	迈为股份	合兴股份
古井贡酒	恒瑞医药	我武生物	大元泵业	国恩股份	汇顶科技	申昊科技	华生科技	创益通	恩华药业	伊利股份	迈瑞医疗	五洲特纸
格力电器	安琪酵母	先导智能	志邦家居	凯莱英	税友股份	美畅股份	起帆电缆	凯淳股份	东方雨虹	宝丰能源	锦浪科技	蒙悦护理
长春高新	万华化学	万泰生物	诚意药业	裕同科技	金牌厨柜	南大环境	健之佳	菘盛股份	奇正藏药	隆基股份	迪普科技	联德股份
韶钢松山	恒力石化	健帆生物	欧派家居	弘亚数控	公牛集团	安克创新	王力安防	利和兴	洋河股份	工业富联	新媒股份	天正电气
承德露露	金地集团	广和通	好太太	视源股份	迎驾贡酒	欧陆通	新亚电子	固德威	海大集团	新城控股	拉卡拉	明新旭腾
五粮液	片仔癀	正海生物	桃李面包	周大生	快克股份	回盛生物	同力日升	科前生物	伟星新材	东航物流	帝尔激光	华康股份
双汇发展	涪陵电力	博迁新材	飞科电器	元隆雅图	景旺电子	海晨股份	罗曼股份	中科星图	海康威视	中国平安	卓能微	浙江自然
海信家电	方大特钢	野马电池	嘉友国际	凌霄泵业	大参林	蒙泰高新	帅丰电器	伟思医疗	涪陵榨菜	北元集团	三只松鼠	味知香
华东医药	贵州茅台	品茗股份	太平鸟	大博医疗	鸿远电子	金春股份	李子园	金博股份	老板电器	中国建筑	中信出版	行动教育
华兰生物	法拉电子	步科股份	元祖股份	中英科技	海天味业	迦南智能	南侨食品	奥泰生物	捷昌驱动	信测标准	华峰测控	口子窖
苏泊尔	济川药业	地铁设计	晨光文具	立方制药	盛剑环境	狄耐克	拱东医疗	杭州柯林	地素时尚	创识科技	凯立新材	奥雅设计
浙江鼎力	稳健医疗	中天精装	呈和科技	盛视科技	松原股份	新钢网络	海泰新光	建霖家居	爱美客	心脉医疗	天能股份	勘设股份
百傲化学	品渥食品		中望软件		火星人	杭可科技	明微电子	吉比特	中宠时尚	洁特生物	伯特利	风语筑
八方股份	特发服务		智洋创新		润阳科技	蓝特光学	蒙娜丽莎	欧普照明	盈趣科技	爱玛科技	华夏航空	中谷物流
森麒麟	雷赛智能				新大正	盈建科	奥美医疗	南凌科技	小熊电器	法本信息	新农股份	伟明环保
竞业达	佳华科技				壹网壹创	亿田智能	三七互娱	朗特智能	百洋股份	共创草坪	正泰电器	万德斯
北摩高科	柏楚电子				珀莱雅	甘源食品	思进智能					

ROE 只是用作简单举例，还有大量财务指标值得投资者关注，如市盈率、自由现金流等，这些会在财报解读和估值等后续章节中详细讲解。

（四）好团队

中国有句老话叫作"兵熊熊一个，将熊熊一窝"，一家优秀的企业离不开优秀的管理团队。

以福耀玻璃为例，2008 年次贷危机叠加房地产市场下行，福耀玻璃被迫关闭浮法玻璃生产线导致业绩大幅衰退，加之 A 股整体转熊，导致股价从 38.49 元跌至 3.6 元附近。但其后管理团队果断收缩战线，关闭建筑用浮法玻璃生产线，全面聚焦汽车玻璃市场，企业经营迅速反转。股价也在 2009 年股市反弹行情中大幅上涨至 15 元左右，短短一年时间股价增长 300%。

除管理能力外，核心成员的道德风险也很重要。2019 年，新城控股由于其当家人的性侵幼女一案，导致股价连续下跌，一度接近腰斩。乐视网、康得新、康美药业等暴雷的企业背后，均不同程度地存在管理层道德问题。

（五）好价格

以上四个是价值投资者均认同的好股必要条件，但除此之外，好企业还得再具备"好价格"这一条件时方能长持其股票。因市场整体表现、经营环境及突发事件的变化，好股同样会发生股价的颠簸，有时调整的周期还会很长。在选股时，除基于财务指标等基本面分析外，还有必要参考技术指标或信号。很多根基不深但对价值投资有"迷之信仰"的选手就经常因为忽视"好价格"而吃亏。

以国内最优质的保险公司中国平安为例。其股价近年来经历两次较大的周线级别的回调，分别发生在 2018 年 1 月与 2019 年 9 月，如图 1-10 所示。

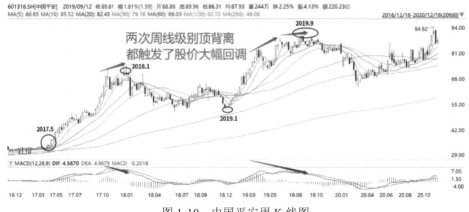

图 1-10　中国平安周 K 线图

时代背景是疯牛结束后经历两年蛰伏，2017 年 A 股迎来"价值投资元年"，中国平安每股股价由 31 元涨超 200%，于 2018 年 1 月见顶时周线级别顶背离明显。此后的调整贯穿全年，直至次年 1 月方才结束。2019 年再从 50 元左右启动接近翻倍，到 9 月份技术图形再次发出顶背离信号后历史再次重演，股价一路回调近 30%。

再看被价值投资者奉为圭臬的市盈率指标走势，如图 1-11 所示。

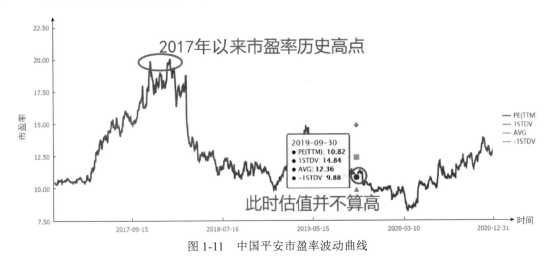

图 1-11　中国平安市盈率波动曲线

两次回调情况不尽相同，2018 年 1 月，平安的市盈率明显超出合理估值范畴，但 2019 年 9 月的估值并不算高。这也提醒我们，如果机械套用估值指标而忽视技术面信号，以之为依据得出的结论及相对应的操作可能会出现偏差。

在技术形态上，笔者偏爱以月线 45 度角上扬的个股，如图 1-12 所示，该图为格力电器的月线图。

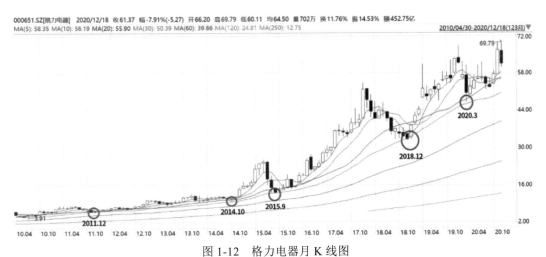

图 1-12　格力电器月 K 线图

这类股长期趋势稳步向上，价格回调抵达 20 或 30 月线时是最好的买入时机。以此为标准,长期牛股格力电器 2010 年以来最佳长持买入点分别出现在 2015 年股灾后、2018 年熊市后以及 2020 年 3 月新冠肺炎疫情期间。你如果感兴趣,或对此还有质疑,可以打开炒股软件,把茅台、平安、招行、美的、万华化学等优质股的 K 线图打开巡视一遍,尽管短线走势千差万别,但月线走势是不是都在神奇地遵循这一规律?

从这个角度讲,那些急涨急跌的题材股和周期股,多数也就被排除在"好股"之外了。

二、"长持"的正确姿势

"长线是金,短线是银"是投资圈人尽皆知的名言,但多数人对"长线持有"的认识不够准确。

首先是对长线的定义认识不准确。和高矮胖瘦一样,长短也是相对概念,每个人对长短线的定义和感知都会不同。一般而言,短线交易一般会在三五天内了结,今天买明天卖的模式可谓之"超短"。要做好短线,必须对热点概念和题材有敏感而准确的把握,技术图形用 5 分钟、15 分钟、30 分钟或日线图来观察和分析。而对企业业绩、基本面的分析则不是必要的——业绩对股价的影响除在季报、年报集中披露期较为明显外,多数时候两者关系有限。

长线则要以时间轴上的"年"来思考问题。巴菲特有句名言:"不想持有 10 年,就不要持有 1 分钟。"这当然可以理解为股神的夸张修辞,但这种坚决的表述是想提醒人们,"长持"是慎重而认真的,对一个企业做出了这个决定,就好比对恋人跪地求婚。而婚姻就应该是永恒而美好的。

也正因是以"年"为期的慎重决定,必须在买入前对投资标的有充分的研究和了解,买入后不必对短期股价涨跌过于在意。

其次,长持并不是一买了之,买完之后就可以高枕无忧。人们常津津乐道于刘元生先生 1988 年买下万科 360 万元的股票,30 年后价值超过 10 亿元的传奇故事,却往往忽视刘先生本来就是企业家,早在 30 年前就和王石有密切的商业往来,对王石及其管理团队有深刻洞察,30 年间也密切跟踪万科生产经营和商业模式变化种种细节。

就连巴菲特自己真正长持的股票也并不多。人非圣贤,股神也会自我纠错——2020 年挥刀斩仓当初信誓旦旦要长期持有的航空股和银行股就是例证(尽管事后看在底部卖出行业龙头可能是不对的)。当宏观环境发生对企业根本不利的变化、护城河被竞争对手攻克、业绩被证伪或转为逐年下滑、市盈率飙涨到明显不合理的程度时,我们都应该对长持逻辑进行干预和修正。

A股存在部分企业账务造假的问题，这要求我们必须对拟长期投资的公司进行密切跟踪和定期检视。如存货、应收账款、周转率和商誉等容易爆雷的指标亮起红灯时，必须第一时间跟进和处理。

所以，价值投资并不简单，价值投资者也并不像人们想象般慵懒和闲散。No pay，no gain，不努力、不勤奋，怎么可能发财致富？

三、如何做到"静"

树欲静而风不止，要在聒噪的股市中保持心境平和是不容易的。无论是牛市熊市，还是起伏不定的震荡市，总有人急着在耳边劝你要修正对某只好股的持有逻辑。

涨得多了，有人会告诉你涨幅太大要止盈；跌多了，特别是其他股都表现不错，而所持个股却纹丝不动甚至还一直跌的时候，自己也会心生动摇。

（一）"静"的前提必须是对个股基本面有深刻的认识

以东方雨虹为例，其连续多年在中国500强房地产开发商首选防水材料品牌榜单中名列榜首，且品牌首选率逐年增加。从其账务报表也可以看出，每逢油价猛跌，其存货就暴增，可以看出其利用自己的资金优势和规模优势，有效地减小成本端对利润的侵蚀。再加上防水材料是大基建里最确定的子行业，与社会固定资产投资密不可分，而东方雨虹是防水材料里最确定的大龙头。只有对其优秀的基本面有充分的认识，才能在2018年股价单边下跌的过程中坚定持有，才能在2019年享受到大幅上涨的红利。

（二）"静"还必须不断提高自己的学习和认知水平

好股估值偏高的问题很多时候会被随后的业绩消化，技术面的顶背离也可能被因估值回归带来的充足买盘而被冲破。

典型的就是白酒股，2012年，受塑化剂和限制三公消费影响，白酒行业进入深度调整期，股价下跌。2015年白酒行业才刚开始复苏，但随着2016—2017年蓝筹白马行情的到来，白酒股价持续上涨，而正处于复苏期的白酒利润增速赶不上股价的增速，这导致白酒行业的估值在2018年初创下历史新高。之后随着2018年熊市的到来，估值较高的白酒行业长期走跌。2019年，趁着"价投"的东风，白酒的股价直线上升，一年内几乎所有的白酒股实现暴涨，白酒行业指数也较2018年初上涨50%。

选好"好股"后必须做到相信自己的判断，然后静心持有。没必要时刻盯盘，稍有风吹草动就急着跑路，实在静不下来的时候就出去走走，避开市场噪声。

四、收获盛开的复利之花

十年前买房的人基本上都赚钱了，为什么？因为大额投资是全家人做出的慎重决定，对地段、小区环境、学区等经过充分调查，买房后还不轻易折腾。很多人拿得住房产，在股票投资中却管不住手，恨不得每个交易日都在不停地买和卖。

电影《夏洛特烦恼》里有一个经典桥段，夏洛让大春买北京二环的房子。几年后夏洛见到大春，大春说："我让我妈在二环边买了两套房子，买的时候两千七（百元），刚过半年就涨到了两千九（百元），我就让我妈把房子全卖了，狠狠地赚了一笔。后来我一看房子涨得太夸张了，我就让我妈劝家里的亲戚把房子全卖了，租房子住，等房子降价了再买回来！"夏洛只能无奈叹道："以后家里的亲戚就别再联系了，能躲就躲躲吧！"

看电影时，我们当它是段子，但这种笑话其实每一天都真实地发生在股民身上——买了优秀且低估的股票，稍微涨一点就卖了。几年后回看，只能面对着错过的分红和资产升值默默流泪。

总有贪心之人嫌好股涨得太慢。即便是神酒茅台，10 年也"只"涨了 7 倍，而有些股票一个月就能涨 7 倍。短期内暴涨的个股，暴涨的原因不同，却多数都有一个共同点——也容易暴跌。稳健而睿智的投资者不愿冒太大的风险去市场搏杀，而是选择耕耘好股，收获浸染过复利魔法后盛开的花。

"复利"的魔力如表 1-6 所示。

表 1-6　初始投资 10 000 元的回报演练

时间＼年收益率	5%	10%	15%	20%	30%
5 年	12 763 元	16 105 元	20 114 元	24 883 元	37 129 元
10 年	16 289 元	25 937 元	40 456 元	61 917 元	137 858 元
20 年	26 533 元	67 275 元	163 665 元	383 376 元	1 900 496 元
30 年	43 219 元	174 494 元	662 118 元	2 373 763 元	26 199 956 元

从表 1-6 中可以看出，初始投资 1 万元，每年保持 20% 的收益率，30 年后资产高达惊人的 237 万！

再来看一下长持 A 股中的好股，近十年的收益如何。简单按财务指标，提取十年净利润增速平均高于 25%、ROE 高于 20%，特殊年份（如 2012 年的白酒）股价回撤不超过 20% 的公司。近 4000 家上市企业中共有 77 家符合标准，再剔除上市不足三年和股价波动异常的，剩下不到 50 只股票，如表 1-7 所示。

表 1-7　长期财务指标优异个股

德赛电池	片仔癀	中来股份	万孚生物	崇达技术	比音勒芬
伊利股份	大华股份	柳药股份	新城控股	汇顶科技	弘亚数控
古井贡酒	恩华药业	龙马环卫	富祥药业	激智科技	英维克
通策医疗	东方雨虹	晨光文具	维宏股份	精测电子	
格力电器	海康威视	浙江鼎力	兆易创新	安车检测	
长春高新	老板电器	先导智能	安图生物	平治信息	
联美控股	我武生物	伟明环保	朗科智能	裕同科技	
贵州茅台	恒华科技	国恩股份	新天然气	开润股份	

注：根据的是截至 2020 年 5 月底的数据。

把这些股票打包成组合，在 2010 年初进行等权重购买，之后每年年初对成分股进行调整，对组合内成分股重新进行等权重划分，最终的结果令人震惊——截至 2020 年 6 月 9 日，累计收益率达 1286.55%，复合年化收益率 27.64%！也就是说拿 10 万元购买，十年后能增值到 128.66 万元！

更神奇的是，达成这能与股神巴菲特争高下的骄人收益，并不需要具备太多的投资学、金融学专业知识，也不用苦学各类秘籍战法，更不必四处打听内幕消息。只需坚定"好股长持"的信念，然后孜孜不倦地执行！

第七节 | 新手股民常犯的错

少时曾喜爱一款名为《传奇》的网络游戏，创建账户选择人物职业后，玩家会赤身裸体地诞生在"新手村"。系统只给玩家发一件布衣、一双布鞋和一把木剑，刚开始，玩家只能在新手村和郊外杀鸡砍鹿，等攒够了经验值和金币后，才能进真正的主城，踏上"传奇大陆"展开冒险之旅。

循序渐进，做与自己经验和能力匹配的事，是天真孩童都懂的道理。但在证券市场中，被赚钱的欲望蒙蔽双眼，冲昏头脑后，很多新手会犯下不少低级错误。需要特别指出的是，这里说的"新手股民"并不以入市时长为限——很多中老年投资者在股海扑腾了大半辈子，本质上还是个"新人"；有的人入市不久，却通过勤奋学习迅速成长，成了把"前浪"拍打在沙滩上的"后浪"。

下文结合很多投资者的真实经历，指出新手股民常犯的几种错误。读者可以对号入座，反省自己是否存在类似的问题。

一、股民常犯的错

（一）毫无准备，仓促上阵

入市的准备应该是多方面的，包括规划资金、储备投资知识、了解目标股基本情况等。很多人以百万级资金买入 ST 股博"摘星"，一问却连"ST"是什么意思都不懂。股市如战场，钱都是辛苦挣来的，不做足功课就仓促入市或盲目买入不熟悉的标的，好比不带武器就上战场，自然容易沦为主力收割的对象。

对新手的建议，是必须学习和掌握必要的投资知识，以当前投资水平能够驾驭的资金（如工薪族不超过三年的年薪）参与市场。这些年我们见过太多未与家人取得共识便斥巨资入市，最后巨亏影响家庭和睦的惨痛案例。在买入标的上，优先选择流动性好、股价表现稳健的蓝筹股、白马股入手。在熟悉股市风格和个股股性后，再考虑买入更为激进的成长股、小盘股。科创板和新三板一类本就有投资年限和资金门槛，即便具备了资格，也要对其抱有敬畏之心，多远观，不要随意"亵玩"。至于美股、港股和股指期货等高阶玩家的战场，新手最好回避。

（二）眼高手低，执迷于"快速致富"

我经常会问前来咨询的投资者一个问题：你期待的年化回报率是多少？最常见的答案是：不用太多，每年百分之二三十吧！要知道，世界上专业和不专业的投资者数不胜数，但能稳定做到这个水平的屈指可数——根据雪球创始人方三文先生在《您厉害，您赚得多》一书中的统计，对冲之王西蒙斯年复合收益率是 35%，股神巴菲特是 20%，在各国金融市场掀起滔天巨浪的索罗斯也是 20%。

他们是什么人？不世出的全球顶级投资大师！作为普通投资者，尤其是刚入市的新手，志存高远很重要，有自信也是好事。但认清现实，制定合理目标才能更好地指导前进的方向。建议先以"不亏钱"为第一目标，能尽可能保证本金安全后，再考虑完成下一层跑赢通胀、跑赢指数等更高难度任务。在绝对数字上，争取达成每年 10% ~ 15% 的收益率，已经能战胜 80% 以上的股民。

盲目追求高收益只会导致短期行为，错误理解复利效应渴望每天一个涨停板更不可取。市面上各种短线打板和龙头战法等"快速致富秘籍"基本上都是忽悠散户之物，短线模式容错率比长线更低，犯错概率比长线更大。不排除有个别短线交易水平高的玩家，但对大众而言，要真正实现财富稳健增值的目标，还是得树立起长线意识和组合投资理念。

（三）勇武有余，谋略不足

这体现在操作上，就是习惯于满仓甚至加杠杆杀进杀出，单独押宝单只个股。有的人喜欢抄底，刚一大跌就心急火燎满仓抄底。结果发现"底"只是一楼，一楼下面还有地下室，有时地下室可能有十八层！有的人喜欢追高，一有什么突发利好，一见拉涨就要跟风追进去打板，多数时候都沦为接盘者。无论哪种玩法，都是稚嫩的表现。

一贯坚持"极少满仓，绝不杠杆"这种看起来不够刺激的资金管理观保护我在2015年股灾中没受太大伤害。在操作手法上，更建议的是在确定看好某个标的后分批建仓。至于是金字塔还是倒金字塔式建仓补仓，要视市场情况和个股属性而定。当然盈亏同源，偏保守的仓位管理哲学和稳健的操作手法在极端牛市中可能进攻性不足，却能在更常见的震荡市特别是熊市中保护新手。

（四）瞻前顾后，犹豫不决

相信不少人都有过"一买就跌，一卖就飞"的难堪经历——刚买入的"牛股"突然转跌，隔日仓皇出逃后又容易拉涨，反而是迟迟舍不得出的股票一路阴跌，最后深套之后又不舍得止损。反过来也是，止盈后的标的继续大涨，以为还能涨没卖的最后又股价从哪儿涨的跌哪儿去，辛苦一场又是坐一轮徒劳无功的"过山车"。这种情况发生多次后，更容易加重股民患得患失，止盈止损都犹豫不决的毛病。

应对方法当然有。首先，在观念上就不要总抱有买在最低点和卖在最高点这一不切实际的想法，能神奇逃顶抄底的永远只是传说，普通人不可能每次精准卡点。其次，止盈止损都可以分批进行，分批卖出平滑收益或损失，避免一次性操作犯错后又后悔伤心。第三，分批操作的依据应该结合基本面和技术面的变化，如估值过高、图形顶背离或跌破关键支撑时考虑卖出，估值合理、图形底背离或仍位于关键支撑之上时不必急于马上止损。

（五）无视风险，盲从他人

新手股民喜欢跟风炒作，容易盲目崇拜和迷信他人。"他人"包括券商研报、大V股评和各种小道消息等。我国国情决定了券商轻易不会发看空研报，一般"中性"和"增持"的观点其实已经隐含了没那么看好个股后市的意思。各机构也良莠不齐，某些券商给出的目标价也往往不切实际，或是要在相当一段时间后才能兑现的。但新人不太了解这些行业潜规则，一看荐股潜在涨幅很大，就急着要买，一买又容易被套住。

至于大V，因为笔者就打理股评公众号，更深知这行很多黑幕。公众号后台时不时有掏钱让发"市值维护"文章的，其实是出于各种目的（如配合解禁出逃）骗散户接盘；还有花钱删除不利公司言论的，如此等等。还有很多股评文章并非原创，都是在各个热点题材中找研报抄，找同行文章抄，这些人写的东西可能自己都不相信吧！

而所谓的小道消息，也就是深受散户喜欢的"内幕"，且不说是否属实，即便是真的，传到你那里也基本已是"八手消息"。路人皆知的利好一般发布在股价高位，也就是基本涨到了找接盘侠接货的时候了。真正有价值的内幕必须是一手消息。而这又有违法违规之嫌，得是多愿意为你两肋插刀的好友会冒如此大风险给你送钱呢？

有经验的投资者都知道，他人即地狱，"消息"最伤人。自己犹犹豫豫买入的垃圾股往往仓位轻，亏损也不至于太大。而从别人那打听来的"消息股"往往孤掷一注，重仓套牢又不舍得割肉。最后的结果当然是伤痕累累，吃了亏只好埋怨股市害人。但该咒骂的不是股市或送你消息的人，应该反省自己为什么总是妄图不劳而获啊！

二、解决办法

以上种种"股市新手村"村民容易犯的错，看起来形式多样，但内核都是佛教中的"五毒心"作祟——贪、嗔、痴、慢、疑。

要如何克服？万丈高台，起于垒土。从基础知识学起，不管在现实生活中取得了多大的成就，都请以空杯心态进入这个对你而言全新的领域。建立良好的投资观，严格遵守纪律，做到知行合一。在股市中慢就是快，只有耐得住寂寞才能守得住繁华。犯错后陷入懊悔情绪中是没有意义的，今天投机失败了发誓往后要"价值投资"，结果刚坚持几天后发现不赚钱又回到追涨杀跌的老路上去更是不可取。

常反省错误，总结经验教训，在各类投资方法中选择适合自己的武器，打造自己的交易体系。唯有如此，才能离入门以及将来取得成功更进一步。

第一章小结

工欲善其事，必先利其器。正如"新手股民常犯的错"一节强调的，对炒股小白而言，在投身股市前必须掌握基本概念、方法、工具等常识。不具备基础知识就匆忙入市，犹如新兵蛋子不背枪就被扔进血腥战场，必然会被敌人射成筛子。

但在"利其器"，即着手学习和强化必要技能前，还有一步必须走在前头：正其念。如果一开始不树立正确的投资理念，而是将股市视为赌场，把股票当成彩票，自然也不会被"市场先生"善待，最后往往只能落得个惨败收场。

　　股票投资是有价值的，并非某些人鄙夷嘲讽的"零和博弈"，而是现代人参与社会生活、感受市场经济脉搏的必要方式之一，更是中产阶级资产配置的重要一环。但每个人在社会地位、家庭情况、生命周期、资金体量、性格特点和知识背景等方面千差万别。究竟将股票资产配置到何等比例最好？是选择好股长持，用组合投资的方式赚取较稳定的收益，还是在精研个股的前提下，通过波段或短线炒作的形式博取超额收益，这些问题并没有唯一解，这些模式也并无高下之分，都可以结合自身情况各取所需，适合自己的就是最好的。

　　思想问题解决了，后面的工作就好开展。投资观端正了，投资之路自然不容易走偏。因此，我们把投资理念部分放在了最重要的第一章，并为之花费了占全书相当比重的笔墨。

　　下一章将从最基本的概念和术语出发，总览证券江湖概貌，了解游弋其中的各投资流派，为入市闯荡储备好基础知识。让我们一起，推开股票投资的神秘大门！

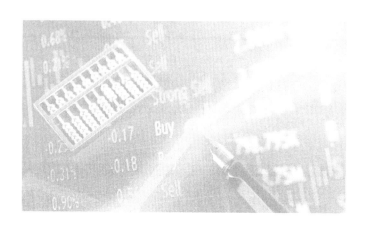

第二章

基 础

| 第一节 | 中国证券市场概况

在正式学习股票知识前，需要对股票交易的场所——证券市场有个轮廓式的了解，这和参加中考、高考的学生在考前熟悉考场环境是一个道理。

一、金融市场的分类

"哪里有社会分工和商品交换，哪里就有市场。"这是列宁先生告诉我们的道理。经济高度发达后，货币本身就构成一种商品，也有了自己的价格，明码标价在市场上融通，于是便有了金融市场。在这个市场上，有资金盈余的人将暂时不用的钱或货（各类金融资产）出借给缺少资金或渴求某种金融产品、想募集资金发展实业或单纯投机用钱生钱的人，投融资双方各取所需，通过交换实现资金和资源的优化配置。

金融市场可以从不同角度分类：根据金融交易的期限，一年以内的短期市场为货币市场，满足买卖双方短线资金流动性需求；一年以上的长期市场就是我们经常在财经新闻中听到的高频词——资本市场，它存在的意义在于满足中央、地方政府弥补财政赤字和拟上市、拟发债企业的中长期投融资需求。此外，还可以根据金融交易交割期限的不同分为现货市场和期货市场，根据交易标的品种的不同，分为股票市场、债券市场、贵金属市场和外汇市场等。

几组分类并不完全周延，会存在交织重叠的情况。广义的资本市场概念之下又包括银行中长期存贷款市场和证券市场。人们常挂在嘴边的资本市场，一般约定俗成指的就是证券市场。

二、何谓证券市场

所谓证券，是指代表持有者某种所有权、收益权，或债权的法律凭证。现在常见，还在经济生活中发挥重要作用的有股票、债券、国库券、支票、汇票等，而已经退出

或正在逐渐退出历史舞台的粮票、邮票等，也都是广义证券的一种。

顾名思义，证券市场即是股票、债券等有价证券发行和交易的场所，参与者包括发行人（融资方，包括政府、拟上市公司等），投资者（包括金融机构和非金融机构、企事业单位、个人等，后文将详述），中介机构（券商、资信评级机构、证券投顾公司等），自律性组织（如证券交易所）等。当然，最后还有一位核心角色不得不提——中国证券监督管理委员会，也就是证监会。

大家熟悉的另一大投资品种——基金，包括证券投资基金、私募股权基金、上市公司并购基金、政府产业基金（如被大伙亲切称为"大基金"的国家集成电路产业投资基金）、创业投资基金等多种类型。其中的证券投资基金可以在场内或场外买卖，同样属于证券概念范畴。

这里的"场内""场外"所谓的"场"特指证券交易所，封闭式基金可以像股票一样在上交所或深交所买卖，而开放式基金可以在基金公司以及各个代销机构（如券商，银行，蚂蚁金服、天天基金等互联网第三方平台）进行申购（买入）和赎回（卖出）。无论场内、场外均属于证券市场统辖范围，证券交易所只是证券市场的组成部分之一，这是容易混淆需要厘清的地方。

三、中国证券市场的萌芽

和其他领域一样，我国证券业的发展也呈现出萌芽早、成熟较晚的特点。早在汉唐已经出现了朝廷向巨商举债的情形，唐宋以后涌现出大量的飞钱、会票、当票等商业票据。而到明清之际，在某些投资规模大、风险和收益双高的行业，如上海造船业、山西票号和广东洋行等出现了"招商集资，合股经营"的股份制企业雏形。参与者之间签订载明权责义务的契约，则是最早的股票雏形。

鸦片战争国门洞穿后，外商将现代意义的股份制企业、证券业、证券交易所等新鲜事物带到了中国。1869 年，中国首家专营证券业务的长利公司（英商投资）在上海创建；1891 年，各早期"券商"结盟成立上海证券掮客公会（这个名称有点难听，雅称为上海股份公所），外商在华组织的证券市场初步形成。

但这只是洋人在炒"洋股"，随着中国本土的一批洋务企业，如轮船招商局、开平矿务局和上海织布局等发行股票并获得巨大成功，国人炒作股票的热情也开始高涨。1882 年，上海平准股票公司成立，此为我国自设证券交易所的发端。

此后多年，证券市场的投机热情并未随政局的动荡而消退。1914 年，北洋政府颁布了中国第一部《证券交易所法》，1918—1920 年，北京证券交易所、上海证券物品交易所和上海华商证券交易所相继成立，我国终于进入有组织的证券交易所时代。

中华人民共和国成立后很长一段时间，被视为资本主义腐朽落后产物的证券业遭冰封多年。改革开放后，新中国资本市场得以迎来新生——1980年，抚顺人民银行代理抚顺红砖厂面向企业发行280万股股票，打响了新中国成立后企业股份制改革的第一枪。1981年，尘封20余年的国债开始重新发行，随后企业债、金融债等也重现江湖，债市冰雪也开始消融。

1986年，敢为天下先的沈阳信托公司开办代客买卖股票、债券及企业债券抵押融资业务。同年9月，工行旗下的信托投资公司静安证券业务部（当时允许混业经营）率先对飞乐音响和延中实业两只股票开展柜台挂牌交易。1987年9月新中国第一家专业券商深圳经济特区证券公司成立，其由深圳当地十二家金融机构出资组成。1988年，国债转让市场在全国范围内设立，至此，新中国债券和股票二级市场双双出现雏形。

四、中国证券市场的发展

20世纪80年代初创的证券市场带有浓重的草莽气息，进入90年代后，整个行业的混乱局面方才得以改观。1990年3月，国家允许上海、深圳两地试点公开发行股票，并为此制定和颁布了一系列配套的办法和制度，上海证券交易所和深圳证券交易所相继开始营业，深证和上证的综合指数于第二年开始对外发布。这改变了萌芽期鱼龙混杂、无法可依的局面，证券市场由此开始往规范化、法治化方向发展。

但经济转型初期，地方各自为政，市场缺乏统一的监管，1991—1992年，刚成军不久的沪深两市出现深幅调整和剧烈震荡，最终在深圳爆发了让很多老股民至今记忆犹新的"8·10事件"。

1992年1月，"股票认购证"在上海滩走俏。同年5月21日，上交所放开了仅有的15只上市股票的价格限制，引发股市暴涨。由于尚无涨停板限制，沪市一日涨了105%。随后股指再连飚两日，越来越多的人开始以为股票能令人一夜暴富。

8月10日"1992股票认购证"第四次摇号将在深圳开始。当时预发认购表500万张，每人凭身份证可购表1张，但各售表网点门前提前三天就有人排队。据说有人以每天50元的报酬，从新疆雇佣1500人赶来排队，一个特快包裹被打开后，发现里面是2800张身份证。

9 日早上已有 100 万人排出长龙队伍，排队者不分男女老少，前心贴后背地紧紧拥抱在一起长达 10 小时。当晚 9 时，500 万张新股认购抽签表全部发行完毕，发售网点前炒卖认购表猖獗，100 元一张表已炒到 300 元至 500 元。但是，因为大量认购者走后门后，购者来不及找许多身份证或还没有脱手卖掉，营私舞弊暗中套购认购表的行为被许多群众发现，秩序开始混乱并发生冲突，酿成"8·10 事件"。深圳市政府当夜紧急协商，决定增发 500 万张新股认购兑换表，事态慢慢得到平息。

在此背景下，1991 年 8 月，中国证券业协会在京成立，1992 年 10 月，国务院证券委员会和中国证监会成立，12 月发布《关于进一步加强市场宏观管理的通知》，宣告行业自律和中央政府对证券市场统一监管体制的确立。1998 年 12 月，酝酿 5 年多的《证券法》终于获得全国人大常委会的通过，并于次年 7 月 1 日起正式实施，成为证券市场健康发展强有力的法律保障。

五、中国证券市场终将走向成熟

我国资本市场的创建，很大程度上是为解决改革开放后国有企业面临的生存、发展和转型等一系列困难。但这不可避免留下了流通股和非流通股股东之间利益不平衡等问题，这为进入 21 世纪后中国证券市场的进一步改革埋下伏笔。

2004 年 1 月，国务院发布《关于推进资本市场改革开放和稳定发展的若干意见》，将股权分置改革这一核心任务提上日程。2005 年 4 月正式启动后，于 2007 年底基本完成。同股同权、市场定价等国际资本市场通行原则在此时才得以在中国确立。

为解决企业间接融资占比大、中小企业融资难等问题，在改革的同时，管理层也加大了资本市场创新力度。从深交所 2001 年筹划打造创业板起，近 20 年间已经形成了包括中小板、创业板、科创板、新三板等在内的，主要面向中小微企业投融资服务的多个平台。它们与主板一道，组成了多层次、互相支持和补足的资本市场，既为大型国企和中小民企、传统和高新技术企业等不同类型的市场主体提供了融资渠道，也为不同资金体量和风险偏好的各类投资者提供了财富增值的场所。

截至 2020 年 6 月末，沪深两市共有上市公司 3893 家，总市值 69.77 万亿元，流通市值 51.62 万亿元。日渐规范化的市场也吸引来更多的机构和中小投资者——截至 2019 年末，投资者数量已超 1.66 亿户，其中 99.76% 为自然人投资者，也就是中国人平均每 9 个人中就有 1 个股民。证券公司有 133 家，公募基金公司有 140 家，私募基金公司更是不计其数。

此外，随着沪港通、深港通、沪伦通、合格境内机构投资者（QDII）、合格境外机构投资者（QFII）等与外界投资交流渠道的丰富，金融业对外开放程度不断扩大。越来越多的外资机构和个人也开始对中国市场感兴趣。2019 年陆股通累计流入 3500 亿元，全年成交额近 10 万亿元，占全部 A 股 7.6% 之多。

近年来 MSCI（明晟）、FTSE（富时罗素）、标普道琼斯等国际指数也都在不断提升 A 股权重。2019 年 9 月 10 日，国家外汇管理局宣布全面取消合格境外机构投资者（QFII）和人民币合格境外机构投资者（RQFII）投资额度限制，额度的放开也将使整个 A 股市场分享到原本陆港通 A 股才能享受的外资盛宴。

根据上交所和上海交大《全球资本市场竞争力报告（2019）》的测算，我国资本市场经过 30 余年的发展，已经在制度环境、市场规模、投融资功能和国际化程度等方面取得了长足进步，在 20 余个样本国家或地区中排名靠前，如图 2-1 所示。

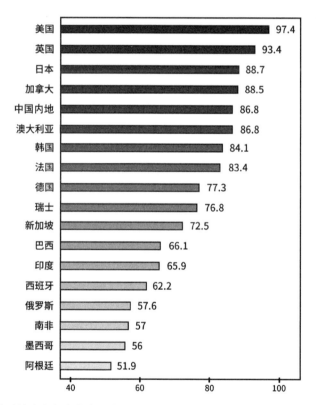

资料来源：《全球资本市场竞争力报告（2019）》。

图 2-1　2019 年全球资本市场竞争力指数排名

对内改革不断深化，对外开放程度不断提高。众人拾柴火焰高，中国证券市场发展势头良好。在熟悉 A 股大考场的基本环境，了解其前世今生的沿革脉络后，我们应该对赢得这场考试更有信心！

第二节 | 股票的概念、特点及分类

身为现代人，不管是否炒股，对股票都不会完全陌生。赶上行情火热的大牛市，那更是不管街头巷尾，无论大爷大妈，人人都在热议股市，甚至连小孩子嘴里也能蹦出一两个股票名字。但一问到"股票"一词的准确定义，其本质究竟是什么？恐怕很多浸淫股市多年的老股民也答不上来。

一、股票的概念

金融学课本或百度百科会告诉你，股票是有价证券的一种，是股份公司在筹集资本时公开或不公开向出资人发行的，用以证明出资人股东身份和权利，并根据股东所持股份数享有权利和承担义务的可转让的书面凭证。

生意的最初形态是"个体户"，担一个货架，摆一个地摊，就可以干起"行商坐贾"卖包子或烤肉的买卖。但个人的财力、智力、体力毕竟有限，于是又出现了"合伙"——三两志趣相投的好友一合计，凑个份子就可以开一个包子铺、烤肉店，合伙人可以分担采购、厨子、伙计等不同的角色，也可以商量好每天轮岗上班。当然，最重要的还是引入了同进同退、共担风险的商业机制。

无论东西方，合伙企业均古已有之。但随着西方商品经济和资本主义的发展，特别是航海事业和海外殖民扩张的需要，原始的合伙企业形式显然已无法满足冒险家们的野心。于是所有权与经营权分离，特别是能将个人财产与集体财产相隔离的企业组织形式——公司便在近代欧洲出现了。

此后股份有限公司的"发明"更是烜赫一时：1602年，东印度公司向社会公众发行股份筹集天量资金，在荷兰宣告成立。这是真正的"商界航母"，也是世界上第一个现代意义上的股份有限公司。其股东从1611年开始在阿姆斯特丹交易所交易转让股票，世界上最早的证券交易所也由此诞生。

经过400多年的发展，一批优秀的股份公司（苹果、通用、微软、埃克森美孚等）在血腥商战中杀出重围，成为各行业领域的霸主。

二、股票的特点

在电子化之前，投资者购买股票得到的就是一纸凭证，真正的"一张纸"。资深老股民可能见过著名的"老八股"飞乐音响股票实物，如图2-2所示，但对年轻股民来说，纸质股票已经是应该收入金融博物馆的文物了。

图 2-2　上海飞乐音响股票

电子化后，股票在很多投机者眼里又从一纸文书变成了一个代码。在第一章中也说过，如果买入股票的目的仅仅是赚取短期价差，那它对你而言的确只是一个代码，只需要关心其买入和卖出时的价格，而不需要关心其背后所代表的公司是干什么的、现有财务状况和未来发展前景如何。

如果是抱有长期投资的目的而来，那股票的收益来源则不仅仅是买卖价差，更是盈利增长带来的丰厚回报，内涵或者特征也丰富得多。

（一）永久且不可偿还

上市公司通过发行股票融资，投资者认购股票后成为其股东，股票所载明的权责义务的有效性是无限期的。公司在，股票就在，你购买股票后就已经成为公司管理层的一分子，中小股东和大股东是"同事"关系，不存在售后又后悔要求退股的"好事"，投资要慎重哦！

（二）可转让可流通

别被上面的"永久性"吓到，如果有幸参与了新股的一级市场发行，经过锁定期后股票达到目标价位，你又不想继续持有，当然可以选择转让给市场上的其他参与者；二级交易市场上，只要不是停牌或涨跌停，如果股价涨超或跌破心理预期，或者发现公司质地欠佳，都可以选择卖给别人。

自由可流通，这才是股市你来我往，生生不息的灵魂所在。这个特征也提醒我们，买卖股票时不能忽视流通性问题。买股票时尽量选择市场主流，流通性好的标的，随时有卖出变现需求的大资金更要注重个股流通盘大小的问题。

某些股价长期低迷，每天分时图寂寞"织布"，成交量极低、基本无人问津的垃圾股应尽量远离。以曾经的明星股乐视网为例，在沦为退市股后它每天的股价在 1～2 分钱之间波动，成交额几十万元，这样的股还值得碰么？这是极端的例子，但类似的垃圾股在 A 股可能还有，还有很多不明就里的新股民喜欢"捡便宜"，很容易沦为接盘侠。

参与人数较少、流动性欠佳、不方便随时变现的新三板股票，普通散户也尽量少参与——买的时候容易，卖出时就不好说了！

（三）收益与风险并存

收益既包括股价上扬部分，也包括每年从公司取得的股息、分红。A 股中绝大多数个人参与者都是冲着前者来的，而在更成熟的美股、港股市场，有不少投资者购入股票的目的，是为了每年较固定且丰厚（高于当地存款利息）的股息和分红。

"圣诞钟，买汇丰"，长期持有汇丰银行以获得稳定的分红是港股投资者多年的信仰。Wind 数据显示，2006—2019 年，汇丰控股 14 年间一直坚持分红。2006—2019 年，汇丰控股累计实现净利润 1.45 万亿港元，累计现金分红亦高达 1.08 万亿港元，现金分红比率高达 75%。即使是在全球金融危机爆发的 2008 年，汇丰也未曾中断过现金分红，当年派发股息 524 亿元。

但在 2020 年 4 月 1 日当天，因受商誉计提和新冠肺炎疫情影响，汇丰控股对外宣布取消派发 2019 年第四次股息，并在 2020 年底前暂停派发季度和中期股息，同时暂停股份回购事宜。消息一出，股东们纷纷用脚投票，愚人节早盘大幅低开，收盘跌幅 9.51%，一日市值蒸发 800 多亿港元。

即便几十年间被誉为"只挤奶，不吃草"的优质公司，也会因为宏观经济环境、业绩变化和突发事件等影响出现股价大幅波动，如果基本面持续无法改观，中长期投资逻辑也会发生变化。股市风云变幻莫测，能够"永恒"的东西并不多，风险性和收益性同在，这个道理倒称得上永恒不假。所以如果是价格波动大一点就难以接受，风险偏好明显偏低的保守型投资者，笔者并不建议过多参与股市。

（四）其他不可忽视的权利

毕竟是实打实的钱，人人都会重视股息和分红。但中小投资者往往容易忽视身为股东，还享有出席公司股东大会、参与制定影响公司未来走向的重大决策、选举公司董事会等权利。当公司管理层为一己私利提出有损中小投资者利益的方案时（这种情况并不少见），散户可以团结起来，积极行使投票否决权，维护自身合法权益。

一汽股份原计划在 2015 年解决旗下一汽轿车（000800）和一汽夏利（000927）同业竞争问题的承诺无法达成，董事会希望股东大会同意将解决这一问题的承诺期再延迟 3 年，然而这一提议遭到了众多中小股东反对。2016 年 5 月 27 日，在长春举行的临时股东大会上，股东们以 2 亿 3000 多万股对 288 万股的压倒性优势，否决了董事会抛出的延期提案。

根据投票原则，原本占据 53.3% 股份绝对优势的控股大股东一汽股份必须回避表决，最终中小股东以绝对优势，否决了大股东提出的延期 3 年完成重组的计划。当时到场的投资人只有二十几位，绝大多数投资者选择了网络投票。据统计，共有 4086 人参与了投票表决，其中网络投票 4059 人，投资者参与度超过 30%。而最终以超过 90% 的巨大优势完成否决，让不少在场的小股东代表激动不已。

此外，当上市公司因信息披露不规范、虚假陈述、恶意隐瞒导致股价波动的消息等行为被监管处罚后，持股投资者可以依法发起诉讼索赔；当企业经营不善破产清算时，中小股东同样拥有对公司在清偿债务和支付雇员报酬后剩余资产的分配权。事实上，近年来制定或修改的《公司法》《证券法》等对中小股东权利的保护愈加完善，作为投资者应懂得运用法律武器保护自己。

三、股票的分类

根据不同的标准，可以对股票进行多种分类。

（一）根据持有者享有权利的不同，可分为优先股和普通股

优先股的"优先"二字，主要体现在利润分红和公司剩余财产分配权上优于普通股。优先股股东每年收取固定的股息率，不参与上市公司管理，没有选举和被选举权，对公司重大经营事项无投票权，在某些特定的关系到优先股股东相关事项上有受严格限制的投票权；而普通股股东有着正常公司股东所应有的一切权利。但在公司经营不善的情况下，普通股股东的分红权利要次于优先股，破产清算时对剩余财产的分配上，优先股股东优先于普通股股东。

一般情况下，中小散户在二级市场买卖的股票基本都是普通股，优先股在极特殊

情况下才能够进入二级市场流通，所以人们日常所说的"炒股"，炒的就是普通股，本书也主要围绕普通股展开讨论。

（二）根据购买主体的不同，可分为国有股、法人股和社会公众股

国有股指有权代表国家投资的部门或机构以国有资产向公司投资形成的股份，包括以公司现有国有资产折算成的股份。法人股指企业法人或具有法人资格的事业单位和社会团体以其依法可经营的资产向公司非上市流通股权部分投资所形成的股份。社会公众股是指我国境内个人和机构，以其合法财产向公司可上市流通股权部分投资所形成的股份。对于大多数股民来说，在股票市场买卖的股票都是社会公众股。

因此，我国于2005年开始推进在很长一段时间里，国有股、法人股和公众股的股权分置造成了流通股和非流通股同股不同权、同股不同价、同股不同利的弊端，制约着证券市场的发展。因此，我国开始推进股权分置改革，股改本质是要把不可流通的股份变为可流通的股份，真正实现同股同权。

如今来看，股权分置改革是中国证券市场具有重大历史意义的改革，对中国证券市场发展起到了积极的推动作用。

老一辈股民应该见过名字前带有字母G的股票，如"G三一、G金牛、G紫江"等，那就是股权分置改革试点股，字母G取"股改"之意。但随着股权分置改革的完成，所有上市交易的股份自由可流通，且同股同权，这一划分也失去了意义。

（三）根据上市地点的不同，可分为A/B、H、S、N、T、L股等

A股、B股都在中国内地注册并上市，A股以人民币认购和交易，参与者为内资机构和个人；B股以人民币标明面值，只能以外币认购和交易，参与者主要为港澳台居民及外国人。2001年2月19日改革后，持有外汇的内地个人也可投资B股。其中，上交所B股以美元交易，深交所B股以港币交易。B股在20世纪90年代初兴起时也一度备受关注，为吸收和利用外资，提高中国资本市场的国际影响发挥过一定作用。但由于市场容量小、流动性欠佳、投资限制多、机构投资者也不能参与，更随着沪股通、深股通等外资投资新渠道的推出，B股日渐式微，走向边缘化。不建议散户尤其是新手参与该板块。无论短线交易还是长线投资，还是选择公众参与度高、流动性好的标的更合适。

H、S、N、T、L股分别代表的是内地注册，在香港（Hong Kong）、新加坡（Singapore）、纽约（New York）、东京（Tokyo）和伦敦（London）上市的外资股。有重点关注价值的是H股和N股，即港股和美股。这两个市场都比A股更成熟，整体估值也更为合理。很多大型金融和能源企业在内地、香港两地上市（也称"红筹股"），但A股较H股

溢价较多，从长期持有的角度看港股更为合适。此外，还有很多互联网企业、科技创新企业因为不满足内地更严格的上市财务指标要求，只能远赴美国、中国香港达到融资的目的，如网易、腾讯、京东、百度、阿里等巨头，在很长一段时间只能在美国或中国香港市场才能购得其股份。当然，随着近年来科创板的推出和创业板上市条件的放宽，大量的科技型、创新型企业将回归 A 股，这为中小散户提供了更多的投资选择，也将使 A 股能更好地呈现真实中国经济全貌。

（四）根据上市板块的不同，可分为主板、中小板、创业板、科创板和新三板股票

另外，还有少量股票在区域性股权交易市场挂牌交易，但这些"非主流"不是本书讨论的重点。

如表 2-1 所示，每个板块各有侧重、相互补充、适度竞争，有些板块看起来相似却又有一定的区别。比如同样是针对创新型企业的科创板和创业板，科创板瞄准的目标企业是硬科技企业，从事的是技术创新发展，而创业板除了包含科技企业，还接纳"科技 +"或"模式创新"企业，显示出更大的包容性。

不同板块的股票，在上市标准、定价方式、交易规则等方面都存在较大差异。总体方向是主板上市要求更严，财务指标的标准更高。科创板、创业板已经实行注册制，涨跌停幅度已经放宽至20%，未来"T+0"等与国际市场接轨的交易规则也会逐步上线，主板也会往这方面过渡变革。还需要注意的是，在某些情况下，各板块股票也会发生"升级式"的转换。例如新三板精选层的挂牌公司，在精选层连续挂牌一年以上，如果符合上交所科创板或深交所创业板的上市条件，那么就可以申请转板至后者相关板块。

这里重点说一下新三板，它一开始是个大杂烩，挂牌公司众多，企业质量鱼龙混杂。所以 2016 年通过分层设计将新三板划分为基础层和创新层，从财务角度以及融资能力方面已经筛选出一批较为优质的公司，希望借此提升创新层企业的市场关注度，激发交易活跃性。2020 年 3 月，新三板再次分层，推出精选层，优中选优，是多层次资本市场体系的进一步细化，为未来实施转板提供有益探索，此次分层后的中国资本市场体系如图 2-3 所示。

2021 年 9 月 2 日新三板再次深化改革，设立北京证券交易所。北交所由精选层平移而来，一并平移的是精选层的各项基础制度，同时试点证券发行注册制，优化公司治理标准，设置差异化的交易制度，涨跌幅限制为30%，降低准入门槛，个人投资者准入门槛为开通交易权限前 20 个交易日日均证券资产 50 万元以及 2 年投资经验。而创新层门槛调整为 100 万元，以进一步活跃成交。

股票投资入门、进阶与实践

表 2-1　A 股各板块概况

属性	创业板	科创板	主板	北交所（原新三板精选层）
所属市场	深交所	上交所	沪深交易所	北京证券交易所
审核机构	交易所审核，证监会注册	交易所审核，证监会注册	证监会发审委	北交所审核，证监会审核
目标定位	成长性创新创业企业，支持传统产业与新技术、新产业、新业态、新模式深度融合	符合国家战略、突破关键技术核心、市场认可度高的科技创新企业	具有一定盈利规模的大型蓝筹企业或稳定发展的中型企业	创新型、创业型、成长型中小企业
发行定价方式	市场化询价、直接定价（不限制市盈率）	市场化询价	直接定价（限制市盈率）	直接定价、竞价或询价
合格投资者	新增投资者 10 万元金融资产	50 万元金融资产	无	50 万元金融资产
公开发行财务指标	（1）两年累计盈利 5000 万元；（2）市值 10 亿元，净利润为正且收入 1 亿元；（3）市值 50 亿元，收入 3 亿元；（4）一年之后接受最近一期末盈利企业	市值＋盈利，市值＋收入＋研发投入占比，市值＋收入＋经营活动现金流，市值＋收入，技术优势五套指标，对应市值 10 亿元、15 亿元、20 亿元、30 亿元、40 亿元	近三年净利润均为正且累计≥3000 万元，近三年经营活动现金流量金额≥5000 万元，或者近三年营业收入累计≥3 亿元	市值＋净利润＋净资产收益率，市值＋营收及其增速＋现金流，市值＋营收＋研发强度，市值＋研发投入等四项指标，对应市值 2 亿元、4 亿元、8 亿元、15 亿元
交易涨跌幅限制	20%，前五日不设涨跌幅	20%，前五日不设涨跌幅	10%	30%，首个交易日不设涨跌幅

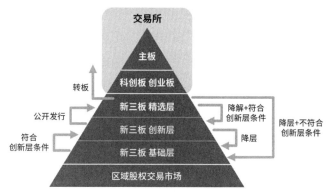

图 2-3　中国资本市场体系分层

（五）其他分类

股票还有很多其他分类方法——根据行业不同可分为金融股、消费股、医药股、科技股、有色股、化工股等；根据市值大小可分为大盘股（蓝筹股）和中小盘股；根据业绩优秀还是纯炒概念，可分为白马股和题材股；根据企业风格又能分成价值股和成长股；根据行业周期或特性还可分为周期股、防御股和进攻股等。

股票的内涵是丰富的，只要不是纯投机的股民，都不应该将股票仅仅视为一张张白纸或一个个数字代码。各类型的股票各有特色，适合不同类型投资者参与。可以选择某一类型股票深度研究，也可以选择几种风格做组合混搭。但有一个大原则还是得重申——不熟悉的领域不参与或少参与，科创板和新三板之所以设定更高、更严格的投资门槛，体现的正是监管者保护中小散户的良苦用心。

第三节　股市博弈的主要参与力量

不管是股海泛舟已久的老司机，还是初入市的投资小白，都应该对"庄家""游资""主力"等词不陌生。A 股从 20 世纪 90 年代初建时的区区百亿元人民币市值，经过 30 年发展壮大，如今总市值已达到约 61 万亿元人民币。资本市场中既有管理资产超千亿的正规机构，也有身家数亿的游资大佬，数量最多的还是散户。

一、各路资金齐聚 A 股

细心的股民会发现，在震荡市中机构、主力等大资金对买（流入）还是卖（流出）

的态度，往往会和散户背道而驰；而在极端强势或弱势市场中，各方的态度会出奇地一致，扮演着同一方向追涨杀跌的角色。如图2-4所示，为万得（Wind）统计的2020年7月24日A股暴跌时，四类资金同步出逃的示意图。

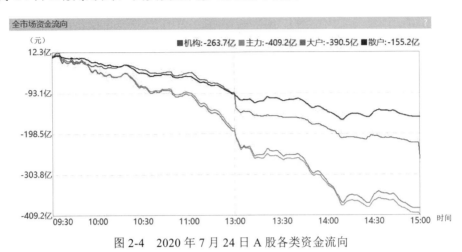

图2-4 2020年7月24日A股各类资金流向

除辅助判断市场大势外，还可以用炒股软件查看龙虎榜，通过观察机构、外资和游资席位买卖情况，把握大资金进出节奏。如图2-5所示，露天煤业于2020年7月6日荣登龙虎榜，博弈双方既有深股通，又有粤开证券等众多机构投资者。银河证券杭州庆春路等"著名游资"也乐此不疲地参与其中，还有一些普通玩家的身影。

露天煤业 002128　11.50　-0.25　-2.13

^ 2020-07-06　净买入8912万(5.25%)

买入前5营业部	买入金额(万元)	买入占比	卖出金额(万元)	跟投胜率 ?	上榜次数
机深股通专用	8048.91	4.74%	5796.82	45.56%	1567
游中信建投杭州庆春路	6087.31	3.58%	—	43.59%	117
机粤开重庆分公司	5797.25	3.41%	—	57.14%	7
游银河绍兴	3758.36	2.21%	132.77	34.77%	256
游银河杭州庆春路	3721.60	2.19%	625.00	48.84%	215
合计	27413.43	16.14%	6554.58	—	—

卖出前5营业部	卖出金额(万元)	卖出占比	买入金额(万元)	跟投胜率 ?	上榜次数
机深股通专用	5796.82	3.41%	8048.91	45.56%	1567
机机构专用	3295.76	1.94%	—	45.10%	8298
机机构专用	3016.09	1.78%	—	45.10%	8298
高华泰南通姚港路	2909.05	1.71%	49.91	54.29%	35
招商昆明北京路	2784.67	1.64%	8.94	33.33%	9
合计	17802.39	10.48%	8107.76	—	—

图2-5 2020年7月6日露天煤业龙虎榜概况

龙虎榜是A股市场中每天统计交易中涨跌幅、换手率、成交量等数据的股票统计榜单，还可以通过它关注到证券营业部、机构、游资等的买卖成交量和个股情况。通常只有日内股票价格涨跌幅7%以上、股票价格日内换手率超过20%、股票价格日内上行振幅15%以上，或者连续三日内涨跌幅偏离值超过20%，数据处于前三的股票才有资格上榜。通过龙虎榜可以关注主力资金参与的交易，对证券营业部、机构、游资、基金或是大股东的交易进行观察参考。虽然每天的龙虎榜都是在收盘之后才会公布，但是主力资金大概率不会一次性出货（除游资外）。所以投资者可以关注主力资金买入或者卖出股票的情况，进行投资参考。如果一只股票被市场主力资金连续买入，而市场中卖出数额较少，表示这只股票资金方面较为充裕，具有市场资金热度；如果一只股票被市场主力资金连续卖出，而市场中买入数额较少，表示这只股票资金方面较弱，市场热度会逐步衰退。总体而言，龙虎榜可以关注市场部分的主力资金动向，对股票后续的走势会有影响。但是投资者要清楚主力资金动向变化多样，不能单靠龙虎榜进行观察，需结合其他市场指标、市场环境以及个股情况进行参考。

千百年前，太史公在《史记·货殖列传》中感叹"天下熙熙，皆为利来；天下攘攘，皆为利往"。千百年后，内外资机构、游资、散户等齐聚 A 股共襄盛举。每一笔钱买入和卖出的动机、理由都不尽相同，但目标却出奇地一致——赚钱。这就是股海江湖的现实，也是股市变化多端、风云莫测的迷人之处。

二、庄家、游资、主力一定能赚钱吗？

"与庄共舞"这词儿一直很流行，很多股民对颇具神秘色彩的"庄家"倾慕不已，对"赵老哥""章盟主""小鳄鱼"等大咖，以及中信上海溧阳路、华泰厦门厦禾路、华泰深圳益田路荣超商务中心等知名游资更是到了崇拜的地步。但事实上，这些民间传奇很多只是传说，他们多数并没有系统、科学和成熟的交易体系，更多是靠消息、资金和运气混迹江湖。不少 2014—2015 年牛市时在各股票论坛名噪一时，受众多粉丝追捧的散户大神，在一场股灾之后都消失得无影无踪。而各个炒股软件对机构、主力、散户，以及大单、中单、小单等概念的定义均不相同，这就导致每个公司同一天的市场统计、对同一只个股的资金流向记录各不相同。如果大资金想隐藏意图，也可以采用拆单（量化交易甚至会拆成极碎单的高频交易）的方式避免过早暴露操盘痕迹。而即便某股票某日真获得机构和著名游资的大手笔买入，这些所谓的"庄家"或者是在为长期建仓甚至收购公司布局，或者是用大单做饵骗跟风资金入局，隔日就反手"一字板出货"，不具备资金和信息的散户绝不能盲目跟从。

不能盲目跟庄还有最重要的一点——庄家不一定赚钱。散户几万元到几十万元的资金，牛散多一点几百万元到几千万元，资金体量不大但船小好调头，遇到突发黑天鹅，或系统性风险诱发急跌式调整时，可以迅速止损卖出，顶多承受几个跌停板内的损失。但大资金买入和卖出都会引起股价的大幅波动，建仓和出货往往都需要一段不短的过

程，一旦遭遇个股急跌或大面积熊市，这些平时看起来趾高气扬大口吃肉的航母战舰们，就容易陷入闷头挨打的境地。2015年股灾和2017—2018年小票熊市时，便有很多习惯追涨杀跌的私募基金因此一夜之间消失殆尽，有的甚至远遁海外跑路。不仅"野战军"如此，券商自营盘和公募基金等"正规军"也会在行情整体不好时出现大面积浮亏。市场是公平的，大小资金各有优劣势，这"庄"啊，还是不盲目跟从的好！

三、A 股投资者结构

按资金实力将股市参与者分为机构、游资、大户和小散等也没错，但更科学的分类，应该借鉴券商的研究成果。

各主流机构的分类方法各有不同，如国金证券研究所采用个人投资者、一般法人（即所谓产业资本）、境内机构和境外机构的"四分法"，如图 2-6 所示。

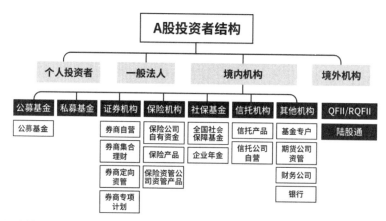

资料来源：国金证券研报。

图 2-6　A 股投资者结构分类之一

申万宏源则将财政部、汇金、证金等政府机构纳入，增加了一类"政府持股"，也就是我们平时津津乐道的"国家队"，如图 2-7 所示。

但无论如何划分，都可以看到，除政府、上市公司和个人投资者外，随着资本市场和财富管理市场的日益壮大，包括公/私募基金、券商资管计划、险资、社保基金、养老基金、企业年金、信托资管计划等在内的各种专业资产管理机构及产品纷至沓来，境外机构也以 QFII/RQFII 和陆股通（包括沪港通和深港通，即所谓"北上资金"）等形式积极参与了进来。A 股机构化、国际化的趋势明显，将进一步向美国、欧洲等成熟市场看齐。

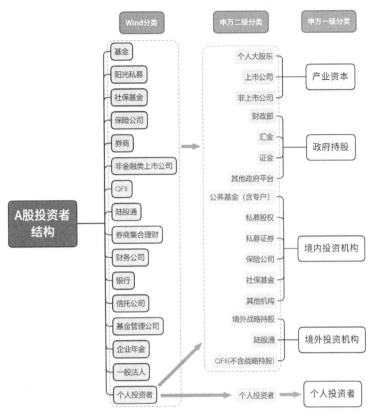

资料来源：申万宏源研报。

图 2-7 A 股投资者结构分类之二

2019 年底，A 股流通市值 48.3 万亿，其中产业资本、政府持股、境内机构、境外机构和个人投资者持有市值分别为 20.8 万亿、5.6 万亿、4.9 万亿、2.1 万亿和 14.9 万亿，结构占比如图 2-8 所示。

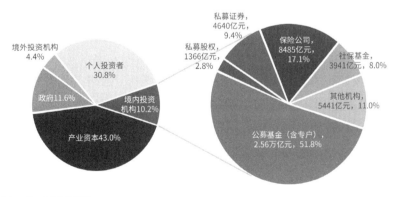

资料来源：申万宏源研报。

图 2-8 A 股各类投资者持股占比

四、各类参与者风格差异

各方资金的来源、成本不同，操作风格也各有差异。

占比最大的产业资本是不会轻易增减持的，其特点是对自家公司的经营现状和发展前景有较外界更为清楚的认识，当市场极度悲观时（如 2017—2018 年），会趁股价便宜时制定并执行增持、回购计划，反之也会大手笔减持。很多不明就里的散户对减持很反感，认为是"割韭菜"。但对减持必须视具体情况区分对待——底部减持多半是前景确实不乐观或重要股东缺钱，而高位减持更可以理解为股价飙涨后，估值连管理者自己都认为高了，将心比心地说，这种情况下减持无可厚非，散户何必还去苦苦追高呢？

政府投资股市，则更多是以支持产业发展（如国家集成电路产业投资基金，俗称"大基金"）或为完成某种特定目的而来（如股灾中救市）。我们可以在大方向上参考"国家队"入场和退场的节奏，当管理层对市场的急跌程度不能忍受，都已经出手救市时，深跌的个股就要考虑是否还需要在踩踏中割肉；当"大基金"已经明确减仓甚至清仓某只热门牛股（如 2020 年的汇顶科技和闻泰科技等）时，就没有再傻乎乎地冲进去接盘的必要啦！

内资专业机构中，公募基金占比最大。它的特点是崇尚价值投资，2017 年以来这种风格更为明显。同时，包括易方达、汇添富、富国、交银、中欧、博时等在内的各大主流基金公司还有一个特点——爱抱团。这些公司的很多拳头产品，特别是行业主题基金，基本都是围绕屈指可数的几个行业龙头坚定抱团做多。

这可以说是坚持价值投资，但另一个方面也存在过度推高股价后，导致抱团炒作走向不理性的可能。散户在选股时可以选择优质基金"抄作业"，但当"抱团股"估值明显偏离常识，已经无法靠业绩增长支撑时，也不能犯盲从和盲目追高的错误。一旦抱团逻辑松动，或重仓的个股出现黑天鹅，抄错作业也容易考零分。别忘了现在已经跌无可跌的康得新、康美药业等，当年也曾是公募基金经理的爱股。

和公募基金的一团和睦不同，私募基金良莠不齐的特点明显。私募基金中各种投资流派都有，有崇尚价值投资并知行合一的高瓴资本、高毅资产，也有量化大拿幻方、明汯和锐天等，还有做超短的投机派。和公募基金不同，私募基金并不乐于在耳熟能详的大白马股中抱团，更多强调"价值发现"，做一些尚在底部的冷门小众股，且没有对外公开持仓的义务，偶尔透露出来的重仓股，也有可能是故意放消息出来忽悠别人接盘，所以并不建议抄他们的作业。在挑选私募时，尽量买市场公认好公司的优质基金，规避买小众产品的踩雷风险。

险资和社保基金性质类似，目标不在于多高的超额收益，保值是第一要务，其次才是追求稳健增值。因此这一类型的资金更愿意配置蓝筹权重，青睐有更高安全边际以及低估值、高分红的银行股、地产股。长线或资金体量较大的散户可以适当借鉴，但热衷于短线投机的玩家没有研究它们持仓和操作风格的必要。

最后聊一聊外资。本章第一节已经提到，近几年外资投资 A 股的热情居高不下，呈逐年稳步流入的特点。2019 年，除 4 月、5 月之外，其余 10 个月陆股通均净流入，全年净流入额超过 3500 亿元，较 2018 年增加 575 亿元。北上资金 2019 年全年成交额接近 10 万亿元，占全部 A 股成交额的 7.6%（2018 年为 4.7 万亿元，占比 5.1%）。

因为其短线买卖节奏和 A 股涨跌表现出一定正相关性，股民们也开始关注这些"聪明钱"每日流入流出的情况。图 2-9 是 2020 年 7 月下旬 A 股短线见顶后，此前一直正流入的北上资金转为大幅流出的 Wind 统计图。

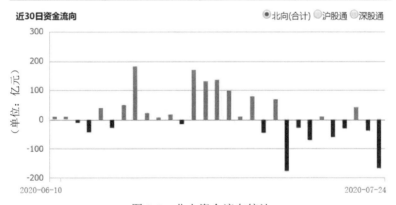

图 2-9 北上资金流向统计

但是，外资参与中国资本市场的方式除陆股通外，还有 QFII、RQFII 和境外战略投资等形式，这部分资金以长期投资的金融机构和产业资本为主。此外，即便是陆股通内部也并不是铁板一块，其中还可以细分为配置型外资、交易型外资和托管于内资港资机构的资金。各类型外资的持仓和操作风格各不相同，配置型资金类似公募，更推崇价值投资，不会轻易在短期内杀进杀出。而其他交易型外资，特别是托管于内资港资机构的资金（多数为绕道监管的"假外资"），和投机型私募或游资类似，追涨

杀跌是这些钱的特性，现在各机构和炒股软件统计出来的北上资金流向图，更多体现的是它们的异动。其流入流出和 A 股涨跌的关系类似"鸡生蛋还是蛋生鸡"的问题，并不能完全神化和迷信"聪明钱"的操作准确性。

从统计数据中还可以看到，和美国、欧洲等成熟市场不同，A 股散户资金占比仍然偏大——2019 年底流通市值占比 30.8%，仅次于产业资本。散户是典型的趋势交易者，这也让 A 股的波动性更大，也更容易遭受某些利好 / 利空消息的突然袭击。知己知彼方能百战不殆，了解参与 A 股博弈中各方势力的特性很有必要。产业资本的高瞻远瞩、优秀公私募等专业机构投资者的价值投资理念、险资的保守谨慎都值得我们学习；而那些只着眼于一时涨跌，大涨时大肆宣传"满仓吃肉"，大跌时闷声躲在墙角哭的"伪大佬"们，并不真正值得我们欣赏。

第四节 | 股市江湖各大投资门派简介

有人的地方就有江湖，机构、游资、牛散和普通股民济济一堂、资金满天乱飞、小道信息横流的股市，更是一个硕大的迷幻江湖。

每个作家笔下的江湖各有不同：金庸先生构建的武侠世界气势恢宏，既有少林、武当、丐帮等名门正派为生民立命，也有并不图为万世开太平的唐门、逍遥派、药王谷，在乱世中享受各自的逍遥快活，当然也少不了星宿派、血刀门、日月神教来扮演坏人角色。古龙前辈则更擅长刻画个体，演绎人性善恶的激烈交锋。但无论如何诡谲险恶，各个门派行走于世，都得有自己的看家功夫。在一贯浪漫的古龙先生那儿，才子佳人也要靠长生剑、孔雀翎、碧玉刀等武器才能演绎江湖恩仇。

股市江湖同样如此——技术分析派、价值投资派、组合投资派、量化交易派和消息流、资金流等玩家遍布全球资本市场，并涌现出如利弗莫尔、查尔斯·道格雷厄姆、巴菲特、林奇和西蒙斯等杰出人物。门派间没有高下优劣之分，各种武器和功法秘籍只要被发挥运用到极致，都可以各领风骚，笑傲江湖。也正因如此，无论聚焦的是基本面和财务指标的变化，还是市场大势和技术指标的波动，各派长老都创立了独具特色的成熟交易体系，并实际运用于股海博弈中，在经历多年牛熊市的检验后，终成宗师。

一、技术分析派

因简单易上手，技术分析这一门派在全球股市拥趸甚众。最初的起源可以追溯到

18 世纪的日本米市，现代 K 线图的雏形即脱胎自对技术交易规则进行文字、图形（日本蜡烛图）记录的本间宗久。他留下的《酒田战法》通过分析每日大米价格的数据预测次日价格，利用前三天的价格数据预测第四天的价格，并对价格变动率进行分析。本间宗久凭借对大米市场的深刻研究，运用技术分析方法，积聚了巨大的财富和民间声望，堪称最早的技术分析大神。

东方的智慧总是具有启蒙和早熟的特点，但真正将技术分析发扬光大，并使其成为一门系统性学问的人是美国人查尔斯·道。这位《华尔街日报》的创始人和首任编辑在金融领域同样才华横溢，其百年前创办的道琼斯指数至今仍在全球资本市场大显神威。在他 1902 年逝世后，他的下属、《华尔街日报》的记者们将其见解编成《投机初步》一书，道氏理论正式定名，查尔斯·道由此被尊为"现代技术分析之父"。

通过记录价格、计算平均指数，早期的技术分析派发现价格经常按照特定的模式重复出现，并由此笃信图形和各类技术指标。开派宗师去世后，道的追随者汉密尔顿、雷亚等人继续积极进取，"M 顶"和"W 底"等我们现在熟悉的形态学概念均在 20 世纪 20 年代出现。在 1920—1960 年，技术分析派先驱们创建了包括成交量、均线、MACD、RSI、KDJ 等一系列经典指标和分析方法，其中夏巴克、江恩等大师所著的《股市趋势技术分析》《江恩投资哲学》等书至今被技术分析派奉为圭臬。

根据所持"武器"的不同，技术分析派内部可细分为 K 线流、切线流、形态流、指标流和波浪流等（第七章将展开介绍），在我国还异化出了以"缠论"为代表的一批颇具个人特色的神奇学说，被信徒们广泛用于股市、期市、汇市等投资领域。但道殊理同，技术分析这一江湖名门下的各分支都笃信所有的宏观政策、市场讯息、企业的基本面变化、资金和情绪面的种种变化，最终都将体现在技术图形和各类技术指标的波动当中。他们看重的是结果，而不是像基本面分析者一样去追寻原因。且各支流间一般没有太大分歧，各种技术理论的背后都是"量、价、时（间）、空（间）"这核心四字在体现功效，各类指标和图形也能得到互相验证。因此，很多人会选择几种技术分析工具进行综合分析，多拿几把"武器"闯荡江湖总是不错的选择。

二、价值投资派

价值投资派是足够和技术分析派分庭抗礼的另一江湖名门，且在 20 世纪八九十年代，技术分析派被随机漫步理论和有效市场假说打压，巴菲特、彼得·林奇等新一辈"股神"崛起后日渐坐大，"吸粉"无数。

技术分析派的信仰是"看图说话"，"武器"是价格图表；而价值投资派的信仰是基于财务报表的基本面分析，"神功"是基于投资标的内在价值而长期持有的"屁股功"。其开山鼻祖当属1894年出生，活跃于20世纪上半叶的巴菲特之师——格雷厄姆。作为一代宗师，格雷厄姆先生的证券分析学说和思想一经提出，在当时沉迷于投机的欧美投资圈如一溪清流，涤荡了整个浑浊江湖。包括"股神"巴菲特、"市盈率鼻祖"约翰·内夫、"指数基金教父"约翰·博格等在内的一辈年轻人，都深受格老代表作《证券分析》《聪明的投资者》和《财务报表分析》等影响。

和习惯于快速买入卖出赚取交易价差的技术分析派不同，格雷厄姆一派致力于价值发现并长期持有。1915年9月，格雷厄姆通过搜集哥报海姆公司的资料，发现这家公司有大量不为人知的隐蔽性资产。于是大量买入该股票，到1917年，投资回报率高达18.53%。在初尝胜利果实后，他开始系统整理投资思路，提出了包括"内在价值理论"和"安全边际理论"等影响至今的重要学说，并知行合一埋头苦练。从1936年开始到1956年退休，其创办的格雷厄姆-纽曼公司年复合收益率不低于14.7%，这一成绩可跻身华尔街有史以来最佳的长期收益率之列。

和致力于"捡烟蒂"（寻找跌到足够便宜的"被错杀"公司股票）的格雷厄姆不同，巴菲特在受费雪《怎样选择成长股》一书以及亲密挚友芒格的影响后，开创了价值投资派中新的一流——价值成长流。和其他教主不同的是，巴菲特和芒格一派只爱给自己公司的股东们写信，却不愿意亲自编写神功秘籍。但从记述芒格经历和理念的《穷查理宝典》一书中，还是能读出该派如何基于价值投资理念去寻找伟大公司，并不惜为之重仓长持的精神脉络。

在承袭其师格雷厄姆关于企业的内在价值和安全边际理论后，巴芒一派还提出了独创的"能力圈"理论。在1996年致伯克希尔股东的信中，巴菲特首次强调了投资人真正需要的，是对选定的企业进行正确评估的能力，"写出自己真正了解的企业的名字，在它周围画一个圈，然后衡量这些企业的价值高低、管理优劣、出现经营困难的风险大小等方面，再排除掉那些不合格的企业。"

因为卓越的长期投资回报，"巴芒组合"早已练就金身，声名响彻江湖。而价值投资阵营中还有一位，被媒体誉为"思维更现代、投资技巧更新颖复杂"的彼得·林奇，同样是能扛能打的超级大将。林奇1944年出生于美国，1977年接管麦哲伦基金，13年资产从1800万美元增至140亿美元，13年增长27倍，年复合增长29%。和巴菲特一系相比，林奇不拘泥于持股时长和投资企业的行业属性，更看重股票背后公司在行业中的竞争地位和成长性。在为投资者创造神奇业绩的13年间，他大概买入了15 000只股票，其本人更是号称"不论什么股票他都喜欢"，持股数和换手率都比正统价投派更像个"投机者"。所以从某种意义上，也可以称该流派为"价值投机"。

但在"浪子"的不羁外表之下，他还是拥有一颗价投的心。"集中精力了解你所投资公司的情况""没有人能够预测利率、经济形势及股票市场的走向，不要去搞这些预测""通常在几个月甚至几年内，公司业绩与股票价格无关，但长期而言，两者之间呈 100% 相关。这个差别是赚钱的关键，要耐心并持有好股票"都是林氏的经典语录。

三、组合投资派

组合投资派的起源在第一章中已经提及，哈里·马科维茨 1952 年发表的《资产选择》一文标志着现代投资组合理论（portfolio theory）的开端。他利用均值 - 方差模型分析，得出通过投资组合可以有效降低风险的结论，并因此荣获诺贝尔经济学奖。在其之后，夏普、林特和莫森分别于 1964 年、1965 年和 1966 年提出了资本资产定价模型（CAPM），为投资组合分析、基金绩效评价提供了重要的理论基础。1976 年，针对 CAPM 模型所存在的不可检验性的缺陷，罗斯又提出了一种替代性的资本资产定价模型（APT）。

可以看出，和技术分析派、价值投资派不同，组合投资派自立派之初就带有较浓的"学究气"，他们更愿意相信投资是一门言之凿凿的科学而非模棱两可的艺术。在经历超过半个世纪的发展后，组合投资派声势逐渐壮大，并获得了各国名校金融学专业出身的基金经理们的青睐。从美国的华尔街到中国的陆家嘴、金融街，耕耘于主流资产管理机构的基金经理们都是组合投资派的信徒。

复杂的金融工程术语和非专业人士看不懂的投资模型背后，组合投资派信奉的基础教义其实只有最朴素的三条：第一，不要把所有的鸡蛋都放在一个篮子里面，否则"倾巢之下，难有完卵"；第二，组合的风险与组合中资产的收益之间的关系有关；第三，随着组合中资产种数增加，组合的风险下降，但是组合管理的成本提高，当组合中资产的种数达到一定数量后，风险无法继续下降。这也就是第一章"股票组合投资的必要性"一节中提到的"集中和分散"之间的辩证关系。

需要指出的是，技术分析和价值投资两派间常互有攻讦不假，但组合投资派与前两派之间显然不是针锋相对的关系。一个优秀的基金经理可以秉持技术分析或价值投资信仰，挑选优质股票进行投资组合。同时，不光是千万元、亿万元级别的大资金玩家可以归宗组合投资派，十几万元、几十万元的中小投资者也可以在这一当今股坛主流派别的教义中借鉴智慧。这一道理在前文中已有阐述，此处不再赘述。

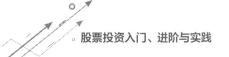

四、量化交易派

与前三个派别人尽皆知，领军人物均已功成名就不同，量化交易派在股市江湖中还并不为人所熟知。

1969 年，从小便有数学天赋的美国人爱德华·索普，用他发明的"科学股票市场系统"（实际上是一种股票权证定价模型），成立了世界上第一个量化投资基金。顺便提一嘴，此数学奇人年轻时的传奇故事也是好莱坞电影《决胜 21 点》的创作灵感来源和原型之一。1988 年，詹姆斯·西蒙斯成立了大奖章基金，从事高频交易和多策略交易。基金成立 20 多年来收益率达到了年化 70% 左右，除去报酬后达到 40% 以上。西蒙斯也因此被业界尊为"量化对冲之王"。1991 年，彼得·穆勒发明了 Alpha 系统策略等，开始用计算机和金融数据来设计模型，构建组合。

量化交易派和组合投资派相比，对金融、数学、计算机等学科能力的要求更高，其中的高频交易流、对冲流对投资资金、交易系统的要求也相当苛刻，因此普通散户并不容易学习和模仿。西方发达国家的量化交易派已经渐有称霸江湖之势，但国内量化交易派才刚起步，多由具有海外留学背景、金融工程或高等数学专业出身的高智商"侠客"组成。对比量化基金发展历程，我国目前的水平基本处于美国 20 世纪 90 年代至 21 世纪初之间的阶段，如图 2-10 所示。

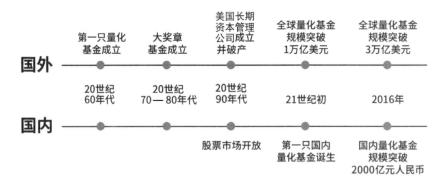

图 2-10 国内外量化基金发展历程

从 2004 年 7 月国内第一只公募量化基金"光大保德信量化核心"开始，直到 2016 年量化基金规模才刚突破 2000 亿人民币，和全球 30 000 亿美元的体量相比可谓杯水车薪。但基数小也意味着成长快，从 2012 年到 2016 年，短短五年间，量化对冲策略管理的资金规模增长了 20 倍，管理期货策略更是增长了 30 倍。相信随着国内股票指数的优化和股指期货品种的丰富，大数据和机器学习等技术工具、方法的更新迭代，最重要的是具备多元知识背景的人才队伍日渐壮大，量化交易这一派别日后必将在中国股市江湖中强势崛起。对中小散户而言，直接运用量化交易模型的难度较大，但可以关注擅长于量化交易的公/私募基金（如华泰柏瑞、幻方、锐天等）推出的产品，作为个人资产配置组合中的一环。

大千资本世界迷幻多彩，除四大主流门派外，搏杀于股海江湖的还有指数流、消息流、资金流等，限于篇幅不再展开详谈。正如高瓴资本张磊先生在为《投资中最简单的事》作序时所言："天下武林，林林总总。名门正宗如少林武当，诚然名扬天下，而武林之大，但凡修得暗镖神剑者，亦可独步江湖。所以门派无尊贵，只有适合不适合。即使最成功的投资人，也要心胸坦荡，认识到自我局限，不可以名门正宗自居，须认识到获得真理是一个学无止境、永远追求的过程。每个人的性格、经验、学识和能力决定了最适合他的投资方式，不论哪种投资方式，只要做到精，做到深，做到专，就能立于不败之地。"练武之初，入对门派、跟对师傅至关重要，对于初入江湖闯荡的A股"小侠"而言同样如此。

第五节 | 初入江湖需了解的股市行话

一个行业就是一个江湖，每个江湖都有自己的行话术语，或曰"盘道黑话"。样板戏《智取威虎山》中，杨子荣和座山雕之间"天王盖地虎，宝塔镇河妖"的经典盘话，就给全国观众留下了深刻印象。作为初入股市的新手，要想在这江湖中如鱼得水，有些只在股市投资者间默契共享、非股民听了如坠云里雾里的股市"行话"，还是有必要了解其基本意思。否则影响日常交流不说，有时候还可能会因此遗憾错失获利机会。

上一节介绍的各大主要投资流派，其内部都会有属于自己一派的"行话"。比如技术分析派都知道什么是"三只乌鸦""乌云盖顶""W底"和"M头"；价值投资派津津乐道于"护城河""能力圈"，对"市盈率""PEG"进行孜孜不倦、锲而不舍的研究；组合投资派在互相切磋武功时，喜欢比较"夏普率""标准差""波动率"；打板流则共享着诸如"点火""冲天炮""1进2"和"核按钮"一类，外人听了会误以为是帮派黑话。

股市名词繁多，本节只对各门派共用、在财经报道和评论文章中最常见，但新手股民可能了解得并不透彻的股市行话进行梳理。在后面普及宏观、行业、基本面和技术面知识时，还会对有必要掌握的重要概念和专业词汇展开详尽介绍。

一、有关参与者的行话

多头（多方）： 对股市未来行情乐观，预计股价还会继续节节攀升的人。

空头（空方）： 对股市前景悲观，预计股价会下跌的人。

多头的标准动作是低价买入股票（做多），以待未来股价上涨时卖出。空头则是抛售股票（做空），未来股价下跌到比现价更低的某个价格时再重新买入。此外，空头还可以通过融券和卖出股指期货，先向交易对手（即多头）或中介券商借入股票和股指期货卖出，待股价或指数下跌后低价接回，以赚取差价。多空双方之间并不是泾渭分明的关系，赚多了有止盈需求的多头分分钟可以化身抛售筹码的空头，反之亦然。

发达国家股市做空机制成熟，很多好莱坞电影（如 2015 年上映的《大空头》）也对善于做空牟利的资本家有生动刻画。但我国目前做空机制尚不完善，大众对"做空"这一行为在情感上也难以接受，"空头"往往作为一个贬义词出现。但资本市场的重要功能之一是"价格发现"，即通过投资者的交易行为为上市企业的股票定价。空头的存在对督促公司向善向上、推动市场优胜劣汰有重要意义。

大户： 资金实力雄厚、投资金额巨大、大批量买卖股票，甚至能够影响某只个股涨跌的投资者。

庄家： 庄家必然是大户，但大户不一定是庄家。庄家是通过刻意买入大量股票，在一段时间内操纵股价涨跌，以达到某种特定目的的资金大户。

散户： 这是与大户、庄家对应的概念，从"股市博弈的主要参与力量"一节中，我们知道，中国股票市场是一个典型的散户市，散户资金占比极高。但散户和"韭菜"不能画等号，在"七亏二平一赚"的 A 股中，还是有小部分散户能够脱颖而出，有的甚至能成长为"牛散"。

韭菜： 这是近年来颇为流行的网络热词，各行各业都存在"割韭菜"的现象。在金融圈，"韭菜"特指长期被各类"砖家"忽悠，不经过学习和思考就无脑买入股票、基金和理财等金融产品，次次赔钱甚至赔本，但偏偏屡教不改、不长记性的人。谁都不是天生的专业投资者，初入市场每个人都得从"小白"学起。"小白"要有脱离"韭菜"层次的信心，通过认真的理论学习，结合实战摸爬滚打。

夹头： 这是对价值投资者简称的谐音调侃。"在别人贪婪的时候恐惧，在别人恐惧的时候贪婪"是价值投资派信奉的巴菲特的名言。人多的地方不去，在市场逆向而行，价值投资者也会为此付出"代价"——在 2015 年和 2020 年中小市值股票动辄翻倍的成长风格市场中，坚守基本面良好，低估值高分红的银行、保险、地产股票的价值投资者，也会自我戏谑为被价值投资之门"夹住了头"。但真正的价投者会坚定信奉价格终向价值回归。切忌在长期投资和短线投机之间摇摆不定，骑墙派会被市场教训得体无完肤，那才是真的"夹头"。

白衣骑士：股海如战场，商战时常发生。当成为他人的并购目标后（一般为恶意收购），上市公司的控股方或管理层会寻找友好人士或其他企业的帮助，达到驱逐恶意收购者的目的。这提供资金或其他资源，帮忙解救危难的第三方，便是财经报道中经常出现的"白衣骑士"。白衣骑士在商战中如获成功，能和原控股方实现双赢，如在 2002 年丽珠集团与光大集团股权争夺战中获胜的太太药业；但救驾之路如果遭遇折戟，也可能沦为"接盘侠"，如 2017 年曾设法拯救濒临崩溃的乐视网，最终不得不认亏退出的著名地产商人孙宏斌。对喜欢跟风炒作的股民而言，白衣骑士获胜有可能对股价处于历史底部的公司构成"困境反转"，而一旦失败，股价也容易被打回原形，消息派的投机之路充满不确定性。

二、有关市场的行话

牛市：也称多头市场，当多头占绝对优势时，牛市行情波澜壮阔，个股交易活跃，股价和指数屡创新高。2006 年 11 月—2007 年 10 月，上证指数从 1833 点一路高歌猛进到 6124 点。2014 年 9 月—2015 年 6 月，上证指数从 2401 点启动，一直飙涨到 5178 点见顶。这是离现在最近，至今仍让无数股民怀念不已的超级大牛市。

熊市：也称空头市场，当多头散去，转由空头主导局面时，行情会变得萎靡不振，股价和指数开始一路下跌。熊市中管理层出台利好政策，甚至直接出手救市时，也无人敢于出手做多。此前说过，A 股的一大特色便是牛短熊长，牛市往往来得短，疯牛过后又容易一地鸡毛。2007 年 11 月—2008 年 10 月，上证指数从 6005 点飞流直下到 1664 点。2015 年 6 月开始的股灾，从 5178 点一路跌到 2016 年 2 月的 2638 点方才见底反弹。

猴市和羊市：典型的牛市和熊市之间，更多时候是涨跌互相交织的震荡市。也就是说大盘没有一个明确的上涨或下跌方向，市场分化比较严重。当震荡幅度较大，指数和股价动辄上蹿下跳时，被人们称为"猴市"；而指数窄幅波动，股价温和整理的市场，则被称为"羊市"。

结构性牛市：猴市和羊市中，也会存在某些特定行业、板块走得比其他行业板块明显更强的情况，或某一风格主导市场，如 2017 年的"白马行情"、2020 年的创业板小市值股票明显占优的"二八分化"等。这样的市场会被评论者美其名曰"结构性牛市"，本质原因是市场资金和人气还不足以撑起一场各板块和绝大多数股票普涨的

"全面牛"，有限的存量资金只能在某些板块中抱团取暖，而"结构"之外的板块和个股依然股价低迷，少有人问津。因此换个角度讲，结构性牛市也可以和"结构性熊市"同在。

技术性牛市：2020 年始料未及的新冠肺炎疫情对全球股市在短期内造成重创，但在各国央行大手笔货币宽松和财政放水后，多个市场都进入了"技术性牛市"。但严格意义上这并不是真牛市，站在技术分析的角度，从大盘指数最低点算起涨幅超过 20% 时，才可以称之为技术性牛市。也有人将大盘稳定站上 60 日均线并且拐头向上定性为技术性牛市，还有更稳健的则将大盘站上 120 日均线定性为技术性牛市。虽然技术牛能否发展为"真牛"还需要时间观察，但也不能小看参与其中的价值——当指数上涨 20% 之多时，很多个股已经从底部回升 50% 甚至更多啦！

牛市和熊市都是对一段较长具有趋势性的行情的描述，而在牛市和熊市之中，以及牛熊转换之间还可能有以下各种小的波折。

回档和反弹：在指数上升至一定阶段和一段较长时间后，有可能面临短期下跌。也许是为了回避"跌"字，人们美其名曰"回档"；反之，跌跌不休的熊市也可能会迎来一段回暖行情，江湖人称"反弹"。千金难买牛回头，牛市中的回档是不可错过的上车机会；而熊市中的反弹只是回光返照，重仓套牢者能抓住这难得的机会逃离也算是一桩幸事。

反转：在趋势尚未改变前，回档和反弹的参与意义都远不如反转来得大。反转由回档和反弹发展而来，当回档和反弹达到一定强度，甚至足以扭转当前趋势时，可以称之为"反转"。反转分为向上反转和向下反转，前者是熊市向牛市的转换，后者则意味着牛市开始转熊。至于"一定强度"是多少，业界并无统一标准，但可以结合一定技术形态（后面章节详谈），或以一定比例（如指数反弹超 20%）为标准。

盘整：在多数时候，指数会在某一段区间内上下波动，并无明显趋势性行情，这被称为盘整（或曰"横盘"）。盘整期间，投资者应静观其变，短线操作意义有限。

突破：突破也就是盘面开始发生变化，当指数上涨涨破前高，或下跌跌破前低时，即是盘整行情发生变化的信号（变盘）。前者为向上突破，后者为向下突破。突破信号此后的技术图形如果确认有效，即是反转时刻的到来。

反弹、反转、回档、盘整和突破等术语，也同样可以用在描述个股股价上。在大牛市中也可能会有阴跌不止的垃圾股，熊市里也可能会有逆势走强的板块或个股，所以牛市（特别是技术牛或结构牛）中并不能无脑做多，仍有必要精选个股，熊市也不必全面悲观，趁回调去寻找错杀的优质股，是很多价值投资派擅长的战法。

三、交易术语

吸货和出货："货"即股票，吸货和出货就是买入和卖出股票的意思。

和"仓"有关的术语：货物储存的地方，就是仓库。交易账户中储存股票的地方，被人们形象地称为"仓"。

开始有计划地买入股票的过程是"建仓"，建仓后持有股票的状态，被称作"持仓"。持仓三成以内是"轻仓"，五成时是"半仓"，超过七成是"重仓"。现金全部买入，仓库里堆满股票后，就是传说中的"满仓"。有计划地抛售股票的过程，叫"减仓"，因某种原因被迫把账户内的股票全部卖出，叫"平仓"，主动把剩余全部股票一次性卖出的行为叫"清仓"，如果是赔本卖出的，也可以称为"斩仓"。整体仓位不变，但调换股票的行为，被称为"调仓"。出现浮亏，为降低持仓成本再次买入股票的行为叫"补仓"。本有浮盈，因看好某只股票选择再次买入的行为叫"加仓"。

优秀的投资者根据个人资金情况和对市场涨跌趋势的判断，灵活机动地调整仓位高低的行为，就是"仓位管理"。仓位管理是门艺术，玩得好可以增厚收益，躲避风险，玩不好也可能错过行情或被市场无情教训。至于仓位调整需要考虑的要素，后续章节还会时不时谈到，此处暂时按下不表。

踏空：投资者本来持仓成本不高，但因为看空某只股票的后市表现选择卖出，结果此后股价一路上扬，只能眼巴巴看着别人赚钱，自己却守着一堆现金吃活期利息，被江湖侠客们戏称为"踏空"。

套牢：意思刚好和踏空相反，指投资者看好某只股票的后市表现选择买入，结果此后股价一路下跌，又不舍得及时认亏卖出股票（俗称"割肉"，好听点叫"止损"），最后深度亏损的状态。

解套：深度亏损的股票股价回升，从而使套牢者可以以不赔本的价格卖出股票。

做T：是指通过先低买再高卖或先高卖再低买的交易手法，以达到赚取买卖价差、降低持仓成本等目的,过去老股民也俗称"抢帽子"。根据做T的顺序不同，可以分为"正T"和"倒T"（也称"负T"）。上涨趋势中的个股可以在分时低点先买入，然后在后面的分时高点卖出，这是做正T；反之，下降趋势中的个股可以在分时高点先卖出，待股价下跌后再在分时低点接回，是为倒T。当然能否真正达到降低成本的效果，依赖于准确判断分时高低点，这又是另一个故事啦！

我国股市目前实行的是"T+1"制度，即当天买入的股票在第二个交易日才能卖出。在手中握有现金和底仓的情况下，通过做T可以变相实现"T+0"和滚动操作的效果。而根据管理层的安排，在不远的将来，"T+0"将逐步、分批次地在科创板、创业板、中小板及主板落地，玩法的改变必将重塑短线交易的生态，届时"做 T"一词的内涵自然也会随之发生变化。

对倒：游资、庄家开立多个账户自买自卖，让股票成交量和换手率升高，显得股性活跃，以达到吸引散户注意入场参与买卖股票的行为。

坐轿子和抬轿子：庄家通常会选择在某些小众低位股，将其股价抬升至高位后卖出盈利。普通投资者通过某些内幕信息，或技术图形预判股价会涨，在拉升之前提前买入股票，这样的行为就是"坐轿子"。股价拉高后，庄家为了更好地出货，会通过刻意构造走势较好的技术图形，或在出货前散布利好消息，吸引投资者跟风买入。如果投资者不幸中招，很可能面临亏损，沦为"抬轿子"的轿夫。

戴帽子和摘帽子：因财务或其他状况出现异常（如连续两年亏损）的上市公司股票交易，会被交易所进行特别处理（Special Treatment），具体的措施包括股价涨跌幅限制为 5%，股票名称前加"ST"，以及上市公司的中期报告必须经过审计等。被冠以 ST "荣誉称号"的动作，就叫"戴帽子"。如果业绩持续无法改善，ST 股还会被再戴一个"＊型帽子"（所以也叫"戴星"），*ST 股风险更大，投资者务必谨慎参与，新手应该回避这类绩差股的炒作。

考察期内业绩改善，经营状况回归正常后，ST 股和 *ST 股也有去除股票名前加冠的字母符号的机会，这个动作被称为"摘帽子"或"摘星"。一旦提前有摘帽子的消息发布，股价很可能迎来一波上涨行情。

打板和翘板：在我国，除新股上市当天外，普通单日交易都有 10% 或 20% 的涨跌幅限制。所谓"打板"，是指股价异动，快速拉升至接近涨停时突击买入的交易行为。专门从事类似短线交易的股民，也称为"打板族"。当股票跌停后抄底买入，豪赌股价当日回升的行为，则为"翘板"。围绕打板和翘板，也衍生出众多操作技法和专有名词，如"天地板"，即指股价从涨停直接打到跌停；反之则为"地天板"。

在头一天股票涨停封板后，第二天继续涨停，就是打板族常说的"1 进 2"，如果第二天继续涨停，即是"2 进 3"。这种连续涨停板的赚钱效应很强，但盲目追高打板也可能在高位接盘，遭遇各种"割韭菜大法"清洗。近几年流行的新名词"核按钮"，即是指在盘前盘中以跌停价格挂卖单，保证持股者以最快速度抛出筹码以换取现金。

四、盘口术语

"盘口"是在股市交易过程中，观察大盘或个股交易动向的统称。在长期的股市实践中，习惯看图（分时图、日周月线图等）说话的技术分析派发明了大量的概念和指标，共享着一整套分析盘面信息的概念和术语。

盘口信息包括当日买卖双方在交投过程中所产生的全部痕迹，它们以各种方式向投资者展现，如分时线、均线、买1～买5、卖1～卖5、量比、委比、内外盘等。更广义地看，盘口不仅包括当日的盘面信息，还包括个股在历史走势中的买卖交易情况，它们可以通过日成交量、K线形态、技术指标波动情况等反映出来，完整详尽地勾画股价在一段较长周期内的买卖交易过程。

具体的与技术分析相关的概念将在后续章节详谈，此处仅分享一些简单"黑话"。

洗盘：为减轻后续拉升股价顺利出货的压力，主力或庄家有时会通过"洗盘"有意制造恐慌，迫使低价买入却又意志不坚定的散户卖出股票。洗盘之后往往还会有拉升，但究竟是洗盘还是真跌出货，就要看投资者自己的判断了。

崩盘：由于政治经济因素（次贷危机）或突发某种利空（战争、疫情），导致市场指数和绝大多数股票无限度暴跌，包括机构、主力和散户在内的所有参与者都在恐慌情绪下集体抛售股票，谓之"崩盘"。较之个股的暴跌，指数的崩盘杀伤力显然更大，影响更为深远。华尔街对崩盘有一个量化标准，通常被定义为单日或数日累计跌幅超过20%。1987年美股崩盘时道指单日暴跌22.6%，而在著名的引发大萧条的1929年股灾中，也曾创出过连续两个交易日跌幅分别为12.8%和11.7%的纪录。而最近的一次崩盘，则发生在2020年的2月、3月间，道琼斯指数从29 568点一口气跌到18 213点方才罢休。

护盘：与崩盘对应的概念为"护盘"，股指持续下跌，人心惶惶之时，管理层甚至会动用国家力量直接参与救市。而个股股价大崩时，产业资本或机构、主力也会开始发力护盘，即购入股票维持股价不再下跌，以防止造成更严重的连锁反应。

高开：指数或个股开盘价超过上一交易日收盘价，但未超过最高价的现象。如果买入力道过强，甚至超过前一日最高价，则为"跳空高开"。

低开：与高开相反，"低开"是指指数或个股开盘价低于上一交易日收盘价，但未低于最低价的现象。如果卖出力道过强，甚至低于前一日最低价，则为"跳空低开"。

缺口：跳空高开或低开会在K线图中留下痕迹，即相邻两根K线之间的一段空白。通常情况下，如果缺口不被迅速回补，表明行情有延续的可能，如果缺口被回补，表明行情有反转的可能。缺口是技术分析派非常重视的一个技术形态，围绕其展开分析甚至足以形成一门理论。

平开：指数或个股开盘价与前一交易日收盘价持平，是为"平开"。

盘档：指当天股价变动幅度很小，最高价与最低价之间差价不超过2%。对市场指数而言，行情进入盘整期后，指数上下波动幅度不大的情况，也被称为"盘档"，此时投资者多持谨慎观望态度。

本节洋洋洒洒几千字，但对股海江湖"黑话"体系而言仅仅是一小部分。本节提及的主要是部分在交易和日常交流中高频使用的词汇，做常识性了解即可。其他宏观面、基本面分析需重点掌握的概念，会专门在后续章节做详细讲解。

|第六节| 重要股市指数介绍

股民常会听到诸如"上证 3000 点以下无脑买""恒指失守 27 000 点，距熊市仅半步之遥"等类似言论，这里提到的"上证""恒指"便是常见的股票市场指数。

所谓"股市指数"，通俗讲就是由交易所或其他金融服务机构制定一个规则，然后根据规则挑选出一篮子股票，来反映市场整体或某一特定行业、主题板块的价格变化和走势。正如开车的司机需要关注速度表和油量表来判断自己是否安全驾驶一样，股民也可以通过市场指数来判断当前的市场是否安全。

一、上证综指

上证综指的全称是"上海证券综合指数"，是 A 股现行指数中的老大哥，也是中国股民最熟悉的指数。由上交所自 1991 年 7 月 15 日起发布，基准日定为 1990 年 12 月 19 日，基日指数为 100 点。它选取在上海证券交易所上市的全部股票（含 A 股和 B 股），通过计算得出一个平均数，能够反映上海证券交易所上市股票价格的变动情况。

由于上证综指按成分股总市值加权计算，一直存在金融、地产、能源、交通运输等传统行业市值占比大，特别是两桶油和四大行等"大笨象"企业权重明显过高等问题。从 2009 年 10 月 16 日上证综指收盘 2976 点算，到 2019 年 10 月 16 日上证综指收盘 2977 点，上证综指在 10 年间只涨了尴尬的 1 个点。在美国股市迎来十年，甚至二十年长牛之际，A 股老大哥"十年涨一点"被股民疯狂吐槽，在引起管理层重视后，2020 年 7 月 22 日上证指数编制方案终于迎来修订。

一是上市后日均总市值排名在沪市前十位的证券，修正为自上市满三个月后计入指数，其他证券于上市满一年后计入指数。众所周知，新股一大特色是上市往往是一字板涨到顶，然后开启连续下跌模式，而且往往跌的时间会长于涨的时间，这给指数带来了很大的波动。

二是有 ST 和 *ST 的股票，自"披星戴帽"后下个月的第二个星期五后的首个交易日从指数样本中被剔除。"摘星脱帽"的，则按同样的时间规则纳入指数样本。

美国指数十年上涨的一个主要原因，就是它采用了优胜劣汰的方式，不断剔除上市公司中的垃圾公司。对于 A 股来说，ST 股往往都是在垂死边缘痛苦挣扎的公司，尤其是退市之前，会开启连续暴跌的"濒死"模式，此次将 ST 股剔除对于 A 股来说能减少这种连续阴跌对指数的影响。

三是上海证券交易所上市的红筹企业发行的存托凭证、科创板上市证券将依据修订后的编制方案计入上证综合指数。以前 A 股常年被吐槽诸如 BAT（百度、阿里、腾讯）的科技头部企业大多在港股或美股上市，无缘 A 股。即便后来开始逐渐回归 A 股也大多在科创板上市，无缘主板。而此次将科创板纳入 A 股指数的编制使上证纳入更多优质公司，有望改变曾经"两油四行"走势左右上证指数的尴尬局面。

二、深证成指

深证成指，是"深圳证券交易所成份股价指数"的简称，还可以更简便地称为"深成指"。它与上证指数不同，并不是全部深交所上市股票都涵括，而是按一定标准选出部分有代表性的上市公司作为样本股。然后用样本股的自由流通股数作为权数，采用派氏加权法编制而成的股价指标。

它以 1994 年 7 月 20 日为基期，基点为 1000 点，起初的样本股也只有 40 家。自2015 年 5 月 20 日起，为更好地反映深圳市场的结构性特点，也为了更适应市场发展，深成指开始实施扩容改造，数量从 40 家扩大到 500 家，从而更加充分地反映深市的运行特征。

三、创业板指

创业板是一个创造奇迹的地方，它诞生了一批 N 倍牛股。2010 年 6 月 1 日，为了更全面地反映创业板市场情况，向投资者提供更多的可交易的指数产品和金融衍生工具的标的物，也为了推进指数基金产品以及丰富证券市场产品品种，深交所正式编制和发布创业板指数。

随着创业板指的诞生，由创业板指数、深证成指、中小板指数构成的深交所核心指数体系正式形成，从此由这铁三角共同反映深交所上市股票的运行情况。

四、其他 A 股指数

学习了沪深两市的核心指数，再来了解 A 股中其他几个常见指数。

（一）上证 50 指数

上证 50 指数是由在上交所股票中规模大、流动性好和最具代表性的 50 只股票组成，它反映了沪市最具影响力的龙头企业的股票价格表现。

上证 50 主要以大盘蓝筹股为主，这 50 只股票中，包含了中国平安、贵州茅台、招商银行和保利地产等国内各行业的龙头企业。早几年，上证 50 指数一度是金融板块的天下，金融占比超 60%，当时买上证 50 的指数基金，从某种角度来说就相当于看好未来金融板块的业绩。但随着 2020 年科技、医药、消费板块的走强，上证 50 的成份股也发生了一定的变化，目前诸如闻泰科技和恒瑞医药等医药、科技龙头也出现在了上证 50 中。

（二）沪深 300 指数

沪深 300 指数由在上海和深圳证券交易所上市的、市值排名前 300 位、流动性较好的股票组成。这 300 只股票一般能占到 A 股总体规模的 60% 以上，能代表全市场大型公司的整体股价走势。沪深 300 成份股相对均衡，占比最高的行业分别是金融、工业和可选消费。

由于沪深 300 在国内股票市场的总体规模中占比很大，所以人们通常把沪深 300 的走势看作大盘股的走势。

（三）中证 500 指数

中证 500 指数是剔除了沪深 300 指数中的所有 300 只成份股以后，剩下的市值排名 301 ～ 800 位的 500 只股票组合，它综合反映了国内上市公司中小型企业的整体股价走势。中证 500 前十大成份股占总体权重一般不超过 8%，行业也相对比较分散，整体走势不容易受行业突发事件的影响。

相较于人们把沪深 300 看作是大盘股的走势，中证 500 指数代表了中盘股的表现。

（四）中证 1000 指数

既然有代表大盘股和中盘股表现的指数，那么就也有代表小盘股的指数——中证 1000 指数。

中证 1000 指数的成份股是选择中证 800 指数样本股之外规模偏小且流动性好的 1000 只股票组成，它与沪深 300 和中证 500 指数形成互补。

最后，尽管一般不建议新手直接参与 A 股以外的其他国家和地区股市，但随着 A 股的国际化，一些重要的外围指数与沪深两市重要指数的相互影响关系愈加明显，还是有必要对它们做常识性了解。

五、道琼斯工业指数

道琼斯工业指数是由华尔街日报社和道琼斯公司创建者查尔斯·道创造的股票市场指数。最初设计的主要目的是测量美国股票市场中工业企业的发展，是最悠久的美国市场指数之一。从 1896 年"出道"至今，已经有超过 100 年的历史。

虽然名称中仍保留"工业"这两个字，但更多是历史意义而非实际意义。因为时至今日，道琼斯工业指数的 30 家构成企业里，大部分都已与重工业无关。这 100 多年间，道琼斯成份股不断优胜劣汰。2018 年 6 月 26 日开市前，通用电气公司（GE）被医药连锁巨头沃博联（WBA）取代，这意味着道琼斯指数的最后一只创始成份股也在百余年后成为历史。目前道琼斯指数成份股的 30 家企业里，只剩下 7 家是工业制造行业的企业，剩余的 23 家都是代表服务、技术、零售和创新领域的企业。这从侧面说明了指数基金投资的意义——股票背后的企业可能会消逝于历史舞台，但能够迭代革新、不断优化的股市指数却能与世长存。

六、标准普尔指数

除道指外，标准普尔股票价格指数在美国乃至全世界也同样颇具影响力，它是美国最大的证券研究机构标准普尔公司编制的股票价格指数。该公司于 1923 年开始编制发表股票价格指数。最初采了了 230 种股票，编制两种股票价格指数。到 1957 年，这一股票价格指数的范围扩大到 500 种股票，分成 95 种组合。其中最重要的四种组合是工业股票组、铁路股票组、公用事业股票组和 500 种股票混合组。从 1976 年 7 月 1 日开始，改为 400 种工业股票，20 种运输业股票，40 种公用事业股票和 40 种金融业股票。几十年来虽有股票更选，但在成份股数量上始终保持为 500 种。

七、纳斯达克指数

纳斯达克指数又称"美国科技指数"，简称"纳指"，是反映纳斯达克证券市场行情变化的股票价格平均指数，基本指数为 100。纳斯达克证券交易所由全美证券交易商协会（NASD）于 1971 年在华盛顿创立并负责管理。它的特点是包容性极强，其上市公司涵盖世界各地的高新技术企业，包括微软、英特尔、雅虎等家喻户晓的高科技公司都在纳斯达克交易，搜狐、网易、阿里、百度、京东等中国新经济龙头也都在或曾在纳斯达克上市。

但随着中美关系的紧张,特别是 2020 年瑞幸咖啡财务造假事件引发的轩然大波后,美国过去宽松的上市监管政策已经开始收紧,众多中概股不得已启动回内地或香港上市的计划。

八、恒生指数

恒生指数简称"恒指",由恒生银行全资附属的恒生指数公司编制。其成份股是港股上市的 33 家龙头企业,以其发行量为权数的加权平均股价指数,是反映香港股市走势最有影响的一种股价指数。该指数于 1969 年 11 月 24 日首次公开发布,基期为 1964 年 7 月 31 日,基期指数定为 100。

港股交易时间分为开市前时段、早市、午市、收市竞收四个时间段,9—10 点为开市前时段,10—12 点 30 分为早市,14 点 30 分—16 点为午市,16—16 点 10 分为收市竞收时段,早市和午市为真正的交易时间,被称为"持续交易时段",共有 4 个小时。因为有不少金融、能源企业同时在 A 股和港股上市,比较它们在两地的价差,对部分机构投资者或高阶散户玩家进行套利投机有重要价值。普通散户仅需要对 A 股和港股的交易时间差作了解,特别是 A 股休市的午间以及收市后恒生指数仍在运行,观察其走势对预判 A 股当日午后及次日走势有一定参考意义。

除以上主要外围指数外,还有欧洲市场的欧洲 50、英国富时 100、法国 CAC40、德国 DAX 指数、亚太市场的日经 225、韩国首尔综合指数等,对判断全球权益市场风向也有一定意义。

管理层和交易所通过跟踪股指波动可以监控整个市场是否正常运行,经济学家可以将股指作为宏观经济研究的重要指标,投资者可以通过股指的历史走势总结过去的经验教训。股指实时变化则可作为预判后市行情的辅助工具,围绕着全球各大指数开发的众多金融衍生品(如 A50 期货)还可以为资本市场玩家提供丰富多样的风险对冲和投机工具。此外,选定某一指数作为业绩参考基准,是追求相对收益(即比股指赚得多还是赚得少)的公募基金的通行行业规则。

第七节 开户注意事项

2020 年 6—7 月,创业板指数连续上涨超 30%。牛市赚钱效应激发居民存款搬家(7 月单月下降 7129 亿元),资金疯狂涌入股市。242.23 万新散户跑步入场,A 股投资者总数达 1.7 亿人，五年前疯牛时"全民炒股"的盛况重现江湖。

计划进行股票投资，第一步面临的就是开户。一个人只有股票账户开立，资金从银行第三方存管账户转入股票账户的那一刻起，才宣告正式成为股民。到 2019 年底，国内证券公司达 133 家，参与证券业协会排名的有 98 家。券商业务同质性极高，选择在哪家开户看似事小，但好的开始是成功的一半，选对了平台对后续投资交易将颇有助益。

一、开户券商尽量选大不选小

2015 年 4 月监管放开"一人一户"限制后，投资者可以同时在上海交易所开立 3 个股东账户。深圳交易所的态度更奔放些，最多可以开 20 个。也就是如果想开通同时可以在上海和深圳两地上市交易的股票账户上限是 3 个。如同股票长线投资尽量选行业龙头一样，建议新手的第一个股票账户要开在综合排名靠前、行业知名度高的券商。

处在一、二线梯队的大中型券商，在资金实力、投研支持能力、客户服务水平、APP 使用友好度、交易稳定高速便捷等方面的优势，是小券商所不能比拟的。没必要为贪小券商开户有奖、"万一免五"之类的小便宜，错过龙头大哥能带来的更好体验。如果是短线交易者，交易软件的一次卡顿可能会带来成交价格上的不利；如果是价值投资者，可以找客户经理索要内部研究报告，优质投研团队撰写的报告能带来的潜在收益，远比省下来的几十块、几百块交易费用高。另外，大券商的融资融券资源更多，如果有从事两融交易的计划，更要有意识地选择头部券商开户。

证券业协会每年会根据资产、营业收入、利润、信息技术投入等指标对各家券商进行排名，社会上还会有"新财富""财经风云榜"等排名，以下是根据各项公开数据和各类排行榜，在调高经纪业务排名、品牌美誉度和 APP 使用友好度权重后，做出的十大适合开户的券商名单，如图 2-11 所示。它们实力都很雄厚，且都有各自的专长亮点，谨供大家参考。

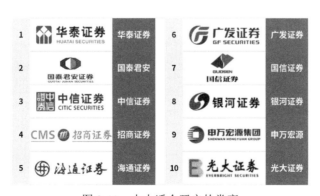

图 2-11 十大适合开户的券商

二、远程开户

股龄长一点的投资者，都经历过较为烦琐的柜台开户流程，如图 2-12 所示。在线上开户尚未普及的年代，排队填一堆资料表格不说，还需要在银行网点和券商营业部之间来回跑，没有大半天的时间搞不定。而且只能工作日办理，周末和法定节假日都不能开户，非常不方便。

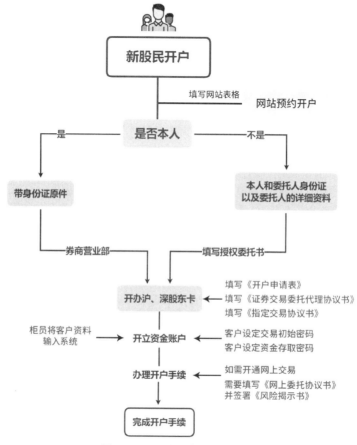

图 2-12　开通证券账户流程图

2015 年以后情况发生了变化，各大券商都推出了"7×24 小时"的远程开户服务，只需要事先准备好二代身份证和银行卡，一台带摄像头和麦克风的电脑或带摄像头的智能手机，下载好券商 APP 后，配合开户专员做好远程视频验证就好。随后会有客服坐席电话，做完回访调查和风险评测后即可完成开户。

有部分上了年纪的人对远程开户有本能的警惕，其实大可不必担心。远程开户已经是大势所趋，现在业内 95% 以上的开户都在线上完成。只要不点击网上各种乱七八糟的引流链接，只在知名券商官方 APP 完成最后的开户动作即可。2020 年 8 月 14 日，证监会就《证券公司租用第三方网络平台开展证券业务活动管理规定（试行）》公开征求意见，有了管理层的监管，今后证券公司与第三方机构的引流合作会更加规范，中小投资者的权益会得到更好的保护。

远程开户有时会带来账户所在证券营业部为异地的问题，这也不必纠结，如今大部分过去必须线下办理的功能，如开通创业板交易资格等都可以在线上完成。但由于还有一些功能，如融资融券交易资格等必须线下办理，所以在挑选远程开户券商时，可以优先选择在工作单位或家附近开有线下营业部的公司。每个地区都有当地主流券商，如华泰的基本盘在江苏，深圳的"带头大哥"则是国信，这也是投资者选择在哪家开户时可以考虑的一个因素。

此外，新手往往只关注佣金高低，是否有负责任的客户经理提供优质服务，这一点却很容易被忽视。建议是一开始不要匆忙开户，在货比三家后再做决定。有的券商名气很大，但客户经理队伍管理不到位，提供的后续服务质量低，或者干脆就是一开了之，引流时热情满满，随后不管不顾，这类券商佣金再低也不建议选。

三、关于佣金

券商行业竞争极其惨烈，中小券商经常会为吸引新客户打"万一免五"（即过去有的最低5元的交易费底线免除，仅按万分之一比例收取交易手续费）的价格牌。但要知道，投资者需要给交易所的费用就在万分之零点八左右（由证券公司代收，即所谓的"规费"），券商还有自己的通道、人工、软件等成本，"万一免五"很难覆盖成本，价格战是在赔本赚吆喝。

还需要注意，很多券商营销人员口头所谓的"万一开户"往往是注了水的。如在宣传时的"万一"只是指佣金按万分之一计算，并不包括过户费、规费和印花税等，尤其是在卖出时按交易额千分之一收取的印花税是国家依法征收，没有任何一家券商能免收。

此外，有在券商渠道购买基金和进行可转债交易的投资者，还需要事先咨询客户经理相关手续费率。现实中不乏有人贪图小券商低佣金噱头，却没注意具体交易品种费率，在股票交易中确实占了便宜，却在基金和可转债交易费率那块被"摆一道"的案例。

在目前的市场行情下，万分之三以内的费率水平都是正常水平。但经纪业务是券商重要收入来源，客户不要求，管户经理很少主动联系降费率。有很多早年开

立账户的老股民，甚至还在"享受"千分之一费率的待遇，为券商业绩做出了重大贡献。

如果资金量大或交易频繁，应该联系客户经理要求降低费率（千万级别资金在龙头券商基本可以做到"万一"），如遇拒绝可用换券商作为谈判筹码。资金量小也可以与客户经理商量，毕竟现在早已是买方市场，券商工作人员还是会在合规前提和权限范围内，尽量满足客户的要求。

第八节 打新的注意事项

所谓"打新"，正式说法是指参与新股申购。经过系统摇号抽签，成功获得新股购买权就是俗称的"中签"。在 2016 年新股发行规则改革前，参与打新需要预先准备资金进行申购，这部分钱还会被冻结 3 个交易日。因为要冻结资金，当时每逢新股上市，就会被投资者吐槽为"吸血"。当上市新股较多时，的确会对当日市场产生消极影响。但也因为有一定参与门槛（新股较多时满额申购需近 200 万元现金），2016 年前中签率也比较高，2015 年牛市中光靠打新都能获得不菲的收益。

而 2016 年后，"打新族"迎来按市值配售新股时代。无需预缴资金申购新股，而是先申购，中签后才需缴纳申购款。此次改革广获市场好评，因为不光能祛除为股民广为诟病的"新股吸血效应"，还大幅提高了市场资金的使用效率。

在现行打新规则下，有以下几点需要注意：

一、中签率与运气、市值有关

很多股民都有类似的体验：总能听到别人中签的好消息，而自己却总打不中新股，发不了这笔"横财"，为什么？

目前网上打新中签率仅在万分之四左右，这个概率也决定了大家一定要摆好心态——中了是运气应该感谢天感谢地，不中也在情理之中。有人画了一个图，可以直观地看出中签的难度，如图 2-13 所示。

这是一个 100×100 的方格子，其中有四个黑色方格。感受一下，如果你申购 10 个号，是让你蒙着眼睛扔 10 个飞镖——注意是盲扔，不可以瞄准，扔中任何一个黑色方格即为中签。

图 2-13 中签方格示意图

日常经验还会告诉我们，似乎"有钱人"中签机会更多。没错，按现行规定每 1 万元沪市市值可申购 1 签沪市主板新股，每签新股为 1000 股；每 5000 元沪市市值可申购 1 签沪市科创板新股，每签新股为 500 股；每 5000 元深市市值可申购 1 签深市中小板或创业板新股，每签新股为 500 股，但至少需要 1 万元深市市值才能参与申购。市值多的人比少的人可以多申购几个号，"扔飞镖"的次数多了，命中"黑格子"的概率自然也会相对更高。

特别是注册制下，科创板和创业板的新股个数明显更多，如果你连科创板和创业板都没有开通，中签率也会明显更低。而开通这两个板的交易资格都有资金下限要求，瞧见没有，还是和资金实力有关的。

二、中签率和申购时间有一定关系

几点打新中签率高？这是打新族最热衷于讨论的问题，有时甚至是个"玄学"问题。我就此问题请教过各种常年中签的"签王"，得到的答案版本各有不同，但基本集中在 10 点、10 点半、11 点半这几个时间点。对这个困扰大伙已久的问题，2017 年国信证券研究部门专门做过统计，结论似乎支持"签王"们的说法，10—11 点半这个区间段中签比例的确更高（当时的中签率也比现在高），如表 2-2 所示。

表 2-2　各时段中签率统计

委托时间	中签率（%）
09：30—10：00	0.135
10：00—10：30	0.148
10：30—11：00	0.156
11：00—11：30	0.155
13：00—13：30	0.139
13：30—14：00	0.148
14：00—14：30	0.146
14：30—15：00	0.137

资料来源：国信证券研报。

多数股民习惯在开盘、午休和临近收盘打新，这可能与人们的交易习惯和工作时间有关。同一个时间点"扔飞镖"的人（竞争者）多了，能够最终命中靶心的机会相对会更低。电子抽签摇号规则基本是公平的，即便各个打新时间段中签比例有区别，差距也不是特别大。所以网上关于"打新秘籍"的传说很多，但每位大神传授的时间并不相同。而且，和某个量化交易模型使用者太多会"失效"一样，即便真的有秘籍，知晓和运用的人太多，很容易就不灵了。由此可见，打新"玄学"的背后，本质还是概率论的问题。

三、如何提高中签率

既然明确了中签率与市值、运气关系更大，和打新时间关系不大，那就可以对症下药，科学配置市值。选好打新底仓，坚持打新，有意识地不在开盘、午休和收盘申购就好。

对资金实力雄厚的投资者，沪市打新底仓建议选择波动较小的四大行配置。深市没有明显较好的标的，有兴趣的可以用市盈率、市净率和波动率等指标综合选股并分散配置。尽量选股价和估值都低、波动率小的股票。对于资金量不大的选手来说，没有刻意配置底仓的必要。还需要注意的是，只有股票的市值才能用来打新，所有场内和场外的基金市值都无法用来打新。也就是说即便买了一千万元市值的交易型开放式指数基金（Exchange Traded Fund，ETF），连 1 签新股都申购不了。

为了保证公平性，同一批发行供申购的新股，都有顶格申购上限。因此并不是市值越高"扔飞镖"的机会就越多，如果资金超过 30 万元，可以考虑多账户打新策略，这的确是提高中签率的有效手段。但所谓的多账户是不同身份证开立的不同账户，而不能是同一身份证下的多个账户。因为交易所规定，同一身份证名下多账户申购或者同一账户多次申购的，以第一笔申购为准，其余均为无效申购。只建议用至亲之人的账户分仓打新，最好不要借用其他亲朋好友的账户，产生经济纠纷得不偿失。

四、新股何时卖出

能中签就已经是足够幸运，打中新股后一定不要再贪。首日有涨幅限制的新股（一般是44%），不要急于卖出，待次日及以后涨停板打开时再卖出。

和非次新股交易一样，不要抱有每次卖在最高点的奢望，新股只要开板或露出转跌苗头，都可以止盈出局。有很多散户对新股冲高抱有盲目信仰，现实中还经常有不光不会及时止盈，还在新股回落时补仓，最后中了签反而亏钱的荒诞案例。

对于上市后前5个交易日内不设涨跌幅限制的科创板和创业板，中签后最明智的做法就是首日冲高回落时马上抛出。尽管有国盾量子这种首日暴涨十倍，次日回调后再创新高的"疯股"，但毕竟只是极端市场行情下游资疯狂炒作下的特殊个例，如图2-14所示。

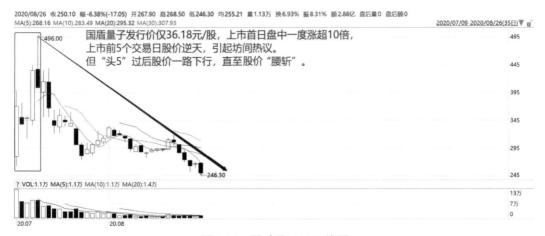

图 2-14　国盾量子日 K 线图

大数法则之下，控制贪欲，懂得见好就收才是稳健行远之道。此外，"可转债打新"没有市值要求，且中签率较股票高。在市场环境好的情况下，可转债中签后较少有破发风险，新股民可以积极参加，只要也遵循首日或开板后（首日涨幅限制为30%）卖出的规则就好。

除了主流的几个板块外，还有人参与新三板打新，特别是其中的"精选层"打新。其规则和上述几个板块不尽相同，突出"优势"是几乎百分百中签（至少目前如此），但你想想，逢打必中的"大便宜"，真的是"便宜"吗？天底下有美妙的捡钱好事吗？

还是那句话，新三板精选层里也许会有珍珠，但散户，尤其是新手小白一定不要去做浑水摸鱼之事。

最后提醒下，在2016年的打新新规中，公开发行2000万股以下的小盘股发行取消询价环节，由发行人和中介机构定价，新股发行完全市场化定价。这意味着和发达国家地区成熟市场靠拢，新股完全有破发可能。而随着科创板和创业板注册制的落地，今后将有更多市场化定价的新股上市融资。"无脑打新"的福利时代将渐行渐远，这对股民提出了更高的要求。如何在众多新股中选出值得参与申购的，是未来需要更深入研究的功课。

第二章小结

阅罢本章，你应已大体了解了证券市场概貌，对与股票投资相关的基础概念和术语也有了框架式的认识。每个投资门派都有自己行走江湖的独门秘籍，但无论武器神功多么纷繁缭乱，始终是在围绕着基本面、技术面、资金面、政策面和消息面这股市"五碗面"的修炼和进化。从事股票投资（机），要结合知识背景、性格特征、兴趣爱好和资金实力等个人实际情况，于"五碗面"中择一到两个重点深入研习，打造属于自己的、闯荡股海江湖的核心竞争力。

从下一章起，我将从侧重于经济（而不是个股）基本面和政策面解读的宏观分析开始，带大家领略"五碗面"各自的魅力。先将股市置于宏观视角下打量，介绍宏观经济分析对股票投资的意义，让新手明白各类经济数据、重大财经政策和事件对市场的大致影响，了解在不同经济周期和宏观环境变化下该如何调整投资策略。

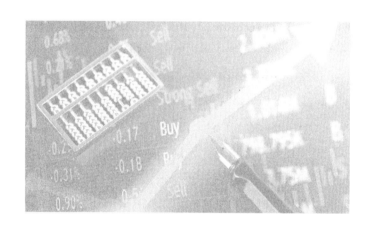

第 三 章

宏观经济————————

第一节 宏观经济分析对股票投资的意义

"经济"（economy）一词是西方舶来品，源出古希腊语"οικονομία"，最早是哲学家色诺芬对"οικος"（家庭）和"νομος"（方法）两词的结合和创造。可见在西方语境下，经济学的初心在于研究"齐家"之术。而在近代的西学东渐中，日本人将economy翻译为"经济"，并由孙中山先生引入我国。这操作顿时将原本的小词拔高了意境，由琢磨养家糊口的"家庭经济管理"升级成了治国平天下的"经世济民"之学。

直到现代，经济学才发展为一门成熟的学科，并在凯恩斯等人的推动下分为宏观和微观两大门派。前者热衷于宏大叙事，以某一国家/地区甚至是全世界的各类经济数据和现象为研究对象，如图3-1所示，理想是通过分析GDP、PMI、PPI、利率、汇率和各行业供给与需求等经济数据变化，有针对性地优化货币、财政和产业政策等，稳定经济发展，避免社会失序；微观经济学则将目光聚焦企业、商家和家庭，甚至是个人的具体经济行为，指导人们优化资源配置以提高效率，增进效益。二者本意都很善良，至于效果则另当别论。

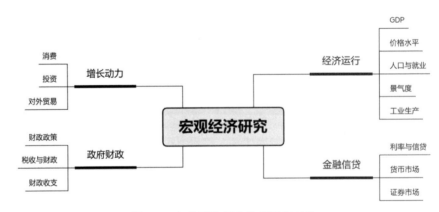

图3-1 宏观经济研究的范围和对象

个人股票投资显然是志在赚钱补贴家用的"家政术"，属于微观经济的范畴，因而一直有声音质疑宏观经济分析（以下简称"宏观分析"）对炒股的意义，但事实果真如此吗？

一、对宏观分析的傲慢与偏见

银行、券商、保险等金融机构，在岁末年初、季度交替之际都会组织各类投资论坛，公募、私募公司在新发基金产品前也会邀请金主们参与路演。论坛也好，路演也罢，此类盛会多由某首席经济学家或宏观分析师做开场演说，然后才是投资策略分析和具体的产品推荐，这已然成为资管行业的默认行规。

专家们在台上唾沫飞溅，从人口、就业等角度切入分析国内外经济周期，从利率、汇率变化分析货币政策导向，从光伏、新能源汽车产业政策分析管理层意图，上知天文下知地理，指点江山，挥斥方遒。

崇拜的粉丝神往不已：首席果然学问渊博，人世间真理尽在乾坤宝袋之中！但吃过亏的"黑粉"也不少：年初逻辑完美的分析，到年底回头一验证几乎全是错的！用来指导理财决策，到底是买股票好还是买债券，或者是老老实实理财，所谓的宏观分析似乎无甚用处，很多时候还容易犯南辕北辙的错误。

如 2001 年我国加入 WTO，当时多少经济学家鼓吹"开放红利"是股市的重大利好，此后四年，实体经济确实一路高歌，但 A 股走的却是单边熊市；又如 2007—2018 年，GDP 总量由 14 万亿元猛增至 90 万亿元人民币，上证指数却还在 3000 点附近徘徊，说好的"股市是经济的晴雨表"呢？再如离时下最近的 2020 年，新冠肺炎疫情袭来后，多少宏观研究专家代表所在机构发声，对世界经济和全球股市做了多么悲观的判断还记得吗？结果呢？事实证明这些当时看起来头头是道的宏观分析都错了！而且很多时候对同一问题、同一现象，专家们的观点迥异，如 2020 年 9 月，安信证券首席经济学家高善文和天风证券首席经济学家刘煜辉，在某论坛上就针对人民币汇率是否还会升值展开了激烈交锋，并引起了恒大研究院院长任泽平、中信证券研究所副所长明明等业内大佬的大讨论。

对此诘难，连高善文自己也曾戏谑式地创作过一副对联，上联是"解释过去头头是道，似乎有理"，下联是"预测未来躲躲闪闪，误差惊人"，横批：经济分析。

经济学家理论功底扎实，投身到金融市场中却屡战屡挫，也是宏观分析价值质疑者的一个攻击点。1997 年诺贝尔经济学奖得主罗伯特·莫顿和马龙·斯科尔斯，被尊为现代金融学之父。他们与华尔街债券之父约翰·麦利威泽，以及前财政部副部长大卫·穆林斯等人组成的"金融梦之队"，在亚洲金融危机中损失了 90% 的资产，按当时的汇率巨亏近 400 亿元人民币。更早前还有另一位经济学大佬，数理经济学之父欧文·费雪（不是写《怎样选择成长股》的那位菲利普·费雪），在 1929 年股市崩盘不到两周时，却豪言"股价将达到某种持久的高峰状态"（与 2015 年"A 股万点不

是梦"有异曲同工之处）。结果在那场股灾中数以千计的人跳楼自杀，费雪老师本人在几天之中损失上百万美元，顷刻间倾家荡产。

经济学家投资巨亏的例子比比皆是，巴菲特和芒格就对此类研究不屑一顾，认为经济学家的那些宏观数据堆砌和复杂模型，对把握未来不确定的市场状况没有丝毫作用。坊间也传言投资大师彼得·林奇对依赖经济景气预测作为投资判断观点的经济学家嗤之以鼻：美国有6万名经济学家，却没有一个人能预测到1987年股灾！

但是，对任何人、事和物过度的拔高和诋毁可能都是有失偏颇的。经济发展的宏观整体由无数个微观切面共同组成，同时各行各业的微观经济活动又需要在良好的宏观经济状况保障下才能得以稳定运行。个体和社会的关系如鱼和水，良性互动方能水清鱼活。

纯粹的数据统计往往具有一定的局限性，经济指标也有领先指标和滞后指标之分。单独凭一项指标去研判市场趋势，讨论其对股市的影响自然失之片面，最后的结论难免不准确。如GDP增长过快可能会引发对通胀的担忧，从而导致货币紧缩，这对需要流动性支撑的股市反而不是好事。而在资本市场上硕果累累的经济学家也大有人在，凭《就业、利息和货币通论》引发经济学革命的凯恩斯本人，就是"股神"级的存在（尽管早年也曾被市场教训得体无完肤）。关于宏观经济学之父综合运用宏观理论、个股基本面研究和行为经济学，构建风险对冲组合，并最终影响格雷厄姆和巴菲特等后人的股海轶事，可以在《在股市遇见凯恩斯》一书中窥得一二，此处不再赘述。

炒股最大的趣味就在于其包容性——知识背景不一的每个参与者，从宏观、行业、个股基本面、技术形态、心理学（大众心理和市场情绪）、历史学（百年美股、30年A股其实是一部起承转合的金融史）甚至物理学切入，都可能有所斩获。而在我们看来，读懂宏观经济至少对股票投资有以下几方面意义。

二、宏观分析的真正价值

（一）研判政经大势有助于决定能否买股票

股指本身作为领先经济的超前指标，代表的是投资人对未来增长的悲观或乐观，股指短期波动对应的是资金对经济预期实现程度的反复修正。尤其是具体到个股中，每个时代和地区都有部分"逆势作妖"的企业，所以人们诟病的"宏观分析猛如虎，实际操作二百五"一类问题难免存在。但一旦把时间轴拉长，我们会发现股市长期表现与经济大势基本趋同，股指能在长期经济增长线上获得支撑。

如图 3-2 所示，表现的是 1973 年底至 2019 年底，40 余年间美国纽交所指数与该国 GDP 走势的关系。2008 年金融危机对股市造成了巨大危机，此时从经济事件研判看，短线交易者和悲观主义者自然会选择离场避险。但我们发现指数最终承受住了考验，于 2009 年 4 月企稳回升。这当然和美联储为对冲风险，迅速启动的量化宽松政策有关。但更重要的是，美国在这场危机中，其原有优势（包括自然禀赋、人力资本、技术力量、政治制衡体制、媒体监督机制等）都没有发生根本性的变化，尽管 2011 年经济复苏再次转弱，但也没有妨碍其后走出了长达十年的牛市。

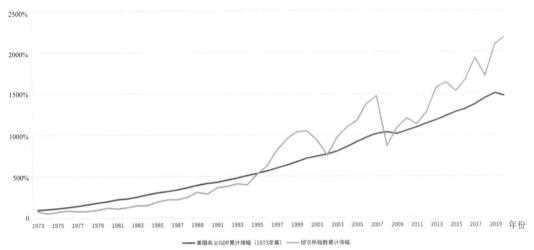

图 3-2　1973—2019 年纽交所指数与美国 GDP 走势

股运是国运的体现，无强大经济实力为支撑的国家，其股市参与价值就显得不大，股票也可以少买甚至不买。毒贩横行的哥伦比亚股市就没几个投资家会去关注，被战乱搞得一蹶不振的伊拉克股市，也只适合赌博家投机。

（二）明白经济周期有助于决定配置多少股票，以及买哪一大类股票

在确定某一国的股票市场值得参与后，还可以通过经济周期判断，在繁荣、滞胀、衰退和复苏等各个阶段，决定在各大类资产中配置多少比例的股票。

一般而言，在经济增长加速的繁荣阶段，人们对发展前景乐观，过度消费刺激物价和生产，企业盈利大增，股息相应增多，股票价格快速上涨。这种时候应该多配股票么？不，经济过热时追高重配超配、股票容易买在高点，沦为接盘侠。聪明的投资者会选择在此时降低股票资产占比，有条件的高端玩家可以去表现会更为激进的大宗商品市场投机。而在经济增速放缓甚至跌至谷底后，股票和大宗商品等进攻性资产会进入下跌周期，这两个阶段低配股票，多配现金和债券类资产（货币基金、理财产品和债基）的投资组合会表现相对突出些。真正可以高配股票，将投资策略转为积极进

取的，是经济从谷底开始走向复苏的这段黄金时间。

2006—2008 年 A 股的一轮完整牛熊转换，就和经济周期配合得严丝合缝：2006 年经济持续复苏，这时股票是最好的投资标的，A 股连续上涨。2007 年后经济过热，股市攀到 6000 点高点后开始狂泻，大宗商品从股票手中接过领涨的大旗。经济从过热过渡到滞胀的初期，大宗商品是最好的投资标的。2008 年下半年，经济从滞胀走向衰退，大宗商品也进入下跌周期，全年只有货币和债券类资产投资取得正收益。

同时，每一大类股票在不同周期中表现还会各有差异。理论上在繁荣阶段，有色、能源、制造等周期股，以及科技、互联网等成长股的表现会比较抢眼；而到了衰退和复苏阶段，医药、消费等防御性股票的表现会相对更强。

2018 年后，关于经济周期和板块轮动的关系讨论愈加火热，本章第八节还会具体展开。

（三）读懂政策和重大事件能避免"听风就是雨"

很多老一辈股民有看新闻联播炒股的习惯，年轻人往往对此不以为然。实际上，从"宏观调控"一词在 1985 年"巴山轮会议"（有包括詹姆斯·托宾和亚诺什·科尔奈等诺尔贝经济学奖得主，薛暮桥、吴敬琏、赵人伟等中方经济学者和当时年轻、后来成为国之肱股的楼继伟、郭树清等人参加的高级别宏观经济管理国际研讨会）上被正式提出，并在 1994 年平抑高通胀，1998 年助力国家平稳渡过亚洲金融危机后，中国经济发展的每一阶段无不与各类宏观政策息息相关。

而通过包括新闻联播在内的财经媒体及时获得各类宏观调控政策，对于大众投资者了解国内外政治经济大事，对于股票投资躲避黑天鹅（如 2018 年去杠杆）、捕捉赚钱机会（如 2020 年新冠肺炎疫情后各国金融当局比赛式释放流动性）有重要意义。

进入 4G、5G 时代后，各类资讯在互联网上畅通无阻，特别是在各类财经自媒体上，博主们参与时政点评好不热闹。但偏偏很多点评并不一定正确，它们甚至就是干扰投资的噪声（如 2018 年底和 2020 年底的一片悲观），只有具备一定经济、金融常识的股民，才能有自己的独立判断，分辨良言和妖语，不被各类偏颇的错误意见"把腿忽悠瘸"。

当然，宏观经济学浩如烟海，让普通投资者搞宏观研究并不现实，亦无必要。但了解基本的宏观常识对看明白财经新闻和读懂券商研报大有助益——如果对 PMI、PPI、社融、M0/M1/M2、LPR 和国债收益率等概念一无所知，对所处的经济周期不甚了解，在降准、降息、资管新规、定向增发松绑、房地产调控等宏观政策出台后一脸懵圈，对脱欧、特朗普胜选、中美贸易战动向、金融去杠杆进程缺乏基本认识（或是抱有错误的认识），如同没有方向的小船在茫茫股海中游弋，无异于盲人摸象。本章主要对重要经济指标、货币政策和经济周期理论作科普式讲解，产业政策在下一章中会提及，重大事件如何解读在第八章"消息篇"再谈。

第二节│**如何正确解读宏观指标**

在中国政府网和国家统计局网站上，用于记录和观察国民经济运行情况的数据光是国民经济核算指标、人口基本情况、固定资产投资概括、社会消费品零售总额等大项就超过 50 个，如图 3-3 所示。多数大项下还能拆出几个到几十个不等的细分小项，宏观经济指标浩如烟海，但我们不是职业分析师，了解几个重要指标及其对股市可能的影响即可。

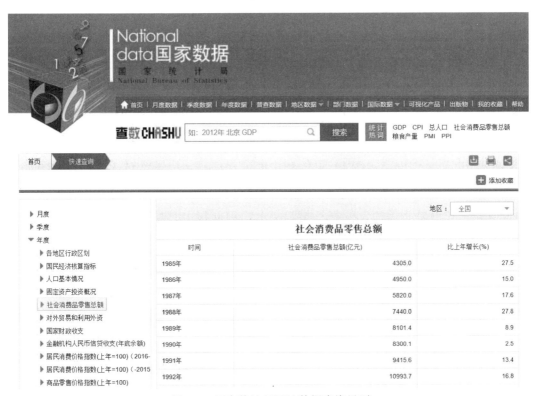

图 3-3　国家统计局网站数据查询界面

在展开讲解前，需要先提醒以下四大注意事项。

一是解读数据要同时关注存量（基数）、增量和增速。以 GDP 为例，2007 年后我国整体经济增速明显放缓，这是由于改革开放后经济高速发展，GDP 基数不断提升，但不能由此武断得出经济不景气的结论。欧、美、日等发达国家 GDP 增速显著低于其他发展中国家，我国东部沿海省份 GDP 增速低于中西部地区，也是这个道理。

二是不能看数字直接下结论，要注意"同比"和"环比"的问题。同比的意思是本期数据与历史同时期比较，一般是与上一年度同一月份或同一季度比较，环比则是本期与相邻最近的一段时期的数据对比，如本月比上月，本季度与上一季度对比。所以读宏观数据报告和财报一样，有时候看到异常好或者特别差的数据时，要注意是否由去年同期数据或上月、上季度数据基数异常造成。典型的例子便是 2003 年（非典）、2020 年（新冠）这种国民经济整体受不可控因素影响较大的异常年份，次年的数据只看同比的话会失真。只有正常情况下稳健的增长（或降低），才是真正的"利好数据"。

还要注意的是，阅读新闻报道时会经常看到所谓的"季调数据"。这是因为自然气候、生产生活消费习惯、节假日等因素，两个相邻季度在季节上容易存在较大差距，若直接比对会放大季节性因素造成的短期波动。因此世界各国在统计季度环比指标时，会采用各种季节性调整方法优化数据。中国因为部分传统节假日（最典型的是春节）以农历计算，在各个不同公历年份中的分布会有较大差异，所以我国官方统计机构使用的季节调整软件还经过更特殊的处理。

三是各数据之间有千丝万缕的相互影响关系，还要学会整体、辩证甚至是逆向去解读宏观数据对股市的影响。如 GDP 向上的年份或季度，居民消费价格指数（Consumer Price Index，CPI）可能会由此上行，管理层基于对通胀的担忧可能会施行紧缩的货币、信贷和财政政策，而股市短期表现和 M1、M2（本章第六节会详细介绍）、社会融资等流动性指标更为相关，因此很多时候会发生经济运行和股市涨跌相背离的情况。

四是宏观数据还有先行指标、同步指标和滞后指标之分。

先行指标又称领先指标或超前指标，是指在总体经济活动达到高峰或低谷之前，先行出现高峰或低谷的指标。常用的先行指标有采购经理指数（Purchasing Managers' Index，PMI）、货币供应量、十年期国债收益率等，它们往往能在总体经济发生变化前半年达到顶峰或低谷，是经济景气分析的有力工具。专业投资机构极其重视该类数据，通过实现预判经济波动的转折点，并调整投资策略应对可能的变化。如 PMI 扩张太快将引来货币管理当局的政策性调控，而货币供应量由宽松转为收紧会抬升市场利率，提高企业生产成本和资金借贷成本，对市场投资热情和股票交易价格构成压制。

　　同步指标又称一致指标，是指达到高峰或低谷的时间与总体经济出现高峰或低谷的时间大致相同的指标。同步指标可描述总体经济的运行轨迹，确定总体经济运行的高峰或低谷位置。它是分析现实经济运行态势的重要指标。

　　滞后指标又称落后指标，是指其高峰或低谷出现的时间晚于总体经济出现高峰或低谷的时间的指标。它有助于分析前一经济循环是否已结束，下一循环将会如何变化。

　　各类指标均有用途和优缺点，全面分析和预判经济形势走向需要密切跟踪各类数据的波动和勾稽关系，而一般投资者只需对此有所了解即可。但请注意股票操作要避免受滞后指标干扰，因为股市指数本身也是一个先行指标，会提前 6 ～ 9 个月反映实体经济的变化，本章重点讲解的经济指标也将以先行和同步指标为主。

　　概言之，宏观经济只是思考的背景板，同一经济形势下各行业受损益程度不同，最重要的是还有单个企业经营状况的沉浮和个股价格的涨跌。投资不可无视数据盲目下注，但解读经济指标宜辩证而不是单线条思考。有以上 4 条基本认识为铺垫，下一节正式开启对各类指标的基础学习。

第三节｜**最核心的宏观经济指标——GDP**

　　和经济金融相关的初级考试中经常出现这一道题：考察一国或一地区总体经济活动最重要的经济指标是什么？初中生甚至小学生都会答曰：GDP。这是一个妇孺皆知的常识性概念，但多数人可能只闻其名不通其理。

一、GDP 的概念

　　GDP 全称 Gross Domestic Product，中文译为国内生产总值，是指一个国家或地区所有常住单位在一定时期内（一般考察一个季度或一年）生产经营活动产出的全部产品和劳务成果。容易混淆的另一个术语是 GNP，那是指国民生产总值（Gross National Product），两者区别主要是 GDP 是地域概念，GNP 是国民概念。举个例子就很好理解：一个在中国常驻的美国企业，所生产的产品计入中国而不是美国的GDP，只能计入美国的 GNP。1991 年之前，美国习惯用 GNP 测量经济总产出，后来因大多数国家都采用 GDP，加之国外净收入数据不足，GDP 相较 GNP 能更方便地衡量其国内就业潜力，后来美国也就"随大流"改用 GDP 统计啦！

二、GDP 的统计方法

GDP 有价值、产品和收入三种表现形态，分别对应三种统计方法，即生产法、支出法和收入法，它们从不同视角衡量经济总量及构成，拥有各自的指标体系，如表 3-1 所示。

表 3-1　我国 GDP 主要统计方法

GDP 统计方法	衡量方面	表现形态	定　　义	计 算 方 法	大类子项	统计频率
生产法	产出	价值形态	所有常住单位在一定时期内生产的全部货物和服务价值与同期投入的全部非固定资产货物和服务价值的差额，即所有常住单位的增加值之和	总产品－中间投入	三大产业以及各细分行业	季度
支出法	需求	产品形态	所有常住单位在一定时期内创造并分配给常住单位和非常住单位的初次收入之和	家庭消费＋企业投资＋政府支出＋出口－进口	消费、投资、净出口	对 GDP 增长拉动为季度，其余为年度
收入法	收入	收入形态	所有常住单位在一定时期内最终使用的货物和服务价值与货物和服务净出口价值之和	劳动者报酬＋生产税净额＋固定资产折旧＋企业盈余	劳动者报酬，生产税净额，企业盈余，固定资产折旧	年度

支出法的基本逻辑是，既然任何一种国民产出最终都会以某种方式被购买，那只要把花费在最终产品或劳务上的所有支出相加，总额就应该等于国民产出的总价值。其下有一个著名的宏观经济学恒等式——GDP=$C+I+G+$（$EX-IM$）。C 是家庭消费，G 是政府采购商品和劳务的支出，两者和而构成"最终消费"；I 是各类企业为维持经营所进行的生产性资产的投资；$EX-IM$ 即出口额减进口额所得出的净出口总值，如我国出口给美国衣袜等日用品，从美国进口芯片，所购入的芯片这部分产出并非产自我国，自然需要扣除。

这个公式告诉我们，国内总产出等于除进口之外的最终产品和劳务的总支出，拆分后的细项即所谓消费（$C+G$）、投资（I）和净出口（$EX-IM$）这拉动经济增长的三驾马车的由来，三驾马车中只要任何一匹跛脚都可能影响国民经济的良好运行。在"房住不炒"政策明确后，以基建和地产拉动投资的传统手段已经不灵，而消费在 GDP 当中的占比不断上升，但这块增速始终较为稳健，如今经济增速的最大不确定性来自进出口贸易。这也就是为什么一方面大力提倡扩大内需激活消费，一方面又必须处理好和美国在内的所有贸易伙伴的合作关系的原因。

理论上，无论用何种方法统计，最终结果应该都能吻合。但在实践中由于各种方法的资料来源不同，数据加工换算方式不同等原因，三种结果会出现一定差异。西方国家一般以支出法的结果为准，我国由于全面核算的基础相对较弱，部门的产值核算基础较好，以生产法统计为主。这一方法分别计算国民经济各部门的总产出和中间消耗，再从总产出中对应地扣除各部门中间消耗，得到各部门增加值，最后汇总所有部门增加值。通常在报告 GDP 总量时同时报告三大产业和更为细分行业的 GDP 数据，如二产可以分为工业和建筑业的增加值（工业增加值也是观察宏观经济走向的一大重要指标），三产可以分为金融、交通和其他服务业等的增加值。目前我国 GDP 的核算实行"分级核算、下管一级"的原则，分国家、省、市、县进行四级核算。因此，国内的 GDP 被称为"国内生产总值"，而省、市、县各级的 GDP 则均被称为"地区生产总值"。

三、GDP 增速高不一定意味着股市牛

经常浏览财经新闻的读者知道，GDP 还有"名义 GDP"和"实际 GDP"之分。名义 GDP 很好理解，是用生产物品和劳务的当年价格计算的全部最终产品的市场价值，而实际 GDP 用从前某一年作为基准年（这个年份经常变动，如 2018 年实际 GDP 统计以 2010 年为基准年，2019 年则转而以 2015 年为基准年）的价格计算出当年全部最终产品的市场价值。

二者通常不等，名义 GDP 增长率等于实际国内生产总值增长率与通货膨胀率之和，由通货膨胀引发的价格变动，即使产量一直没有变动，名义 GDP 仍然会上升。统计局先根据统计数字得出名义 GDP，然后再综合 CPI、PPI、出口价格指数和进口价格指数等数据计算 GDP 平减指数，最后由名义 GDP 和平减指数得出实际增长率。GDP 之外的其他数据也存在类似问题，人们应关心的是剔除过物价上涨因素后的实际增长率，因为这才能更真实地反映经济增长情况。

因此，有的年份 GDP 看似很高，但那如果是通货膨胀物价注水得来的，股市不一定就会呈现"增长牛"。而即便经济真的增长质量很高，股市就能蒸蒸日上吗？不好意思，答案还是不一定。

在《全球 2010 年投资回报年鉴》中，瑞信银行以全球 83 个国家为统计样本，对

过去 100 多年及过去 30 多年里 GDP 增长率和股市表现进行研究分析。结果发现 GDP 增长率最低的国家的股市反而比经济增长较好的国家表现更好，GDP 和股指涨幅并未呈现简单的线性正比关系，反而实际 GDP 增长相对缓慢的经济体，股市回报往往胜于经济增长强劲的国家。

该报告称，GDP 高增长和股市回报不能简单挂钩的重要原因，是经济快速增长带来大量好消息，使得股价早已反映增长预期。而在某些 GDP 高速增长的国家，较小资本市场和 GDP 高速增长实际存在着差距。在这些新兴国家中，私营企业和跨国公司业务增长速度很快，是支持 GDP 高速增长的重要支柱，但这部分企业与该国的股市关联度却不是很大。在新兴市场的指数成份股之中，多数都是跨国运作的大型企业，而这些企业的表现却未必和国内经济情况有很大关联。另一方面，在经济增长表现较差的经济体中，投资者往往会认为有不少上市公司濒临破产，使得其估值较低，而实际上这些公司并非投资者想象中这样不景气。

这也就是在前一节中提醒过的，解读数据务必综合存量（基数）、增量和增速考虑，很多 GDP 增速快的国家可能只是基数低，且增长质量不一定上佳。而对同一国而言，由于股市本身是领先指标，GDP 反而是同步指标甚至有点滞后，经济增长同样不一定和股市呈正相关关系。

四、GDP 总量健康发展才是股市成长的关键

再看我国 GDP 增速、总量与 A 股走势的对比，如图 3-4、图 3-5 所示。

图 3-4　中国 GDP 增速与 A 股走势

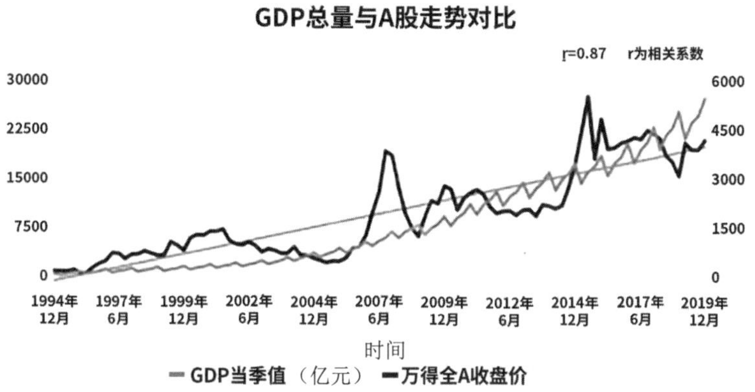

图 3-5 中国 GDP 与 A 股走势

图中可见，我国 GDP 增速总体呈长期下降趋势（还是此前提过的基数抬升的原因），A 股走势却总体呈长期上涨趋势。事实上，两者整体相关系数仅为 -0.42。分阶段看，1995—2005 年，两者走势甚至负相关；2006—2014 年则基本趋同；2015—2019 年，GDP 增速持续下降，而"万得全 A"在此期间却呈现大起大落、巨幅震荡的景象。

但增速是一回事，总量则不然。1995 年以来，我国 GDP 总量呈长期增长趋势，而代表中国股市的万得全 A 指数，虽说历史上不乏暴涨暴跌，但长期趋势坚定向上，两者相关系数高达 0.87。可见，A 股走势与中国经济总量高度相关，股市的长期向上离不开经济发展。从这一层面讲，股市是经济的晴雨表，长期看甚至能反映国运的判断是没错的。

综上，GDP 应当用于看大势，其总量和增长质量好坏是决定"做或者不做"的关键，尽管增速可能非常缓慢，但国际资本更热衷于在 GDP 总量稳健向上的发达国家投资，而不会在 GDP 动辄上天入地的新兴国家资本市场下重注。至于"何时做""怎么做"和"做什么"等问题（即周期择时和短线选股），综合其他宏观指标做"思考背景板"更合适。随着我国经济的发展和管理层对资本市场投融资功能的愈加重视，A 股总市值占 GDP 比值不断提高，指数增长与 GDP 增速也有望往正相关回归，A 股未来依然大有可为。

第四节 最受市场关注的先行指标——PMI

自 1987 年出任美联储主席，格林斯潘在任 18 年，任期跨越 6 届美国总统。在其任职期间，美国 GDP 累计增长 72%，10 年期国债利率从 8.3% 降至 4.5%，道琼斯指数从 2680 点飙涨到 10 919 点。这位率领美国成功压制通胀再创增长神话的传奇人物，曾在一次会议上被记者问道："如果被放至荒岛，只能以一个经济指标来决定宏观经

济政策时，你需要什么？"他的回答是："PMI！"

PMI 也由此荣获"格林斯潘荒岛指数"雅称，这被格林斯潘先生如此重视的经济指标是什么来头？它和股市又有何种关联？本节就此展开介绍。

一、PMI 的概念

PMI 全称 Purchasing Manager's Index，中文译为采购经理指数，是通过对企业采购经理的月度调查结果统计编制而成的综合指数。它涵盖制造业和非制造企业的采购、生产和流通各环节，是国际通用的监测宏观经济走向的先行指标，具有较强的预测和预警作用。

PMI 最早起源于 20 世纪 30 年代的美国，经过近百年的发展，指标体系已包括新订单、积压订单、新出口订单、产量、雇员、供应商配送、库存和价格等多项商业活动指标。除制造业和服务业 PMI 外，有的国家还建立起了建筑业甚至更多行业的 PMI 数据体系。各国一般以 50 为荣枯分界线：PMI 高于 50 意味着经济在扩张，数值越高扩张速度越快；低于 50 则意味着经济开始收缩，数值越低收缩得越厉害。

如图 3-6 所示，可以直观地看到，近十五年美国经济以稳为主，但在 2008 年金融危机和 2020 年新冠肺炎疫情期间受到了明显冲击。一时的经济收缩并不可怕，通过货币政策和财政政策的及时应对，经济基本面良好的国家一般能回到正轨上来。

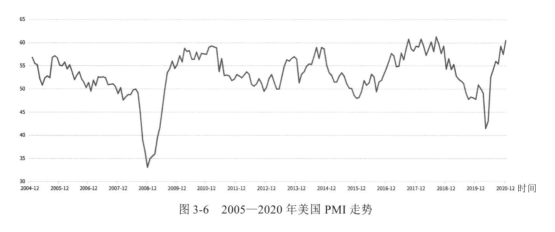

图 3-6　2005—2020 年美国 PMI 走势

二、PMI 的统计方法

作为一项综合指数，PMI 由 5 个分项指数加权计算而成，分别是反映需求端强弱情况的新订单指数，权重为 30%；反映生产端强弱情况的生产指数，权重为 25%；反映就业状况和企业招工意愿的从业人员指数，权重为 20%；反映交货时间快慢的供应商配送时间指数，权重为 15%，需要指出的是，这一分项是一个逆指数，也就是数值越大交货时间越慢，表明经济越不活跃，因此在综合成 PMI 指数时需要进行反向处理；此外还有权重为 10% 的原材料库存指数，它反映库存状况和企业信心，企业补充原材料库存趋于增加，说明企业要加快生产，这个指标越大，表明未来经济保持平稳增长的概率越大。

PMI 之所以能在各类统计指标中脱颖而出，更敏捷迅速地反映经济变化情况，就和它的统计方式有关。在每个月的 22—25 日，统计方以问卷调查（见图 3-7）的形式询问样本企业的采购经理或者主管企业运行的负责人对本企业的生产、订单、库存、雇员、配送时间等情况的看法，选项一般只有三个：比上月增加、持平和减少。然后对作出每一种回答的企业个数的占比赋予不同的权重（100%、50%、0），计算得出分项的指数，再按各分项权重进行加总得到总体的 PMI 指数。

制造业采购经理调查问卷

01 生产量：贵企业本月主要产品的生产量比上月
□ 增加　□ 基本持平　□ 减少

02 订货量：贵企业本月来自客户的产品订货数量比上月
□ 增加　□ 基本持平　□ 减少

021 出口订货量：贵企业本月用于出口的产品订货数量比上月
□ 增加　□ 基本持平　□ 减少　□ 没有出口

03 剩余订货量：贵企业目前存有但尚未交付客户的产品订货数量比一个月前
□ 增加　□ 基本持平　□ 减少

04 产成品库存：贵企业目前主要产品的产成品库存数量比一个月前
□ 增加　□ 基本持平　□ 减少

05 采购量：贵企业本月主要原材料(含零部件)的采购数量比上月
□ 增加　□ 基本持平　□ 减少

051 进口：贵企业本月主要原材料(含零部件)的进口数量比上月
□ 增加　□ 基本持平　□ 减少　□ 没有进口

06 购进价格：贵企业本月主要原材料(含零部件)的平均购进价格比上月
□ 上升　□ 变化不大　□ 下降

061 在本月购进的主要原材料中，价格上升或下降的有哪些？(请按常用名称列示)
- 价格上升：______
- 价格下降：______

07 出厂价格：贵企业本月主要产品的平均出厂价格比上月
□ 上升　□ 变化不大　□ 下降

08 主要原材料库存：贵企业目前主要原材料（含零部件）的库存数量比一个月前
□ 增加　□ 基本持平　□ 减少

09 生产经营人员：贵企业目前生产经营人员的数量比一个月前
□ 增加　□ 基本持平　□ 减少

10 供应商配送时间：贵企业本月主要供应商的交货时间比上月
□ 放慢　□ 差别不大　□ 加快

101 下列各类原材料一般需要提前多少天订货？（不包括套期保值与投机商品）
- 国内采购的生产用原材料　□随用随买　□30 天　□60 天　□90 天　□6 个月　□1 年
- 进口的生产用原材料　□随用随买　□30 天　□60 天　□90 天　□6 个月　□1 年　□ 没有进口
- 生产或维修用零部件　□随用随买　□30 天　□60 天　□90 天　□6 个月　□1 年
- 生产用固定资产　□随用随买　□30 天　□60 天　□90 天　□6 个月　□1 年　□ 没有订货

102 在企业主要原材料中，本月出现供应短缺的有哪些？（请按常用名称列示）：______

11 生产经营活动预期：贵企业在未来 3 个月内生产经营活动整体水平预计
□上升　□变化不大　□下降

12 贵企业目前在生产经营和采购过程中遇到的主要问题或困难是什么？（可多选）
① □ 资金紧张　② □ 市场需求不足　③ □ 原材料成本高
④ □ 物流成本高　⑤ □ 劳动力成本高　⑥ □ 融资难
⑦ □ 劳动力供应不足　⑧ □ 人民币汇率波动　⑨ □ 其他（请具体说明）：______

13 您对本行业或企业发展如何评价？有何建议？______

填表人姓名：　职务：　电话：　报出日期：2 0　年　月　日

资料来源：国家统计局网站。

图 3-7　制造业采购经理调查问卷样式

假设有 300 家制造业企业参与调查，其中 100 家认为本月的生产比上个月上升（占比 1/3），150 家企业认为本月的生产与上个月持平（占比 1/2），50 家企业认为本月的生产比上个月是下降的（占比 1/6）。根据上述三项的权重，所得数据如下：

$$本月生产指数 =33.3×100\%+50×50\%+16.7×0=58.3$$

以此类推计算出其他四项分项指数之后，再按公式（PMI 指数 = 新订单指数 ×30%+ 生产指数 ×25%+ 从业人员指数 ×20%+ 供应商配送时间指数 ×15%+ 原材料库存指数 ×10%）加总计算即可。

由上述可以得出两个结论：一是 PMI 是一个典型的"月对月"环比指标；二是由于统计时间是每个月的 22—25 日，所以当月公布的 PMI 实际反映的是上月 26 日到当月 25 日样本企业的生产经营情况，并非完全是当月的经济情况。

此外，PMI 也会存在前文提及的"季节性调整"的问题。如一般年份 3 月制造业 PMI 都会比 2 月高，因为 2 月受春节放假影响，生产活动放缓。所以每年在分析 3 月制造业 PMI 时需要考虑这一点，只有当年 3 月制造业 PMI 指数的上升幅度比历史上其他年份的上升幅度平均值更高时，才能作为制造业明显好转的判断依据之一。

三、官方 PMI 与财新 PMI

我国主流的 PMI 指数有两个。官方 PMI 由国家统计局和中国物流与采购联合会联合发布（也称"中采 PMI"）。财新 PMI 也称"民间 PMI"，由英国研究公司 Markit 集团编制，目前由财新传媒冠名发布（2015 年 8 月以前先后由里昂证券和汇丰银行冠名）。

两者的区别主要有以下几点。

第一，发布时间不同。官方是统计当月最后一天发布，财新是次月第一天。

第二，统计口径不同。官方 PMI 统计口径更广泛多元，样本企业包括分布全国各地的超 3000 家大、中、小型企业；财新 PMI 以东部地区中小企业为采集对象，数量也就 400 余家。官方 PMI 一般趋势性更强，反映大型经济主体景气状况，财新 PMI 波动性更大，反映中小企业生产经营情况为主。由此，某些时点两者会发生所谓数据背离（即变化不一致的情况），但这反而能更全面地展示经济图景，辅助管理层和各类投资者做出更具针对性的决策。

第三，具体指标有所差异。官方公布的是制造业和非制造业 PMI，财新 PMI 包括制造业和服务业两大分项。由于产业层级和 GDP 占比权重等原因，非制造业或服务业 PMI 和股市相关性偏低，一般重点关注制造业 PMI 即可。

四、PMI 与股市的关系

由于行业覆盖面广、代表性强，以及指标体系的科学性和统计方法的简便易行，每月定期公布，在时间上遥遥领先其他数据的 PMI 备受管理层、产业界和投资圈重视。

众多投资者高度关注的指标，肯定会对市场走势构成影响。但 PMI 和股市的关系究竟如何？我们拉取了 2005—2020 年 15 年间 PMI 和上证综指走势的对比图，如图 3-8 所示。

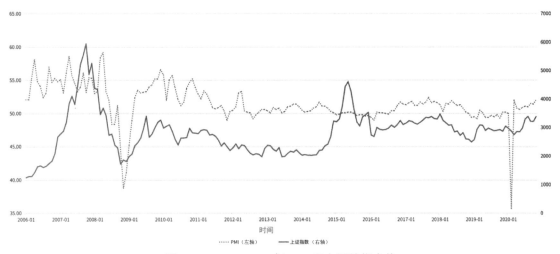

图 3-8　2005—2020 年 PMI 和上证综指走势

"股市是经济的晴雨表"这一谚语大体是正确的，PMI 在多数时候和上证综指保持同行，尤其是 2008 年金融危机中与上证综指同步见底反弹，此后直至 2014 年底都呈现强烈的正相关关系。但必须注意的是，单纯读取 PMI 数据并不能预判后市涨跌——2006—2007 年、2014—2015 年大牛市和离当下最近的 2020 年"新冠牛"行情中 PMI 和上证综指关系并不紧密，很多月份甚至呈现出显著的背离。但偏偏这类走势极端的大牛市才是最好的赚钱机会，如果仅凭 PMI 滞涨或大跌就对未来行情悲观而离场或大幅降低仓位，投资业绩难免严重跑输指数。

为什么会出现"平时牛，关键时候掉链子"的情况？第一个问题出自 PMI 本身：它的确优点很多，但这些优点又可能导致一些问题。如简便易得却不够精确，从调查问卷就可以看到，PMI 统计只是基于受访者的主观定性判断，并不基于完整严谨的定量分析。先导性决定了它会提前 3～6 个月反映经济走势，会和同样为领先指标的股指存在时差。且务必记住 PMI 是一个环比指标，如上一统计期基数低，会造成隔月数据反升较快的情况。如 2020 年 3 月份 PMI 快速回升到 50 荣枯线以上，很多媒体和博主惊叹经济光速回暖时，国家统计局相关负责人就特意借采访提醒各界，要注意受疫

情影响 2 月基数超低的问题，并建议关注未来几个月 PMI 能否延续扩张走势，至少要等数据同向变化 3 个月以上才能得出趋势好转的结论。

第二则是 PMI 虽然好用，但还务必结合其他指标观察，指望"一招鲜吃遍天"，凭一项"神奇数据"构建买入卖出模型是不可能的。PMI 冲得太快或高位滞涨时会引来管理层为经济降温，严重垮塌时会有量化宽松、降准降息等货币政策或减税降费等财政政策积极护盘（典型的便是 2008 年金融危机和 2020 年新冠肺炎疫情时期）。至少从近些年数据统计看，股市和流动性指标（M1/M2/ 社融）等关系更紧密些。

但以上并不能削弱 PMI 统计的重要性：作为世界各地投资人最关注的宏观指标，它在每月末或月初一经公布，都会引来媒体蜂拥报道和千万篇研报跟踪分析。这无疑会对市场情绪造成影响，一旦大幅超过或低于预期，会对指数构成重大利好或利空。对短线交易者而言，每月 PMI 的公布日应该重视其对指数涨跌的影响。此外，还有很多量化趋势模型会考察 PMI 的长期均线走势，因为只要把时间轴拉长，这一指标还是能较好地体现经济冷暖变化。对长线投资人来说，当然可以过滤一两个月的 PMI 变化带来的市场噪音，但把握大的趋势变化对资产配置方向和仓位管理仍有重要意义。

第五节 最重要的通货膨胀观察指标——CPI 和 PPI

通货膨胀是和普通人走得最近的一个经济现象：就算没经历过 20 世纪 80 年代末那次因物价上涨引发抢购囤货狂潮的年轻人，也应该对近些年"姜你军""蒜你狠"和扶摇直上九重天的猪肉价格记忆犹新。曾几何时，"草莓自由""车厘子自由"也成了工薪族自我鉴定是否成功的新标准。

家庭主妇为菜、肉一天一个价发愁，老股民们也对"通胀无牛市"这一著名股谚耳熟能详，而 CPI 和 PPI 正是一对政府管理部门、经济学家和投资界都高度关注的，用来观察和预判通货膨胀程度的重要指标。

一、CPI 和 PPI 的概念

CPI 全称 Consumer Price Index，中文译为消费者价格指数，是用以反映与居民生活有关的消费品及服务价格水平变动情况的经济指标。它不光与普通消费者的生活息息相关，更是管理层经济决策的重要参考。其高低走向会影响国家宏观调控措施的出台与力度（如是否调息、是否调整存款准备金率等），因而也会波及各资本市场。一般可以将 CPI 大于 3% 视为即将通货膨胀的信号，连续多月在 3% 以上居高不下可以判断通胀已经发生，如果发生 CPI 持续在 5% 之上的情况，可以视为严重的通货膨胀。

从改革开放后的历年数据看，如图 3-9 所示，1987—1989 年的恶性通胀是因当时货币政策失误，1993—1994 年 CPI 再次高企则与邓小平南方谈话后各地掀起投资热潮有关。所幸的是千禧年，尤其是在加入 WTO 融入世界经济后，CPI 波动幅度明显缓和。这当然与全球经济周期不无关系，但也能体现管理层宏观调控水平的与时俱进。

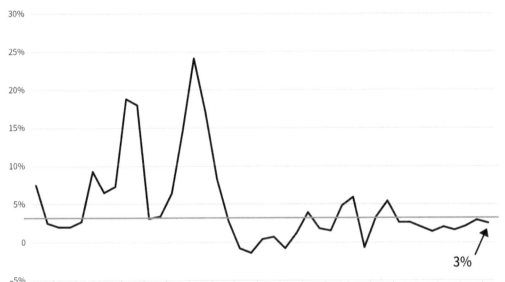

图 3-9　1980—2020 年中国 CPI 统计

另一个新手相对陌生的通货膨胀指标 PPI，全称 Producer Price Index，中文是生产者价格指数。它是从生产者角度观察的物价指数，用以测量制造业厂商在初级市场（非零售市场）上首次购进或卖出某种货物价格的变动情况，因此又可以分为生产者购进价格指数和生产者出厂价格指数。两者分别代表了投入和产出，差值刚好可以反映工业生产的利润水平。财经新闻和研报点评中常见的一般是狭义 PPI，即生产者出厂价格指数。

二、CPI 和 PPI 的统计方法

CPI 和 PPI 用百分数表示，均由国家统计局和地方统计部门负责统计，近年来月度数据基本在次月 9 日前后公布。因事关重大，每次数据公布都会引起社会各界广泛讨论，国家统计局也会委派专人做深度解读。

先介绍 CPI 的统计方法。

第一步是确定纳入 CPI 核算的商品和服务项目。国家统计局根据全国城乡居民家庭消费支出的抽样调查资料，统一确定商品和服务项目的类别。设置食品、烟酒及用品、衣着、家庭设备用品及服务、医疗保健及个人用品、交通和通信、娱乐教育文化用品及服务、居住等 8 大类 262 个基本分类，基本涵盖城乡居民的全部消费内容。

可见我国与欧美等发达国家不同，占普通人开支最大的房屋购置并不包含其中。而涨幅巨大的房价才是近年来中产阶级的最大压力所在，因而也经常有声音以此诟病 CPI 不能反映真实的通胀水平。但实际上居住类调查项目中已将建房、装修、水电煤气费、购房贷款利息、物业费和房屋维修费囊括，最重要的是房屋购买属于投资范畴（还记得 GDP=$C+I+G+EX-IM$ 这一经典恒等式吗？），买房后使用年限 70 年，期满后还可以根据物权法缴纳极少的手续费后继续使用，而 CPI 的本义只是居民消费价格指数嘛！国家统计局也有在官网上对这类质疑做专门回应。

第二步需要根据居民消费支出的比重，为 8 大类及 262 个子类分别赋予不同权重。如图 3-10 所示，我国的 CPI 中食品烟酒占到三成，是各大类中最大权重所在。这和美国 CPI 以住房和交通为主不同，主要还是因为作为恩格尔系数较高的发展中国家，食品价格仍是最能直接反映居民生活成本变化的经济变量。

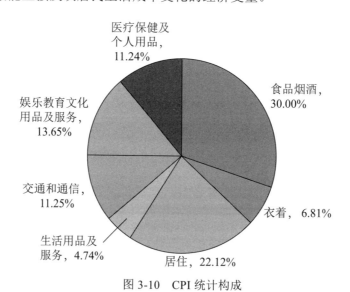

图 3-10　CPI 统计构成

各 CPI 统计分类权重一般较为稳定，但也并非一成不变。近年来，食品大类占比已经有所下降，其中猪牛羊肉和蔬菜水果等子项权重调整也会相对频繁些。

第三步是抽选约 500 个市县，确定采集价格的调查点，包括食杂店、百货店、超市、便利店、专业市场、购物中心、农贸市场等共 6.3 万个。按照"定人、定点、定时"

的方式，派近4000名调查员到各个调查点现场采集价格。价格采集频率因商品而异，对于CPI中的粮食、猪牛羊肉、蔬菜等与居民生活密切相关，价格变动相对比较频繁的食品，每5天调查一次价格；对服装鞋帽、耐用消费品、交通通信工具等大部分工业产品，每月调查2～3次价格；对水、电等政府定价项目，每月调查核实一次价格。

最后，根据审核后的原始价格资料，按消费水平不同给各地区定权重，逐级统计汇总出各省市和全国的CPI。

PPI的统计编制原理和CPI类似，但因统计对象是制造厂商购买或生产的产品价格，可以不用派调查员四处出击，只要抽选有代表性的工业企业要求定期填报即可，如图3-11所示。但其分类较CPI更为复杂：工业生产者出厂价格统计调查41个工业行业大类、207个中类和666个小类的工业产品，需根据实际销售情况选定两万多种产品，并将其划分为1638个基本分类。工业生产者购进价格调查项目包括一万多种产品，其下再划分为981个基本分类。

工业生产者出厂价格

		表　　号：V204－1表
组织机构代码：□□□□□□□□□-□		制定机关：国 家 统 计 局
统一社会信用代码：□□□□□□□□□□□□□□□□□□		文　　号：国统字(2019)101号
单位详细名称：	20　　年　月	有效期至：2021年1月

产品名称及规格型　号	计量单位	代码	报告期单价(元)			基期单价(元)	如果调查产品销售条件及技术特征变化，请给出简要说明。
			5日单价	20日单价	平均单价	上月平均价	
甲	乙	丙	1	2	3	4	丁
当价格变动较大时，请简述价格变动的原因：							

单位负责人：　　　统计负责人：　　　填表人：　　　联系电话：　　　报出日期：20　　年　月　日

资料来源：国家统计局网站。

图3-11　工业生产者出厂价格调查问卷样式

对于出厂价格指数而言，除了销售给下游企业的生产资料（占比75%）外，还包括直接销售给普通消费者的生活资料，如加工食品、服装和电子产品等，因此PPI会和CPI存在部分重合。生活资料占比较小，因此PPI主要还是由生产资料价格变动决定，二者走势高度一致。

和 CPI 上下波动很大程度由猪肉蔬果决定类似，PPI 主要受"三黑一色"，即石油、煤炭、钢铁和有色等生产资料价格的影响，此外，化工化纤行业亦有所贡献。

三、CPI 和 PPI 之间的关系

CPI 和 PPI 部分统计项目重合，CPI 所代表的日常消费开支也会部分转化为制造厂商的生产成本（如工人工资增加），加之价格传导机制的存在（如上游原材料涨价导致消费者购买的产品涨价），理论上同时期 CPI 和 PPI 应该呈涨跌方向一致的趋势，学界一般也将 PPI 视为 CPI 的先行指标。

但在现实经济运行中，由于国际环境（如金融危机、国际原油暴涨暴跌等），各行业供需关系和国内宏观调控等方面的变化，CPI 和 PPI 原本和谐共进退的关系也会走向背离。典型的便是 2016—2017 年国内供给侧改革使工业品价格大幅提升，同期消费品价格变化却不大。而到了短短两三年之后的 2019 年，CPI 在猪肉价格暴涨刺激下迅速抬头，PPI 却出现拐头下行甚至连续多月收负的背离，也即经济学家屡屡谈及的"CPI-PPI 剪刀差"扩大，如图 3-12 所示。

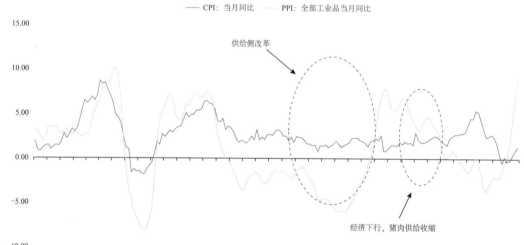

图 3-12　2006—2020 年 CPI 和 PPI 走势

当时多数专家照本宣科地认为中国经济出现了经济学课本中典型的滞胀，即经济增长停滞同时又伴随通货膨胀。如果这一判断成立，货币政策将面临进退维谷的局面——刺激经济需放松货币投放，但又恐怕进一步加剧消费物价上涨。

但细致拆分后会发现，CPI 更多是由猪肉蔬果等食品大类飙升造成的结构性上涨。

其他七大类消费品上涨相当温和，交通和通信类物价甚至还在同比下降。加之 PPI 加速下行，别说是通胀甚至有通货紧缩的风险。因此，为稳定市场经济，央行在 2018 年三轮降准后，不惜在 2019 年再祭出三次降准措施。

而随着猪肉价格的见顶回落，2020 年下半年 CPI 开始有向下拐头迹象，同时 PPI 在工业品需求改善之下呈现向上修复态势。"CPI-PPI 剪刀差"开始缩小，有望结束尴尬的"形式背离"，也将为央行施行更灵活的货币政策打开空间。

四、CPI 和 PPI 对股市的影响

在新中国不长的 A 股史上，至今已经出现过两次因超过政府容忍度的通货膨胀而引发的大幅调整。一次发生在恶性通胀的 1993—1994 年，那会儿官方一年期存款利率接近惊人的 11%，民间利率更是达到 20% ~ 30%。央行为抑制通胀收紧货币和财政政策，严控信贷规模，在此不利背景下，上证综指跌幅近 60%。

第二次发生在经济过热的 2007 年后。当年 10 月，上证综指攀升至 6124 点高峰，而从 5 个月前起 CPI 便已经突破了 3% 的控制目标，到 8 月已经达到 6%。于是央行果断采取非对称性加息的方式收紧货币，前后共有 6 次加息，更伴有 10 次提高存款准备金率。结果刚把抬头的通胀强压回去，2008 年美国又发生次贷危机，导致当时极度倚重出口的我国订单大受影响，出口加工型行业的工人大量失业。生产性需求的大幅缩减、PPI 的回落最终又传导到 CPI，消费物价水平也逐步回落，CPI 从 2008 年 4 月的 8.5%，骤降至年底的 1.2%，中国经济一下子从通胀直接进入到通缩。A 股 5 月开始大幅重挫，一直跌到 1664 点方才止跌。这轮短时间内通胀通缩引发的股灾，至今令人记忆犹新。

而一般情况下，温和的通胀是经济发展需要和股市欢迎的，2010—2011 年的 CPI 和 A 股走势也说明幅度不大的通胀对指数伤害较小。近年来 CPI 和 PPI 背离，国内有很多研究表明 CPI 和股市债市关联程度在减小，并由此提出了优化 CPI 和构建"核心 CPI"模型的建议，如提高顺周期分项占比（典型的是把居住类权重提高，甚至建议将房价纳入 CPI 统计），降低容易受供给关系冲击而高波动的食品类权重等。

另外，研究还表明 PPI 较 CPI 和经济增长整体关联度更高，PPI 中细项又和 A 股部分板块关联度较高。如有色、钢铁、煤炭、水泥和玻璃等价格指数的暴涨暴跌，容易激发相关产业链中周期股的跟随性涨跌。当然，CPI 中重要分项猪肉价格的走势和 A 股中的"猪股"（生猪养殖、屠宰、饲料和动物疫苗等）也有"共进退"的现象。因此 CPI 和 PPI 这两项通货膨胀指标，除了会影响市场情绪和货币政策走向外，还应

该重视其分项是具体关联板块的涨跌信号这一功能，并可以有意识地运用到指导相关个股买入卖出的操作中。

第六节 与货币政策相关的指标与概念（上）

在市场经济中，货币是人们生产生活不可缺少的润滑剂，也是经济发展的助推器。如果说 CPI 和 PPI 是观察通货膨胀的指标，货币投放过量便是通货膨胀的本源（当然本身也是重要的被监测指标）。毕竟"通货"一词的本义正是"流通中的货币"，货币学派代表人物米尔顿·弗里德曼（Milton Friedman）那句"通货膨胀任何时候任何地点都是一种货币现象"，也曾在学界激起过一圈圈涟漪。

从某种角度讲，股市在一段时间内的涨跌起落，也是货币追逐猎物（指数/个股）或在一时欢愉后扬长而去的表现。因此我们经常用"水涨船高"和"水落石出"等词来形容货币政策对股市的影响。

A 股是典型的"政策市"，读懂货币政策如何影响股市无疑是重要的。但面对降准、降息、MLF 和 LPR 等专业词汇，入市未久的新手往往会发怵。而对此一知半解的"半桶水"们，也容易在相关数据披露或政策出台后，依据错误的理解做出与正确方向相反的操作。下文即从货币分层等最基础的概念入手，帮新手构建一个基本的"货币观"。

一、货币分层与 M0/M1/M2

我们在市场中经常会听到"流动性不足"和"流动性过剩"等表述，这里所谓的流动性，其实是货币供应量的俗称。但作为金融学名词，流动性是指某一资产或金融工具在不影响到其价格的情况下，在市场上快速成交转变为现金的能力。如股票交易方便容易出手而流动性好，而房子、汽车和古董等不好变现故流动性较差。具体到货币上，流动性则特指其作为流通手段和支付手段的便利程度：流动性越高，在流通和交易中越容易被人接受，因此购买力也更强；流动性越差，周转不方便，购买力也就更弱。

各国央行就是以流动性作为统计口径，将货币分为 M0、M1 和 M2 等多个层次（M 是英文 money 的首字母大写）。但每个国家因为国情的不同，具体统计标准又有所区别。和其他多数国家不同，我国在 M1 和 M2 之外还单列 M0，特指游离在银行系统之外，主要掌握在各企事业单位（银行除外）和居民手中的那部分现金，如图 3-13 所示。这些纸币和硬币，也就是我们最熟悉，最通常意义上的"钱"。M0 是央行印发的，肉眼可见、可以直接拿来花的"钞票"，故而流动性最强，也和普通人生活消费最相关。

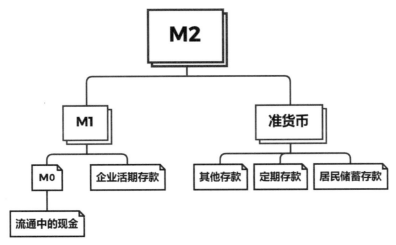

图 3-13 我国货币分层体系

M1 即所谓狭义货币，是在 M0 的基础上，再加上各企事业单位在银行的活期存款和居民个人手中的信用卡余额。这部分钱都是企业和个人随时准备好要用的，故而流动性较高，可以体现当前的实际购买力。

广义货币 M2 涵盖内容更多，除 M1 之外，还要加上企事业单位定期存款、居民定活期存款、信托类存款、券商客户保证金和其他存款等。这部分钱流动性较差，只能代表未来的潜在购买力，因此也被称为"准货币"。

除此之外，还有更高阶的，包括债券、票据和大额可转让存单等金融工具在内的 M3，有的欧美发达国家甚至还统计 M4。货币统计口径也不是一成不变的，从 1994 年开始公布货币供应量统计以来，央行已进行过数次调整。而随着数字货币时代的到来，以及居民理财和投资意识的提高（个人活期存款和股民保证金应纳入 M1 的呼声很高），将来各货币分层方法还会继续调整和变化。

二、M1 和 M2 之间的关系及影响

从上述定义可知，M1 是 M2 中的一部分，小河有水大河满，多数年份两者都呈现同涨同跌的正相关关系，但在某些特殊的时期，也会出现"剪刀差"的情况，如图 3-14 所示。

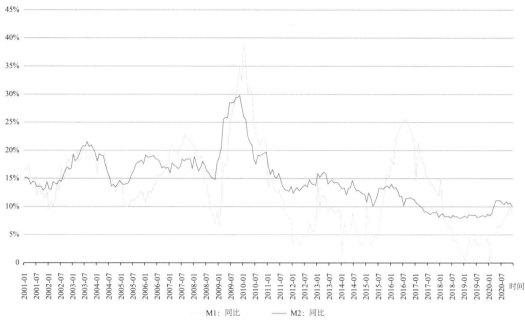

图 3-14　2001—2020 年 M1、M2 同比增速

　　M1 中近八成是企事业单位的活期存款，而 M2 比 M1 多出来的部分主要是企事业单位的定存和居民个人的定活期存款。当经济活跃时，人们愿意消费或取出钱来购房，个人存款转化为房地产公司或其他经营企业存款；企事业单位经营和融资活动也更活跃，钱更多地放在活期账户随时备用。这些都可能导致 M1 增速高于 M2，表征消费、生产领域需求和物价增高，持续 6 个月以上可判定为通胀的信号。一般 M1 增速快一点是好事，但如果剪刀差过大或持续时间过长，短期内资金都往股市和房市涌入的话，也会推升资产泡沫而引来调控或打压。

　　反之，如果 M1 增速低于 M2（即所谓"负剪刀差"）的时间过长，表明市场对经济悲观，实体经济中投资机会减少，人们更愿意把钱存起来而不是花出去，地产企业房产销售资金回笼后也不再投入新的开发项目，或资金存留在金融系统内空转，管理层其实更担忧这种通缩的风险。

　　宏观调控会引发 M1 和 M2 数据的异常（如 2008 年的"四万亿"刺激政策），从 A 股近 20 年的走势看，货币投放量上升多数时候伴随着股市上行，当然股市大涨也会反向影响货币数据（如牛市刺激存款搬家和全民消费欲望），调控政策收紧则有可能诱发市场回调，如图 3-15 所示。除 M1 和 M2 对预判市场大方向有一定指导意义外，过去很长一段时间两者增速之间的剪刀差也被奉为神奇指标，广泛用于预测股市走势，因为人们发现其与股票指数呈现高度正相关。

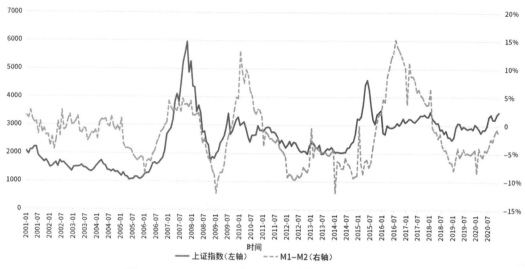

图 3-15   2001—2020 年 M1-M2 差值与上证指数走势

但近几年这一神奇指标几乎失效，特别是 2016 年中央提出房住不炒后，地产股走势和房地产市场景气程度开始脱钩，即使在地产销售火爆时期，地产股也难有强势表现。随着新股发行加速的稀释效应和消费、医药、科技等龙头的崛起，地产板块在 A 股中权重不断降低。所以尽管 M1 与 M2 的剪刀差与房屋销售的相关性一直存在，也仍为管理层和学界高度重视，但对股市的指导意义已经不复从前。

三、社会融资规模

另一个每月与 M1、M2 同时公布，与货币政策关系紧密的概念，是社会融资规模（简称"社融"）。它是指一定时期内（每月、每季或每年）实体经济从金融体系获得的资金总额，由金融机构表内业务（人民币和外币各项贷款）、金融机构表外业务、直接融资（非金融企业境内股票筹资和企业债券融资）和其他项目四大类构成。这是一个极其庞大的数字，2020 年底，社融存量规模达 284.83 万亿元，具体各分项结构占比如图 3-16 所示。

M2 对应的是金融机构的负债（如我们存在银行的钱），而社融统计的是金融机构的资产（如我们从银行获得的贷款），因此二者常被人们形容为"一个硬币的两面"。但真实情况并不这么简单，两者的统计范围和创生机制都有所差异：M2 的统计对象主要是存款类金融机构（银行、信用社、财务公司等），而社融不光统计存款类金融机构，还计算非存款金融机构（如券商、保险、信托等）对实体的支持。此外，外汇占款能派生 M2（简单例子就是企业或个人把赚取的外汇在银行兑换成人民币），但却不能增加社融；企业 IPO 或发债直接融资能够增加社融，却不能派生 M2。因而社融和 M2 仅部分内容存在对应关系，但互有不对应项目，并不仅仅是数量上的简单对等，其并列和交集关系如图 3-17 所示。

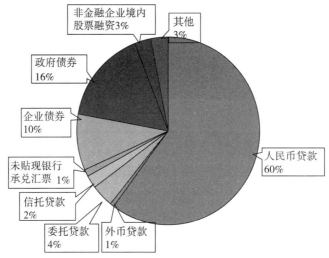

图 3-16 2020 年存量社融各分项结构占比

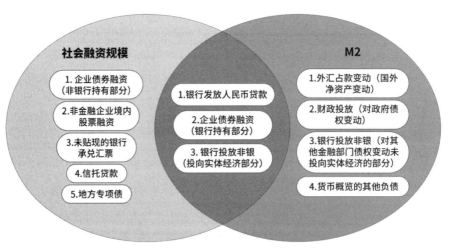

图 3-17 社融与 M2 关系示意图

作为 2008 年金融危机后我国重大金融创新成果，据被尊为"社融之父"的央行调查统计司前司长盛松成研究表明，社融是 GDP、CPI 和进出口等重要经济数据的先行指标（先行 1～3 个季度），且相关系数甚至比 M2 更高。它反映的是金融系统对实体经济的支持程度，而 M2 反映的是金融系统向社会提供的流动性，体现全社会的购买力水平。

尽管一般情况下两者走势趋同，但某些时期也会出现数据上的背离。如 2016 年商业银行盛行把钱委托给券商、基金子公司等打理，派生出大量 M2，但这些钱都在金融系统内空转套利，未能对实体经济构成支持，无法计入社融。而此后去杠杆后同业间套利受到打压，M2 开始大规模回笼。同时实体企业融资需求强劲，这推升了 2017 年的社融和 M2 的第一次背离。

进入 2019 年后，去杠杆虽接近尾声但仍在继续，而金融企业对实体的信贷政策逐渐宽松（所谓"宽信用"），叠加地方债的大量发行，这让社融和 M2 又一次出现背离。但近似的现象，背后原因不同，导致 2017 年利率上升，2019 年利率反而有所下降，故而对股市和债市造成的影响也区别甚大。

因此，虽然理论上社融增速快一般会提振市场情绪，利好股票等风险资产，利空债券等避险资产，但除了笼统看总量外，还得拆分看结构——如果社融的高增长是由短期贷款、票据或其他表外融资支撑，很可能是资金空转、套利盛行的结果，很难带动实体经济改善。对股市除了作为"利好消息"短线刺激下市场情绪外，也难以产生持续的正面影响。社融和 M2 剪刀差扩大，也并不绝对就是实体融资需求强、经济景气的表现，还是需要对总量、各细项、同 / 环比数据和增速差成因等展开具体分析。

四、实战举例

纯理论略显抽象和枯燥，下面以实例解读帮助加深印象。

2020 年 6 月央行公布金融数据：本月新增社会融资规模 3.43 万亿元，同比多增 8099 亿元，社融存量增速 12.8%，创 2018 年 3 月以来新高；M2 余额 213.49 万亿元，同比增速 11.1%，增速与上月持平；M1 余额 60.43 万亿元，同比增长 6.5%，增速比上月末低 0.3 个百分点，比上年同期高 2.1 个百分点；M0 余额 7.95 万亿元，同比增长 9.5%。2020 年上半年实现净投放现金 2270 亿元。

总量和增速"看上去很美"，结合当时的宏观背景可知，这是为对抗疫情冲击采取的宽松政策在发挥作用。但如果拆分结构看，如图 3-18 所示，社融的增长主要是由企业和个人中长期贷款贡献，未贴现承兑汇票大幅多增，反映出在央行严控票据增量的背景下，商业银行可能把表内票据规模移到表外带来规模增长，这可能会引发新一轮监管，导致票据融资下降。且当时受国债发行的影响，很多地方专项债延后发行，社融增量其实较市场主流预期的 1.7 万亿元相差较远。

此外，M2 增速与上月持平，虽然宽信用政策支持银行信贷投放，但财政支出速度略低于预期，对 M2 增速造成拖累。同时居民和企业存款大幅增多，故 M1 增速回落。M1-M2 剪刀差收窄，说明企业和居民存款定期化，反映实体投资趋于谨慎。社融 -M2

增速差扩大说明企业贷款需求旺盛，但结合 M1-M2 剪刀差来看可能是受疫情影响，企业救命资金需求大，而非扩大投资。

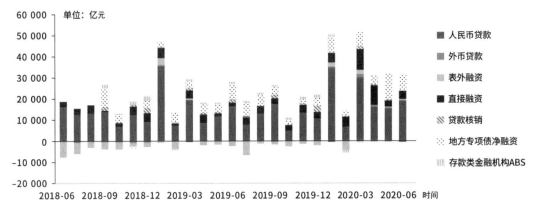

图 3-18　2020 年 6 月新增社融分项结构

表面上，宽松政策持续，金融数据较好，在短期内能够提振市场情绪，但从分项结构和 M1-M2 剪刀差的存在看并不完全乐观。同时结合管理层 6 月、7 月在各类论坛或接受采访时的对外表态看，2020 年下半年货币政策实际已然有拐向趋紧的态势。也正因此，尽管随后的 8—10 月社融规模因地方债密集发行实现了表面的"超预期"，但股指再难复现上半年各板块"穷追猛涨"的盛况。

第七节｜与货币政策相关的指标与概念（下）

弄清 M1、M2 和社融等概念及其之间的关系，新手才能更好地读懂财经新闻而不被各类标题党新闻或"专家"忽悠，并根据正确的解读调整下一阶段投资策略。站在管理者的角度，则可通过对金融数据的观察，从不同角度衡量货币政策的实施效果，并为后续政策调整提供参考。本节接着围绕央行如何运用货币政策工具实现宏观调控目标，以及货币政策如何影响股市展开讨论。

一、基础货币与货币乘数

货币政策是货币管理当局为实现其特定的经济目标而采用的各种调节和控制货币供应量的方针、政策和措施的总称。央行从来都长袖善舞，根据经济形势的不同，会分别施以以稳健、宽松、从紧或"灵活适度"为总基调的货币政策。但在介绍具体的货币政策前,有必要先了解基础货币和货币乘数这两个概念。

基础货币是由央行发行的那部分"原始的钱",通过商业银行存贷款业务能够实现成倍地扩张或收缩,具备创生其他货币的功能,因而也有"高能货币"之称。基础货币是货币发行量和商业银行法定存款准备金及超额存款准备金的总和,这在央行每个月公布的资产负债表上都有体现,如表 3-2 所示。货币发行完成后会通过各类政策工具投放到市场,过程很复杂,但最终会转化为商业银行的库存现金及企业和居民手中持有的现金,也就是上一节讲过的 M0。

表 3-2　2020 年 8 月央行资产负债表　　　　　单位:万亿元

央行资产负债表(2020 年 8 月)			
总资产	36.51	总负债	36.51
国外资产	21.84	储备货币(基础货币)	29.82
外汇(央行外汇占款)	21.17	货币发行	8.54
黄金	0.29	非金融机构存款	1.62
其他	0.38	其他存款性公司存款	19.65
对政府债权	1.53	不计入储备货币的金融公司存款	0.50
对中央政府债权	1.53	债券发行	0.10
对其他存款性公司债权	11.38	国外负债	0.11
对其他金融性公司债权	0.48	政府存款	4.78
对非金融公司债权	0.00	自有资金	0.02
其他资产	1.29	其他负债	1.18

而货币乘数正是通过商业银行体系的信用创造功能最终形成的货币供应总量与最初央行基础货币的比值。举个简单的例子,假定某个时期存款准备金率是 20%,商业银行在获得客户 100 元存款后,需要将其中的 20 元作为法定存款准备金上缴央行。而剩下的 80 元则可以用以发放贷款,贷款企业或个人在得到贷款后将资金投入实业、买房、消费或继续存起来,但最终又会流回银行变成存款。这回银行得到的 80 元存款,又得扣除 16 元准备金,能投入市场的只剩 64 元。这 64 元的贷款又将开启一段新的循环之旅。如此机制下,原初的 100 元基础货币能"发酵"出 400 元"新钱",最终可以实现 500 元货币供应的总效果。

所以可以将货币乘数近似地视为法定准备金率的倒数,只能说"近似"的原因,是因为以上假设是一种理想的状态——实际上各商业银行一般不会将杠杆放到最大,而是会根据实际流动性和自身经营规划,在法定存款准备金之外再多留一部分自行保管或缴存央行以备不时之需,即所谓超额准备金率。另外,现实中人们在获得资金后,也会基于各种原因留下部分现金。这些钱很可能再也回不到银行体系的信用创造大循环中,即所谓的"现金损漏"。超额准备金率和现金损漏效应的存在,都会影响到货币乘数的发挥。而如果实体企业和社会大众对经济前景悲观,都不乐于贷款,对货币的需求并不强烈,同样会令货币乘数比法定存款准备金率的倒数更小。

以 2020 年 8 月货币数据为例,M2 余额 213.68 万亿元,基础货币 29.72 万亿元,货币乘数约 7.16。而在历经多轮降准后,各金融机构的加权平均存款准备金率分别是 12.5% 和 10.5%,实际货币乘数值小于法准倒数。但 7.16 这一数值已经较 2019 年底的 6.13 高出太多,过高的货币乘数表明商业银行货币派生能力过强,这在当时引起了部分研究机构和投资界对货币政策即将收紧的担忧。

二、几个重要的货币政策工具

理解了 $M=m \times B$,即货币供应量等于货币乘数乘以基础货币,而货币乘数又可以近似地视为法定存款准备金率的倒数后,聪明的你就可以知道,央行想通过货币政策实现宏观调控目标,无非就是在法定存款准备金率和基础货币这两方面做文章。因此,旨在调控二者的再贴现、存款准备金率和公开市场操作被合誉为一般性货币政策工具中的"三大法宝"。

调控基础货币有量和价两个方向,也就是规模和利率。再贴现是央行通过买进商业银行持有的已贴现但尚未到期的商业汇票,向商业银行提供融资支持的行为,其本质就是央行作为家长一样给各商业银行"发钱"。通过降低或提高再贴现利率,扩大或缩小再贴现额度,便可以达到释放或回笼流动性的目的。

而降低或提高存款准备率是股民更加熟悉的操作——自 2011 年 11 月以来,我国一直处于降准长周期之中,已历经全面或定向降准十余次。

前文已讲过存款准备金率的"魔力",降准一旦落地都将为市场释放数千亿元甚至超万亿元的新增资金规模,并刺激商业银行放贷意愿和企业居民融资借款需求。流入实体经济的部分有望促进企业业绩改善,对股市构成中长期利好,而对资金敏感型的地产、银行和部分周期股,也是短期消息面利好。

但务必请注意,货币政策的四大目标分别是稳定物价、充分就业、经济增长及国际收支平衡,可从不包括"刺激股市"。请勿简单地将降准等同于必然大涨,从历次降准后的市场表现看都是有涨有跌,特别是如果此前市场对降准消息已经有高度预期,指数已经累积一定涨幅,一旦利好落地反而得严防冲高后大幅回落。

公开市场操作是 Open Market Operation 的中文译名，简称 OMO。它是由央行直接在金融市场上买卖政府债券、央行票据和外汇，用以吞吐基础货币的一种政策性工具。2013 年以前每年外汇占款规模较大，有多少外汇流入需要投放对应人民币兑换方可流通，当时央行主要用正回购和央票来回笼过剩的流动性。而此后外汇占款逐步降低，主要矛盾开始转向需要用新的工具补充金融市场间歇性的流动性不足。

于是一系列令我们眼花缭乱的金融创新开始，其中包括短期流动性调节工具（SLO）、常备借贷便利（SLF）、中期借贷便利（MLF）等。目标定位为缓解流动性不足的它们每次出现都令股民倍感欣慰——只要规模扩大，利率降低就简单粗暴地认为是股市利好，并亲切地冠以"酸辣圈""酸辣粉""麻辣粉"等昵称。

这几个品种本质区别不大，都是由央行以招标的方式，对符合条件的商业银行或政策性银行要求提供国债、央票、政策性金融债等优质债券为质押，满足条件即可获得定额定价，期限长短不一的流动性支持，期满后还款赎回票据。

如今期限适中的 MLF 已经成为基础货币投放的主力，其价格对金融市场利率影响极大，每个到期的月份是否续作，是超量续作还是缩量续作，都会成为人们观察央行货币政策导向的重要参考。

三、降息及其与降准的区别

谈货币政策，还不能绕开的一个话题是"降息"。利率降低有助于改善企业盈利，也利于降低投资者融资和交易成本，因此一般情况下对股市是好事。但通过前文的铺垫，读者应能隐约发现，利率并不是仅仅是银行存贷款价格那么简单。银行从央行处获得资金的价格，包括 SLF、MLF、再贷款、再贴现等利率调整，自然会传导到货币市场、债券市场和信贷市场。它们的下调和存贷款基准利率下降一起，才构成财经媒体口中广义的"降息"。

2013 年以来，我国加速推进利率市场化，但显然贷款利率改革更富效率一些。如今贷款市场报价利率（LPR）是在公开市场操作利率（主要就是 MLF）基础上加点形成，各家银行再在 LPR 基础上自主定价。而存款利率因和老百姓（尤其是中低收入人群）生活更为密切，为保民生，央行很少对存款基准利率"动刀子"。近年来央行全面降准多次，LPR 也基本处于下行区间，但自 2015 年 10 月至 2020 年 10 月无一次存款降息。因此常见诸报端的"降息"通常是指 MLF 和 LPR 利率下降，真正的存贷款利率双降的"全面降息"较为罕见。

降息与降准的区别在于，降准是释放新的流动性，为市场提供增量资金；降息则并没有增加市场资金，只是改变资金投向，鼓励人们更多地去消费和投资。降准是"量"的工具，主要影响金融机构，传导到实体经济和百姓生活尚需时日；而人们对降息这种"价"的工具更敏感，降息比降准对国计民生的影响更大，央行对此慎之又慎。而正因为谨慎使用，一旦祭出这种"核武器"，市场会视为更强烈的政策信号，对股市的影响也会比降准更大些。

但和降准一样，降息到底是"重大利好"还是"利好落地"，都必须结合当时市场环境和指数所处位置综合判断，武断判定降息必会大涨只会贻笑大方。某些非正常情况或极端市场下，也会出现利率一直下降甚至贴近于 0 而股市长期低迷（如前些年的日经指数）、2009—2018 年阿根廷利率飙升股市却牛冠全球的情况。解释经济现象时一定不能刻舟求剑，宏观世界难有放之四海而皆准的真理。

第八节 | 经济周期与股市、行业的关系

人有生老病死，经济发展也有复苏、繁荣、衰退和萧条，这都是自然规律，不可逆转也不可能逃避。通常把经济运行中，周期性出现的经济扩张与紧缩交替更迭、循环往复的现象，称为经济周期。

一、四大周期理论

既然是周期，那就必然会有阶段，也必然是通过时间维度来衡量。因而也就出现了不同长度的经济周期，典型的包括以下四种。

（一）基钦周期

整个周期的时间大约是 5 年，且往往是企业的存货（可简单理解为卖剩的东西）发生变化、起伏所导致的，所以又叫存货周期或库存周期。具体来说，就是在大规模的机器设备、技术生产线没有办法改变的情况下，企业家依据经济形势的变化，调整存货而导致的经济波动。

（二）朱格拉周期

又称设备更新周期，周期时长通常为 10 年。朱格拉周期指向的是生产所用的机器设备的更新换代，因而比存货周期持续时间会更长，对整个经济的影响更大。

（三）库兹涅茨周期

又称房地产周期，周期时长大概是 15～20 年。

（四）康德拉季耶夫周期

又称技术革新周期，周期时长大概是 50 年左右。比如从最早的蒸汽技术到电力技术，再到互联网技术，从最早的马车到汽车、火车等，这种涉及基础设施领域的重大技术突破所带来的经济周期波动。前几年去世的中信建投前首席经济学家周金涛先生，便是运用并创新康波周期理论，对 2007 年次贷危机、2015 年全球股市债市动荡做出了精准预判，并因此被投资界尊为"周期天王"。

以上周期的时间长短界定是否准确见仁见智，但可以肯定的是，随着经济体量的变化和科技的发展，周期的长度会不断发生变化。比如这两年大数据发展迅速，企业库存管理在大数据加持下会变得更富效率，存货周期也就会相应加长。

二、经济周期与股市的关系

有一个比较大众的看法：当经济处于扩张周期时，GDP 增速比较快，失业率比较低，股市也会水涨船高。而当经济处于收缩和衰退周期时，股市则会下跌。

当经济开始衰退之后，企业的产品滞销，利润相应减少，促使企业减少产量，从而导致股息、红利也随之不断减少，持股的股东因股票收益不佳而纷纷抛售，使股票价格下跌。当经济衰退已经达到经济危机时，整个经济生活处于瘫痪状况，大量的企业倒闭，股票持有者由于对形势持悲观态度而纷纷卖出手中的股票，从而使整个股市价格大跌，市场处于萧条和混乱之中。经济周期经过最低谷之后又出现缓慢复苏的势头，随着经济结构的调整，商品开始有一定的销售量，企业又能开始给股东分发一些股息、红利，股东慢慢觉得持股有利可图，于是纷纷购买，使股价缓缓回升。当经济由复苏达到繁荣阶段时，企业的商品生产能力与产量大增，商品销售状况良好，企业开始大量盈利，股息、红利相应增多，股票价格上涨至最高点。

值得注意的是，经济周期自然会影响企业的盈利和股价的变化，但绝不会简单同步运动。股指本身就是经济的先行指标，市场往往会先于经济周期发生变动——经济处于底部开始复苏前，股市已经开始上涨，经济露出衰退迹象时，股市已经悄悄下跌了一段时间。同样的道理，经济在走向高峰之前股指已经提前见顶，经济还没有正式出现底部拐点，股市却可能先一步反弹。我们经常说，炒股炒的不是"现在"，而是在炒对未来、对经济波动的预期。

所以衰退期要以保本为主，此时多持有现金和短期存款等货币类资产形式，避免投资随经济衰退出现亏损，等经济复苏时再进入股市；而到经济繁荣期，当各种不懂投资盲目跟进的人都开始在股市赚钱时，则考虑逐步收缩战线保护投资收益。

当然很多时候也需要"第二层思维"——当经济萧条时，政府为促进经济景气程度可能会扩大财政支出增加货币供给。但对于企业来说，由于产能过剩需求不足难有扩大生产的动力，在获得银行贷款后资金没有好的去向可能会"脱实入虚"；对于个人来说，经济萧条也没有太多的可投项目，同样产生了大量的闲置资金。当这些钱流入股市，短期内股市的买卖和股价的上涨容易脱离企业的基本面，出现明显带投机性质的上涨。

这种情况在全球百年证券史上屡见不鲜，在不成熟的 A 股更是常见。在经济整体糟糕时，不必人云亦云，过于悲观；享受虚涨红利时，务必提醒自己谨慎行事及时锁盈。

三、经济周期与行业的关系

此外，还需要了解经济周期对不同行业的影响：有的行业在经济复苏期就有优异的表现，如能源、设备（机械、电子）等；而有的则是在衰退期发挥出较强的抗跌能力，如公用事业、必选（日用）消费等。总之，投资者还应该考虑各行业本身的特性，在不同的市况下做出具体选择。

经济周期是通过影响企业或行业的盈利来让股价产生周期性波动的。一般来说，经济周期的不同阶段，总有一些受益的行业，各行业在不同经济周期阶段的表现如图 3-19 所示。从这个图也能看出股市运行一般先于经济周期，这也是股市被叫作经济晴雨表的原因。

当经济萧条时，多持有现金似乎是明智之举。但股市并非没得玩：聪明的投资者会选择投资金融行业。因为金融是对经济复苏反映最早的板块，复苏前企业投资行为将逐渐增加，随之而来对银行的信贷需求也会增长，这将推动银行业绩转好，股价上升。而金融板块的上涨，往往成为市场出现拐点的标志。

当经济处于复苏初期时，政府放水，利率下调，信贷扩张，民众消费信心逐步提升，企业经营压力逐步缓解。苦哈哈的日子熬过去了，人们开始恢复购买力，以前舍不得买的东西终于舍得出手，于是汽车、电器、旅游等可选消费业绩好转，成了这个阶段表现最好的板块。

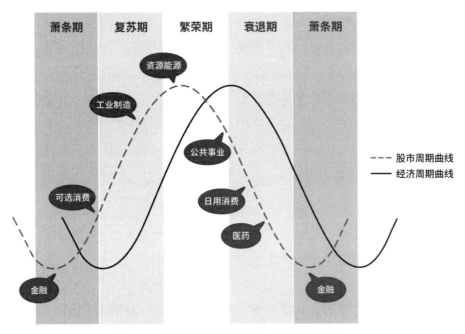

图 3-19　不同经济周期各行业股价表现示意

　　当经济进入复苏前中期，随着消费者的消费支出增加，企业开始更新设备，扩大生产。此时信息技术和工业制造等行业的利润就会增加，其中以消费电子为主的信息技术会在复苏早期就开始启动，毕竟消费电子产品更新换代较快，消费者的需求更大。此时企业的产能和订单都会增加到极限，同时工业企业的定价权也会逐渐增强，毕竟当供不应求时企业涨价，消费者也会埋单。

　　当复苏到了中后期，通胀加剧，利率攀升，人们的消费意愿进一步提升，经济链条被完全激发。个人家庭生活和企业生产经营对资源能源的需求上升，出现能源电力短缺现象，相关行业更是开足马力生产，企业经营状况达到顶峰。因此，在经济繁荣前期，化工、建材、金属等资源类行业会有较好的表现。

　　当经济到了繁荣期，通胀见顶，经济放缓，政府不再加息。此时较有收益的是依赖融资的燃气、电力、水利等公共事业。因为随着整个社会越来越有钱，政府会将过剩的流动资金往公共事业方面引导，再加上央行停止加息并开始逐步降息，这些行业的融资成本降低，利润进一步增加。

　　当经济开始衰退，通货膨胀变成严重问题，政府开始收缩货币流动量，整体经济开始下滑。企业的盈利能力下降，个人家庭收入也随之下降，但对于食品医药的支出并不会减少，以医药和必选消费为主的防御性行业会有较好的表现。

　　通过以上描述可以看到，各行业板块受经济影响是不一的。有些行业受经济周期影响较为严重，比如煤炭、钢铁、有色等会随着经济复苏而扩张，随着经济衰退而跌落，所以我们一般称这些行业为周期行业。而诸如食品饮料、医药等相对稳定，并不受经济周期衰退影响的行业我们称之为防御型行业，当经济处于衰退时，配置它们会有很强的抗跌性。

还有的行业更多是受到产业革命带来的历史性影响，这种影响会支撑这些行业独立于经济周期运行，比如说过去十年里的互联网行业，我们将这类行业统称为增长型行业。

2019年中国的经济整体处于复苏期中，但2020年突如其来的疫情却把整个节奏打乱，经济大起大落，而这一落一起间就构成了一个"衰退—复苏"的小周期。3月初疫情席卷全球，市场恐慌地认为经济会一键暂停，回到大萧条时代。此时，全球各类资产从股市到汇市到黄金都出现了全面下跌。在这个阶段，人们不愿意进行任何投资，而是坚信现金为王。到了4、5月，全球经济开始衰退，此时市场开始反弹，但是整个市场都很谨慎，抱团在日常消费、医疗以及科技这种防守型和科技增长型行业中。到了6、7月，经济开始逐渐复苏，随之市场的估值也开始修复，再加上前期各国央行的大放水，市场对经济预期好转的情况下，水泥、化工等周期股的部分周期性行业开始抢跑。而到了10月，当确认了经济确实好转，经济就彻底回到大周期的复苏正轨。此时市场在可选消费等顺周期行业的带领下出现普涨。在这一年的循环中可以看到，必选消费、医药等防御型板块在经济处于衰退期的时候会有很好的表现，周期股则在复苏期表现抢眼，至于贯穿整个阶段的科技（从芯片到新能源再到芯片）则是典型的增长型行业。

在投资中把握当前经济阶段确定性最高的行业，能达到事半功倍的效果。最后还有一点需要注意：在经济下滑的时候，大盘股会有相对出众的表现。因为经济下滑把许多更小的市场参与者排挤出局，加速行业的兼并整合，马太效应之下，强者容易恒强。

第三章小结

本章谈及的GDP、CPI、PMI、PPI等经济运行指标和M1、M2、社融等货币金融指标，以及降准降息等货币政策仅仅是冰山一角。在现实中，还有诸如就业、进出口、社会消费零售额、汇率等数据也会对市场趋势产生重大影响。货币政策也得有与之配套的财政、税收、信贷政策一齐发力，才可能达成理想的调控效果。但作为简单入门之用，本章的内容应能构成读者进一步深度学习的基础，掌握初级知识也能有助于更好地理解很多原初"看不懂"的涨跌逻辑——如2018年为什么整整熊了一年；而2020年明明新冠肺炎疫情对经济造成了重大冲击，股市反而走出了近年来难有的强势节奏。宏观为"势"，顺势而为才能事半功倍。

　　跟任何方法一样，宏观分析不是万能的，并不存在放诸四海皆准的真理。本章提到的很多正负相关关系只是通常规律，而绝不意味着"意外"不会发生。如利率随货币供应量增加而上升的案例、一再加息股市反而蒸蒸日上的案例，在世界各国经济史上也并不罕见。反而恰恰是这些"背离"的存在，才让大千世界变得生动有趣。结合当时当地的具体经济情况分析，才有可能找准"异常"背后的原因，并做出更明智的投资决策。

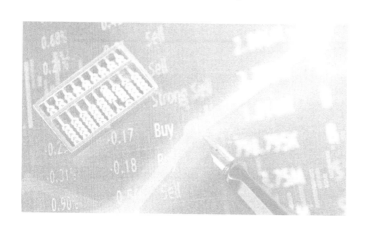

第四章

行业

第一节 行业分析对股票投资的意义

在《国民经济行业分类》中，行业是指一组生产非常接近并可以互相替代的产品的企业集合。它不仅是承接宏观经济与微观企业个体的枢纽，更是投资成功的关键。相较于宏观分析的高高在上，行业分析更加接地气。毕竟宏观对于个人投资来说属于"不可抗力"，而在读懂行业逻辑后，主动选择在某种宏观环境或政策背景下可能表现更佳的"赛道"，进而发掘赛道中驰骋最快的那几匹"骏马"，则能给自己创造出更大的盈利空间。

一、行业分析的定义

经济学中，行业分析是指综合应用统计学、计量经济学等分析工具对行业经济的运行状况、产品生产、销售、消费、技术、行业竞争力、市场竞争格局和行业政策等行业要素进行深入分析，从而发现行业运行的内在经济规律，预测未来行业发展的趋势。

投资中的行业分析则是对行业的发展历史、现状与格局等进行分析，从而找出行业的特征和结构，来对行业的市场容量、发展趋势等进行预测，进而找出最适宜投资的行业。

二、行业分析的意义

（一）寻找具有投资潜力的行业

具备投资潜力不仅需要长期利好政策的加持，更重要的是行业容量足够大。根据行业天花板来评估行业发展潜力，能够为投资之路指明初步方向。

行业天花板指的是行业的产品（或服务）趋于饱和、达到或接近供大于求的状态。

行业的天花板有三种：一种是已经达到天花板的行业，如钢铁，这类行业要重点关注市场份额和定价权；第二是随着产业升级，旧天花板被解构，新天花板尚未或正在形成的行业，如随新能源发展出现变革的汽车制造业，要分析在达成新的行业平衡前行业的扩张速度；最后是那些天花板尚不明确的行业，这些行业多处在新兴领域，对于该类企业要重点挖掘那些细分行业里具备领军地位的优秀企业。

（二）根据各经济周期下行业分化表现顺势而为

在"经济周期"一节曾说过，各行业在经济周期的不同阶段有不同的表现。除少数能够穿越经济周期的行业，大多数行业都是随着经济周期的盛衰而涨落。投资中非常重要的一点就是顺势而为，不与趋势为敌，通过研究行业的特点来选择在合适的经济周期介入能更好地把握投资时机。例如在经济复苏初期考虑利润快速增长的家电、汽车等可选消费，在经济衰落时投资利润受经济影响小的食品饮料、调味品等必选消费，这样投资能够最大程度享受到企业利润增速带来的红利。

（三）纵向分析行业生命周期确定投资策略

宏观层面有大的经济周期，中观行业也有自己的生命周期，按照不同的阶段可分为初创期、成长期、成熟期以及衰退期。生命周期阶段不同，行业的发展方向和竞争格局都会不同，对应的投资策略自然也会有所不同。稳健投资者可以关注发展较成熟的行业，激进投资者为追求高额回报率可重点研究处于成长甚至初创期的行业，而多数人都不会热衷于投资已经开始衰退的"夕阳产业"。

初创期：这个阶段的行业容量相对较小，消费者对产品缺乏认知，行业内企业的产品和技术发展方向不明晰，研发和市场开拓成本较大，亏损的可能性较大。但由于整个行业发展水平都很低，竞争不是很激烈，行业进入壁垒也不高。此时要重点关注现金流较稳定，能够活下去的企业。

成长期：行业产品逐渐被消费者认可，市场需求和增长率都较高。随着行业内企业销售规模的增大，行业整体容量在快速扩大。该阶段行业利润率较高，行业内各企业有竞争但并不强烈。此时要重点关注市场占用率提升迅速的企业。

成熟期：整个行业的需求已经接近或达到饱和，产品和技术已经完全形成，企业间竞争激烈。行业平均利润逐渐走低，开始出现企业淘汰和兼并重组，行业集中度逐渐走高。此时那些技术壁垒高、市场占有率高的企业更值得关注。

衰退期：行业内产品和技术逐渐开始老化，新产品和新技术开始出现，原有产品的市场份额逐渐萎缩。此时拥有稳定市场份额、具备较强创新技术的行业更值得青睐。

（四）横向对比同行业内各企业找准最优目标

单个企业的基本面分析固然重要，但如果仅围绕一家公司苦做研究而不将之置于整个行业中通盘考虑，就无法了解同类企业的状况，更不知道它在行业中的地位，会犯"知己不知彼"的错误。可以横向对比毛利率、营收、增速、估值、市占率等财务指标，分析与同行相比存在哪些优势，还有哪些弱点和不足（指标明显低于行业平均不投，异常优秀的还需考虑是否存在财务造假），在所处行业中的地位是否稳固等。同行对比，优中选优是买入个股前必做的功课，持有过程中也需要紧密关注行业动态。

（五）利用板块协同效应迅速响应市场

熟悉各行业板块的另一大作用就是，能充分利用股市中的板块协同效应。当某一行业政策出台或热点事件发生后迅速反应有哪些上市公司会受利好或利空影响，进行短线逐利或及时避险，同时也可以分析是否存在错杀带来的投资机会。如 2018 年"医药集采"黑天鹅令板块集体杀跌，但对其中的创新药而言，却是砸出了难得的"黄金坑"。

医药集中采购后，短期内由于价格降低，行业整体利润空间必然被压缩，对于未能通过一致性评价或未能入围集采范围的企业更是重大打击。但从政策导向看，国家实施集中采购除保障医保用药降费外，更在于培育大而强的优秀药企参与到国际竞争之中。这种竞争完全不可能依靠仿制药实现，必须要鼓励创新药企业加大研发和科技投入。因此，对于技术含量低的原料和仿制药企，集中采购的确构成长期利空。而创新药企业则会加大研发投入，积极储备人才，在创新上多下功夫，护城河夯实后会逐渐侵蚀仿制药的市场空间，看似利空其实是在倒逼这一行业健康发展。

｜第二节｜ 行业分析的方法

在北京，西二环一户"老破小"房子的价格能赶上燕郊镇的一栋小别墅，这是因为人们买房时首先考虑的不是房型，而是小区所在位置和周边配套设施。作为连接宏观分析和企业分析的桥梁，行业分析就是在市场中"找小区"的过程——根据在国民经济中的地位及所处的发展阶段来挖掘具备投资潜力的行业，做足行业间对比后选出更具性价比的"小区"，进而在这个"小区"中挑选出户型最好的那个"房子"——企业。所以不妨借用买房的思路，来看看行业分析的步骤。

一、把握宏观环境与行业发展趋势的关系

挑房子首先要看地段和周边配套，要在宏观分析之下选行业，一看行业与经济环境的相关性，二看行业未来发展趋势。

不同的经济周期下有不同的优势行业，选择行业时要考虑一下其与经济周期的相关性，避免逆周期选行业。例如，在经济景气周期可选消费相关行业，利润表现会较好，此时下注可选消费，胜率占优，博弈必选消费获得超额利润的难度相对更大。而在经济萧条时，可选消费和必选消费的强弱表现则可能完全相反。

"站在风口，猪都能飞起来"，绝大多数企业，尤其是成长型企业的成长一般需借行业东风。有发展潜力的行业，市场会给予更高的估值，而行业的发展又能带动行业内企业的盈利水平，随着业绩的增长又能慢慢地消化高估值，形成一套正向循环。选择符合未来发展趋势的行业，能进一步减少投资中的不确定性。

以恒瑞医药为例，其股价 2011 年初为 8.38 元（前复权），到 2020 年底股价已经上涨到 111.46 元，十年内股价翻了 13 倍。之所以股价表现如此之好，是因为自 2011 年以来其利润增速一直在 20% 左右。而这样稳定和快速的增长又主要得益于创新药企做大做强符合当下政策导向，行业得以持续高速发展。

由此可见，在选行业时结合总体经济形势，把握行业政策、发展趋势和发展空间三方面，能帮助我们判断哪些行业更具增长前景，哪些可能遭遇发展瓶颈。

行业政策对于行业的影响是致命的。积极的行业政策能够助推行业的发展，甚至逆市上涨；偏空的行业政策不仅会阻碍行业的发展，甚至可能给企业带来灭顶之灾。多了解时政要闻，多读机构行业研报，或亲自登录中央及各地方政府官网了解当前和未来 2 ~ 3 年的行业政策，总归是个好习惯。

2016 年市场从千股跌停的"熔断"开始，一整年都处于低迷状态。这一年沪深 300 下跌 11.28%，上证指数跌幅为 12.31%。但也就在这一年，随着《"十三五"节能减排综合工作方案》和《"十三五"生态环境保护规划》等政策的出台，环保板块迎来了逆势上涨，一直到 2017 年底，环保板块上涨超 37%。当时主投环保行业的基金嘉实环保低碳在 2016—2017 两年内上涨近 60%。但 2018 年随着环保政策进入空窗期，光伏等行业补贴下降，让环保指数在这一年领跌于一众主题指数，而之前大涨两年的嘉实环保低碳近乎腰斩。拥有团队支持、专业化能力更强的机构和基金经理面临政策调整也无能为力，只能躺倒"挨打"。对行业政策加深了解是主题投资的必修课。

顺势而为，事半功倍。在选择行业时要好好思考一下行业未来发展趋势是什么，哪些细分领域会因此而受益。如汽车的发展趋势之一是无人驾驶，那生产智能芯片的行业就会受益于此逻辑。家电领域的生态变化也对个中企业的命运产生深刻影响。

黑电和白电同属于家电的细分行业，这里的黑白可不是单纯地指颜色，而是指不同用途的家用电器。其中，白电指的是可代替完成家务活动、改善生活质量的电器产品，比如冰箱、空调、洗衣机等；黑电指的是为人们提供娱乐活动、满足精神需求的电器产品，如电视、音箱等。在20世纪，黑电龙头四川长虹曾是家喻户晓的彩电品牌，一直到2009年，其彩电都保持着连续20年销量冠军的纪录。这离不开当时的经济环境，彼时老百姓的日子刚刚开始过好，相对于白电来说，能够满足精神需求的黑电更受人们喜欢。

但随着经济的发展，消费者手中的钱更多了，在精神饥渴问题解决和黑电产业饱和甚至产能过剩后，白电开始更加受到人们的青睐。此时白电更贴近电器行业发展趋势，四川长虹在这一领域的掉队成为其由盛转衰的重要原因。后来随着互联网的提速降价，智能电视逐渐成为黑电的发展趋势。这一次四川长虹又没有跟上时代的脚步，而被当时崛起的小米、荣耀等"新势力"抢拔头筹。

回顾四川长虹的兴衰史，固然有经营不善、管理混乱等问题存在，但本质上还是没有踏准行业发展趋势导致的失利。

行业空间是行业分析时必不可少的一环，它通常包含两个方面：一个是行业的品牌集中空间，另一个是行业的增量空间。前者相对来说好判断一些，毕竟在品牌集中的过程中，龙头企业会有较大的竞争优势而且会滚雪球般快速积累，并在这个过程中形成行业壁垒、品牌护城河。而对行业的增量空间的判断则相对复杂，首先要搞懂"行业的真正产品是什么"。

以茶饮行业为例，如果是判断诸如农夫山泉这类预包装茶饮的行业空间，可以直接观察消费者人群、愿意接受的价格、消费频次等几个因素。但如果是喜茶、奈雪这类则完全不一样，这类茶饮更多的是卖品牌、社交空间，探寻这类行业的行业空间，则要类比星巴克这类以咖啡为载体兜售社区空间的企业，根据其在一个城市的开店数以及覆盖的城市来决定。

行业的空间还要结合发展阶段来看。初创期的行业空间很多时候是由供给决定的，此时行业的空间就是整个行业的产能，比如智能手机刚出现的时候，市场是由供给方决定的，市场的有效供给数量就是行业空间。而成长期和成熟期行业就要看行业的天

花板或者说行业的需求空间了，例如中国移动互联网的用户是 10 亿，那么对于电子支付行业来说，其行业天花板就是这 10 亿客户。

并不是说小行业就不值得投资，小行业也可能开出沙漠之花，例如为彼得·林奇带来了巨大利润的班达格公司，该公司主要从事旧轮胎翻新业务，当时美国每年卡车和客车轮胎翻新的需求约为 1200 万个，而该公司的市场份额达到 500 万个，独占的竞争优势为该公司带来了每年 17% 的持续增长。虽然沙漠之花小而美，但是从概率和胜率来说都比不上容量大、增速快的行业，因此在投资中还是要尽量选择那些行业空间大的行业。

二、把握行业结构和产业结构的关系

买房除了看小区所在的地段外，还得考察小区的配套设施，并和相邻小区进行对比。同样的，在选择行业时需要了解行业本身的结构和行业所在产业的结构。

行业本身的结构主要指的是行业由哪些企业构成，以及各细分行业正处于生命周期的哪一个阶段。

企业构成并不难理解，毕竟选择行业的最终目的是挑选值得投资的企业，所以这一步主要就是了解行业中各个企业的基本概况，如包含的企业都有哪些？每个企业擅长的细分领域是哪个？哪些企业是龙头？龙头的市场占有率又是多少？这些研究能加深投资者对拟介入行业的了解。

对于细分行业的生命周期，主要是了解各细分行业当前正处于行业生命周期的哪一个阶段，是初创期、成长期、消退期、成熟期或是衰退期？了解这一块能让投资者在选择行业时更容易乘上发展的"东风"。

以汽车行业为例，传统汽车行业就是典型的消退期行业，而新能源汽车则正处于成长期。2020 年，同在广东省，同属汽车行业的比亚迪和广汽集团就充分体现了"同行不同命"的特点：由于前者有新能源赛道光环，股价在一年内飙涨 5 倍，而后者股价却相对平平无奇。

对于产业结构方面，主要是需要了解行业所处的产业链位置以及行业替代品风险。行业所处产业链位置就是通常说的上游、中游和下游。上游行业通常是原材料供应端，中游行业则主要是中间环节的制造加工端，至于下游，一般是直接面向市场或者客户的设计端或者销售端。在通常情况下，上游和下游的溢价和议价空间都会比较大，中游行业则相对弱势。

对行业替代品风险的了解，同样是选择行业的关键一环，也是在选定行业后需要持续观察和跟进的一点。因为替代品是有可能成为对行业致命一击的存在，尤其是对于成长较快的科技、医疗等行业来说，错过关键的替代品可能就意味着彻底被击垮。柯达公司的例子就是一个典型，由于错过了数字相机这一关键产品，导致胶片相机被替代后，企业逐渐走向了没落。

如今优质的摄像头已经成了新款手机的主要宣传点之一。有时候用手机经过自动调色拍出来的照片质量甚至比相机拍出来的还要好。

据行业组织 CIPA 的调查报告，2018 年，该协会成员全球相机的出货量为 1550 万部左右，仅有 2010 年销量的 13%，这个销量仅相当于 1980 年的水平。相机销量急剧下降的主要原因是内置镜头数码相机出货的下降，该类型的数码相机在智能手机摄影兴起之前广受休闲类摄影人群青睐。但随着智能手机拍摄技术的发展，大部分人不再需要购买相机，虽然专业人士和摄影爱好者需要购买高端相机和镜头来获得更好的效果，但是智能手机可以满足大多数普通消费者的需求。

2020 年，奥林巴斯在相机业务连续亏损三年后决定出售其旗下经营了 84 年的相机业务。讽刺的是，当奥林巴斯宣布出售相机业务、专注医疗设备业务后的当天，奥林巴斯的股价随即上涨了 11%。无独有偶，曾经发明了胶卷技术和傻瓜相机的柯达，在被数码相机打败后一度濒临破产，但 2020 年由于被批准贷款用于仿制药研究后，股价又起死回生，在一周内涨超 900%。

三、把握本行业的特有属性

买房时，往往由于一些特定的原因，某些小区即便地理位置、配套设施都很差，但依然很贵。比如深圳的某学区房，仅 16 平方米的空间，就能卖上 400 多万元的高价。

行业分析也是如此，有些行业天生就是好生意。比如白酒，尤其是中国特有、天生构成寡头竞争格局的高端白酒业。一提到白酒，人们首先想到的就是茅台、五粮液，这不仅是一种生理上的追求，也是一种文化符号，更是随着人们生活水平提高后，圈子认同的一种工具。白酒行业有着让大多企业都眼红的利润率，且不太依赖于技术创新，只要老老实实地把产能搞出来，售价便会水涨船高。这种生意模式别的行业很难比得过，也难怪"茅五泸汾"们的股价总那么坚挺啦！

借用王家卫导演在《一代宗师》中的台词，我们为新手总结的行业分析方法，逻辑其实是自上而下的"见天地、见众生、见自己"。宏观环境是所有企业和个人生存

和赖以发展的"天地",而察阅行业百态众生,最后知己知彼,是为下一步精选黄金赛道和龙头企业扎下的根基。

第三节 | 主要行业及其投资要点

"三百六十行,行行出状元",各行各业细如牛毛,为便于统计和研究需要对行业进行分类。我国主要的官方行业分类文件有国家标准化管理委员会的《国民经济行业分类》和证监会的《上市公司行业分类指引》,但投资圈使用较多的是申银万国、中信和万得等机构编制的行业分类标准。最常用的申万行业分类分为三级,一级分类有 28 个行业,二级分类有 104 个行业,三级分类有 227 个行业。本节以申万 28 个一级行业为基础,将特征相似的行业做合并,聚类成 10 类行业来进行介绍。

一、农林牧渔

农林牧渔主要包括种植业、渔业、林业、饲料、农产品加工、农业综合、畜禽养殖和动物保健等子行业。这是一个周期性极强的行业,同时因为关系到"吃"这一绝对刚需,所以无论在需求端还是供给端都有着庞大市场。但这也是一个风险较高的领域,各种天灾人祸、政策变化和突发事件都可能对它造成影响。

由于需求量大,价格稍微变动都会对利润造成巨大的影响,市盈率这一指标往往在农林牧渔上容易失真。同时由于农产品的生物特性,生产资料、动植物产品、存货天然不容易清点,交易结算方式现金交易占较多等因素,使得农林牧渔行业容易沦为财务造假重灾区,资本市场史上著名的"湖北蓝田事件"和"大连獐子岛事件"均出自此。

另外,由于多年来中央"一号文件"均聚焦农业,每年年末和年初该板块都会出现一定投资机会。

二、采掘、钢铁和有色金属

采掘(主要是石油和煤炭)、钢铁和有色金属行业周期性极强,其股价也经常会跟随大宗商品的价格潮涨潮落。而且一旦启动就容易产生爆发性行情,2007 年的"煤飞色舞"至今令很多老股民怀念不已。缺点也很明显,行业高峰期急速扩张后,会导致供给需求关系的恶化。加之近年来环保等政策压力剧增，牛转熊后的蛰伏期也会很长。所以除个别优质龙头外，多数采掘、钢铁和有色类个股只适合抓波段，并不太适合长期持有。

在人们的刻板印象中，这三个行业容易被打上"两高一剩"的标签。但实际上，由于近年供给侧改革的深化，过剩产能得到出清，行业龙头集聚效应进一步加强；叠加"碳中和""碳达峰"等概念，这些传统行业也可能再次披上产业升级的新衣，阶段性再现当年量价齐升的辉煌。

另外，除了产能等供给侧的因素，由于这些行业往往处于产业链的中偏上游，其下游产业的需求爆发也会带来一定的投资机会。例如，2019—2020 年随着新能源车行业的跨越式增长，作为其电池主要上游原材料的锂和钴也迎来了一波强势行情。但是这类行情同样来得快去得也快，所以对于采掘、钢铁和有色这三个强周期行业还是建议只阶段性地参与。

三、化工

提到化工行业，大家通常都会认为这是一个强周期行业。但实际上化工包含的细分领域很多（共有超过 360 家上市公司），其中也不乏一些具备刚需属性的子行业，如农药行业，或者一些打破周期性的行业龙头，如生产钛白粉的龙蟒佰利。

作为一个偏中游的行业（当然部分化工企业也兼营开采属于上游行业，但整体上是以加工为主的中游），分析它时主要围绕四个要点：一是要根据其上下游产业链，判断供给和需求特点；二是要关注其产品价格的变化趋势并和历史进行对比；三是要关注更细分领域的竞争；最后也是最重要的一点，需要密切关注企业的库存和开工率。

以龙蟒佰利为例，其主营产品是钛白粉。钛白粉处于产业链中游，上游是钛精矿，由于钛精矿应用途径有限，所以钛白粉企业议价能力较强。随着龙蟒佰利收购龙蟒钛业和瑞尔鑫，其钛精矿基本可以实现自给自足。下游方面则应用领域非常广泛，而且多是以"添加剂"形式存在，需求量大且占产品成本比例低，因此龙蟒佰利对下游企业的依赖性也不高。因此龙蟒佰利在产业链上下游都处于相对强势地位，统治力强。

产品价格方面，由于钛白粉下游企业很难通过降低钛白粉用量来提升盈利，所以其需求相对稳定且持续增长，需求充足的情况下价格也相对稳定。在同行业竞争方面，龙蟒佰利长期独家扩产氯化法钛白粉，同行中用硫酸法的无法扩产、用氯化法的则缺少技术，所以其在钛白粉领域有着很强的行业壁垒。

以上因素都不是短期会发生改变的，因此最后影响最大的就是其库存率和开工率。2020 年疫情后，龙蟒佰利开始了一波持续上涨，其核心原因就是复工后，下游需求旺盛，而库存水平较低，而龙蟒百利当时的开工率处于高位，这些情况为龙蟒佰利业绩增长奠定了基础。

最后，由于大多数化工行业或多或少都需要进口一些原材料，所以其上游原材料的价格也会对它造成不小的影响，因此也就容易受到国际市场美元和原油等大宗商品价格的影响。如 2020 年美国为对抗疫情刺激经济，货币政策超级宽松，导致全球通胀预期高涨，多数化工产品价格随原材料价格飙升，引发各国股市"顺周期"行情。

四、传媒、电子、计算机及通信

通常所说的 TMT（Technology，Media，Telecom）就是这四个行业的统称。之所以把这四个行业放在一起，是因为它们的特征、历史演进轨迹和未来可能发生的变化非常相似。在过去的数十年里，众多伟大的技术进步和商业模式创新几乎都是围绕着 TMT 行业进行。

TMT 的一大特征就是技术创新创造需求，行业渗透率提升快。这种特性赋予其天生的高成长性，也让它一直备受投资者青睐。蜂拥而来的投资者和资本让 TMT 行业泡沫化成为一种常态。另外，由于创新不是线性的，所以 TMT 行业也会表现出一定的周期性。

成长性、周期性和易泡沫化这三者凑到一起，就决定了 TMT 是一个高波动的领域。因此，投资 TMT 需要紧跟时代潮流，跟踪行业景气趋势，并重点关注能够保持持续创新劲头的优质公司。这是潜在"十倍股"聚集区，但伴随的是投资风险较大，更适合积极进取、能接受股价较大回撤的激进投资者。

五、食品饮料和家用电器

食品饮料和家用电器是消费板块的主力，也是必选和可选消费这两大消费分支的代表。必选消费就是对于人们来说刚需的消费品，比如乳业、调味品等，而部分消费品人们收入达到一定水平后才会产生需求，如高端白酒和智能电视等，被归类为可选消费。

无论国内还是国外，消费行业一直都是牛股集中营，很多投资大师都是通过长期持有消费行业龙头股获得了巨大的财富积累。经典案例如巴菲特靠投资可口可乐大赚

20 倍，而我国盛行"一茅遮百丑"，不少人因长持贵州茅台、山西汾酒、泸州老窖等实现了财务自由。

消费板块牛股频出，和以下几个特征有关。

首先是需求稳定，以食品饮料为主的必选消费一般价格不太高，无论经济环境如何，人们的需求并不会有太大差异。随着生活水平的提高还会出现消费升级，又进一步延展到对可选消费的需求。

其次是易形成品牌效应。消费品往往在竞争到寡头局面后就容易形成品牌效应，进而实现规模效应。比如提及牛奶，第一反应就是蒙牛和伊利，谈到空调，首先想起的就是格力和美的。这就是消费品的品牌效应，品牌已经深深地烙印在消费者心智之中。

最后是现金流充裕。大多数消费品都是一手交钱，一手交货，甚至先钱后货。所以读消费行业公司的财报经常会发现应收账款很少，反而预收账款较高。

另外，部分消费品的差异化体验也让其建立了天然的行业壁垒和定价权，典型的如品牌白酒口感的无可复制，令特定消费群欲罢不能。

综上，消费行业具备了业绩增长稳定、现金流充裕及盈利波动较小等特点。因此，投资者在研究该行业时应围绕业绩稳定性、现金流充裕度、市占率变化等因素进行分析。

六、休闲服务、纺织服装和商业贸易

休闲服务就是通常说的餐饮服务、休闲旅游等，它和纺织服装和商业贸易都属于消费行业的一个分支，但在行业特征上有具备了很多服务业的特点。对于这三大行业的分析，要重点围绕"人、货、场"这零售三要素进行。

人，即创造业绩的主体。一方面指广大的消费者这一需求方，另一方面也指为需求方提供服务的服务方。对前者要看市占率以及市场扩张模式，后者的优势主要体现在企业的管理上。比如"火锅之王"海底捞，其在"货"的方面中规中矩，"场"也没有太大的优势，但将消费者服务做到极致后，这也成为它最大的行业护城河。

俗话说"巧妇难为无米之炊"，企业没有优质的"货"无异于无源之水、无本之木。因此，对于企业来说，货品是决定销售业绩最关键的因素。成本更低也好，奇货可居也好，货品优质也好，总之能让自己的"货"在某方面有优势就能构成企业快速发展的强动力。以中国中免为例，其前身中国国旅免税牌照这一奇"货"，让其业绩大幅增长，股价也翻了数倍。

场，顾名思义就是场地，即门店卖场。这三个行业的门槛都不算高，同业竞争较大，如若能开辟更多的"场"，并让"场"的效率提升，在业绩增长上就会赢得巨大优势。以春秋航空为例，其他航空公司主要通过中航信系统售票，其销售费用是和销售收入同比例增长。但是春秋航空拥有国内唯一独立于中航信体系的分销、订座、结算和离港系统，其主要销售是通过自己开发的 app 和微信等渠道进行的，而且通过持续的 IT 开发，将本来 2%～3% 的销售代理费用省下来。也就是说春秋航班的机票卖得越多，省得就越多，将规模效应扩展到成本控制上，为其业绩增长带来了极大贡献。

七、医疗

对于大多数人而言，头疼脑热在所难免，飞来横祸有时也避之不及，日常生活中总是离不开医药生物行业。随着全民健康意识的觉醒和老龄化时代的渐行渐近，这一行业在国民经济中的地位也愈发重要。

医疗行业主要包括制药、生物科技及医疗保健三大板块。由于覆盖面广、行业构成相对复杂，针对不同的细分行业，采用的研究方法也不尽相同。如对于高成长、周期性的创新药要从科技的视角去看；对于定价权强的制药行业要用消费行业的分析逻辑去研究，比如片仔癀和云南白药。后者主要生产和销售具有止血功能的抗感染中药"白药"，配方为国家级保密配方，无直接竞争者，企业定价能力较强。对其可采用类似消费行业的视角，从需求和品牌效应来分析。

该行业还容易受政策影响，如 2018 年以来板块的数次集体下跌都与医保集采政策变动有关。

八、制造业

制造业是国民经济中占比较大的行业，涵盖电气设备、国防军工、机械设备、轻工制造、汽车等子行业，其发展对国计民生影响深远。从改革开放到 21 世纪初，中国一直扮演着全世界制造工厂的角色。但随着东南亚国家在中低端制造业上开始发力，我国劳动密集型制造业的优势逐渐消退，制造业开始面临结构调整实现产业升级的重要考验。

制造业的崛起是一国工业化进程的必经之路，多年世界工厂的经历一方面为我国培养了大量人才，让我国具备依靠从人口红利向工程师红利转型的可能。另一方面，经过 70 多年艰苦卓绝的积累，我国已成为全世界唯一拥有全部工业门类的国家。但和制造强国相比仍存在差距，制造业关键核心技术和装备受制于人的状况还没有得到根本性解决。所以对制造业的投资，要围绕产业升级、自主知识产权和新"智造"等关键词进行。

具体可关注芯片、精密机床、航空航天、新能源、新材料和精密制造等方向。另外，传统制造业中研发能力和国际竞争力强的细分行业，如轨交设备、锂电池制造设备、航空航天设备、工业激光设备等，也具备一定投资价值。

九、金融业

金融业作为现代经济的命脉，大到一个国家的经济决策，小到一个家庭的日常生活，都离不开银行、保险和券商等金融企业提供的服务。尽管同在金融行业分类下，银行和其他非银金融还是有着明显的区别，投资时需掌握其基本特点。

对银行业的研究，重点在于内生性增长和收入来源。所谓内生性增长，是指不依赖于外部股权融资的情况下能够持续经营，并且保持银行对股东的回报持续增长。通常情况下，能够依靠内生增长提升自身核心资本充足率的银行，资产质量都是较好的。

收入来源方面，银行主要靠净利息收入和非利息收入。其中，净利息收入的决定因素是吸收存款的规模和净息差。过去的几十年中，我国各国有银行和主要股份制银行靠规模增长纷纷跻身国际排名前列，但随着经济的降速换挡和《巴塞尔协议》的执行，未来的规模增长必然受到相当大的限制。而就增厚净息差而言，一种是提升资产收益率，另一种思路就是控制核心负债的成本。能在这两点上保持领先的银行，就能在日趋残酷的市场竞争中占得先机。

非利息收入方面，想要增收，除保持必要的零售客户规模外，必须保持和客户的黏性。一般客户黏性越强，使用银行服务的种类就越多，频率就越高。所以一家银行要想在收入上得到大的提升，就必须在零售业务、小微企业贷款、财富管理等新兴业务上取得优势。这也是为什么在银行普遍低估的情况下，招行（零售业务、财富管理）、兴业银行（内生增长高）等银行有不错表现的原因。

对保险行业的研究有两个要点需要关注：一是保险公司特有的研究指标 EV（内含价值）。续期保费是保险的主要特征之一，也就是说现有保单在未来都能产生稳定的现金流，而内含价值就是将这部分未来的现金流按照谨慎的贴现率折现到今天的价值，所以对于轻资产的保险公司的估值用 PEV（市值 / 内含价值）会更加精准。PEV 在 1 以下的保险公司就是相对低估的，这一数值普通投资者很难计算清楚，但可以通过查询企业年报获取。另外，保险公司的主要盈利模式之一就是利用投保人的保费进

行投资来赚取收益，因此一家保险公司是否优秀还可以通过观察其投资能力是否强大来判断。最后，同大多数金融企业一样，利率水平也会对企业有较大的影响。

证券是一个和市场高度关联的行业，牛市期间，由于市场热情较高，证券公司的盈利也就大幅提高，这也是牛市的开始和结束时券商通常会大涨的原因。前者出于预期，后者则是由实际业绩增长带来的。由于这种特性，真正能穿越牛熊有长持价值的券商，往往有着其他业绩增长点。比如东方财富，在开创天天基金、金融数据分析等新的盈利点后，与传统券商比多了一层"互联网＋"逻辑，更受机构投资者青睐。所以对证券企业的评价，可以在投行、经纪和自营等传统业务之外，多考虑其财富管理、投资顾问、代销等业务方面的实力。

十、房地产、建筑材料和建筑装饰

在过去，房地产业的金融属性较强，但随着"房住不炒"的理念逐渐深入人心，房地产业开始逐渐回归其"住"的定位。而建筑材料和建筑装饰作为房地产的上下游，行业发展会在很大程度上受到房地产业的影响。

房地产公司从拿地到开工需要半年以上时间，从开工至达到预售条件还需要后延。漫长的建设周期导致了房地产需求价格弹性和供应价格弹性差别很大，行业周期也会因此不停地波动，这会让开发商的现金压力变得很大。这也是投资房地产企业为什么要选择市场占有率高的企业的原因，毕竟大企业在应对开发周期和现金压力上有更多的经验和更足的底气。

对于房地产行业的研究还要看两个"三角形"。

一个是以周转率、利润率和杠杆为主的进攻三角形。能把这三点做到均衡的房企很少，一般能做到两点就已经是很好的房企。另一个是包括成本、融资和配套产品的防御三角形。过去买房子时很少看物业，但现在人们却越来越重视物业的服务水准，所以能提供较好物业服务等配套产品的开发商也会更有发展潜力一些。

从经营细节看，土地储备、供销存管、财务管理、经营机制等都需要关注。对于房地产公司来说，相比财务杠杆，如果能运用好经营杠杆，净资产收益率会更亮眼。也就是说开发商应该更少地去运用银行借款，而是用好客户给的预收款，相当于免费的融资。

建筑材料和装饰行业则要重点关注产品质量和品牌口碑。毕竟买房装修是"次数少、单价高"的事情，大多数人一生也就那么两三回，因此消费者对于价格的敏感度较低，这种情况下产品质量和品牌口碑就成了消费者选择的重要标准。

行业研究是一门很深的学问,券商、基金等机构为深入研究某个行业,不惜专门组建团队,耗费巨大的人力物力长期跟踪其中的发展和变化。本节浮光掠影地带读者过了一遍市场中的主要行业,只是为新手呈现一个大致的板块轮廓和"投资初印象"。

一级行业间的区别巨大,核心逻辑和投资要点各不相同。其内部子行业间的生存模式、竞争样态和发展空间也同样是千差万变。术业有专攻,专业投资者对各行业都不可能眉毛胡子一把抓,更遑论初入市场的新手。因此,对于新晋投资者更建议筛选3～5个感兴趣的行业去了解和学习,并深入到行业的细分赛道中去,以最终选出值得为之付出金钱和精力的好企业。

下面将重点对优质企业扎堆,发展前景广阔的消费、科技和医疗行业逐一展开介绍,以供读者参考。

第四节 消费行业及细分赛道

选择比努力更重要,投资选对了赛道能事半功倍。这两年的市场也在反复印证这一道理——想要获取超越大盘指数的回报,选对行业是迈向成功的开始。其次是在行业中挑选出最有增长潜力的赛道,"在牛多的地方找牛"能显著提升交易胜率。

很多人喜欢把行业与赛道混为一谈,但二者还是存在区别的。赛道通常是指行业里面的某个细分行业或领域,如同处医疗行业,创新药赛道和医疗服务赛道就天差地别,无论是商业模式还是盈利模式都不具可比性。再比如白酒赛道和红酒赛道,虽同属于食品饮料下的酿酒业,但近年来白酒涨幅明显遥遥领先。同一行业,不同赛道,冷暖自知。

还是让数据说话吧!

图4-1是对28个申万一级行业在2019—2020年间涨跌幅表现的统计。可以看到排名靠前的食品饮料、电气设备和电子等行业的收益显著高于建筑装饰、纺织服装和钢铁,行业间的极度分化令人咋舌。随着百亿甚至千亿级公募时代的到来,机构的话语权也越来越大,追逐重点行业黄金赛道的风气方兴未艾。在这一大趋势下,选择赛道的能力变得更为重要。

那有哪些行业更容易出现黄金赛道呢?有两个维度可供参考:一是行业增长性高或发展潜力大的行业,这些行业往往容易创造巨大的价值增量,比如科技和医疗;另一个是日常生活无法回避，故而确定性较高的成熟行业，比如消费。

先从我们最为钟爱的消费行业开始吧！

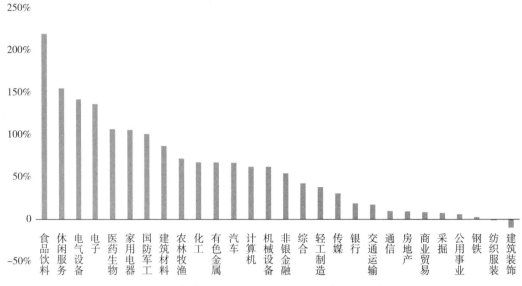

图 4-1　各申万一级行业 2019—2020 年累计涨幅

一、牛股辈出的消费行业

如果有人问：在 A 股市场中，有什么行业值得长期投资？首选答案必是消费无疑。A 股三十年来牛股辈出，诸多行业各领风骚三五年，但拉长时间看，消费乃产出长线牛股最稳定的行业，没有之一。

之所以能成为牛股的摇篮，离不开消费独特的行业特征。前面讲过，这一行业最大的特征就是需求稳定，背后的底层逻辑就是人口——只要社会仍在发展、人口仍在增长，消费的整体需求就是不断向上、稳定增长的，所以从需求的角度看，这几乎堪称"永动机"行业。

中国有约 14 亿人和超 4 亿的中产规模，2020 年底，GDP 首次突破 100 万亿元，达到了美国的 80%。但要注意的是，我们的人均可支配收入不到美国的 10%，社会消费品零售额摊到人均不到人家的四分之一。总量大而人均偏低，意味着中国消费市场的增长潜力依然很大。现在投资者会惊诧于 3 万亿元市值的茅台、6000 亿元市值的酱油和食用油，但对于一个消费潜力巨大的国家来说，未来各种超大市值消费龙头还将不断涌现。

二、消费行业的分析方法

从人口的角度来讲，消费的需求增长比较稳定，但稳定不代表不会发生变化，而"变化"正是消费行业选股的核心逻辑。这种变化主要体现在两个方面：一是需求端的演进变化，二是企业供给端的变化。

（一）消费需求端的演变

需求的演进变化指的是由于地域、收入等多种因素带来的消费理念的变化，也就是通常说的消费分级——一、二线城市消费者更关注品牌背后的附加内容，愿意为品牌支付超额溢价；而三、四线城市则对消费品的价格更加敏感，降价打折的消费品通常更受欢迎。因此对于消费品的需求演变，通常又得观察稳定性和延展性这两个特性。

稳定性是消费行业的核心，也是其能够贯穿整个经济周期的原因。2020年初疫情暴发，企业停工、居家隔离、经济增长放缓，站在当时的时点看，未来充满了不确定性。但是以食品饮料为首的必选消费却几乎不受影响，甚至由于不确定，人们对这类产品反而产生了更大的需求，这正是消费行业稳定性的体现。因此对消费行业的研究，要观察目标企业的需求端能否在未来一段时间内保持稳定：需求越稳定，投资的可行性和确定性就越高。

稳定性的另一方面，是业绩的长期稳定表现。优秀的消费品企业能够穿越经济周期的波动，即使在经济寒冬之下也过着比较滋润的日子。通过时间的复利累积实现稳定成长，就是它们最大的优势。无论是回顾美股还是 A 股的历史，在某些阶段科技企业的业绩增长是远超消费行业的，但拉长时间看，能笑到最后的大多是那些消费品公司。因此，在对消费企业研究的时候，第二个要关注的就是业绩能否保持较稳定的增速，忽高忽低的消费股可能并不是好的投资标的。

消费行业的延展性主要体现在两个方面：一是消费品市场扩张的延展性。比如一、二线城市的消费理念比较超前，消费者更多注重个性化、多样化和体验式的消费；三、四线城市更多是温饱型消费，得到满足之后开始转向享受型消费；县域、乡镇或农村的消费者个性化意识并没有完全觉醒，更注重的是消费品的性价比。

与之对应的，如果消费企业注重的是一、二线城市市场，对品牌、个性化的注重程度就会更高；如果主打三、四线城市，会更追求产品质量；如果主要客群集中在县域、乡镇或农村，则会更为注重渠道和价格。所以在分析消费公司时，要好好考察其销售策略和产品的定位是否匹配。

另一个延展性则体现在消费升级上。所谓消费升级，是指随着经济的发展，消费者需求的逐渐多样化和个性化。目前我国中产阶层已经成为支撑消费增长的中坚力量，消费升级是未来消费行业发展的必然路径。因此，在研究消费公司时还要看其产品是否因消费升级而被替代，以及应对消费升级的进阶战略是否足够清晰。

手机行业就是一个很好的例子，功能机时代，诺基亚和摩托罗拉曾是最大的龙头。但后来随着技术进步，智能机开始抢占舞台，而诺基亚和摩托罗拉因各种原因未能及时转型，行业霸主地位被在智能机领域更加擅长的苹果和华为取代。反观功能机时代的另一个龙头三星，则因及时调整方向应对手机的消费升级，至今依然能保持一定的市场份额。

（二）消费供给端的变化

消费品需求端的演进主要围绕稳定性、扩张性和升级性变化，而企业供给端的变化，则主要是渠道、产品和品牌的变迁。

过去网购没有兴起，交通也没那么发达。那时候哪家消费企业的销售渠道广，哪家的竞争优势就更大。但随着物流业的发达，产品的渠道差异越来越弱化，此时市场占有率的决定性因素更加回归到产品本身。

依然以手机为例，在智能手机刚刚兴起时，华为、小米、OPPO、vivo、魅族等品牌百家争鸣，消费者选择手机更多的是看重产品的特色，比较性能、外观或拍照功能。

随着行业发展，产品差异不断缩小后，消费品对于消费者心智的占领变得更加重要，这个阶段消费品牌拼的就是品牌力，具有品牌优势的龙头企业会占据更多的市场份额。

消费行业还需要关注的，是民族品牌和国货的崛起。随着我国经济实力的增强和民族自信的提升，消费者对于国货品牌的认可度在逐步提升。尤其是在"80后""90后"甚至"00后"成为消费主力后，诸如泡泡玛特、小米和喜茶等品牌正在逐渐替代海外品牌成为消费者首选，未来这类有望成长起来的国货新品牌同样值得关注。

在分析消费赛道时要注重渠道、产品和品牌这三个要点，看其能否与这三者的变迁保持同步甚至领先。具体来说，白酒、调味品和乳制品等食品饮料，家电、旅游出行和"Z世代"新消费等都是值得关注的好赛道。

三、白酒赛道

白酒是消费行业中的"大佬"，作为在A股市场上经久不衰的赛道之一，具有令其他赛道艳羡的极宽护城河，这主要体现在以下几个方面：一是保质期极长，不但无需考虑存货贬值的问题，某些"越陈越香"的老酒甚至还会逐年升值；二是毛利率极高，普遍在 70% 以上；三是品牌效应强、复购率高，具备一定的社交属性；四是酿造技术变化不大，无须像科技企业那样必须投入高昂的研发费用。

中短期来看，这些因素都很难发生改变。因此在未来几年内，白酒大概率仍处于结构向上的趋势中。但并不排除行业内部会发生某些结构化调整：一方面是随着"喝好酒、少喝酒"的理念深入人心，白酒消费需求会出现消费升级，高端酒（>800 元 / 瓶）、次高端酒（300 ～ 800 元 / 瓶）的需求量会加大，从而出现量缩价涨的价格升级现象；另一方面，龙头企业凭借品牌、战略、规模、产能、团队以及机制等各类优势，势必将进一步扩大市场份额。

因此对于白酒赛道的投资重点应放在高端和次高端酒上，关注目标企业的销量、提价速度以及是否具备"收藏属性"。对于在消费升级中获得更多市场份额的企业，可以投入更多的关注。

四、调味品赛道

调味品算是消费行业的新宠，人们很难想到厨房里这些一瓶能用几个月的油盐酱醋，会被市场给出这么高的市值。其实，在调味品的终端消费者中，家庭厨房只占其中一部分。据统计，当前只有 30% 的调味品消费发生在家庭厨房，20% 是食品加工，剩下的大头是餐饮服务业在埋单。这种终端消费者构成，让调味料具备了较强的现代工业化属性。

过去，餐饮服务业的厨师们习惯自己配料或者腌制酱料，而如今都习惯了直接使用现成的复合调味料，有的外卖商家甚至直接采用料理包这种简单粗暴的方式。即便是家庭厨房，人们也越来越习惯使用各种复合调味料。因此，那些建立了一定品牌效应，并且能够实现标准化生产的企业是值得青睐的。

调味品的另一个趋势就是功能性和高附加值带来的高端化。功能性主要体现在调味品的结构调整升级，过去一瓶酱油如今分成了生抽、老抽、耗油、海鲜酱油等，而无论是家庭还是餐饮行业也都已经习惯了不同的菜对应不同的复合调味品。高附加值主要体现在品牌、健康化等特色上，20 世纪 90 年代的一瓶酱油原本两块钱，5 年之后可能涨到了 3 块，但现在市场中出现了二三十块甚至更贵的牌子，这可是从前的人们不可想象的事！

还有一点更重要的是，与调味品庞大市场相对应的是其"大行业小公司"的赛道特征。到目前为止，该赛道上市公司的市值在整个调味品消费市场中占比仍远小于其

他赛道，也就是说调味品企业的赛道空间还很大，未来谁可以占据更大的市场份额，谁就会有更好的发展。可以重点关注品牌效应好、市场扩张快的企业。

五、乳制品赛道

乳制品是一个很有潜力的消费赛道。据统计，国内一线城市液态奶渗透率已达90%，但二、三线城市，大部分中小城市及农村地区渗透率仅分别为70%、50%、20%。随着低线城市及农村地区人均可支配收入的提升及消费渠道的覆盖普及，未来乳制品市场渗透率将向二、三线城市靠拢，这将给乳制品带来巨大渗透空间。

另外，乳制品还有一个现象：如今超市中单价较高的脱脂奶、低温奶、益生菌的占比越来越多，高单价也就意味着更高的毛利率和净利率，也就意味着企业利润有望进一步提升。

庞大的市场空间加上有望提升的净利率，乳制品俨然成为一条可以长期投资的赛道。而投资者在挑选"赛马"时，应该将重点放在那些自控奶源充足、市场占有率高的企业上。

六、家电赛道

家电是消费行业的老牌赛道，但近几年表现并不特别出彩，这可能和大家电的用户需求已经达到相对饱和状态有关。未来大家电市场将更多地依靠技术进步来促进销量，因此要重点关注那些在智能化、场景化、套系化上做得更好的企业。

另外，还可以着重挖掘电磁炉、扫地机器人、智能马桶和投影等小家电企业。一方面随着居民可支配收入的增加和消费升级，小家电的需求将迎来提升；另一方面，从2020年开始，小家电的出口和海外渗透率都在明显加快。

七、"Z世代"新消费赛道

随着"90后""00后"成为新一代消费人群主力，诸如潮玩、宠物、美妆、医美、新式茶饮等新消费成了当下消费行业中颇具潜力的黄金赛道。

有"盲盒第一股"之称的泡泡玛特上市首日市值破千亿元，在"Z世代"新消费光环下，市场给予的市盈率奇高。

但说起泡泡玛特，它既不是盲盒模式的首创者，也不是潮玩的创作者，并曾一度连年亏损。其之所以能后来居上，就在于贴合了新消费群体的诉求。从2017年开始以IP为核心打造系列个性化潮玩，与众多潮流艺术家合作开办潮玩展。同时将目标客户定位为一、二线城市，年龄在18～35岁之间的年轻女性白领。在消费观念升级的趋势下，这群消费者越来越愿意为自己的好奇心埋单，从而让泡泡玛特也迅速成功出圈。

对于新消费赛道的研究，要重点围绕着"90后"和"00后"的人群特性——这批人群有着较强的消费欲望和一定消费能力，注重品质与服务，同时对新事物有较高的接受度，追求个性化、多样化以及体验式消费，更热衷于消费升级。

此外，对于该赛道的研究还要比传统消费更重视品牌效应和产品质量。产品质量不错，品牌口碑更好的新兴企业往往有着更好的发展空间，反而传统消费行业中占有绝对地位的价格因素没那么重要。如美妆领域的面膜，大多数年轻消费者在使用某个品牌产品后，一旦体验不佳，所换的下一个品牌只会越来越贵而不会越来越便宜。所以，可以更多关注铁杆客群庞大、提价能力超强的新兴消费企业。

随着中国经济的发展，会有越来越多优秀的消费企业成长起来。在各行业中，消费有望继续保持牛股摇篮"C位"。另外，消费行业的产品和普通大众的日常生活息息相关，一般人理解起来难度不算大。更重要的是，消费企业的财报也相对简单，不需要太多的财务知识也能看懂。

因此，消费完全有理由成为初学者投资组合中的必配行业。

｜第五节｜　科技行业及细分赛道

近几年的中美贸易摩擦，让各方不断加深对科技创新重视性的认识。党和政府的各项报告中，也反复强调科技创新必须坚定不移走自主创新道路。毫无疑问，在未来相当长的一段时间里，科技都将是国家重点扶持的行业。这种趋势之下，科技相关行业在GDP中的比重也会越来越大。

可对比的是远在大洋彼岸的标普500指数，经历近70年的发展后，该指数中的公司已经明显形成了科技、医药和消费三分天下的态势，其中科技占比大约有1/3。而就在其诞生之初，科技行业的占比还微乎其微。近年来，资本市场中科技行业的崛起，与美国的技术创新之路的长期繁荣相互成就。这是一条可供我国参考学习的路径，也正是科技行业值得长期看好的重要逻辑。

一、科技行业的特性

前文曾说过，科技行业具备成长性、周期性和易泡沫化三大典型特征，这让它相对于稳定性和确定性都更高的消费行业，投资难度要大不少。

科技行业具备高成长性的最大原因，在于它是将"赢家通吃"这一特征发挥到极致的行业：在几乎任何一个科技子行业里，做得最好的那一家或者那几家公司往往会占据整个行业中绝大部分的市场份额，由此带来巨大的利润，这一点明显有别于其他传统行业。

以消费行业中的白酒为例，即便是茅台也不可能做到一统江湖。其他诸如五粮液、山西汾酒和泸州老窖等白酒且不说，即便是口子窖、二锅头等也都有着自己的固定客群。

又如银行业，无论是"宇宙第一大行"——工行的33.4万亿元，还是"零售之王"招行的8.3万亿元，和银行业319.7万亿元的总资产相比都相差甚远。对于传统行业来说，由于产品差异化或行业壁垒等原因，任何一个参与者都难以靠碾压级优势将其他竞争者逐出市场，龙头企业顶多是占据更多的市场份额。

而某个细分领域的科技公司一旦通过技术形成壁垒以后，基本上市场都是这家企业的。

以芯片为例，最大的成本通常是研发阶段的研发成本，而量产后的成本和产品的价值相比几乎可忽略不计，英特尔每次研发出更高性能的电脑芯片后，只有AMD能够及时跟上，其他企业的研发迭代速度完全跟不上这两家头部公司。时间一长，电脑芯片行业也就只剩下英特尔和AMD了。软件行业更是如此，腾讯的微信在脱颖而出后几乎垄断了整个中文即时通讯业务，滴滴打车成功的背后则是数个"死"掉的打车软件。

因此在挑选科技股时务必要谨慎，在经历发展和充分竞争后，往往只有头部的两三家甚至一家公司能活下来，而其他竞争对手的结局可能会比较惨淡。

科技行业的周期性主要体现在一长一短两个周期上，长周期指的是研发周期长。无论是硬件还是软件研发的周期都相对较长，动辄两三年，五到十年的也不少见。

2020年，中芯国际仅能够量产14nm级芯片，其向荷兰ASLM公司订购了一台EUV光刻机用来生产7nm级芯片。但当时，台积电已经可以小产5nm级甚至开始尝试3nm级芯片，而芯片中最先进的ASLM已经开始试产2nm级，我国与最先进的芯片科技差距大约在10～20年，即便能弯道超车，也需要岁月的积累。

短周期指的是产品的迭代周期相对较短，消费等传统行业的产品在几年甚至十几年都不会有太大的变动，所以一套研究方法和投资逻辑可以一直沿用下去。科技行业则完全不同，更新迭代速度极快，而且经常会进行"降维打击"——数码相机的出现对传统胶卷相机造成了致命打击，而智能手机的发展不仅对功能机市场带来了颠覆，还顺便对数码相机进行了"跨界伤害"。这就要求从业者和研究者具备敏锐的洞察力和快速的学习能力，稍有怠惰就可能被时代淘汰。

一长一短两个特性让科技行业中间歇式、超高速的爆发式增长十分常见。比如短视频行业从 2016 年出现，到 2020 年仅用五年左右的时间，总规模就达到了 1500 多亿元。再比如传统百货业在我国发展了几十年，大型商场也就做到几百亿元的销售额，而像阿里巴巴这样的电商，仅用几年时间就把销售额做到上万亿元甚至几万亿元，公司市值也达到了令人震惊的规模。

这种爆发式增长是投资科技行业的魅力所在，但也为其带来了很多弊端。一是经常出现题材炒作，因为科技往往和新的商业模式、新的技术相关，对大多数投资者来说都是比较陌生的，很容易被市场的资金所利用，把它作为一个概念去爆炒。另外，科技企业的估值经常都处于一个相对高估的状态。当某个赛道进入爆发阶段时，一、二级投资者们就会趋之若鹜，相互竞争给出极夸张的报价。但高潮过去进入挤泡沫阶段后，杀估值就成了投资者亏损严重的主要原因。

科技行业就是这样一个复杂的行业，但是它的多变、高速增长、无限可能以及创造出的一个又一个动人财富故事，又让其变得魅力无限，对投资者有着无限的吸引力。对于普通投资者而言，投资科技行业要更加理性、谨慎和细致。

二、科技行业的研究方法

首先，投资科技企业要以 5～10 年的维度去看。比如在 2010 年左右，中国已经基本完成了工业的升级改造，科技的地位开始变得愈发重要。此时开始布局，就会在 2012—2015 年的科技牛市中收获满满。同样的，2016—2018 年科技熊市时，如果坚信科技行业发展的整体方向依旧向上，也能在日后的牛市中分得一杯羹。

其次，对企业的业务、产品和技术路线等基本面要有更深入地了解，并在同行业或同类型的公司中进行对比，这样在投资时才会更有底，也能把真正做产业的和只是做主题性炒作的公司区分开，避免踩坑。

再次，无论牛熊市，科技行业的高波动在所难免。故而在投资时需要做一些仓位控制，不能把全部仓位都放在波动大的科技上。

最后，对科技股难以用传统的市盈率或现金流折现等估值法进行估值。特别是科创板上市的不少科技企业，甚至 IPO 之初就是一个尚未盈利的状态，纯看净利润和自由现金流等财务指标根本无法下手。可以根据互联网、电子商务、半导体等赛道不同的特性，用市销率、分部估值或研发费用估值等方法，并从行业景气度的角度把握投资节奏，或许是更好的选择。

科技是典型的朝阳行业，但其特性决定了投资要以年为单位。因此一方面是要学会守拙，坚持对这一行业的信仰；另一方面就是要挑选其中未来景气度最高的几个赛道，如消费电子、半导体材料和设备、软件服务、新能源产业链以及互联网科技等。

三、消费电子赛道

消费电子赛道是科技行业中确定性相对较强的，逻辑也是比较清晰的，从它的发展历程来看，其属于典型的技术迭代型周期行业（2014 年开始 4G 基站大规模铺设，2014—2016 年 4G 手机销量大幅提升，2019—2020 年开始大规模铺设 5G 基站，同期 5G 手机销量大幅提升），因此对于该赛道主要看终端销量增长。简单来说就是企业垄断能力越强，就越值得关注。

智能手表在近几年出现了快速的发展，2020 年全球智能手表出货量为 1.94 亿个，4 年年复合增长率为 17.1%，高增的终端销量就是其相关产业链的核心投资逻辑，2019—2020 年智能手表产业链部分个股涨幅在 300% ～ 400% 之间。

除了终端销量，技术升级带来的零部件使用量以及产品附加值的提升等也是该赛道需关注的重点。

随着手机对摄像头的要求越来越高，手机摄像头的单位价值量也在不断提升。即使在 2017—2019 年全球手机产业链寒冬的情况下，手机摄像头行业凭借单机使用量和价值量的提高，行业规模也依旧保持逐年提升。而在手机产业链进入复苏周期后，其也会随之出现回暖式增长。

四、半导体赛道

无论从需求端还是从供给端看，半导体材料和设备都是一个值得长期关注的赛道。需求端，该赛道既有广泛性又有成长性。半导体材料的下游应用就是芯片，如今几乎所有的新兴产业都要用到——智能手机需要芯片，新能源汽车需要芯片，智能摄像头还是需要芯片。而随着未来 5G、人工智能和物联网等新技术的推广，对芯片尤其是高端芯片的需求只会越来越大。

供给端，半导体材料和设备对技术的要求在科技行业中都算是最顶尖的那批。以半导体材料中的"硅片"为例，目前英特尔、AMD 等国际顶尖厂商使用的硅的纯度需要达到 99.999999999999%，后面 12 个 9，一个都不能少，这相当于几万吨的硅里杂质含量只有大约几十毫克，差不多是一根成年人头发的重量，这样的技术壁垒可想而知。

与庞大的需求和较高的供给相对应的，是我国在相关行业上制造能力的差距。虽然现在一直在进行芯片国产替代的研发工作，但我们的技术发展水平和发达国家比，依然处于动辄被"卡脖子"的初级阶段。

芯片行业通常被划分为设计、制造和封测三个主要环节。我国在封测环节的实力最强，设计次之，制造环节的实力最弱。芯片封测中长电科技排名全球第三，另外还有通富微电和天水华天这两家公司也能跻身前十，三家公司的全球市场份额合计大概占 20%。可以说，在芯片封测市场，我国已经是全球的主要玩家。而从设计环节看，整体实力虽然还有一定差距，但最近几年我国的芯片设计进步很快，涌现出了一些很有实力的公司。比如华为海思自主设计的麒麟芯片，在细分市场已能做到全球领先。2020 年上半年，华为海思的销售额跻身全球芯片设计的十强之列。制造环节则是我国芯片行业的最大的短板，2020 年 9 月 15 日，台积电等全球芯片代工企业将停止向华为提供芯片。由于芯片制造环节的缺失，最终还是被美国卡住了脖子。

因此，对于奔驰在半导体赛道上的"赛马"而言，能否在制造技术方面有所突破意义重大。但这一过程需要较长时间，企业能否持续存活成为关键所在。因此对于该赛道的投资，要选择各细分领域的龙头，在整个行业份额越大越好。这样才能长久地生存下去，从而到达技术突破的那一天。

五、软件服务（SaaS，Software-as-a-Service）赛道

诸如金蝶国际、广联达、金山办公、金山软件、微软和谷歌等企业都是软件服务赛道的代表企业。伴随全球企业云化、数字化进程持续推进，SaaS 将会是未来科技领域值得关注的赛道。从美股市场来看，其 IGV（北美软件服务）指数连续四年跑赢标普 500 指数，全球 SaaS 产业处于快速演进和变化过程中，新的市场机会不断孕育。

对于软件服务赛道，可以从其产品的渗透率来判断景气程度。在市场渗透率达到

20% 之前，市场扩张处于一个相对缓慢的过程。但是一旦到了 20% 就会进入一个高速增长的阶段，之后到 50% ～ 60% 就再次进入了一个缓慢增长的阶段。投资的时候我们可以在企业渗透率达到 20% ～ 30% 的时候介入，享受其业绩高速增长带来的红利，然后在过了 50% 后，如果还没有新产品迭代的话就可以提前离场。

六、新能源赛道

说到新能源，很多读者第一反应就是新能源车，但它只能算是新能源产业链中的一环。人们常说的光伏、特高压和储能设备等都是新能源产业链的一环。在"碳中和"成为时代进步超强音的背景下，新能源技术是未来科技发展重要的方向之一。

新能源如此重要，是因为能源变革是推动人类进步的主要动力。大约 40 万年以前，以人工火替代自然火的利用为标志，木材、秸秆等能源成为人类社会生产和生活的主要能源。植物能源主要利用地表上的生物质能，促进了农业的发展，推动农业文明。

英国，以 18 世纪蒸汽机的发明和 19 世纪的煤炭大规模使用为标志，煤炭大规模的应用使得蒸汽机从实验室成功地走向现实，使人类摆脱以人力和手工工具为主的生产方式，提高了社会劳动生产率。

目前，化石能源不仅面临战略性枯竭，而且给地球的生态环境造成极大的破坏。利用自然能，如风能、太阳能等可再生能源的新能源就成了人类科技发展的替代性动力。

新能源产业链覆盖面极广，从传统能源到新型能源，从材料研发到系统芯片，新能源赛道几乎覆盖了所有和科技沾边的行业。因此对于新能源赛道的研究不妨采用"开火锅店必须要火锅底料"的思维来入手。比如，新能源车智能的一大特点是如手机一样的交互体验和智能系统。交互需要大量的面板，未来物联网世界将是无处不屏，那么京东方、TCL 等企业将会受益。再如，新能源发电波动性强、不可预测性强。当新能源大量并入电网时，会增加电网的波动，当新能源实现高比例接入时，电网安全性或将受到冲击，那么储能相关行业的需求就会增大。最后，新能源车等也离不开智能化，诸如华为、百度这些在系统方面有优势的企业也可以在行业景气周期中占据一席之地。

总的来说，新能源赛道就是一个从"黑色系化石燃料＋远洋运输（本地开采）＋火力发电＋内燃机汽车"的能源闭环到"光伏、风电和核能等新能源＋储能＋特高压输电＋电动智能汽车"能源闭环的过渡。在这一转换过程中，将迸发出大量的时代性机会和诞生众多伟大的公司，就像当年火车和轮船取代马车和帆船，为美股贡献出大批牛股一样。

七、互联网赛道

互联网已经成为现代生活中必不可少的东西，腾讯、阿里、美团、拼多多和字节跳动等互联网企业也得到极高速的发展。这种发展依然在过程之中，互联网也就自然成了科技股掘金的重要赛道。

互联网赛道有一个特点，就是其往往喜欢涉足多个领域。相对于其他不重要的枝节，对于这些企业的研究更建议从最核心的"护城河"入手。如腾讯的社交和游戏、阿里的电商和支付、美团的本地生活和点评系统等。当其"护城河"受到影响或挑战的时候，企业也就会出现较大的波动。

以拼多多为例，其股价在 2020 年出现了快速上升，最核心的原因就是在电商领域的快速增长。体现在数据上，就是其活跃用户人数在 2020 年第四季度时超越了老牌电商阿里巴巴，导致投资界对后者的信仰开始出现松动。

科技已经、正在并将继续深刻改变世界，投资科技就是拥抱未来。中国经济正在从制造业大国发展为制造业强国，在由大到强的过程中，国产替代和科技创新将成为未来很长一段时间的主旋律。所以科技是投资者不能也无法绕过的重点行业，只不过要更注重安全边际，加强产业研究的同时精选企业，投资时少参与概念题材的炒作，注重合理配比和风险控制。

| 第六节 | 医疗行业及细分赛道

2018 年一部电影《我不是药神》凭借感人剧情和演员的精湛演技赚足了观众的眼泪，其揭示的现今社会医药资源的匮乏也足够发人深省。随着世界人口总量的增长和老龄化的加速，全球对医疗行业的需求无疑将愈发强劲。

西格尔教授在《投资者的未来》一书中曾整理过 1957—2003 年美国股市的收益率，涨幅最大的 20 只股票中有 11 家来自快速消费品行业，6 家为医药公司。医疗成为除消费外最值得投资的主题，其成长性或许较前者更强。

美股前 100 大市值公司中有 16 家出自医疗行业，其中排名第十的赛诺菲安万特市值都超千亿美元。A 股医疗巨头也不遑多让，截至 2021 年 5 月，迈瑞医疗、药明康德、恒瑞医药和爱尔眼科等市值都在 3000 亿元人民币之上。在龙头的示范和牵引作用下，众多目前暂处于"小而美"阶段的医疗企业同样充满无限可能。

前文曾说过，医疗行业是一个强政策主导的行业。对它的研究离不开对政策的了解，需要密切关注国家医保局、国家药品监督管理局和卫健委这三个部门的政策动向。现阶段三部门各司其职，医保局负责医保，药监局负责医药，卫健委负责医疗。

医疗行业对投资专业度的要求甚至比科技行业还要高。因为大板块下细分赛道极多，包括原料药、化学制剂、医疗器械、医事服务、医药流通等。各条赛道还可以继续往下分，如化学制剂又可分为仿制药和创新药。

不同赛道的投资逻辑迥异，就像人们旅游会根据目的地不同而采用不同的攻略一样，对各医疗赛道的研究也得采用不同的研究方法。如对于原料药的研究可采用周期行业的投资逻辑，创新药有必要借用科技行业分析框架进行研究，连锁药房则与零售商超存在一定相似性。现对我们认为发展前景较佳的几条赛道简要分述如下。

一、原料药赛道

原料药分为大宗和特色两个领域，所谓大宗原料药就是指市场需求相对稳定、应用普遍和规模较大的传统药品原料药，如抗生素、维生素、氨基酸、激素等。这类产品毛利率较低，价格波动就是主导股价变动的核心，产品价格会受到供给、产能、原材料价格的影响而周期性地波动。

特色原料药通常指尚处于专利保护期，或专利保护期结束后药品的原料药。这类原料药种类众多规模偏小，价格受到下游产品影响较大。对这类企业的研究要重点去分析下游药品的需求量和与各下游药企合作关系的稳定性。

总体而言，无论是大宗还是特色，原料药整体是受价格影响较大的行业，呈现出较强的周期品特征。

原料药是一个比较特殊的赛道，很多企业的收入主要来自海外，不受制于国内医保控费，相反由于集中采购弱化了销售的作用，原料药企业还可以向制剂产业链延伸。因此在对原料药企的筛选上，可留意以下三个方向：一是特色原料药放量的关键节点是专利期后的前几年，也就是主打产品正处于导入期或快速放量期的企业具备一定发展潜力；二是重点关注具备进入下游制剂条件，并能快速做大收入的企业；三是逐渐转型专利原料药CDMO（医疗外部服务的一种，下文将有介绍）的企业。

宁波上市药企美诺华，主要业务就是生产特色原料药，为国内出口欧洲特色原料药品种最多的企业之一，2018年起业绩呈现加速增长态势。高增长的部分原因正是加快推进产业链一体化进程，向下游拓展制剂业务，形成了"CMO/CDMO+原料药/制剂一体化"的商业模式。

二、化学制剂赛道

无论是仿制药还是创新药，管线（pipeline）都是化学制剂行业投资必须要了解的重要术语，它是指还未上市的、处于临床阶段或者临床前阶段的药品，其数量体现了药企后续产品布局线的丰富程度，亦即业绩增长的潜力。

仿制药是众多优秀药企的起步赛道，很多如今耳熟能详的龙头药企都是从这起步的。但近些年一致性评价和带量采购等政策的出现，让这一行业开始面临诸多挑战和变革。

一致性评价是《国家药品安全"十二五"规划》中对仿制药品质量提出的高标准要求，指评测仿制药的化学成分、在人体的代谢方式和代谢途径等能否做到和原研药等效，这成为将二者等同的重要前提。带量采购指的是当一款仿制药通过一致性评价后，会把仿制药和原研药放在一起进行招标和竞标，谁价格低谁中标或者谁价格低就给更多的采购量。

一致性评价和带量采购让仿制药企面临两种选择：要么被倒逼转型做创新药，但这需要较大的研发支出；要么延伸产品线，增加仿制药的管线，只要保证产品源源不断地上市，未来也会有可观的营收和利润流入。因此，研究仿制药企业的可重点关注其管线布局数量，以及在研发费用上的投入。

与仿制药比，创新药企的未来发展空间更为宽广。但创新药的研发周期通常在5～8年，且需要巨大的资金投入，这也是对其要采用类似科技行业分析方法的原因之一。

与科技行业采用行业景气度代替传统的估值方法类似，对于创新药行业，通常用管线估值法进行研究。

管线估值法的核心逻辑，是通过一系列的合理假设来估算管线的价值。首先根据管线针对的适应症、相较于同行的优势等，假设其上市后的市场渗透率，得到其每年能覆盖的患者数量；然后再根据同类产品或类似适应症产品的定价及治疗费用，得出一个大概的销售额；再根据假设的利润率就能得出该管线每年带来的利润；最后结合假设的成功率，该管线的价值就大概计算出来了。

各位读者会发现，这一估值法采用大量的假设，无论是销售情况、成功率、利润率抑或折现率都是假设出来的，微调其中之一都可能让结果出现大幅变动，这也正是创新药股价波动堪比科技股的背后原因。甚至某药企旗下一款创新药其他条件不变，只是上市时间从今年延期到明年，都可能让股价大幅回调。

吉利德科学公司就是一家典型的创新药公司，其在艾滋病、肝脏疾病的相关制药方面都有着强劲实力。其股价曾经随着丙肝神药——丙通沙的研究出现过"一波三折"。

在临床试验阶段，虽然还没上市，但是投资者预期未来上市会带来巨大的利润所以给出极高的估值。新药上市后，果然带来了巨大的利润，快速增长的利润一边消化着估值一边继续推动股价攀升。后来由于药效太好，把丙肝彻底给治好了，投资者预期其利润会出现下降，股价反而开始大幅下跌。

另外，对于创新药企尤其是其中的中小公司，其现金流状况也需要重点关注。定期观察公司账上有多少现金，每季度消耗多少现金，后续的融资或者创收能力如何。最悲伤的事就是，药快研究出来了，结果资金也耗干净了，结果可想而知。

三、生物制药赛道

生物制药之下还可细分为疫苗和血制品两个子方向。其中疫苗比较类似创新药，可以采用创新药的方法去研究。需要注意的是由于疫苗在产品稳定性和安全性上要求更高，所以对于政策也更会敏感一些。

血制品无论是自身还是其"来源"——血浆，天生行业壁垒较高，呈现典型的寡头市场特征。对于血制品企业的研究也要采用类似资源周期品行业的方法，重点了解其浆站数量、采浆量、投浆量的情况。

四、医疗器械赛道

医疗器械也是一个值得关注的赛道，一来行业尚处蓝海发展空间巨大，二来国产替代是未来发展的趋势。对于医疗器械的研究方法可参照化学制剂的思路，需要多注意的就是观察目标公司的销售能力和创新壁垒。

大多数医疗器械的门槛没有化学制剂那么高，所以销售能力强的公司也会更容易获得优势。而一旦某种器械具备了较强的创新壁垒，获得持久稳定的利润的能力就更强。比如瑞士罗氏公司旗下的电化学发光系列产品（用于体外诊断），虽然专利权于2016年到期，但至今为止同行还未有成功的仿制产品，故其全球销量依然得以保持行业领先。

五、医事服务赛道

人们对生活质量的要求随经济实力的增强而不断攀升，医事服务已成为备受消费者青睐、投资界关注和发展最为迅猛的医药行业之一，诸如眼科、口腔、体检和医美等都属于其下的细分赛道。与其他医药行业比，医事服务受政策影响较小，但对可复制性和品牌效应要求更高。

可复制性是指是否能在一定区域内，基于商业模式和业务实力实现快速扩张。对医事服务业而言，是否有稳定的医生来源是可复制性的重要保障之一，如爱尔眼科这几年发展迅猛，就与其拥有专门的医生培养学校，且眼科医生相对有较好的培养有关，否则光有资本投入，缺乏医生这种"核心资产"的支持也难以为继。另外，投资成本高不高、回报快不快也是投资这一赛道的重要考察点。比如医美和体检都属于投入成本相对于传统医院较低，但回报极快的行业，因此最近几年被追捧为投资热点。

至于品牌效应则更好理解，医事服务的消费客群通常价格敏感度较低，会选择行业内口碑最好的那家企业。因此，投资这一赛道还需要格外关注目标企业的声誉风险。

六、CXO（医药外包服务）赛道

广义的医事服务下，还包括一个近年来最为亮眼的黄金赛道，被称为CXO，是对为制药企业提供各类外包服务的"铲子型"机构的统称。其中间的字母X相当于汉语中的某，在细分不同的服务类型时可将具体单词的首字母代入。

如CRO的全称是Contract Research Organization，直译为"合同研发组织"，一般称之为"医药研发外包组织"。CRO的服务范围基本覆盖药物研发的各个阶段与领域，在承接制药企业合同后，可以提供从研究开发到临床研究，甚至临床试验成功后的注册申报、上市后药物安全监测的各类一条龙服务。

CMO的全称是Contract Manufacture Organization，主要负责药品的生产制造。CMO企业基于客户的委托，提供产品生产时所需要的工艺开发、配方开发、临床试验用药、化学或生物合成的原料药生产、中间体制造、制剂生产（如粉剂、针剂）以及包装等服务。

CDMO的全称是Contract Development and Manufacture Organization，是CRO和CMO两者结合的"豪华升级版"，主要为医药生产企业以及生物技术公司的产品，特别是创新产品，提供工艺开发以及制备、工艺优化、注册和验证批生产以及商业化定制研发生产服务的机构。

此外还有CSO（Contract Sales Organization），这种专门从事于为药企提供产品或服务的销售和市场营销专业服务的"合同销售组织"，和上述CRO、CMO和CDMO等类型比处于整个行业链条的下游。

业务形态可能各异，但无论何种CXO，都是制药行业高度发展背景下，国际龙头

药企为实现降成本控费用战略的产物——让专业的人干专业的事，充分发挥专业的优势，从而让药企达到节约成本的目的。

欧美等发达国家CXO行业已经高度成熟，而在我国这一行业仍方兴未艾。在市场需求持续增长、行业细分趋势加剧、国家政策利好、医药行业工程师红利巨大、全球市场战略转移等要素齐聚，天时地利与人和之下我国本土CXO企业大量涌现，并凭借成本优势逐渐建立起完整的产业链体系，斩获越来越多的国际市场份额。国内创新药市场的繁荣也在引诱各类资本入局，竞争不断加剧，这一情况下需要拼时间、拼速度、拼成本、拼效率、拼质量，更多的制药企业会选择生产外包。因此，"挖矿"的创新药企竞争越激烈，"卖铲子"的CXO们业绩会更好。这就是这一行业近年来群星闪耀，不断涌现出药明康德、泰格医药、凯莱英、康龙化成、昭衍新药和美迪西等牛股的重要原因。

对于该赛道的研究重点要关注企业的客户结构、生产能效以及订单量这几个关键点，如美诺华与国际医药巨头默沙东达成十年期战略合作协议，便有望成为其业绩和股价迎来拐点的重要催化因素。

但同时要注意的是，CXO本质上属于资本劳动密集型行业，需要投入大量资本进行固定资产建设，各家CXO企业看上去很赚钱，但其实账面现金流普遍不宽裕，总是以IPO、定增和发债等形式不断在资本市场融资。且与欧美等国际同行对标后会发现，A股CXO企业这几年普遍存在市场预期太满、估值偏高等问题。因此在这一赛道掘金，需要对目标企业估值保持一定敏感性，只对估值尚属合理的企业下注，或只在合理估值的时候下注。

总而言之，医药行业对于专业知识和精力投入的要求较高，很多保守投资者会基于敬畏而回避这一行业。但考虑到天花板仍远未触及，医药行业尤其是创新药和CXO等重点赛道，对收益率有进取心的投资者来说绝不能轻易绕过！

第七节 | 重视行业中的龙头

不少读者上学时可能都有类似的经历：学习最好的那个同学不仅座位是全班最好的，老师还经常给开小灶；而那些学习成绩不好的同学，别说小灶关照了，就连座位都经常在最后一排。结果自然是优生成绩越来越好，而差生学习越来越差。

资本市场也是如此：绩优企业的股票得到资金的青睐股价节节高，比如伯克希尔股价在2021年5月就高到了纳斯达克系统无法承受（当时能处理的最大数字是

429 496.7295 美元），需要升级改造系统的地步；而绩差股呢？港股中几毛甚至几分的"仙股"都随处可见！

近几年 A 股市场也已开始呈现这种两极分化的现象——2020 年底，一面是"股王"茅台屡创新高，另一面却是 1000 多只个股创出了历史新低。这种强者恒强、赢者通吃的现象就是典型的马太效应。

马太效应，最早自圣经《新约·马太福音》一则寓言："凡有的，还要加倍给他叫他多余；没有的，连他所有的也要夺过来"。后来，这个术语慢慢地被经济、金融、社会、生活等各方面借用，用来形容一种"强者恒强"的特殊效应。

一、行业龙头的优势

前文曾说过，科技是一个赢家通吃的行业，实际上不仅科技，在各行业中都或多或少存在这种现象。在一个行业中，龙头无论在确定性还是成长性方面，往往都优于中小同业，这主要是由以下几点因素造成的：

首先，行业龙头由于自身实力或其他原因（如行政垄断），往往在其行业中有举足轻重的地位。在行业中具有一定的话语权，甚至是定价权，这让其更容易受资金的关注，从而具备更高的投资价值。比如茅台，在某种程度上引领着整个白酒行业的定价走向。海底捞没有局限于火锅风味的调制，而是另辟蹊径，追求服务上的极致，这种做法让整个火锅业都开始愈加重视对客户体贴入微的服务。

其次，行业龙头更容易享受到政策红利，很多时候在行业政策的制定阶段，就会邀请龙头企业参与，并参考这些企业的建议，对政策进行调整。例如基金业协会会邀请零售业务做得好的招商、平安和兴业等银行参与政策法规的修订。

再次，龙头在行业发展进入整合和成熟期后最为受益。行业初期百家争鸣，市场容量快速增加，此时各企业都在拼抢市场，最后能杀出重围的方为龙头。随着增速趋缓行业进入整合期，此时有成本和市占率优势的企业通过各类竞价、提升服务质量等方式开始挤压式增长，龙头上升势头保持强劲而落后企业面临倒闭或被整合。行业进入成熟期后，由于竞争程度的下降，龙头利润增速开始出现显著提升。可以看到，龙头能充分享受行业成长红利，并且通过自己的竞争优势不断蚕食竞争对手市场份额，因此它们的成长性往往优于大部分同类企业。

最后，随着注册制改革的推进，市场容量在快速增加的同时退市制度也得到强化，A 股将会呈现出类似美股和港股的二八分化现象。选择那些抗风险能力强，持续盈利能力靠谱的龙头企业更安全。

二、如何挑选龙头

彼得·林奇在去企业调研时通常都会问，谁是企业最畏惧的竞争对手或者谁是同行中最优秀的竞争者。这其实就是林奇寻找行业龙头一种方法。

对于多数行业来说，最大的企业一般也是竞争力最强的企业，比如白酒行业的贵州茅台、调味品行业的海天味业、化工行业的万华化学。但有的行业内，竞争力最强的却未必是最大的企业，比如银行业的龙头是招商银行，而不是所谓的五大行；保险业的龙头是中国平安，而不是中国人寿或者中国人保。总之，行业龙头通常是行业内综合竞争力最强的那家企业，而不是仅仅看市值。

企业的综合竞争力强通常有两方面体现：一是有着较深的护城河，二是当行业开始衰退时能够展现较强的抗性。

所谓护城河就是指企业相对于同行的竞争优势，这种优势通常来源于垄断、品牌、技术、市场占有率以及管理能力。

垄断是最强大的护城河，简单来说就是因为种种原因，几乎没有竞争者能够进入，企业依靠垄断可以获得稳定的现金流和利润率。比如说香港交易所，多年以来，虽然香港交易所的增长速度不快也不稳定，但是其估值却始终处于高位，就是因为其高度垄断优势为其带来的稳定收入和高毛利率。

云南白药与片仔癀近几年来一直在争做"药中茅台"，我国中医药企业那么多为什么只有它俩在这掐来掐去？因为它俩都有着核心护城河——国家绝密配方。在我国，国家保密配方可以分为三个等级：最高的是国家级绝密配方，保密期限为永久，目前只有云南白药和漳州片仔癀；其次是国家级保密配方，保密期限为长期，当前仅有五个——北京同仁堂的安宫牛黄丸、广州奇星药业的华佗再造丸、杭州雷允上的六神丸、上海和黄药业的麝香保心丸和山西广誉远国药的龟龄集；最后则是中药保护品种，一级保护期限为三十年、二十年、十年不等，二级保护期限为七年。云南白药与片仔癀依靠其具备完全垄断能力的药方，成为中药赛道中的龙头企业。

品牌同样是一个难以逾越的竞争优势。一个品牌的树立通常需要几年乃至几十年的时间，但是一个家喻户晓的品牌往往能够带来极高的产品附加值，体现在具体数据上就是远高于同行的产品毛利率和净资产收益率。比如说贵州茅台，即便一家酒厂能够酿造出和茅台相同的口感，甚至比茅台口感更好的酒，依然无法对茅台的销售和利润造成影响。因为对于茅台而言，它最大的价值就是在"茅台"这两个字上。

技术是最常见，也是相对容易被突破的一个竞争优势。技术优势可能体现在产品的质量控制上，品控是产品的第一竞争力，甚至在很多行业里面是唯一竞争力。如果一家企业的产品质量能够明显优于同类，突出重围的希望就较大。技术优势也可能体现在成本控制上，对于产品差异不大的行业，价格是最终的竞争手段。大家生产的东西都差不多，但企业能够通过规模或者专利来压低产品成本，就可能依靠价格优势打败其他对手。最后，很多科技企业的技术优势还可以体现在产品的更新迭代上。比如手机、汽车、电子产品这些推陈出新特别快的行业，谁能够最快地找到消费者的需求点，并通过技术优势实现，持续给消费者带来新的体验，谁就会更受消费者期待和青睐。

相较于企业品牌需要时间积累，技术优势这一护城河是可以通过持续的投入资源来"垒"高的，企业每年周而复始地投入大量的研发费用，逐渐形成了其他企业望而却步的技术壁垒，生产出同行难以效仿的产品，此时企业的利润率或可远高于行业平均水平。

市场占有率是给企业带来收益最直观的护城河，但也是最容易被突破的护城河。生产一个产品的成本往往分为固定成本和可变成本，企业的市场占有率越高，那么生产规模就越大，可变成本同比例增加而固定成本不增加，所以生产规模越大单位产品的成本反而越低，企业的利润率也就越高。但这种市场占有率带来的护城河很容易被其他企业技术突破、产能扩张所破坏，比如一家大企业跨业过来后，通过砸钱不断地收购同业、扩大产能，最终就可能让原来的行业龙头失去原有的地位。

通常情况下行业龙头具备的优势不仅仅是一个，可能是多个交织而成的，这种交织越复杂，企业的护城河就越深，竞争优势也就越大。

除了较深的护城河外，行业龙头面对行业衰落时还应该有较强的抗压能力。一个企业在面对行业调整或出现某种危机时，比别的企业抗压性强甚至能够逆势增长，风波过后就有望进一步扩大市场占有率。相较于前面竞争优势的定性研究，这个特征可以用一系列财报数据来定量表达，比如说在行业衰退的年份，某企业依然能保持着正增长率或者远低于同业的负增长率，那样的企业抗压能力就明显更强，更有可能作为龙头在行业中脱颖而出。

最后，还可以跟踪观察企业的管理层。一般来说，护城河较深的企业都具备卓越的企业管理能力，尤其是那些从量变到质变积累成长起来的小企业，其发展离不开管理层的正确决策。

巴菲特先生在记录他传奇生涯的《滚雪球》一书的结尾中说道："人生就像滚雪球，最重要的事就是找到自己那条又湿又长的雪道。"是啊，投资正如长坡滚雪球，本质是在不确定性中寻找确定性，进而获取稳定的复利，而不是单次投资的收益最大化。通过选择行业龙头，能大大提升投资胜率。如果把行业中的黄金赛道比作漫长的雪道，行业龙头不正是雪道中那最黏的雪吗？

第四章小结

地理学中的"板块运动"理论赫赫有名，而早在 20 世纪 20 年代，著名"股市大作手"利弗莫尔，发现了在资本市场中同样存在板块运动的规律——股票并不是孤立涨跌，而是随板块一同沉浮的。如果美国钢铁股价起涨，伯利恒钢铁或迟或早也会上升，而后共和钢铁和坩埚钢铁等同行都会跟风上涨。这位天才交易者一次又一次观察到这一现象，并将其纳入了投资武器库，运用得炉火纯青。"绝不买弱势板块中的弱势股票，只买最强劲板块中最强劲的股票"便是他的经典名言之一。

的确，行业是宏观环境和具体个股之间的过渡带，研究明白行业和赛道的前世今生，对于理解身处其中的公司及其竞争者的基本面大有助益。即便不是价值投资者，熟悉各行业和代表性龙头，也能更好地捕捉各类概念题材的短线炒作机会。

本章对各主要行业均有点评，尤其对我们最看好的消费、科技和医疗进行了较为详尽的介绍。宏观是思考的背景板，行业是研究的过渡带，这两部分暂告一段落后，基本面的学习即将进入具体的企业分析部分。

对初入市的新手而言，独立上手做波特五力或 SWOT 一类的定性分析、高度专业的财务指标定量分析都难度颇大，且性价比不见得高。而上市公司定期披露的财务报告，倒是切入目标企业基本面的一条捷径。

因此，接下来的学习主题便是"如何轻松读懂企业财报"，马上翻开下一页吧！

第 五 章

财 报 ———————————————————

| 第一节 | **财报分析的意义**

　　企业能否赚钱，或企业在何种市场环境下能赚钱，大抵可以从四个角度去看：一是这家企业的主营业务是什么，赚钱能力怎样；二是在行业中的位置以及竞争力如何；三是企业所在的行业和其他行业相比是否更有优势；四是在当前经济环境下，该行业是受益还是承压。

　　这四点可以从前往后看，就是从个股到行业再到宏观，也就是所谓的"自下而上"分析法，也可以从后往前看，即"自上而下"的研究方法。它们共同组成了广义的基本面分析：第四点是宏观分析，第二、第三点则是行业分析的主要内容。这三部分我们已经在前两章中介绍过，而第一点就是本章的讨论焦点——个股基本面分析。它以企业的内在价值为依据，着重对影响其股价的各项因素，包括财务状况、行业地位、成长速率及未来发展潜力等进行分析，以此决定是否投资，并判断入场或离场的时机。

一、个股基本面的两个方向

　　个股基本面可供研究的"点"有很多，但主要分为定性研究和定量研究两个方向。对应要解决的两个核心问题，分别是上市公司质地是否健康以及赚钱能力究竟是强还是弱。

　　定性分析需要全面了解公司的业务开展情况：从产品到渠道，从价格到促销、营销管理，从研发到供应链的完整运营链路，等等。再结合行业的基本格局和竞争态势来理解企业的发展战略，辅助判断公司是否具有可持续的竞争优势和投资价值。

　　定量分析主要是对企业的经营业绩进行数字化分析，测算关键财务指标，判断企业的盈利能力、财务状况和运营效率，并通过对比自身历史数据进行趋势分析以及与国内外同行横向对比等手段，来确定公司的业绩是否优秀。

　　无论定性还是定量分析，都是深入研究企业必不可少的一部分。风投、保险、券商和基金公司等专业投资机构，为此不惜耗费巨大的人力物力，通过电话会、视频会、上门调研甚至突击暗访等方式收集拟投资企业的经营数据，构建专门的商业分析模型和各类估值模型，分析和测算拟投资企业的内在价值。

全球通用的商业分析模型主要包括波特五力、SWOT、ECIRM、SCP 等。

波特五力分析模型认为在任何行业中，无论是国内还是国际，无论是提供产品还是提供服务，竞争的规则都包括在五种竞争力内。这五种竞争力就是企业间的竞争、潜在新竞争者的进入、潜在替代品的开发、供应商的议价能力和购买者的议价能力，正是这几点共同决定了企业的盈利能力和水平。

SWOT 是 Strengths（优势）、Weaknesses（劣势）、Opportunities（机会）、Threats（威胁）四个英文单词的缩写，该模型通过分析企业内部和外部存在的优势和劣势、机会和挑战来概括企业内外部经营环境。

ECIRM 模型包括五个核心要素：E 代表企业家要素；C 代表资本要素；I 代表产业要素；R 代表资源要素；M 代表管理要素。五项要素共同耦合成为一个以企业家精神和企业家能力为核心的公司战略模型，构成从战略上系统解析一家企业的五个基本维度。

SCP（Structure-Conduct-Performance，结构—行为—绩效）模型，分析当行业或者企业受到表面冲击时可能的战略调整及行为变化，从行业结构、企业行为和经营结果三个角度来分析外部冲击的影响。

但能力和资源的限制，决定了散户很难采用和机构类似的方式研究个股的基本面。于是，定期披露的上市公司财务报告（简称"财报"）就成了普通投资者收集企业"情报"的重要工具。它不仅提供了定量分析所需的各类财务数据，还包含了大量可用于定性分析的重要信息！

二、财报分析的意义

财报中既有对各项经营指标的详细介绍，也有很多反映行业特征的数据，如互联网企业的 DAU（日活跃用户数）、医药企业的 pipeline（研发管线）、制造业的上下游合作方等。年报中更是有管理层对全年经营状况的全面总结，在熟悉这类分析的逻辑和"套路"后，我们能大体判断哪些公司踏实靠谱，而又有哪些公司管理层过于浮夸（甚至说谎）而不值得信任。

作为对普通投资者最友善的基本面工具，财报既能提供充足的定性定量信息，还可弥补投资者无法深度研究企业的缺憾。和经过机构加工的研究报告相比，它更是直接与上市公司对话的第一手资料。因此，个股基本面分析的入门，应该从基础的财报分析学起。

可以从以下"三本书"的维度，来理解财报分析的重要意义：

（一）财报是部《致富经》，能帮我们增强持股信心

以巴菲特为代表的价值投资派，主张投资人应该把自己当成职业经理人，深入了解企业财富创造的全过程。商业世界精彩纷呈，即便在同一行业内，不同的公司因创业历程和实控人经营理念的差异，也会呈现出万花筒般的千姿百态。因此，新手要么困惑于不知如何选股，一有行业性利好似乎每个股票看起来都很美好；要么就是无法做到长期持有，稍有利空消息或股价回调，就会吓得拔腿就跑，因而错过很多超级牛股。种种"韭菜"般的表现，归根结底还是因为缺乏职业经理人的专业能力、钻研精神、毅力和恒心。

而通过研读目标公司的历年财报（也包括上市时的招股说明书），了解企业主的创富故事，洞悉企业的前世今生，能帮我们更好地理解企业的价值观，判断未来的走向；透过各种量化指标了解公司的战略、运营、风险和绩效，掌握其在行业内的竞争优势和不足。只有财富积累过程正当，与我们的价值观和方法论吻合，瑕不掩瑜或暂时的缺点最终能克服的企业，才能让我们更确信其能从优秀走向卓越，强化持股信心。

（二）财报是本《相亲指南》，能帮我们找到适合自己的对象

财报分析很重要，但刚接触财报的新手，容易抱怨动辄几十上百页的资料繁杂且枯燥，简直是最佳"睡前读物"。之所以会产生这种想法，主要还是不了解财报结构，不懂去粗取精般地筛查有效信息。

其实，把读财报当作相亲就简单多了——相亲的时候基本都会关注对方的资产情况，有房的话，了解下是全款自购还是贷款买的（资产负债表）；掌握了资产情况，还要旁敲侧击打探对方的收入情况（利润表）；最后再摸底消费习惯，看看钱都花哪去了（现金流量表）。

相亲是抱着"了解对方过去是怎样的人"的目的去聊天，从而得出"未来在一起会怎样"的结论。读财报也是如此：要带着企业"过去发生了什么"，去判断企业未来"会产生怎样的变化"。在分析方法上，主要是用财务比率和同业、企业自身历史进行对比。财务比率，就是各种财务指标的比率，诸如毛利率、净利率、净资产收益率、资产负债率等。当企业的财务比率和同业相差较大或者较过去有较大的波动，就要去

深挖这种情况出现的原因，然后再考虑这种原因是否合理。

举个例子，帝欧家居在 2021 年一季度业绩表现良好：实现营业收入近 11.6 亿元，同比增长 46.16%；归属于上市公司股东的净利润 7570 万元，同比增长 49.8%。但市场在业绩公布后并不买账，因为 2020 年报显示其在当年度经营活动产生的现金流量净额仅 2666.89 万元，同比 2019 年的 2.69 亿元大幅减少 90.08%。另外，公司投资活动产生的现金流量净额为 -6.55 亿元，同比 2019 年的 -3.42 亿元，也大幅减少了 91.72%。

还有一点不可忽视的是，同样生产瓷砖的东鹏控股和蒙娜丽莎，2020 年的营业收入分别为 71.58 亿元和 48.64 亿元，应收票据及应收账款分别为 18 亿元和 10.88 亿元。而帝欧家居 2020 年营业收入为 56.37 亿元，截至 2020 年底应收票据及应收账款却高达 33.76 亿元。虽并不能凭此数据断定这家公司就存在财务问题，但通过同业比较，孰优孰劣一目了然。

在财报的阅读过程中，一定要带着问题去分析，了解企业过去的经营成果，并对未来的业绩有个大致预判。毕竟，谁都不想找个"丑媳妇"回家。

（三）财报是份《体检报告》，能帮我们避免投资"踩雷"

作为企业对外沟通的语言，财报就像《体检报告》般向投资者诉说着自己哪里比较强，哪里比较弱，哪里又隐藏着某种病患。体检时，正常的体检指标是结果，健康的身体才是原因。企业财报亦是如此，并不是好的财务数据造就了好的企业，而是好的企业产出了好的财务数据。因此，看财报要像看《体检报告》一样，不能只看好的地方，而要多关注不好的指标，发现企业潜在的问题。

部分居心不良的企业为了让《体检报告》更好看，会通过各种途径来美化报表甚至造假。牛市中这种现象会掩饰很多问题，对投资者造成的伤害尤为严重。对投资者而言，在通过财报与企业对话时，只要发现哪怕一句"假话"，就要直接排除掉这家企业。始终记得，财务数据是用来证伪的。换句话说，财报的一大重要价值，正是帮我们排除和规避某些糟糕的企业！

最后有必要提醒的是，尽信书不如无书。财报分析只是个股基本面分析的工具之一，既是工具就有其适用范围，它并不能涵盖全部的企业信息，而且各家上市公司财务报告的含金量参差不齐。我们的目标，是通过财报信息结合各方资讯，尽可能地掌握目标企业更多的真实情况，努力提高下注的准确率。

第二节 | 财务报告的基本结构

"庖丁解牛"的典故出自《庄子·养生主》，用于比喻在经过反复实践后，掌握了事物的客观规律，做事得心应手、运用自如。在庄子记录的故事中，庖丁告诉梁惠王，他杀牛能做到游刃有余的背后，是常年的宰杀作业使他掌握了牛身体各个部分的结构。如果把长达几十甚至上百页的上市公司财务报告比作牛，那想要在阅读时做到游刃有余，同样得先熟悉它的框架和结构。

一、财报的获取渠道

财报的获取渠道有很多，但大体上有三个途径：

首先是上海证券交易所和深圳证券交易所官网，上面可下载 A 股上市企业的各期财报和公告。

其次是巨潮资讯网。该网站是中国证监会指定的上市公司信息披露网站，投资者在这里可以找到上交所、深交所两市所有上市公司的财报。

最后是第三方软件和网站。目前大多数常用的股票行情交易软件和财经网站等都会同步挂出各企业的年报，上市公司官网也会有相关的信息供投资者下载查看。

二、财报的公布时间

在我国，上市企业按照自然年度来划分经营年度，并按季度披露财报，所以 A 股财报通常分为一季报、半年报、三季报和年报等。

从披露时间上来说，一季报、三季报是要求在季度结束后的一个月内进行披露；半年报是在上半年结束后的两个月内进行披露（即每年 8 月 31 日前）；年报是在年度结束后的 4 个月内进行披露（即每年 4 月 30 日前）。由于时间上的差异，年报信息最为详细和完整，半年报次之，一季报、三季报只有一些基本数据。同时，和其他报告比，年报必须经过会计师事务所审计，所以通常被认为更有研究和分析价值。

三、财报的主要结构

财报的内容上，季报比较简单，半年报和年报则比较全面清晰。但无论是详细的年报还是相对简略的季报，资产负债表、利润表以及现金流量表这三张表构成了贯穿财报分析的主线，必不可少。

我们主要以企业年报为示例，阐述财报的阅读方法。先来看一下年报的目录，了解年报的主体框架，如图 5-1 所示。

目　　录

图 5-1　爱美客公司 2020 年年报目录

图 5-1 是爱美客公司 2020 年年报目录，密密麻麻分为十三节。这十三节按照重要程度，大体上可以分为需要细读的重要内容、适当关注的内容、企业情况的基本信息以及其他内容。

需要细读的重要内容主要有三节，分别是经营情况讨论与分析（也有的报告以"董事会报告"一类作为标题）、重要事项以及财务报告。如果打算深度了解一家企业，这三节绝对不能错过。

适当关注的内容同样有三节，分别是第一节的重要提示部分，第六节的股份变动及股东情况，以及第九节的董事、监事、高级管理人员和员工情况。

企业情况的基本信息主要指的是第一节的释义部分以及第二、第三节，这三节会对企业情况有一个全面的、偏定性的描述，对于首次关注的企业可以浏览掌握基本情况。

四、财报各部分要点

接下来简单过一遍图5-1中十三节的要点，掌握了前后顺序及各节的主要内容后，后续会对需要重点掌握的部分展开介绍。

（一）重要提示、目录和释义

重要提示通常在首节首页，这一节之所以重要，是因为它通常会把涉及股东权益变动，如分红、送股、转增一类的重大事项放在此处，有的还会把审计报告的结果写在这里。

爱美客2020年年报中的重要提示部分便包括以下内容——"利润分配预案或资本公积金转增股本预案提示：公司经本次董事会审议通过的利润分配预案为：以股本120 200 000股为基数，向全体股东每10股派发现金红利35元（含税），送红股0股（含税），以资本公积金向全体股东每10股转增8股。"

目录部分很简单，如图5-1所示，各家公司可能在细节安排和标题表述上略有不同，但基本结构须按证监会和交易所的格式准则执行，不会有大的差异。

释义部分主要用来表述年报中提到的公司、投资机构、监管机构和一些专业术语。

（二）公司简介和主要财务指标

本节用简单列表的形式介绍上市公司的注册地、法人代表、董事会秘书联系方式等基础信息。另外还展示了公司的主要财务数据，需要快速了解财务情况的投资者，只须蜻蜓点水般浏览此部分简表即可。

看完营业收入、净利润以及和上年同期数据的对比，再确认一下非经常性损益项目与净利润的比例，可以得到一个该公司财务基本面的大致印象。

（三）公司业务概要

现在各类公司名字五花八门，我们在看到一些上市公司的简称后，对其业务范围仍是云里雾里。如"莲花健康"初看像是一家健康设备企业，但看完公司业务概要部分，才知道这家公司主要是生产销售味精、鸡精和面粉等食品和调味品，是一家食品制造商！

如果不好好去查看一下科创板上市公司科兴制药的业务概要部分，就容易在一看到"科兴中维"生产的新冠疫苗被世卫组织列入紧急使用清单这一重大利好后追高买入，闹出一场"此科兴非彼科兴"的搞笑乌龙。科兴制药是一家专门从事重组蛋白药物和微生态制剂的生物制药企业，主要产品包括重组蛋白药物"重组人促红素""重组人粒细胞刺激因子"等，根本和新冠疫苗一点关系都没有。

可不要小看这部分内容的价值，这其实是对上市公司进行定性分析的捷径之一。下一节会以爱美客和贵州茅台等公司为例，对此展开详细介绍。

（四）经营情况讨论与分析

该部分又被称为"董事会报告"，内容是公司的董事会向股东汇报企业的经营状况。从名字就能看出，这是一份由董事会自己书写的企业分析报告，内容可靠性和准确性一般会高于各机构研究报告。

（五）重要事项

这一部分包括按规定需披露的近20项具体事项，包括公司利润分配及资本公积金转增股本情况，承诺事项履行情况，重大资产重组、并购、投资情况，重大诉讼、仲裁情况，处罚、整改情况，重大合同及履行情况，社会责任履行情况，等等。事无巨细，涉及相关内容须在此详细告之，如无则可一笔带过。

虽然名为"重要事项"，很多人在阅读财报时却往往容易嫌麻烦，或者因为很多情况在日常信息披露过程中已了解而忽视该部分。但如果真正想全面掌握一家企业的基本面概况，其中仍有很多内容值得留意，如重大合同及履约情况、涉诉情况、股权激励、员工持股计划等，都可能是影响未来业绩表现及股价的潜在因素。

另外，"聘任、解聘会计师事务所情况"一项中如出现换所的情况，也需要多加留意。一般情况下上市公司不会轻易更换会计师事务所，一旦为之，有可能是其财报出现某种状况，原来的会计事务所不愿意接活了，只能换一家。诸如此类细节问题，有经验的投资者能在"重要事项"部分中寻得蛛丝马迹。

（六）股份变动及股东情况

这里重点关注的，是股东人数和前十大股东的变化。

股东人数的变化通常会有两个数字，一个是报告期末股东人数，另一个是披露日前上一月末普通股股东总数。有兴趣的读者，可以把历史上股东人数的变动和股价的波动结合起来看，会发现一些有趣的规律。

虽然股东人数的信息有滞后性，但是其变化还是能说明一些问题。以中国平安为例，2018 年四季度之后股东人数不断下降，股价正是在此期间开始不断上升。从 2019 年二季度开始，股东人数增长速度加快，但股价却进入震荡区间。2019 年四季度至 2020 年一季度，股东人数增速大幅提高，而股价却转而大幅下跌。2020 年二季度至四季度，股东人数开始逐渐下降，而股价开始震荡上升，如图 5-2 所示（数据截至 2021 年 3 月 30 日）。股东人数的上升和下降，对应筹码的发散和集中。股市谚语中所谓"人多的地方不去"，或许也能给我们逆势投资一点启发吧！

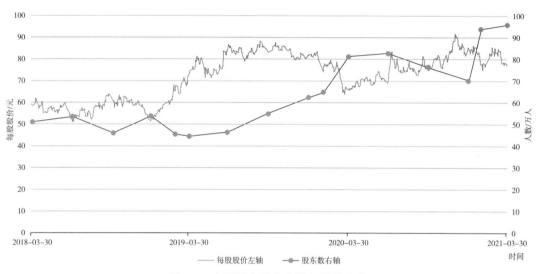

图 5-2　中国平安股东人数与股价变化

从前十大股东变化中，可以窥见一些大机构、大资金的买卖动向。网上时不时爆出某明星公募基金或私募大佬加仓/减仓某上市公司的新闻，多数就是从这块"暴露"的。但需要注意的是，无论是股东人数还是前十大股东持仓情况，相关数据都只是季末/年末那一天的时点数据，并不具备太久的时效性。

（七）优先股相关情况

此部分用来表述优先股的相关内容。

（八）可转换公司债券相关情况

此部分用来表述可转债等相关内容。

（九）董事、监事、高级管理人员和员工情况

通过这部分可了解高管的履历和薪酬情况，最重要的是还可以了解员工人数及结构。从员工的人数变化可看出公司业务现阶段是处于扩张还是收缩阶段，员工结构年

轻化、高学历化能侧面说明公司景气度高，研发人员占比高代表着公司重视科研创新，未来产品或服务更新换代的效率会更快。

另外，通过员工人数结合其他指标，还能计算企业的各种人均数据。如结合企业当年的员工薪酬，可算出员工的年平均薪酬。将企业的各项人均数据与往年、与同行业对比，测算数据是否合理，甚至还能得到该企业在行业内是否有竞争力等信息。

（十）公司治理

公司治理包括公司的组织机构上，是否建立健全的内部管理和控制制度体系，是否提升公司经营管理水平和风险防范能力。

（十一）公司债券相关情况

如今，通过债券融资的上市公司越来越多，本节用来披露相关信息。

（十二）财务报告

这是一份财报的真正核心部分，资产负债表、利润表和现金流量表是整个财务报告的灵魂所在，企业一年的经营情况均体现在其中。本书后面几节内容会对这三张表及如何综合应用作详细介绍，此处暂且不提。

（十三）备查文件目录

以上便是一份规范、标准的上市公司年度财务报告应具备的基本结构。经过此番逐项梳理、条分缕析下来，大家应该对财报有了一个轮廓式的初印象，不会再觉得它难以下手、枯燥无味了吧？

第三节 不可轻视的定性分析

通过上一节的学习，我们知道一份完整的财务报告包含的元素众多，绝不能简单等同于几张财务报表。各类财务指标只是经营活动的结果，而非成长的原因。生产经营活动是复杂的，常常受到多种因素的影响。而公司的管理层素质、经营环境和企业文化等因素很难直接用数值量化表现。定性分析可以将大量的会计数据转换成对投资者有用的信息，减少决策的不确定性。

对基本面的定性分析由两部分组成：一部分是将财报中的定量数据作历史纵向和

同业横向对比，判断企业综合竞争力，并对未来走向做出预判；另一部分则是通过财报，对上市公司行业地位、业务经营情况和发展战略等难以量化的非财务因素进行了解。基于量化数据的定性分析会在后面财务报表部分详解，本节的定性分析主要围绕财报的"公司业务概要"和"经营情况讨论分析"两部分解读。

一、公司业务概要

这一部分将对公司主营业务、经营模式、业务发展情况及目标，乃至企业核心竞争力等内容进行全方位的阐述。详细程度会超过大多数研报对企业的介绍（事实上很多研报都是从这段截取的信息），无论是做波特五力还是 SWOT 等分析，都可以从此处提取有效信息进行参考。在投资一家企业前先来看一看，不至于对基本情况也不了解。

以爱美客为例，很多人只知道这是一家医美企业，却不知道它究竟在做什么。在其年报中就有这么一段："医疗美容产业链中，行业上游为医疗美容耗材的生产商和器械设备的制造商，行业中游为医疗美容机构，包括公立医院的整形外科、皮肤科和非公立医疗美容机构，下游为广大终端消费者。公司为医疗美容行业上游的耗材生产商。"这段话不仅点出了爱美客的主营业务，顺便也对医美行业作了简单介绍。

年报每年都在更新，通过对比这一部分内容的变化，有时还能窥见公司对行业和自身发展的观点，据此研判其在业务、技术和客户等方面是否有重大突破。

以海康威视为例，其主营业务可以大致理解为"监控 + 人工智能"。从其市占率看，监控业务部分向上拓展空间尚存但较为有限。而人工智能部分，通过对比历年年报，则能明显看出其尚处蓝海——2020 年之前的年报，该公司对于这一业务的描述比较模糊，会作"机会是一定有的，只是还不能明确知道在哪里"一类的表述。而 2020 年年报，海康威视是这样描述的：

"在国内外市场，我们看到人工智能技术落地速度的加快，看到了大数据技术应用兴起带来的市场机会，看到多探测器技术融合带来的市场机会，看到最终用户对智慧城市、企业数字化转型、物联网认知提高带来的机会……我们相信，未来三年是公司发展的机遇期。"

定性的表述也能在数据表现上得到佐证：海康威视业务中最依赖"智能"的就是企事业事业群（EBG）。EBG 业务主要是利用 AI 产品、服务或技术，提升运转效率、降低运营成本、规避业务风险，这块是人工智能最大的应用场景。而 2020 年报显示，海康威视 EBG 业务实现了 21% 的高速增长，这正是人工智能业务有望成为海康威视发展的"第二曲线"的体现之一。

二、经营情况讨论与分析

仔细阅读和分析这一节内容，可获取比前一部分更多的重要信息。一是从管理层的角度解释公司过去一年的业绩是如何形成的；二是经营业绩会有大量更细节的数据，有的数据是在财务报表及附注中也没有的；三是会对企业的未来进行展望；四是可以体现管理层的能力与眼光。

这一节主要分为"概述及主营业务分析""非主营业务情况和资产及负债状况分析""投资状况分析"和"公司未来发展的展望"四部分。

（一）概述及主营业务分析

这里会用文字结合数据，围绕利润表、资产负债表、现金流量表的内容，总结过去一年公司的业务发展情况。除此之外，还会披露各项经营指标的明细，如收入、成本和费用构成，研发投入细项和结构，投融资和控股子公司的名单等。

这一节通过对业务发展的定性描述，解读了财务数据背后的逻辑。阅读这部分内容能够深刻认识到"财务报表只是果，企业本身的经营和发展才是因"的道理。

另外，还有几个要点需要格外注意：

（1）库存量，实物销售表会显示企业各类产品的库存量，有些企业会通过这部分来对营业收入进行调整。当然，对于库存量长期偏大且高于同类的企业，也可能是管理层对于市场预期和实际情况的判断差异所导致的。

（2）研发投入，对于创新型企业的这部分尤需重点关注。此处不仅会罗列研发人员、研发费用及占比等内容，还会将上市公司正在研发的各项目及进展进行披露，据此可对科技、医药类企业未来的利润做一个大概估算。

（3）前 5 名客户及前 5 名供应商资料，可以从总额占比看出上市公司对上下游某单一企业的依赖程度。单一客户或供应商的依赖度过高，有造成业绩表现不稳定的可能。

（二）非主营业务情况和资产及负债状况分析

非主营业务情况主要阐述企业非主营业务所带来的收入，以及这类收入是否能够持续。

资产及负债状况分析主要罗列资产负债表的主要科目、敏感科目（应收应付类科目）以及变化较大的科目。

（三）投资状况分析

此处要重点关注的是"募集资金使用情况"，上市公司 IPO 时许下的承诺、愿景，到底是讲故事还是真正兑现了，在这里能够展现出来。这一项下还有一个分项叫做"募集资金变更项目情况"，阅读后可推断公司是准备赖账，还是在各种主客观原因下应时而变。

（四）公司未来发展的展望

这部分是站在企业管理者的角度分析上市公司在市场、行业中的优劣势，及未来的发展前景。尤其是"公司未来经营计划"，有可能会在此处给出下一年的业绩预期。投资者平常所说的"不及预期"有两种，一种是不及研究机构分析师的预期，另一种就是指不及董事会上一年的预期。

从这部分还可看出管理层的能力、诚信和战略眼光。一方面可以去翻阅往年财报，看业务规划是否实现、行业趋势判断是否正确、许下的承诺有无兑现。

另一方面还可横向比对同行业公司的管理层，对企业竞争力和行业发展趋势的总结。

随着国内各大白酒企业纷纷推出高档白酒产品并加大推广力度，以及政策面对高档白酒的影响，高档白酒市场的竞争将可能会更加激烈。

近年来，白酒行业处于持续上升阶段，产销量、销售收入快速提升，行业盈利能力持续增强。2011 年，白酒行业产量突破 1000 万千升，行业销售收入突破 3000 亿元，利润等指标再创历史新高。许多白酒企业开始大规模扩产，很多省市都出现了由政府主导的白酒工业园区，从长远来看，白酒产能会供大于求，白酒行业将会经历从竞争淘汰、整合规范到相对集中的过程。

白酒行业竞争将更加白热化。当前，我国白酒行业在产能规模、产品数量、品牌种类、生产厂家等方面，出现严重过剩、过多、过杂、过乱的现象，各类资本竞相进入白酒行业，行业泡沫风险加大，行业竞争更加激烈，从小企业到大企业，从地方政府主导的白酒产业园到区域化品牌全国性扩张，全国白酒进入了新一轮产能扩张期，加剧行业产能泡沫风险和竞争激烈程度，未来白酒市场在价格、品牌、渠道、消费群体、资本结构等方面将会有较大的变动，中国白酒行业可能会出现重新洗牌的格局。

——摘自贵州茅台 2011 年年报

影响白酒行业发展的政策性因素在增加。

1.市场竞争激烈，行业集中度低，高端白酒集中度却高。

白酒行业的市场集中度很低，尽管近年有所变化，但是目前全国生产白酒的仍有约 2 万家企业，而销量前四强酒企的市场份额却不足 5%。高端白酒的市场集中度却较高，前几强酒企以其高品牌知名度、较强的市场营销能力和消费者忠诚度占据了市场的主要份额。以川酒为代表的浓香型白酒依然占据市场主导地位。

2.收入水平提高、消费水平增长，行业发展前景依然看好。

近年，随着我国城镇化率和城乡居民收入水平的不断提高，消费水平快速增长，消费结构已开始转型和升级，从饮用散装酒向饮用瓶装酒、从饮用非知名品牌向理性选择知名品牌过渡的趋势日益明显，行业前景依然看好。

——摘自五粮液 2011 年年报

以上两段分别是贵州茅台和五粮液公布的 2011 年报中的未来展望，彼时五粮液是白酒行业老大。从两份报告中，可以明显看出两家企业对于即将到来的行业危机的不同认识——

茅台董事会对未来充满危机感，而五粮液管理层的态度却是"行业前景一片大好，我已占据有利地形"。迥然不同的态度下，"知危者"成功逆袭：报告之后不到两年，贵州茅台于 2013 年首次在真正意义上全面超越五粮液，从此坐上白酒之王的宝座。

请认真阅读财报中容易被轻视的那些描述性文字，仔细听上市公司娓娓道来它们的企业故事。通过与管理层的文字对话，更深层地理解公司和行业的过去和现在，配合财务指标全面评价企业的各项能力，找出存在的问题，避免因单纯的财务分析造成决策失误，才能更准确地预判未来。

第四节 上市公司的家底——资产负债表

财报的定量分析以及由定量衍生出的定性部分，主要围绕着"三张表"，即资产负债表、利润表和现金流量表进行。它们用一系列会计科目、一个个数字和表格组成了财务报告的核心。除"三张表"外，一份完整的财务报告还应该包括审计报告和附注。审计报告相对独立，"三张表"通常会有合并报表和母公司报表两套，普通投资者主要看合并报表即可，附注是对报表数据作补充解释和明细披露。

本节先简要介绍审计报告，重点的讨论对象是透露上市公司家底殷实与否的第一张表——资产负债表。

一、审计报告

打开财务报告一节，首先映入眼帘的就是审计报告，这里重点看第一行审计意见类型。审计类型共有五种，分别表达了会计师的五种态度，如表 5-1 所示。

表 5-1　会计师出具意见与真实意图对照

会计师出具意见	真 实 意 图
标准无保留意见的审计报告	本人未发现造假迹象
附带说明的无保留意见审计报告	有些地方可能有问题，我也指明了，出事别找我
保留意见审计报告	假报表，不用看了
无法出具意见审计报告	可能有问题，但因为对方拒绝配合审计工作（如不提供资料等），我并没有证据，所以无法出具保留意见或否定意见审计报告，只能选择不发表意见
否定意见审计报告	造假太过分，我要举报

虽然会计事务所在审计合同关系中处于乙方地位，但一般情况下企业都会配合其要求，对在审计过程中发现的问题进行整改。当审计人员发现财报存在问题但不是太严重，会出具"附带说明的无保留意见审计报告"，帮报告使用人把需要注意的问题给指出来。但如果某家公司被会计师出具了表 5-1 中后三种审计意见，通常说明造假情况已经非常严重。对这类企业投资者应该直接说再见，别忘了财报正是用来排除企业的！

二、资产负债表的要素和结构

资产负债表主要是用来反映企业有多少家当，家底厚不厚。此表中的内容直接决定了企业资产质量和持续获取稳定利益的能力。

它的三个核心要素分别是资产、负债和股东权益，三者的关系可以用企业会计中的一个经典恒等式表示，即"资产 = 负债 + 所有者权益"。

小猪和小猴想合伙开包子铺，需要 50 000 元购买店面、机器等，40 000 元买速冻包子，10 000 元现金留作急用。两人合计决定每人出资 30 000 元共计 60 000 元，再去找银行和朋友小龙分别借 20 000 元。这样就可以简单列出他们包子铺的资产负债表，如表 5-2 所示。

表 5-2 包子铺资产负债表

资　产	期 初 值	期 末 值	负债及所有者权益	期 初 值	期 末 值
货币资产	10 000 元		银行贷款	20 000 元	
固定资产	50 000 元		其他借款	20 000 元	
存货	40 000 元		负债合计	40 000 元	
			实收资本	60 000 元	
资产合计	100 000 元		负债及所有者权益合计	100 000 元	

从表 5-2 中可以看出，资产表明企业的钱以何种形式存在，通常按变现的便捷程度进行排序，容易变现的货币及其等价物放在最上面，难以变现的资产放在后面。负债及所有者权益表明企业的钱从哪里来，负债就是企业借了或欠了外面多少钱，所有者权益就是企业有多少钱是股东的（也可以理解为一种永久负债，只要没破产清算就不用还）。此处排序同样有讲究，一般按还钱的紧急程度进行排序，距离还钱期限越短的越往上排。

阅读资产负债表时需要把表中左右两大项结合起来看，看看资产中有多少钱真正是企业的，又有多少是借来的。另外，资产负债表是时点报表，故表中会有"期初"和"期末"两个时点的数据，这样并列的好处是方便我们观察、跟踪和对比各项数据的变化。

表 5-2 仅是一个简单示例，真实资产负债表包含的内容丰富得多，基本格式如表 5-3 所示。

表 5-3 资产负债表基本格式

编制单位：　　　　　　　　　编制时间：　　　　　　　　货币单位：

资　产	期 初 值	期 末 值	负债和所有者权益	期 初 值	期 末 值
流动资产			流动负债		
货币资金			短期借款		
交易性金融资产			应付票据		
应收票据			应付账款		
应收账款			其他应付款		
其他应收款			预收账款		
预付账款			应付职工薪酬		
存货			应交税金		
流动资产合计			流动负债合计		

资　　产	期 初 值	期 末 值	负债和所有者权益	期 初 值	期 末 值
非流动资产			非流动负债		
可供出售金融资产			长期借款		
持有至到期投资			应付债券		
长期股权投资			长期应付款		
长期应收款			预计负债		
投资性房地产			非流动负债合计		
固定资产			负债合计		
在建工程			所有者权益		
无形资产			实收资本（股本）		
开发支出			资本公积		
商誉			盈余公积		
长期待摊费用			未分配利润		
非流动资产合计			所有者权益合计		
资产总计			负债和所有者权益总计		

接下来，我们按从资产到负债，再到所有者权益的顺序，逐一学习资产负债表中必须掌握的重点科目。

三、资产及主要会计科目

资产在会计学上的标准定义，是指由企业过去的交易或事项形成的、由企业拥有或者控制的、预期会给企业带来经济利益的资源。简单地说，就是企业拥有的能在未来赚钱的东西。但这些东西必须是可清晰用货币计量的，企业的社会影响力、客户关系等无法量化，即使再重要也不会出现在资产负债表中，只能在定性部分用文字表述。

资产的分类方法有多种，如按可变现能力可将一年内能变现或者运用的资产归为流动资产，一年以上的称为非流动资产；按是否具备实物形态可分为有形资产和无形资产；按资产的来源可分为自有资产和租入资产等。对投资者而言，将资产分为货币资产、经营相关资产、生产相关资产以及投资相关资产更具实际意义。

货币资产主要指货币资金；经营相关资产主要包括应收账款、预付账款和存货；生产相关资产主要包括固定资产、在建工程、无形资产、商誉等；投资相关资产，主要指的是投资性房地产、交易性金融资产、可供出售金融资产等。

整个资产科目众多，一个一个看难免看花了眼。在阅读时要带着问题，有重点地去看。具体来说，就是关注经常性资产的变动情况，并对那些"重点关注"资产的数字保持高度敏感。

经常性资产主要包括货币资金、存货、应收票据及应收账款、预付账款、固定资产和在建工程等。对于这类资产的分析，主要是通过与历年数据对比，看是否存在异常变动，如有，则需要努力寻找其变动的原因。

"重点关注"资产主要包括投资性房地产、交易性金融资产、可供出售金融资产、无形资产、商誉、长期待摊费用和其他应收款等。对这类资产，除需要和往年对比外，还要重点观察其绝对金额，科目余额较大时必须深究其原因。

（一）货币资金

这是最容易出现财务造假的科目。资产负债表之中该科目只有期初值和期末值，因此需要借助财报的附注部分的"合并财务报表项目注释"科目来进行详细分析。重点是要关注现金、银行存款、其他货币资金和其他流动资产的构成以及金额是否符合常理。

"其他货币资金"指的是存放地点和用途均与现金和银行存款不同的专户资金，这类资金的使用通常都受到某种限制，如专项投资款、信用保证金、被司法冻结资金等。其共同点是在日常经营中不可以被随意调动，所以金额越小越好。如果该科目数额较大且没有合理解释就需要保持警惕，因为这部分钱很可能被冻结或被股东违规占用。

一般来说，企业账面货币资金越多，财务状况就越安全。但货币资金价值创造能力极差，理想中的良性循环应该是把现金变成各类能提高生产效率的资产，生产出产品并卖出去获取新的现金流，周而复始实现资金增值。同时企业还得预留足够的现金，来保证应对各类风险。通常所说的现金流管理就是平衡收益与风险的天平，努力让资金的使用效率最大化。

投资者可以把企业的货币资金和短期债务及实际经营情况进行对比。与短期债务匹配，代表企业的偿债能力强；与经营情况匹配，代表资金使用效率高。

当货币资金比短期负债少很多时，可能存在着某种偿债危机。货币资金充足，但大多都是"其他货币资金"，或者同时背负较多的高息负债，就需要警惕企业是否存在营造流动性假象或者虚构资金等问题。

康美药业曾经是医药行业中的白马股，市场上追捧者不少。而它在资本市场上的名声扫地，正肇始于在货币资金科目上的严重造假。2019 年 4 月康美药业《2018 年度前期会计差错更正公告》中，更正了 2017 年年报中十多处的重要财务数据纰漏，仅虚增货币资金便高达惊人的近 300 亿元。

事实上，事发之前，康美药业的财报已经在警示风险：其 2017 年年报中货币资金为 341.5 亿，同时有息负债大约在 289.8 亿元左右。这就是典型的"存贷双高"，即存款资金巨大的同时，有息负债也很高。一旦存在此种情形，必须加强对企业其他经营和财务信息的综合分析，做好防雷、排雷准备。

货币资金占总资产的比例同样也值得关注，这一数据在不同行业之间差异较大。如制造业倾向于将货币资金投入到生产和运营中，多以固定资产、存货等资产形式存在，货币资金占比较低；而餐饮、旅游等休闲服务业，由于账期相对较短，有充足的现金流，不太需要预留出过多资金用于日常周转；而科技等轻资产公司的固定和资产存货较低，货币资金占比会相对高一些。但在同一行业内的不同企业，差异应该不会太大，因此当某家上市公司的货币资产占比明显高于或低于同行时，需要保持一定警惕。

另外，通过对比一家企业年平均货币资金（用货币资金期初值加上期末余额后再除以 2）和利息收入的关系，可以判断财报上的数字是不是临时"借"来的或者存在资金占用的问题。具体来说，就是用利息收入除以平均货币资金得出利息，如果很低甚至比很多货币基金的收益率都不如，这笔钱大概率只是用来"打肿脸充胖子"的。

2019 年被爆出财务造假的辅仁药业，其 2018 年利息收入约为 0.06 亿元，平均货币资金为 14.75 亿元。粗略估算其年化收益率仅为 0.41%，这笔钱大概率是"虚"的。如果早早注意到这一点，对其后来发布公告称因资金安排原因，未按有关规定完成现金分红款划转的事项就不会大感意外了。

最后，企业购买的银行理财产品会体现在"其他流动资产"这个科目里，当投资者需要考察货币资金状况时，需把这部分资金计算进去。上市公司老板电器的历年资产负债情况如表 5-4 所示。

如果只看货币资金科目，我们会发现 2019 年期末余额较 2018 年期末余额增加了约 19 亿元，变动率较大，是否存在某种财务问题？但通过 2018 年年报审计报告中对"其他流动资产"的披露，发现 2018 年年末还有 25.7 亿元理财产品在账上，2018 年期末货币资金应该为：22（亿元）+25.7（亿元）=47.4（亿元）。这样一看，2019 年期末余额的变动率就比较正常啦！

表 5-4　老板电器历年资产负债表汇总

单位：亿元

年份 / 资产	2020	2019	2018	2017	2016	2015	2014	2013	2012	2011
报告期	年报	年报	年报	年报	年报	年报	年报	年报	年报	年报
报表类型	合并报表	合并报表	合并报表	合并报表	合并报表	合并报表	合并报表	合并报表	合并报表	合并报表
流动资产：										
货币资金	39.21	40.54	21.97	25.82	34.48	23.23	16.07	12.80	11.20	10.23
交易性金融资产	23.52	13.60	—	—	—	—	—	—	—	—
应收票据及应收账款	28.41	17.12	17.15	13.79	9.69	9.34	7.87	5.88	4.57	3.03
应收票据	18.33	9.87	12.68	10.08	6.38	6.14	4.83	3.78	3.15	1.75
应收账款	10.08	7.26	4.47	3.71	3.32	3.20	3.04	2.10	1.41	1.28
应收款项融资	—	4.09	—	—	—	—	—	—	—	—
预付款项	0.70	0.50	0.59	0.58	0.33	0.20	0.39	0.14	0.11	0.09
其他应收款（合计）	0.57	1.11	0.70	0.51	0.14	0.11	0.11	0.07	0.07	0.05
应收股利	—	0.14	—	—	—	—	—	—	—	—
应收利息	—	0.00	—	—	—	—	—	—	—	—
其他应收款	0.57	0.97	0.70	0.51	0.14	0.11	0.11	0.07	0.07	0.05
存货	13.86	13.39	13.47	11.13	9.14	7.22	5.54	4.49	3.16	2.91
一年内到期的非流动资产	—	—	25.92	15.12	—	—	—	—	0.30	—
其他流动资产	0.01	0.16	0.00	0.02	0.17	0.00	0.01	0.02	0.00	0.00

股票投资入门、进阶与实践

（二）存货

存货是指企业在日常活动中持有以备出售的生产成品或商品、处在生产过程中的在产品、在生产过程或提供劳务过程中耗用的材料或物料等。此处同样是财务造假的重灾区，通过它进行财务造假的方式主要有三种。

1. 调整存货减值计提

主要产品具备上下游价格波动大、新鲜程度要求高（如牛奶等农副产品）或迭代速度快（如手机、芯片等）等特征的企业，容易存在通过存货减值计提来对利润进行调整甚至财务造假的风险。

生物资产企业是调整存货减值计提进行财务造假的高发区，比如某养殖扇贝的企业，某天突然发公告说，昨夜刮风，扇贝们都逃跑了，企业大幅亏损，次日股价大跌。一个月后企业又发公告说最近风和日丽，扇贝繁衍很快，预计利润大幅增加，企业股价应声上涨。再比如某芯片厂一仓库着火，企业就说里面存的都是最新型芯片，由于火灾，产品储备大量减少，所以产品价格要上升。投资者在投资这些存货减值对企业影响较大的企业时必须格外警惕。

2. 通过虚构交易来虚增利润

某些上市公司为虚增利润，先是通过购买价值不易评估的产品和服务，使资金流出企业，再通过虚假出售上述产品虚构收入和利润。这类造假的破绽在于，存货的增幅远大于同期营业成本增幅，且存货与产品销售速度也显著高于同行。因此，在进行同业对比时如果出现上述现象就要多加警惕。

但如果造假企业在会计期间内完成采购和销售，存货的期初、期末值可能并无明显变化。如果单从财报无法看出期间内的变动情况，则只能结合横纵向对比业绩增长是否正常、其他公开信息甚至是否违背经济常识来综合判断了。

自曝财务造假丑闻的瑞幸咖啡就是通过虚构交易来虚增利润。2019年4—12月，瑞幸咖啡在多家第三方公司的帮助下，采用"个人及企业刷单造假""API企业客户交易造假"虚增收入，通过开展虚假交易、伪造银行流水、建立虚假数据库、伪造卡券消费记录等手段，累计制作虚假咖啡卡券订单1.23亿单。同时，通过虚构原材料采购、外卖配送业务，虚增劳务外包业务、虚构广告业务等方式虚增成本支出，平衡业绩利润数据。通过资金不断循环，实现营业收入大幅虚增，最终形成极具吸引力的虚假业绩，欺骗、误导消费者和相关公众。

3.通过加大生产，降低单位成本，提升毛利率，虚增本期利润

这种造假方式常见于固定成本比较高、边际成本比较低的企业。

假设一家饭店最大的成本就是房租5000元，而蒸一碗米饭的成本只有1元，这里的固定成本就是5000元，而可变成本就是1元。如果饭店只蒸1000碗米，那每碗米饭的成本就是（5000+1000）/1000=6（元），但如果饭店蒸米的数量提高到了5000碗，每碗的成本就骤降至（5000+5000）/5000=2（元）。一碗米饭卖10元，那么饭店的毛利率就由（10-6）/10=40%提升至（10-2）/10=80%，提升幅度达到100%。

有的企业就是通过大量增加生产量，降低存货中成品的平均成本，从而提升毛利率美化财报，营造出企业欣欣向荣的假象，达到骗取投资和拉升股价等多重目的。这么做的上市公司不但投资价值没有提升，反而由于存货增加、各种税费增加令经营负担加重，时间拉长只会越来越差。

因此，如果某公司的毛利率提升速度异常得快，不能高兴得太早。还要看看这种提升是库存商品增加造成的，还是真的因为产品竞争力提升或生产成本下降造成的。如果是产品竞争力提升，必然伴随着销量和价格的提升；如果是行业普遍性的生产成本下降，就要观察同行们的成本是否也在下降；如果是库存商品增加造成的，还得深挖突然增加库存的原因——是为战略性储备产品？还是只为"刷"高毛利率？如果是后者就要果断列入投资黑名单。

（三）应收票据、应收账款和预付账款

应收票据和账款通俗地说就是销售完商品或服务，但目前还没收到的钱。预付账款则是已经付了钱，但是暂时还没收到的商品或服务。

这三个科目能够体现出企业在产业链上的地位，余额占比越高说明其在产业链上的话语权越低。用一句不太恰当的俗语形容就是"欠钱的都是大爷"，甲公司把东西卖给乙公司，但钱还在对方手中，乙公司的经营风险成功地转嫁到甲公司头上。出现这种应收和预付项目的根源来自市场的激烈竞争，越是竞争激烈的行业，这种情况就越普遍。

这里重点说一下应收票据，应收票据分为银行承兑汇票和商业承兑汇票两种，银行承兑汇票到期时由银行来负责承兑，而商业承兑汇票到期时则是由出票公司负责承兑。所谓承兑，就是到期时出票方无条件用现金进行兑付。

从概念就能看出银行承兑汇票的可信度明显高于商业承兑汇票，毕竟后者到期能否足额兑付，取决于出票或背书企业的可信度和财务状况。另外，持有银行承兑汇票

的企业如果急用钱，可以拿着票据到银行，按照票据的面额打个折扣兑换成现金。这个行为叫作贴现，折扣的比率叫作贴现率。

对于应收/预付科目，要重点关注可掩人耳目的金额、变动速度、账龄以及周转率，如果相关科目相比上年大幅增长，甚至增长速度超过营业收入，就能在一定程度上说明企业的日子不太好过。

一家企业的应收/预付科目的绝对值也需要注意：金额非常大意味着可能会出现坏账，从而导致资产减值；金额非常小则有可能是企业在造假，比如在一个产品差异不大、竞争非常激烈的行业，某企业的应收/预付科目却异乎寻常地小，这就有造假的嫌疑。需要注意的是，虽然年报中会对应收账款计提坏账准备，但读者不要认为只要按照审计要求计提坏账准备就万无一失了。一旦坏账实际发生，之前计提的准备金很可能难以足额覆盖！

账龄反映了应收账款的质量，也是坏账准备金计提标准之一。如果某家上市公司大多数应收账款都在一年以上，那就有点危险：账龄越长，收回的可能性越低，成为坏账的可能性越大。不过也有例外：如果下游客户主要是机构客户，特别是政府企业的话，账期常年大于一年也属正常。重点还是看账期趋势有没有明显加长，以及跟同业对比是否处于正常区间。

应收账目还有个指标叫应收账款周转天数。计算公式为

$$应收账款周转率 = 营业收入/平均应收账款$$

$$平均应收账款 =（期初应收账款 + 期末应收账款）/2$$

$$应收账款周转天数 =360/应收账款周转率$$

应收账款周转天数主要表示当产品卖出后，要多久才能把钱收回来。这个指标通常用来和同行进行对比，应收账款周转天数较低的企业通常在行业中处于优势地位，一般多为行业龙头。

应收账款周转率也是一个检验财务是否造假的好工具，企业应收账款周转率低的同时应收账款却很高，就存在财务造假的可能。

以2012年IPO被否的麦杰科技为例，该公司招股说明书显示2009—2011年三年总资产分别为6711.88万元、10 177.4万元和11 939.87万元，同期应收账款净额为3395.32万元、4995.1万元和6062.41万元，占流动资产比例为56.41%、55.29%和55.31%，应收账款年均增幅33.35%，占营收比例分别为80.34%、83.83%和83.16%。也就是说公司每年八成以上的销售收入并未实际到账，表明主营业务收入依赖应收账款，坏账风险极大。同时其应收账款周转率也很低，2009—2011年分别为1.5、

1.6 和 1.46 次，远低于同行业的 5.5 次。

麦杰科技应收账款周转率明显偏低，应收账款占比较高，同时现金流也暴露出较多问题，存在通过做假账虚构应收账款来虚增收入，从而操纵利润的风险，这也是它最终没有通过 IPO 的重要原因之一。

（四）固定资产、在建工程

这两个科目通常连在一起去看："在建工程"通过消耗"工程物资"转化成"固定资产"，如果迟迟无法转化，那这个"在建工程"可能就是造假的结果。

固定资产最重要的特点就是需要计提折旧和减值准备。所谓计提折旧，就是把固定资产折损按照一定的方法提取出来，计提部分要作为企业当期经营的成本费用从利润表中进行扣除。计提减值准备，就是对损坏的、跌价的或长期不用的资产做减值准备，这部分也要从利润表中扣除。

固定资产的折旧方法有很多种，不同的方法折旧时间和每年的折旧额都不尽相同。有的企业会选择加速折旧法，而部分绩差企业怕影响利润而不敢如此操作。因此，敢于加速折旧的上市公司要么是效益真的不错，要么就是在通过这种方法隐藏利润。

加速折旧是指政府为鼓励特定行业或部门的投资，允许纳税人在固定资产投入使用初期提取较多的折旧，以提前收回投资。由于累计折旧不能超过固定资产的可折旧额，前期提取较多的折旧必然导致后期所能提取的折旧额相应减少。又由于折旧是企业的一项费用，它与企业应税所得的大小及与企业所得税税负的大小成反比，所以加速折旧从量上并不能减轻纳税人的税负，所起的效果是使企业的纳税时间向后推延。这一点类似于延期纳税。对于企业而言，尽管总税负未变，但推迟纳税的结果是相当于从政府那里得到了一笔无息贷款。

固定资产的增长速度也是值得观察的指标，太快或者太慢都不好。增长太快，利润跟不上，一旦折旧就会让报表很难看；增长太慢，则有可能是陷入发展瓶颈，没有空间或必要扩张规模、提高产能了。

总之，请务必远离业绩不增长，靠变卖固定资产来维持的企业！

（五）投资性房地产、交易性金融资产、可供出售金融资产

这部分资产主要指的是企业进行投资的资产。绝对金额或总资产占比大并不见得就是好事，优秀的公司应该专注主业，如果和主业经营无关的资产占比过高，利润增

长点主要靠各类资产投资创造，即便业绩可能因此好看，却是在侧面提醒我们该企业可能正在经历某种瓶颈。

（六）无形资产、长期待摊费用

用通俗的话说，这两个科目就是企业的"虚拟资产"。

无形资产主要指企业研发费用的资本化部分或直接外购的无形资产，主要包括专利权、专利技术、版权、商标权和土地使用权等。对于无形资产过大的企业一定要谨慎，因为无形资产难以清点，估值或多或少都存在一些争议。如果一家企业无形资产太多，很有人为做大资产总量的嫌疑。

长期待摊费用指的是装修费、预付租金、预付广告费等预计受益期超过一年的费用。这类费用在支付时已经一次性全额支出，而且几乎没有任何变现价值。这块同样是一个容易财务造假的点，有的企业会把并不需要长期分摊的费用做成长期待摊费用，从而对企业的利润进行调整。

（七）商誉

商誉是指企业在兼并收购外部公司时所支付的溢价，这可以说是企业各项资产中"水分"最足的地方，除了长期趴在资产负债表或者通过减值进入利润表之外，它几乎不会为企业带来任何新的经济利益流入。

商誉过高的上市公司需要警惕，一旦经营不善往往就会出现商誉减值，利润会因此产生剧烈波动，这正是近年来 A 股爆雷的重灾区。尤其在并购时签订业绩对赌协议的，对赌期结束业绩变脸的情况屡见不鲜，由此引发的连锁反应就是商誉减值风险。

商誉减值爆雷几乎年年都有，尤其是每年年底的时候。2020 年 12 月 23 日，数知科技发布公告称，由于四家收购的公司经营状况持续恶化，将出现商誉减值，对其经营管理产生不利影响，预计减值金额约为 56 亿~61 亿元。而此前其收购 BBHI 的商誉余额为 56.28 亿元，收购日月同行形成的商誉余额 3.32 亿元，收购金之路商誉的余额为 8503.84 万元，收购鼎元信广商誉的余额为 5560.08 万元。

与高额的商誉不匹配的是其较低的市值，按照 12 月 23 日收盘价算，该企业的总市值仅为 63.51 亿元。而商誉爆雷后，该企业的股价从 5.45 元一路下滑，不到半年缩水幅度近三分之二。

（八）其他应收款

其他应收款是指与正常经营关系之外的第三方之间的款项往来，如提供商品或服务后暂留给对方的质保金、房屋租赁提供给业主的押金、股东借款等。

该科目可以说是资产负债表中的藏污纳垢之处，有的大股东用它转移资金，占用企业资金；有的用它来隐藏利润或费用，调节报表。

在负债中与其对应的是"其他应付款"，包含内容和风险程度与其较为相似。优秀企业的这两个科目金额一般都不会太大，当发现数字较大时一定要提高警惕。

四、负债及主要会计科目

负债反映在企业的家底中，有多少钱是借来的（金融负债），或目前尚欠的外债有多少（经营负债）。借贷是现代企业的正常商业行为，上市公司有负债并不是坏事，只要控制在合理范围内就是健康的。

负债造假情况较资产少，数据也相对真实。因为财务造假的目的是为了粉饰收入，而负债一般只会减少收入。不过也有例外，如已明确判定败诉赔偿却不纳入资产负债表，仅作为"或有负债"；或是伪造债权人出具债务豁免文件，将应付账款清零计入当期营业外收入。

或有负债是指因过去的交易或事项可能导致未来所发生的事件而产生的潜在负债。例如过去已存在的交易或事项导致诉讼的发生，而诉讼的结果又须视法院的判决而定，故未决诉讼便具有或有负债的性质。一般而言，或有负债的支付与否视未来的不确定事项是否发生而定。

或有负债涉及两类义务：一类是潜在义务；另一类是现时义务。潜在义务是指结果取决于不确定未来事项的可能义务。也就是说潜在义务最终是否转变为现时义务，由某些未来不确定事项的发生或不发生才能决定。现时义务是指企业在现行条件下已承担的义务，该现时义务的履行不是很可能导致经济利益流出企业，或者该现时义务的金额不能可靠地计量。例如，甲公司涉及一桩诉讼案，根据以往的审判案例推断，甲公司很可能要败诉。但法院尚未判决，甲公司无法根据经验判断未来将要承担多少赔偿金额，因此该现时义务的金额不能可靠地计量，该诉讼案件即形成一项甲公司的或有负债。

因为以上特点或有负债不算负债，不计入资产负债表中，一般只在资产负债表的附注中披露。

在会计上，负债同样以一年为分界点分为流动负债和非流动负债。但站在投资者的角度上，通常按照负债性质分为经营性负债、融资性负债以及分配性负债。

经营性负债是伴随企业经营性活动而产生的负债，通常包括应付票据、应付账款、应付职工薪酬和应交流转税等。这部分不计利息，可无偿占用一段时间。尤其是应付票据和应付账款，往往是由企业强势的行业地位带来的。

分配性负债伴随着盈利生成，所以只有当企业处于盈利状态时才有，主要包括应付股利和应交所得税等。经营性负债和分配性负债都属于无息负债。

融资性负债主要是各种形式的长短期负债，通常需要支付一定的资金使用成本，且占用的时间越长，成本越高。所以融资性负债属于典型的有息负债，是企业的风险点之一，随着它的增加会不断累积财务风险。

负债对于上市公司是把双刃剑，一方面可以借助负债来扩大生产经营规模，创造更多的价值；另一方面负债也会让企业负重前行，当现金流紧张时，巨额的有息负债很可能成为压死骆驼最后的一根稻草。

因此，对于负债下的各科目，需要重点关注两点：一是财务风险，二是有息负债占总资产的比例。具体来说，就是看上市公司的现金及现金等价物能否覆盖有息负债，这样在极端情况下还可以断臂求生，用现金及现金等价物偿还有息负债。至于有息负债占总资产比例，主要是和同行作对比，如果和同行相差较远，就需要提高重视程度。

负债中吸收存款以及同业存款、向中央银行借款这几个科目也是比较特殊的负债科目。这些科目只会出现在银行、非银金融机构财报中，是这类企业的特权。

银行及非银金融机构可以吸纳储户的资金，这部分资金叫作吸收存款。同业存款与吸收存款类似，只不过存钱的是机构。

银行及非银金融机构吸纳了资金，不可能放在那不动，毕竟是要支付利息的，因此会将吸纳来的资金放贷出去赚取差价。但如果放出去的钱多了，来取钱的储户一多，银行及非银金融机构现金不够就会向中央银行借，这部分资金就会被归到"向中央银行借款"这个科目。

五、所有者权益

所有者权益中的"所有者"指的是股东，所以又叫股东权益。它是指企业资产中属于股东的那部分，由企业总资产减去总负债得出。投资者通常说的"净资产"就是所有者权益中的"归属于母公司所有者权益合计"的部分，可以由"所有者权益"减去"少数股东权益"得到。

之所以要减去少数股东权益，是因为合并报表的子公司可能并不是由母公司完全控股，还有部分"少数股东"持有部分子公司股权，所以企业的净资产要剔除这部分少数股东权益。

所有者权益主要由四部分，即实收资本、资本公积、盈余公积和未分配利润构成。

（一）实收资本

实收资本又叫"股本"，就是企业营业执照上的注册资金。它等于上市公司发行的股份总额乘以股票面值，由于绝大多数股票面值为 1 元，所以实收资本也可以理解为上市公司一共发行了多少股的股票。

（二）资本公积

股票的发行价往往高于股票的面值，多出来的部分就是资本溢价（又叫股本溢价），这部分会进入资本公积。

资本公积转增股票不用交税，这是因为资本公积是股东投入的，而不是通过利润得来的。在企业存续期间，非交易产生的所得都会被归入资本公积。

（三）盈余公积和未分配利润

企业赚钱后，利润分配不是随便分，而是有顺序要求的。首先要用来弥补以前的年度亏损；其次，要按照当年母公司利润表的税后利润的 10% 计提法定盈余公积；再次，由股东自行决定是否继续提取额外的盈余公积（具体数额股东商定）；最后，才决定是否向股东分配。

盈余公积是从利润里留下继续投入扩大再生产的钱。其中法定盈余公积是强制股东留下的，累积到注册资本的 50% 以后可不再提取。企业可以利用盈余公积或未分配利润送红股，用盈余公积送股的，需保证送股后盈余公积不得低于注册资本的 25%。

企业的账上往往累积了数额巨大的未分配利润，但这并不意味着有那么多钱在账上等着去分。这部分未分配利润很多已经被公司投资出去，变成固定资产、在建工程及其他各种投资等。

从各项所有者权益的使用看，未分配利润是最自由的，股东可自由决定用途；盈余公积金次之，可以用来弥补亏损或送股；再次是资本公积，只能转成股本；股本则

是完全不能动的，抽逃注册资本属于刑事犯罪！

综上，在明白资产负债表基本格式，弄懂主要资产负债大类下各会计科目的具体含义后，才可以着手解读这张透露上市公司"家底"的财务报表。综合分析这张大表，应该做到以下"四看"：

首先看各科目的总资产占比，并对比比率是否合理；其次看资产质量是否有水分，有的话会对企业有什么影响；再次看企业有息负债和货币资金的匹配关系，是否有潜在的财务风险；最后看各资产的运转效率（用营业收入除以各资产的平均余额，具体参考应收账款周转率）。

分析时还要纵向对比各年份数据，判断其数值变动是否处于合理范围；同时横向对比同业，正常情况和行业的平均水平不会相差太多，如果偏差异常就要提高警惕。

最后，理解公司的行业特征、商业模式和业务流程是读懂资产负债表的前提，不同行业上市公司的资产负债表差异会很大（如吸收存款以及同业存款和向中央银行借款等科目就不会在非金融企业财报中出现）。这又回到了之前强调的话题：定量分析必须和定性分析结合才有意义，两者相辅相成缺一不可！

第五节 上市公司的成绩单——利润表

看完复杂的资产负债表，恭喜你已经通过了财报中最难的部分，可以进入对第二张表——利润表的学习。

利润表又叫损益表，是资本市场最喜闻乐见的报表。一方面，利润表是体现上市公司赚钱能力的成绩单；另一方面，利润表中的净利润也是为股票估值的关键变量之一。家底雄厚只是实力的一方面，并不代表一定能给股东带来丰厚回报。不少央企、国企体量巨大，业绩增速却较为迟缓，股价长期低迷，市场不愿给出太高的估值。而"小而美"的成长型企业更受投资者追捧的原因，就是它们的利润表现总是能令人惊喜。

一、利润表的要素和结构

利润表的三个核心要素是收入、成本费用和净利润，三者的关系也可以用一个恒等式表示：净利润＝收入－成本－费用±其他。

利润表主要通过匹配收入与费用的关系，并分类排序计算各类利润指标，反映企业在特定会计期间的经营成果。基本表现形式主要有多步式和单步式两种，按照企业会计制度的规定，我国利润表主要采用多步式结构，描述收入一步一步变成利润的过程：

第一步，以主营业务收入为基础，减去主营业务成本、主营业务税金及附加，计算出主营业务利润；

第二步，以主营业务利润为基础，加上其他业务利润减去营业费用、管理费用、财务费用，计算出营业利润；

第三步，以营业利润为基础，加上投资收益、补贴收入、营业外收入，减去营业外支出，计算出利润总额；

第四步，以利润总额为基础，减去所得税，计算出净利润（或亏损）。

小猪和小猴合伙办的包子铺开业后，2020年卖包子卖了8000元，支出方面有各种材料成本3800元，借款利息200元。2021年生意更好了，一共卖了12 000元，年中隔壁面馆临时需要还买走了500元白面，成本方面除各种材料成本5700元，借款利息200元外，印小广告花了100元，结果街上散发小广告时又被罚了300元。

根据以上信息，再假设所得税率为25%，便可以简单列出包子店2021年的利润表，如表5-5所示。

表5-5 包子铺2021年利润表 单位：元

项　　目	2021年	2020年
一、营业总收入	12 500	8000
其中：营业收入	12 000	8000
其他收入	500	—
二、营业总成本	6000	4000
营业成本	5700	3800
销售费用	100	—
财务费用	200	200
其中：利息费用	200	200
三、营业利润	6500	4000
营业外支出	300	—
四、利润总额	6200	4000
减：所得税费用	1550	1000
五、净利润	4650	3000

表 5-5 仅是一个简单示例，真实的利润表会计科目更多，基本格式如表 5-6 所示。

表 5-6 利润表基本格式

编制单位：　　　　　　　　　报表期间：　　　　　　货币单位：

项　　目	附　注	本 期 数	上 期 数
一、营业总收入			
其中：营业收入			
利息收入			
已赚保费			
手续费及佣金收入			
二、营业总成本			
其中：营业成本			
利息支出			
手续费及佣金支出			
退保金			
赔付支出净额			
提取保险合同准备金净额			
保单红利支出			
分保费用			
营业税金及附加			
销售费用			
管理费用			
财务费用			
资产减值损失			
加：公允价值变动收益			
投资收益			
汇兑收益			
三、营业利润			
加：营业外收入			
减：营业外支出			
其中：非流动资产处置损失			
四、利润总额			
减：所得税费用			
五、净利润			
归属于母公司所有者的净利润			
少数股东损益			

续表

项　目	附　注	本　期　数	上　期　数
六、每股收益			
基本每股收益			
稀释每股收益			
七、其他综合收益			
八、综合收益总额			
归属于母公司所有者的综合收益总额			
少数股东的综合收益总额			

多步式结构强调企业生产经营的收益配比，使报表使用者便于分析和掌握企业收入和费用构成，了解企业利润的增长点和亏损的分布点，进而综合评估企业盈利能力，预测未来发展变化。

因为人们容易在瞄一眼利润表数据后，就简单得出业绩好坏的结论，对这张表造假蒙蔽投资者的"性价比"最高，由此利润表成了"三张表"中最容易财务造假的重灾区。另外，在权责发生制这一会计核算准则下，收入和费用天然存在较大操作空间。

权责发生制，又称"应收应付制"。它是以本期发生的费用和收入来确定本期损益的会计制度。凡在本期发生的收入和费用，不论本期是否已收到或付出现金，均应作为本期的收入和费用做处理。某些不良企业会利用这种制度，将尚不确定的收入和费用提前确认，从而达到调整利润或掩盖亏损等目的。

因此不能简单看净利润等表面数据，而要把各种成本、费用、利润率等与同行、过去进行对比。对利润表表现异常的公司必须查明原因，若是找不到合理解释，索性就放弃。

另外，即使公司不存在造假行为，真实的净利润也有质量高低之分。比如，如果以应收账款形式产生的收入账期较长，对应的净利润质量将明显低于以现金形式产生的收入和利润。

二、利润表的阅读逻辑

利润表的本质就是"净利润＝收入－成本－费用±其他"这一等式的扩展版，其结构展现了营业收入是如何一步一步变成净利润的。因此，分析利润表可以依循多步式结构的逻辑，像"把大象装在冰箱里"一样分三步去阅读。

（一）从营业收入到毛利润

商品售出后，虽然收到了营业收入，但在卖出时企业也"失去"了这件商品，所以要扣除成本，这一收一扣就得到了"毛利润"。毛利润俗称毛利，"毛"可以理解为不纯净的意思，从营业收入到毛利润的公式为

$$营业收入 - 营业成本 = 毛利润$$

毛利润是上市公司利润的重要来源之一，是利润表中需要重点关注的指标。毛利润占主营业务收入的比例，被称为"毛利率"。不同行业的毛利率差距较大，如餐饮业毛利率就很高，而农业毛利率就相对较低。因此，一家企业的毛利率是否正常需要在同业维度下作比较，毛利率明显高于同行的公司，若非行业龙头，需要深入考察是否有造假的可能。

毛利率提升的原因，要么是成本下降，要么是售价上升。当企业的毛利率发生变动，首先分析是成本端还是销售端的原因，然后再思考这种变化是否合理。

销售价格比较容易获取和分析，不再赘述。我们以贵州茅台2020年年报为例，重点分析其酒类产品营业成本的构成，如表5-7所示。

表5-7　贵州茅台2020年酒类产品成本构成

分产品	成本构成项目	本期金额（元）	本期占总成本比例（%）	上年同期金额（元）	上年同期占总成本比例(%)	本金金额较上年同期变动比例(%)	情况说明
酒类	直接材料	4 281 303 128.01	58.13	3 882 746 509.49	60.32	10.26	
	直接人工	2 324 680 725.58	31.57	1 857 401 304.60	28.86	25.16	
	制造费用	521 661 139.25	7.08	496 204 764.69	7.71	5.13	
	燃料及动力	737 172 629.44	3.22	200 501 318.29	3.11	18.29	
	合计	7 364 817 621.28	100	6 436 853 897.07	100	14.42	

直接材料主要是生产白酒所需要的粮食、发酵菌群及包装材料等；直接人工主要是生产车间工人工资等；制造费用主要是生产车间固定资产折旧等；燃料及动力主要是生产过程中所消耗的煤、电等。其中，制造费用属于固定成本，即生产工时的长短或生产量的大小对制造费用的金额不直接产生影响；其他三项属于变动成本，即实际成本金额与工时、产量直接相关。

对于成熟期企业，各构成项目占营业成本的比例理论上保持相对稳定；对于朝阳期或夕阳期的企业来说，各成本比例可能发生较大变动，需重点关注并结合实际情况具体分析。比如制造费用比例明显升高，可能是因为新增固定资产较多，且尚未达到满负荷生产状态；再如人工成本比例明显降低，可能是因为生产线技术升级改造，自动化替代人工等。

毛利率是最能直接反映上市公司主营业务盈利能力的核心指标，如果毛利率水平已经很低，意味着无论如何对费用进行科学把控（下文将介绍）都难以改变企业整体利润微薄的本质。

（二）从毛利润到营业利润

拿到毛利润后，就要开始"拔毛"。"毛"主要包括税金及附加、期间费用、资产减值损失以及其他收益等，拔过毛的利润就是企业的营业利润。

税金及附加是指企业在营业中应负担的相关税费，包括消费税、增值税、城市维护建设税、资源税、房产税、城镇土地使用税、车船税和印花税等。

期间费用指的是营业费用、管理费用以及财务费用这三大费用。

营业费用又叫销售费用，主要是企业在销售产品和提供服务等日常经营过程中产生的各项费用。销售费用通常会与销售收入同向变动，且变动比例不会太大。

管理费用是指在企业管理环节产生的各项费用，包含管理者工资福利、工会经费、职工教育经费、行政开支、董事会经费、中介机构费用、无形资产摊销以及管理机构资产折旧、业务招待费、计提的各类准备等。这个科目是个大杂烩，各种名目的支出，各种费用调节，甚至有些找不到科目归属的费用，都会丢到管理费用中。

此外，管理费用还包含一个经常被忽视的重要内容——诉讼费。被忽视是因为该科目的金额一般不会很大，十几万元甚至几万元的也常见。而一旦出现这个科目，说明企业可能处于法律纠纷或仲裁中，账面十几万元费用的背后可能是天文数字的赔偿金额。在终审判决之前，审计师通常无法将其确认为负债，只能列为前一节介绍过的"或有负债"，在表外进行披露，故须引起重视。

财务费用主要包括自有资金的利息收入、债务的利息支出、外汇结算的汇兑损益以及在银行等金融机构办理业务时产生的各项手续费。因为此费用有收入项也有支出项，所以可正可负。它主要用来和货币资金以及有息负债进行对比，看是否合理以及会否对企业带来过重财务负担。

分析费用数据时，主要看变动的趋势是否与营业收入保持一致。另外，若企业未发生重大变化，费用开支占比也不会有太大变动。如果变动较大，就要到附注中查看原因是否合理。还可以对照上市公司召开股东大会时的财务预算报告，看是否符合事先的预算。

资产减值损失指的是资产的可回收金额低于账面价值所造成的损失，前一节提到的固定资产、无形资产、商誉和存货等资产都有可能出现这一问题。需要重点关注的是存货、应收账款以及持有到期投资这几项的减值损失，因为这些计提转出后，如果发现提错了还可以再转回来。

这一特点的存在，让这个科目成了上市公司调节利润最常耍手段的地方之一。比如多提一些来减少当期利润，未来再转回来增加后期利润。或者一次性计提多一些甚至干脆提完，以减少未来资产的折旧或减值，从而提升未来利润。因此，当某家公司该科目出现较大变动时，投资者就要谨慎：要么是资产质量太烂或者减值测试做得差，要么就是在调控利润。

金利华电 2018 年年报显示，公司全年营业收入 1.84 亿元，同比下降 29.14%；净利润亏损 1.78 亿元，同比骤降 1095.74%。在报告中，金利华电还当期计提了存货跌价准备 1.15 亿元，理由是部分存货库龄较长或自爆率较高，预计难以销售。同时还表示若未来中标价格持续下降，仍存在存货减值风险。

一年后，2019 年年报显示金利华电营业收入 1.98 亿元，同比增长 7.43%；净利润 1733.2 万元，同比增长 109.7%，实现扭亏为盈。但报告期内金利华电转回存货跌价准备 3322.51 万元（包括在产品和库存商品），合计占当期净利润的 191.7%；此外，上市公司转回应收账款减值准备 1295.84 万元，占当期净利润的 74.77%；两项数据加总高达 4618.35 万元，超过当期净利润的 2.5 倍。

针对此种情况，金利华电解释主要原因为已计提跌价准备的绝缘子产品于当期实现销售。但不管其事后如何解释，依然存在着很大的调整利润嫌疑，对于这类企业最好的应对方式就是尽量回避。

其他收益包括投资收益和公允价值变动收益。投资收益指的是企业对外投资取得的利润、股利、利息等收入减去投资损失后的净收益。公允价值变动收益指的是金融资产和投资性房地产公允价值变动带来的收益或损失。看报表时要留意这块占营业利润的比例，占比较大可能说明企业的主营业务发展得并不好。

营业利润是上市公司的核心利润，持续增加是经营蒸蒸日上的体现。营业利润除以营业收入就是营业利润率，它直接反映企业的运营效率高不高，数值越高代表运营效率越高。在竞争比较充分的行业中，各企业毛利率差别不会很大，但净利润却相差悬殊，此种差异主要就是由运营效率不同造成的。应多关注营业利润率持续提升，也就是竞争比较优势在不断扩大的企业。

（三）从营业利润到净利润

营业利润和净利润之间还有最后一道关卡——营业外支出和所得税，也就是营业利润加上营业外收入减去营业外支出，再缴纳所得税之后，才是最终落入上市公司囊中的"实打实"的净利润。

营业外收入就是与主营业务无关的偶然性收入。举个简单的例子，包子铺有一套闲置的蒸笼，转手卖了，赚了一大笔钱。虽然赚到了钱，但包子铺是需要依靠卖包子赚钱，而不是靠卖蒸笼来赚钱的。因此这部分收益就不是营业利润，而是营业外收入。同样的，额外的获奖或赔偿获得的收益，也属于营业外收入。

另外，许多"追风企业"取得的政府补助，在新会计准则下也计入营业外收入。请读者朋友不要认为有政府补贴的上市公司就一定会前途光明——骗补的企业也可能存在！

营业外支出出自营业外收入相对应的科目，因被罚款或者火灾、地震造成的损失就算作营业外支出。

无论是营业外收入还是营业外支出，都有两个共同特点：与经营活动无关，并具有偶然性。也正因如此，营业外收入除不稳定、不值得持续期待外，本身也不太"靠谱"。特别是如果某上市公司沦落到需要靠贩卖固定资产的营业收入维生，或者营业外收入在整个收入中占比过大，可不能轻易出手投资。

计算净利润前的最后一项是企业所得税，这是根据企业最终的盈余来征收的。利润总额如果为负数，亏损的这一部分还能用来抵扣将来需缴纳的企业所得税，这在税法里叫作弥补亏损。

缴纳完所得税后，就是最后的净利润了。但有净利润并不等于就挣到了钱，还要将其和现金流量表中的"经营现金流净额"对照起来看。如果净利润总是小于经营现金流净额就需要提高警惕——这类上市公司或者是有大量应收或预付款项，或者是存在虚增营业利润的可能。而无论哪一种情况，投资者都尽量远离。

三、利润表的重点关注对象

相比资产负债表，利润表无论科目还是内容都简单很多，但依然有不少信息需要关注。

首先是营业收入。选股时应优选营业收入持续增长的企业，这说明其在不断扩张市场。另外，对比同行的营业收入增长率，能看出该企业在行业中的地位强弱，龙头公司的该项数据一般会高于其他企业。另外，再强的龙头公司也很难保持永远高速增长，如一家营业收入 100 亿元的企业，如果要保持年化增长 20%，第一年需要增长 20 亿元，第二年就需要 24 亿元，之后要求会越来越高。因此，对优质龙头未来的营收增长不必过于苛责，做业绩比较时应该把基数因素考虑进去。

其次是毛利率。毛利率高的企业在产品或服务的价格方面往往有着较强的竞争优势。但是，在选择时为防止刻意做高毛利润，还要看一下高毛利率的原因是什么，如缺少合理解释也不能排除财务造假的可能。

再次是费用率。有运营就必然会产生费用，研究财报要谨慎对待费用率高或剧烈波动的公司。销售费用高的公司往往是因为产品竞争力有限，需要庞大的销售团队铺开渠道，这样会造成企业的扩张成本较高，降低利润空间。

再次是营业利润率。营业利润率越大说明企业的盈利能力越强，但在求大的同时也要做历史纵向比较和同业横向比较，看看高营业利润率是否合理，是否能够持续。

最后还要比对净利润和现金流量表，确保全部或至少大部分的净利润能以真正的现金流形式流入企业。下一节就开始上市公司的"生命供血站"——现金流量表的学习。

| 第六节 | 上市公司的供血站——现金流量表

一分钱难倒英雄汉，健康的现金流是上市公司生存和发展的基础，在现金为王的时代，现金流比利润更重要，近些年因资金链紧张走向破产的企业比比皆是。没有盈利的企业依然可以存活，如美国亚马逊公司在成立的 20 多年间，大多数年份都是亏损状态，却并不妨碍它成长为备受人们尊敬、市值超万亿美元的超级电商巨头。但如果一家企业现金流枯竭，就如同被抽干了血液一样，随时面临死亡的威胁。

现金流量表是反映在一定时间内企业经营、投资和筹资活动对其现金及现金等价物流入和流出所产生影响的财务报表。它区别于利润表和资产负债表的一个重要特征，就是现金流量表采用的是收付实现制，而另两张表都是权责发生制。

关于两者的区别，可以举个简单的例子：小猪包子铺为购置原料，到小龙的面粉店订了一个月的面粉。签订供货合同后，小猪掏出 30 元拿走了当天的。小龙按照权责发生制，在账本上记录"今日销售面粉 30 袋，营业收入 900 元，其中现金 30 元，应收账款 870 元"。而小猪则在自己的账本上，按照收付实现制记录"今日买面粉一袋，支出 30 元"。

可以看出，资产负债表和利润表在权责发生制下的很多信息都会被美化，资产可能会被提前确认，利润也会被提前装进去。而现金流量表会更真实地反映当期的现金流动情况，可以让你看清楚企业的经营情况究竟如何。

在学习这张报表前，还得先厘清现金和现金等价物与资产负债表中货币资金科目的区别。它们看上去与很相似，范围也确实有不少交集。但现金和现金等价物有一个非常鲜明的特征，就是在三个月内随时能够为企业所调用。货币资金科目下的其他货币资金（受限制的钱）和定期存款，前者显然不可能随时被调用；后者存期通常都在一年以上，两者属于货币资金，但不能归为现金等价物。而银行承兑商业汇票能无条件地把现金给持有人，对企业来说基本可以当作现金使用，所以它属于现金及现金等价物的范畴。

一、现金流量表的要素和结构

现金是企业能够持续运作和经营的保障，现金流量表是用来看清楚上市公司现金情况的重要报表。它会告诉你现金从何而来、如何使用以及还剩多少。其内容要素和基本结构如表 5-8 所示。

表 5-8　现金流量表基本格式

编制单位：　　　　　　　　　　报表期间：　　　　　　　货币单位：

项　　目	附　注	本 期 数	上 期 数
一、经营活动产生的现金流量			
销售商品、提供劳务收到的现金			
收到的税费返还			
收到的其他与经营活动有关的现金			
现金流入小计			
购买商品、接受劳务支付的现金			
支付给职工的报酬以及为职工支付的其他现金			
支付的各项税费			
支付的其他与经营活动有关的现金			
现金流出小计			
经营活动产生的现金流量净额			
二、投资活动产生的现金流量			
收回投资所收到的现金			
取得投资收益所收到的现金			
处置固定资产、无形资产等收回的现金净额			
收到的其他与投资活动有关的现金			
现金流入小计			

续表

项　　目	附　注	本 期 数	上 期 数
购买固定资产、无形资产、其他长期资产支付的现金			
投资所支付的现金			
支付的其他与投资活动有关的现金			
现金流出小计			
投资活动产生的现金流量净额			
三、筹资活动产生的现金流量			
吸收投资所收到的现金			
取得借款所收到的现金			
收到的其他与筹资活动有关的现金			
现金流入小计			
偿还债务所支付的现金			
分配股利、偿付利息所支付的现金			
支付的其他与筹资活动有关的现金			
现金流出小计			
筹资活动产生的现金流量净额			
四、汇率变动对现金的影响			
五、现金及现金等价物净增加额			
加：期初现金及现金等价物余额			
六、期末现金及现金等价物余额			

可以看出，现金流量表主要包含经营、投资、筹资三大部分，分别对应经营活动产生的现金流、投资活动产生的现金流和筹资活动产生的现金流。每一类现金流又分流入和流出两个方向：每类现金流净额 = 现金流入总额 - 现金流出总额。

最后汇总的现金及现金等价物净增加额 = 经营活动产生的现金流量净额 + 投资活动产生的现金流量净额 + 筹资活动产生的现金流量净额 ± 汇率变动对现金的影响，期末现金及现金等价物余额 = 期初现金及现金等价物余额 + 现金及现金等价物净增加额。

别被这一长串等式吓倒，现金流量表其实是"三张表"中最容易理解的——把准"流入"和"流出"两个方向，了解每类现金流计算原理相同，记账方法类似流水账即可。为方便大家学习，下面简单对经营、投资和筹资三大活动产生的现金流进行分拆讲解。

二、经营活动现金流

经营活动是指除投资和筹资活动之外的，与企业日常经营相关的所有交易和事项。不同公司业务经营范围不同，所列的各类与现金收付相关的项目也不尽相同，如一般企业包括销售商品、提供劳务、经营租赁、购买商品、接受劳务、广告宣传、推销产品、交纳税款等；而保险公司经营活动产生的现金流入项目则不同，现金流入包括收到的现金保费、经营活动分保业务收到现金、收到保户储金，现金流出则有现金支付赔款或给付、返还保户储金、佣金、保单红利等。

但无论哪行哪业，一家优秀企业的经营活动现金流净额通常为正，且保持一定的速度增长。经营状况良好的企业，其经营活动现金流应该占比大一些，当经营现金流出现大幅下降的情况发生时，往往是企业在经营方面出了问题。经营活动现金流的构成如表 5-9 所示。

表 5-9　经营活动现金流部分

项　　目	附　注	本 期 数	上 期 数
经营活动产生的现金流量			
销售商品、提供劳务收到的现金			
收到的税费返还			
收到的其他与经营活动有关的现金			
现金流入小计			
购买商品、接受劳务支付的现金			
支付给职工的报酬以及为职工支付的其他现金			
支付的各项税费			
支付的其他与经营活动有关的现金			
现金流出小计			
经营活动产生的现金流量净额			

其中，需要重点关注的科目是"销售商品、提供劳务收到的现金"。这是最主要的现金流来源，它记录了企业将产品或者服务销售出去收回的含税现金。通常用该科目金额和营业收入作对比，如果远远小于营业收入，企业可能有大量应收账款被拖欠。这种现象的出现，或者是由于缺乏竞争力，造成账期上的话语权较弱，或者是企业虚增了收入，无论何种原因都不是好事。

另外，还有一个"支付给职工以及为职工支付的现金"科目值得一提。这指的是付给职工的工资和奖金，但要注意某些企业该科目的金额并不完全等于企业员工的实际薪酬。因为股权激励作为员工薪酬重要的组成部分，并不会在这里体现。例如像腾讯、阿里这类互联网企业或某些尚处成长期的公司，会用大量的股权激励来缓解正常形式的工资带来的现金流压力。

优秀企业的经营活动现金流净额不仅大于 0，往往还大于净利润。两者接近可说明企业的净利润大多都变成了实实在在的现金，而如果经营活动现金流净额远大于净利润，则说明企业的应付账款或预收账款比较高，通常是因为产品竞争力突出，或是

占据较强的市场地位。贵州茅台就是一家这样的企业，其账上常年放着大量还未确认为销售收入的预收账款。

除部分特殊行业外，若经营现金流持续小于净利润，表征净利润质量较差。这样的企业规模越大，反而日子会更难过，它们往往备受大批量赊销或积压存货的困扰。

三、投资活动现金流

投资活动是指企业长期资产的购建和不包括在现金等价物内的投资及其处置活动，包括实物资产投资和金融资产投资两块。之所以将"包括在现金等价物范围内的投资"排除在外，是因为我们已经将其视同现金。

投资活动现金流的流出项主要包括购买固定资产、无形资产等扩大企业资产规模所支付的现金，以及购买债券、股票或者其他企业股权等支出。流入项主要包括投资本金的回流，以及相应收益的获取。具体构成如表 5-10 所示。

表 5-10　投资活动现金流部分

项　　目	附　注	本 期 数	上 期 数
投资活动产生的现金流量			
收回投资所收到的现金			
取得投资收益所收到的现金			
处置固定资产、无形资产等收回的现金净额			
收到的其他与投资活动有关的现金			
现金流入小计			
购买固定资产、无形资产、其他长期资产支付的现金			
投资所支付的现金			
支付的其他与投资活动有关的现金			
现金流出小计			
投资活动产生的现金流量净额			

可以通过投资现金流情况来判断企业当前的发展趋势，净额为正可能预示着扩张速度变慢或者正处于收缩状态。

对企业投资要重点关注两点：一是投资项目是否在其能力控制范围之内，相当一部分上市公司的跨界投资都算不上成功，毕竟隔行如隔山；二是关注投资收益情况，回报率至少要大于社会平均回报水平，否则这投资就比较失败，还不如买点理财产品合适。

四、筹资活动现金流

筹资活动是指导致企业资本及债务规模和构成发生变化的活动，如再次发行股票、向银行贷款、向社会发行债券等。

筹资活动现金流的流入项目主要包括企业从外部获取资金的进账，现金流流出主要包括企业归还外部资金和相关成本。这部分钱可能是借的（债务性筹资），可能是通过发股票（权益性筹资）募集而来，对应的成本分别是贷款利息、现金红利等。具体构成如表 5-11 所示。

表 5-11　筹资活动现金流部分

项　　目	附　注	本 期 数	上 期 数
筹资活动产生的现金流量			
吸收投资所收到的现金			
取得借款所收到的现金			
收到的其他与筹资活动有关的现金			
现金流入小计			
偿还债务所支付的现金			
分配股利、偿付利息所支付的现金			
支付的其他与筹资活动有关的现金			
现金流出小计			
筹资活动产生的现金流量净额			

投资者需重点观察债务性筹资，如果融资利率较低，说明企业信用评级较好，反之则说明企业可能存在某些瑕疵，令资金融出方提高溢价来覆盖风险。

五、自由现金流

学习完三大现金流后，还应该了解一个与之相关的概念——自由现金流（free cash flow）。它最早由美国西北大学的拉巴波特、哈佛大学的詹森等学者于 20 世纪 80 年代提出，并在被投资大师巴菲特先生应用到上市公司的估值后，为投资界所熟知。通俗地讲，自由现金流就是在企业通过经营活动赚来的钱中，扣除维持企业正常运转和保持企业竞争力等必要投入后剩余的部分。

举个简单例子，小猪包子铺雇员小牛每月工资 3000 元，扣除房贷 500 元，交通、餐费等各类生活支出 500 元，以及下班后参加揉面发酵提升课程的培训费 200 元后，

剩下的 1800 元才是小牛的"自由现金流"，可供其自由支配。

企业也是如此，不管要维持现有的生产能力，还是扩大生产规模，都需要进行再投资。只要企业还要持续发展就必须进行再投资，只有在扣除这些投资之后才能向股东分红。我们常说的只有为股东持续创造价值的上市公司才值得长期持有，指的就是那些拥有充沛自由现金流的企业。

自由现金流的计算公式为

自由现金流 = 税后净营业利润 + 折旧和摊销 − 资本性支出 − 营运资金支出

其中，资本性支出为企业对新增固定资产、无形资产的支出，属于投资活动现金流。

营运资金就是维持企业正常生产经营所需要的资金，其支出 = 期末 − 期初。营运资金 =（流动资产 − 货币资金）−（流动负债 − 短期借款 − 应付短期债券 − 一年内到期的长期借款 − 一年内到期的应付债券），需要注意的是，一年内到期的长期借款和一年内到期的应付债券为一年内到期的非流动负债的附注内容，当季报不公布附注时，使用一年内到期的非流动负债代替。

公式较为复杂，若图方便可以直接用经营活动现金流净额减去投资活动现金流的流出额。但因为在投资活动现金流的净流出额中还包含了企业扩大规模的资金，这种简易计算法会存在低估自由现金流的可能。

另外，单看一年的自由现金流并不全面，投资者同样需要进行企业自身历史纵向和同业横向的对比。根据近几年自由现金流的变化趋势，分析增加或减少的原因。

例如，某企业的自由现金流相比去年大幅增加，此时便要去思考以下问题：

1. 是销售收入的增长带来的吗？是因为销量还是单价的提升？单价的提升对于企业的竞争力影响是正面的吗？还是会导致客流量的减少？

2. 是因为占用上下游资金导致的吗？

3. 是因为减少长期资产的投入导致的吗？

如果答案是前两者就还好，销售收入的增长代表经营状况健康，能够占用上下游资金也侧面印证了该企业的实力和声誉都不错。但如果是最后一种，则可能暗示企业成长速度趋缓，前景不一定值得看好。

总的来说，自由现金流的净值变化代表企业为维持或增加利润所要投入的额外的钱，比容易调整的净利润更能真实反映现金流状况。投资者可以从非现金支出、营运资本和资本性支出三个方面进行分析，深入了解上市公司战略发展方向和实际落地成果。

至于具体如何运用自由现金流为上市公司估值，在下一章中还会详细介绍，此处暂且按下不表。

六、上市公司的现金流画像

企业的现金流被经营、投资和筹资三种活动分成三类，每类又有净流入（+）、净流出（−）两种状态，排列组合后便得到了八种不同的现金流画像结构，如表 5-12 所示。

表 5-12　上市公司现金流画像

类　型	经营活动现金流净额	投资活动现金流净额	筹资活动现金流净额
1	+	+	+
2	+	+	−
3	+	−	+
4	+	−	−
5	−	+	+
6	−	+	−
7	−	−	+
8	−	−	−

下面对每一种类型做简要说明。

（一）"＋＋＋"型

这一类型乍看很亮眼，每种现金流都是正。但需要思考的是，企业经营可以赚钱，投资也在赚钱，为何还需对外融资呢？对此可能只有两种原因：一是正在大举筹资准备开疆扩土，二是企业可能在骗钱。

第一种情况要去关注其投资项目是否靠谱，毕竟金额这么大万一砸了呢？如果并无加大投资的迹象，而是有骗钱圈钱嫌疑的企业，可能需要远离。

（二）"＋＋−"型

拥有这种画像的企业经营不赖，投资项目也较成功，同时还在还债或分红。对这类企业要重点关注投资现金流的来源，只要不是变卖家当所得，就基本上算是一家健康的企业。

但这类企业往往也到了扩张瓶颈，未来的成长有限。投资时注意考察其估值和股息率，如果估值合理，分红也不错，便具备一定投资价值。

（三）"＋－＋"型

经营活动保持盈利，同时继续筹钱，而且所筹资金全部用于下一步发展，这类企业往往是不少投资者都青睐的"价值成长股"。

对此要重点关注两个点：一是看融资利率高不高，企业未来会不会因为资金链断裂而功败垂成。二是看投资项目质地，如果较有市场前景和发展潜力则问题不大。

（四）"＋－－"型

经营在赚钱，盈利一边用于还债或分红，一边还能用于投资，这是最优秀的现金流模式，这样的公司一般盈利相当丰厚，值得多多关注。

（五）"－＋＋"型

这类企业主营业务不赚钱，投资方面有所收入，同时还在筹钱。

对此首先关注投资现金流的来源，如果是靠变卖家产得来的，建议尽量远离。如果企业是靠之前的投资获得的收益，那就要关注企业的经营什么时候才能好转。毕竟能从市场上筹到钱，说明企业或多或少还有点潜力，如果未来业绩能反转，没准能成一只"烟蒂股"呢。

（六）"－＋－"型

这类企业是上一类型的变种：经营不赚钱，也筹不到钱，只能依靠投资现金流存活。对此可根据投资现金流的来源分两头看，如果是靠变卖家产带来的投资现金流，基本就是在"混吃等死"了，同样需要远离。如果投资现金流是由于之前投资的其他业务或企业带来，那该公司可能正处于转型期。此时不宜一棍子打死，转型若成功也有诞生"黑马"的可能。

（七）"－－＋"型

这类企业尚未实现盈利，加大投资的同时还在对外融资。对此要根据其行业类型具体分析，重点关注它们的发展前景。

在过去的 A 股中，这类企业基本都要远离。但随着注册制的落地和科创板的扩容，一大批正处于高速扩张期的新兴企业已经或即将登陆 A 股。现金流呈现"－－＋"

型的这类上市公司，可倾注更多精力去研究，因为这块很可能成为未来十倍牛股的集中地。

（八）"–––"型

对这类经营不善、投资不强，也无法筹集到救命资金、"干啥啥不行"的企业，应果断与之保持距离。

综上，经营活动产生的现金流是在为上市公司"造血"，此项现金流量净额越大说明企业健康状况越好，有充足的资金去开展其他业务。反之，则说明入不敷出，需要其他途径注入资金。

投资活动产生的现金流则是为上市公司"放血"，长期持有大量现金的企业的确实力雄厚，但"营养过剩"也会拖累增长。相反，如果进行适当的对外投资实现资产配置最大化，则能进一步增厚对股东的回报。

筹资活动产生的现金流量则为上市公司"输血"，企业暂时陷入经营和投资困境可以理解，若有持续的输血如股东增资、取得对外借款等，也能维持经营下去。如果长期依赖于外部输血苟活，自身无法扭转局面成功"造血"，这样的公司离破产也不远了。

最后需要提醒的是，观察上市公司这座举足轻重的供血站需要时间，不能轻易根据一两年的情况就妄做评判，最好结合三至五年乃至更长周期，并配合资产负债表和利润表进行综合性分析，才能得出更科学、客观的结论。

｜第七节｜ **财务指标的综合分析**

经过前面三节的学习，我们知道了资产负债表、利润表和现金表三者各有功能和定位，共同从财务角度反映上市公司经营管理过程中的全景信息。只是侧重点和表现形式有所不同，财务分析时必须将它们放在一起，才能更清晰、准确地了解企业。

一、三张表之间的关系

它们共同描绘一家上市公司的鲜活画像——当开始销售产品或服务后，会在利润表中留下痕迹，而在经营过程中各类费用、所得税以及研发支出等也都会在利润表上体现，这些经营活动共同组建成利润表。

在经营活动中，还会存在应收账款、应付账款等项目，它们会被列在资产负债表中，和固定资产、无形资产、长期投资、短期借贷、股东权益这些或多或少影响企业经营的科目共同阐述着上市公司的资产负债情况，这些资产又和投融资之间有着强关联。

而无论是经营活动、投资活动还是筹资活动其产生的现金流又完美地体现在现金流量表上，揭示着企业的风险状况和持续经营的能力。

总的来说，这三张报表是站在两个不同的视角来看待企业：一是风险视角，通过现金流量表可审视企业能否继续存活；二是收益视角，资产负债表和利润表勾勒出企业持续经营的模样——有多少家底，经营成绩又究竟如何。

在本章第四节曾强调过，资产负债表是一个时点报表，其中各科目期初和期末数值的变化，都能通过利润表和现金流量表这两张期间报表反映出来。三者间的勾稽关系如图 5-3 所示。

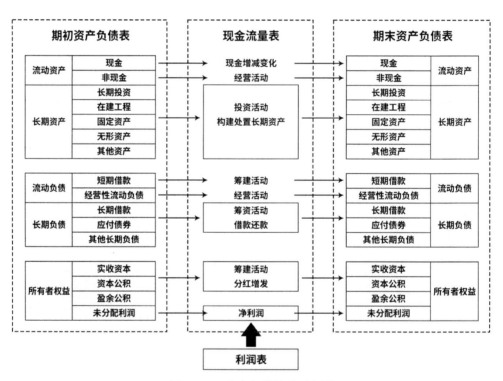

图 5-3　三张表勾稽关系示意图

还记得"资产＝负债＋所有者权益"这一经典恒等式吗 w？我们同时还知道利润表的最终结果就是净利润，而它的去向正是资产负债表中的所有者权益。由此，上述经典恒等式可演变为

期末资产＝期末负债＋期初所有者权益＋本期净利润－本年度实际分红

以中国中免为例，2020 年期末资产 419 亿元，期末负债 157 亿元，期初所有者权益 200 亿元，2020 年实现归母净利润 61 亿元，当年分红 14 亿元，这是 2019 年实现净利润于 2020 年的分红金额。

由此可以验证：157+200+61-14=404（亿元），再考虑少数股东权益增加 15 亿元，刚好等于 419 亿元。

另外，可根据资产负债表中有关投资的科目，核算利润表中投资收益是否合理。关注是否存在资产负债表中没有投资项目而利润表中却列有投资收益，以及投资收益大大超过投资项目的本金等异常情况。还可根据资产负债表中固定资产和累计折旧等科目，核算利润表管理费用下折旧费是否属实。结合生产设备的增减情况和开工率、能耗消耗，分析主营业务收入的变动是否存在产能和能源消耗支撑。

利用资产负债表和现金流量表的勾稽关系，可通过计算资产负债表中现金、银行存款及其他货币资金等项目的期末减期初数值，检查现金流量表中现金及现金等价物净流量能否与其基本一致。此外，投资活动和筹资活动的现金流，也应该基本与资产负债表中相应科目的期末减期初得到的数值保持对应。

利润表和现金流量表的重要共同点是它们体现的都是期间数值，两者数据可以相互印证。如在没有账期的情况下，营业收入和销售商品的现金流应该一致，营业成本和购买商品支付的现金流应该一致，职工薪酬费用和支付给职工以及为职工支付的现金应该一致，税金及附加和支付的各项税费的现金流应该一致。

读懂三张表之间的勾稽关系，既能帮我们全面了解企业价值创造的过程，更能通过检查表与表之间能否做到逻辑自洽、数据匹配，挖出资金占用、利润调节甚至是财务造假等潜在问题。撒一个谎往往需要用一百个谎言去圆，远离漏洞频出、撒谎成性的上市公司！

二、财务指标综合分析

财报分析主要分三部分，其一是通过董事会报告等内容对企业的发展、竞争力等有一个定性的了解，这已经在第三节详述；其二是阅读报表并对异常情况进行关注，这在本章前几节多有述及；最后则是运用各项财务指标与历史、同行业水平进行对比，从而得出企业竞争力及未来发展趋势等结论。下文将重点围绕这一主题展开。

站在财务管理的角度，分布在资产负债表、利润表和现金流量表的各项数据，正可以结合在一起计算各单项财务指标进行财务分析。财务指标大体可分为五类：一是体现赚钱能力的盈利能力指标；二是体现安全性的偿债能力指标；三是体现流动性的现金流指标；四是体现成长性的各种增长率指标；最后是体现管理层能力的营运能力指标。

（一）盈利能力指标

盈利能力可分两个维度：一是从销售角度看收入盈利能力，二是从投入角度看资产盈利能力。

收入盈利能力指标常见的有毛利率、营业利润率、净利率等。公式为

$$毛利率 =（营业收入 - 营业成本）\div 营业收入$$

$$营业利润率 =（营业收入 - 营业成本 - 三大费用）\div 营业收入$$

$$净利率 = 净利润 \div 营业收入$$

其中，毛利率主要反映企业产品的竞争力，毛利率越高越好，往往高毛利率都伴随着独特的竞争力或者品牌。当一个行业的竞争者增加时，各企业的创利水平大概率随之下滑。收入盈利指标更多体现的是企业的盈利效益，能长期将毛利率维持在 30% ~ 40% 的企业较为出色。

常见的资产盈利能力指标有净资产收益率（ROE）和总资产收益率（ROA）。ROE 和 ROA 是更能够体现企业盈利能力的指标，它不仅考虑了收益的大小，还考虑了收益的效率问题。其中 ROA 代表了企业全部资产的获利能力，ROE 代表了企业股东的获利能力。两者的计算方法分别是：

$$净资产收益率 = 净利润 \div 平均净资产$$

$$总资产收益率 = 净利润 \div 平均总资产$$

其中平均净资产和平均总资产可以简单用期初值加上期末值除以 2 得到。

ROE 是投资者最应该关注的指标，该指标越低说明企业获利能力越弱，反之则代表企业获利能力越强，后文还会对该指标进行详细讲解。

（二）偿债能力指标

偿债能力同样分两部分，分别是短期偿债能力和长期偿债能力。

短期偿债能力的核心思路是流动资产越多，短期偿债能力越强，主要指标是流动比率和速动比率。速动的意思是能够快速变现的流动资产，而存货有时是很难快速变现的，两者公式分别为

$$流动比率 = 流动资产 \div 流动负债$$

$$速动比率 =（流动资产 - 存货）\div 流动负债$$

对于非重资产企业，流动比率通常在 2 左右，速动比率通常在 1 左右，这两个比率不需要过高。

长期偿债能力是指企业偿还一年以上债务的能力，通常用资产负债率来计算，不过只要企业能够长期盈利，长期偿债能力一般都不存在太大问题。

$$资产负债率 = 负债总额 \div 资产总额$$

对企业而言，适当的负债有助于发展，所以这个比率并不是越低越好，通常 45% ～ 60% 是比较合适的区间。

判断企业的偿债能力还有一个快速方法，就是看现金及现金等价物能否覆盖所有的有息负债，如果能够覆盖或者相差不大，偿债能力就较强。

（三）现金流指标

收现率和净现比是比较常用的现金流指标。

收现率等于销售商品、提供劳务收到的现金除以主营业务收入；

净现比等于经营活动现金流量净额除以净利润。

对于收现率约等于"1+增值税税率"的企业，通常认为其收入的大部分都作为现金收回。而净现比主要体现净利润的质量，大于 1 时，说明企业每实现 1 元净利润，实际可以收到大于 1 元的现金。需要注意的是，发展期企业净现比通常较小，另外行业差异也会带来较大的净现比差异。

（四）增长率指标

优秀的企业不仅要能现在赚钱，还得能在未来赚钱，所以就要看企业的成长性。而各类增长率指标正是企业成长性的体现，常用指标包括：

$$营业收入增长率 = （本期营业收入 - 上期营业收入）\div 上期营业收入$$

$$营业利润增长率 = （本期营业利润 - 上期营业利润）\div 上期营业利润$$

$$净资产增长率 = （本期净资产 - 上期净资产）\div 上期净资产$$

$$总资产增长率 = （本期总资产 - 上期总资产）\div 上期总资产$$

优质的上市公司应保持总资产、净资产、营业收入和营业利润的同步、稳定增长，并且要尽量超越行业平均增速，唯此才能不断做大做强。

（五）营运能力指标

企业的回报取决于效益和效率，效益可以用利润率、毛利率表示，效率则可以用各种资产的周转率表示，其公式为

$$某类资产周转率 = 营业收入 \div 某类资产平均余额$$

资产的平均余额可以简单地用期初和期末余额之和除以 2 来计算，不同的资产对应不容的周转率。如存货就是存货周转率，固定资产就是固定资产周转率，应收账款就是应收账款周转率，总资产就是总资产周转率，如此等等。资产种类很多，但对普通投资者而言，重点关注以上四个指标就足够了。

应收账款周转率越高，代表应收账款在本会计年度内转化为现金的次数越多，每次应收账款的回款速度越快。可以把应收账款周转率和营业收入放在一起看，如果营业收入增长的同时应收账款周转率下降，这种收入的提升可能是生产企业放松回款政策带来的。如果应收账款周转率不变或反而提升了，那这种收入的增长可能纯粹是产品或服务热销带来的。

存货周转率反映公司的存货利用情况。一般来说，存货周转率越高，存货占用的资金越少。但存货周转率太高，会让企业出现供不应求的状态，从而影响企业的收入。因此，存货周转率的合理区间要根据企业的差异而确定。另外，存货容易贬值的行业周转率往往较高，而存货不易贬值的行业，存货周转率往往较低。

固定资产周转率是衡量厂房和机器设备等固定资产使用效率的比率。这个周转率越大越好，越大就证明固定资产很好，可以带来较多收入。需要注意的是，重资产和轻资产经营的公司，该项周转率的差异会比较大。

总资产周转率是综合评价企业全部资产经营质量和利用效率的重要指标。总资产周转率越大，证明同样数量的资产产生更多的销售收入，或者同样的销售收入占用更少的资源。其他各项指标接近的情况下，总资产周转率越大，还可反映企业管理层的资产运用能力越强。

三、最关键的财务指标——ROE

ROE 是代表企业股东权益的投资报酬率，是评价股东权益财务状况的重要指标。通俗地说，ROE 体现的是股东每投入 1 块钱能够带来多少钱的利润。一家 ROE 为 20% 的企业，意味着投资者投入 1 元，每年可以赚回 0.2 元，只需要 5 年就能回本。

小猪自己出资 10 万元又找银行贷款了 10 万元，共计 20 万元开了一间面包房。因此小猪面包房的负债是 10 万元，所有者权益也是 10 万元。第一年扣除各种成本、费用后赚了 2 万元，面包房的 ROE 就是用 2 万元净利润除以净资产 10 万元等于 20%。

本在经营面粉店的小龙看面包生意更赚钱，于是也学着开了一家。不过，他自己出资 10 万元，另外找银行借了 20 万元，共计 30 万元开了一间大一点的面包房。一年后，净赚 4 万元，所以小龙面包房的 ROE 就是 40%。

小龙面包房能获得更高的 ROE，和他加了杠杆有关系。所以面包房的 ROE，不仅仅和面包好不好吃有关系，还跟借了多少钱来经营有关系。

我们对 ROE 的公式进一步拆解：

净资产收益率＝净利润÷净资产＝（净利润÷营业收入）×（营业收入÷平均总资产）×（平均总资产÷净资产）＝净利润率 × 总资产周转率 × 杠杆系数

其中，净利润率代表了企业的盈利能力，总资产周转率代表了营运能力，而杠杆系数又和偿债能力挂钩。由此可以发现一个有意思的规律：一家高 ROE 的企业，至少应该在这三种能力中的某一方面占据优势。用三种优势分别代表一种经营模式，就成了高净利润率模式、高资产周转率模式以及高杠杆模式。

高净利润率模式的代表就是贵州茅台，其净利润率常年在 40% 以上，这种高净利润率让茅台保持了 25% 以上的 ROE。高净利率最容易带来高 ROE，但高净利率很难维持，除非产品竞争力极强或者有很强的品牌效应。

高资产周转率模式的在商超等零售行业中比较普遍，沃尔玛就是典型的高资产周转率模式，其净利润率极低，不足 3%，但却依靠较高的资产周转率，让 ROE 一直保持在 15% 左右。

高杠杆模式的典型行业就是金融业，如招商银行总资产周转率为 3% 左右，但杠杆常年维持在 15 倍左右，所以也有不错的 ROE 表现。但这种模式也是三种模式中危险系数最大的，因为高杠杆在放大收益的同时也承担着较大风险，所以要对这类商业模式的企业投资，前提是其必须要有足够高的确定性。

总之，持久稳定又较高的 ROE 是很多优秀公司的共同财务特征。对于企业来说，要想提升 ROE，只能在提升净利润率、提升总资产周转率和放大杠杆系数三方面做文章。优秀的企业可能做到多管齐下，但更多的平庸企业却容易在这一过程中顾此失彼。需要注意的是，以上 ROE 的拆解过程中未涉及企业现金流，在分析实际案例时还需要考虑现金流情况。

第五章小结

好企业一般财报都不错，但光有好财报却未必是一家好企业。作为上市公司日常经营的阶段性总结，财报就像"打工人"日常的工作日报、周报或年度总结报告，是

对过去事件的梳理，最大的作用在于帮投资者排除坏公司。

阅读财报，一来可以验证投资逻辑是否正确，对行业和企业形成更全面的认识和把控；二来报表就像体检报告，可以由此诊断企业经营是否健康；三来可以寻找报表中潜藏的反常行为或信息。

本章对如何阅读财报并从中获取有效信息进行了介绍，但这可能只是投资具体公司的第一步，投资者还需要在初筛后再通过指标对比，优中选优，找出竞争力更强的企业。

最后，好股票还需要好价格，再好的股票买在高位，同样会付出昂贵的时间成本和机会成本。永远要牢记，没有什么投资是非做不可的。下一章，我们便来讨论如何通过估值技术，锚定买入或卖出的合理价格区间。

第六章

估 值

第一节 | 估值对股票投资的意义

在开始本章的学习前，大家不妨先回想一下日常生活中常接触的两个名词："价值"和"价格"。马克思对于二者的解释是："价值是价格的基础，价格是价值的体现。价格随价值上下波动。有时高于价值，有时低于价值，但长期看价格是符合价值的。"投资大师芒格先生也有类似的理解——"只有价值远高于我们的支付价格时才会投资。"

如果对这两个词仍感陌生，或者感觉伟人和投资大师的表述有些晦涩难懂，不妨脑补以下两个画面：当你看到一个商品价格时，内心冒出"谁会花那么多钱去买它呢？"的问题，可能意味着商品价格远高于你对该商品的价值判断；而当你惊呼"这价格不跟白送一样吗？"，或许表示商品价格远低于你内心赋予它的价值。

所以不难发现，关于价格和价值之间的判断，其实充斥于生活中的各个场景。大到置房买车，小到超市购物，我们在进行每笔消费的同时，都在潜意识中对价格和价值进行了博弈，并最终形成行为决策：为价格合理（不高于自己对商品的价值判断）的商品买单，同时放弃价格不合理（高于自己对商品的价值判断）的商品。

投资需要做的，是与上述例子中相似的判断和博弈。不妨将几千家上市公司的股票视为一件件商品，其价格每时每刻都在电脑或手机屏幕中变动，有些商品的价格变动还很剧烈。我们需要从琳琅满目的商品中，挑选出自认为价格低于，最好是远低于商品价值的那几个并为之买单。而估值（evaluate/evaluation），正是我们判断商品价值的过程及结果（价格是公开透明的明码标价，我们不需要判断，只需要与价值比较高低）。

在此有必要引入一个重要结论：脱离价值谈论价格是没有意义的。这其实也是很多新手股民经常步入的误区。在目前的物价水平下，一百元买一颗大白菜会被认为贵得离谱，但一百万元买一套一线城市核心地段的三居室房产，则会被认为便宜得要命。为什么后者的价格明明是前者的一万倍，但结论反而是后者更为便宜？答案显而易见——这两件商品的价值有着天壤之别。读到这里的你，还会贸然认为数千元一股的茅台股票好贵，5 元一股的垃圾股票很便宜吗？

　　基本面分析将每一个股票代码还原成了鲜活的企业，其中行业分析也好，财务分析也罢，最终都在围绕估值服务。而为企业、行业或市场指数估值的目的，又在于为投资对象框定一个价格范围——何为昂贵或便宜并不是简单看股价绝对值高低，而是由估值说了算。估值为是否买入或卖出、何时买入或卖出提供理性的决策依据。有了理性依据后，买卖不再仅凭消息、"盘感"或心情，有助于投资者在股价大涨后守住繁华（如果股价依然低估就不急于卖出），在股价暴跌后管住躁动不安的手（如果股价依然高估就不着急抄底）。以上，便是估值对股票投资最重要的价值。

第二节 | 估值方法的分类

　　判断上市公司的价值比日常生活中常见商品的价值判断要困难得多，势必要借助某些方法。在展开具体介绍前，本节先简述估值方法的基本分类，旨在帮助大家形成对各类估值工具的初步印象。

　　首先需要认清并接受一个事实：没有任何一种估值工具是完美的、能在所有环境下都完全生效的。如果有，我们将看到的局面是：所有的交易方都会采用该完美估值法，进而得出相同的估值判断；股价不会有任何波动，将持续保持在该估值判断下的价格水平，因为没有人会在公认合理的价格以下出售股票，也没有人会在公认合理的价格水平以上购买股票；所有的基金经理都将被 AI（人工智能）取代，下岗回家。但现实显然并非如此，说明估值方法只是一种帮助我们进行判断的工具，股价之所以时刻波动，正是交易双方见仁见智的结果。因此，希望大家可以综合并且灵活运用多种估值方法，不要固守某一种方法。

　　估值方法的分类有多个维度，其中比较受广泛认可的维度是"绝对估值法"和"相对估值法"。绝对估值法是指，在上市公司基本面分析，以及上市公司未来业绩、财务等因素预测的基础上对其价值进行判断，常见的方法包括现金股利折现和自由现金流折现模型等。

　　相对估值法是在上市公司核心比率、价值指标等基础上，通过寻找同行业、同类型、同周期等各方面最接近的对标企业及相似交易案例，并与其对比分析，从而对上市公司的价值进行判断，常见的方法包括 PE（市盈率）、PB（市净率）和 PS（市销率）等。

　　以买房为例，对于标价为 500 万元的房子，如果是基于房子的基本面（户型、朝向、楼层、得房率等）以及未来财务预测（租售比、房产自身升值等），最终计算得出该房产的价值为 600 万元并做出购买决策，这属于绝对估值法；如果是基于同等地段、同小区、同户型等条件下的房产最近成交均价为 600 万元并做出购买决策，则属于相对估值法。

需要注意的是，现实投资中两种估值方法的结论并不始终一致，很多情况下二者结论差异极大，甚至会出现结论完全相反的情况。原因在于：绝对估值法通常需要借助大量的前提假设，尤其是对于未来的判断，会受到诸如将来附近会不会有新建楼盘影响采光、疫情常态化会不会影响将来的房租收入等主观因素影响；而相对估值法下，要寻找一个完全相同的对标资产是很困难的，毕竟同小区同单元同楼层同朝向的房产，只有唯一的一家。另外，即使是相似度极高的两个对标资产，在各种客观因素的影响下，二者的价格走势也未必相似。

因此要谨记，每一种估值方法都只是工具箱中的一种工具，投资者要做的是全面并且灵活运用整个工具箱，而不是只拿着锤头四处敲打。正如《穷查理宝典》中所记录的芒格先生那句话："对于一个拿着锤子的人来说，他眼中的问题都像钉子。"

第三节 | 市净率估值法介绍

上一节提到，常见的相对估值法在价格指标维度主要包括 PE（市盈率）、PB（市净率）和 PS（市销率）等。这几种方法并无先后和优劣之分，本节将先选取理解难度相对较低的市净率作为学习的起点。

一、市净率是什么

市净率，是指公司总市值与公司净资产的比率。我们先通过以下几个简单的公式，加深对定义的理解：

（一）公司总市值 = 每股股价 × 公司总股本

（二）公司净资产 = 每股净资产 × 公司总股本

（三）市净率 = 公司总市值 / 公司净资产

基于公式（一）和（二），我们对公式（三）的分子分母同时除以公司总股本，可以得到一个完整的定义公式，市净率 = 公司总市值 / 公司净资产 = 每股股价 / 每股净资产。这就是 PB 的来源，P 指 price per share（每股股价），B 指 book value per share（每股账面净资产，也称每股账面价值，简称 BPS）。

举个简单的问答形式案例帮助大家加深理解：

1. 小猴出资 80 万元，成立了一家公司。公司通过银行融资，又借来 20 万元，并马上用这 100 万元购买了一个果园，准备种桃树、卖桃子。

问：小猴公司的总资产、总负债、净资产分别是多少？

答：公司总资产是 100 万元（果园的成本），公司总负债是 20 万元（银行贷款），公司净资产是 80 万元（股东小猴的现金出资）。

2. 小猴的公司买下果园没两天，猴爸爸突然生了一场大病。小猴不得不把公司卖掉，筹钱给猴爸爸看病。小猪表示想收购公司，对小猴说："你既然着急用钱，就别加价了，把公司平价转让给我吧。"小猴回答："可以啊，果园是公司花 100 万元买来的，那公司就 100 万元的价格卖给你吧！"

问：如果小猴"平价"转让公司，100 万元的价格合理吗？对应的 PB 是多少？

答：不合理，小猴对公司的实际出资只有 80 万，虽然公司名下有 100 万元的果园，但同时还有 20 万元的银行贷款。小猪接手公司后，是要继续承担偿还 20 万元银行贷款义务的。

从市净率维度验证：如果以 100 万元成交，PB= 公司总市值 / 公司净资产 =100 万元（成交价格）/80 万元（问题 1 中计算的净资产）=1.25 倍。从这个计算结果也可以看出，在净资产维度下，PB ＞ 1。100 万元的价格存在溢价，不属于平价转让。

3. 最终小猪以 80 万元（1 倍 PB）的平价买下了小猴的公司。但小猪好吃懒做，一个月后，果园不但一直没种上任何果树，还变得土壤贫瘠、杂草丛生。小猪意识到自己很难经营好果园，于是想把公司以 80 万元卖给牛大叔。牛大叔说"不行啊，我还得自己花钱花精力松土除草之后才能种树。如果花 80 万元，我为什么不买一个可以直接种树的果园呢？"小猪想了想，觉得牛大叔说的有道理，无奈以 60 万元的价格，把公司卖给了牛大叔。

问：这一次交易对应的 PB 是多少？为何会出现这种情况？

答：PB= 公司总市值 / 公司净资产 =60 万元（成交价格）/80 万元（净资产）=0.75 倍。

市净率由上轮交易中的 1 倍，下降至本轮交易中的 0.75 倍，主要原因是公司资产质量的恶化。

二、市净率运用要点

通过上面的例子可以较为清晰地发现，市净率估值方法对于标的公司资产质量的敏感度较高，资产质量的高低将直接影响到市场对于标的公司的整体估值。换言之，

资产越重的企业，资产质量就越为关键。

因此，在实际运用中，市净率估值法多用于如钢铁、煤炭等资产规模较大的重资产行业，以及如银行、地产等净资产规模较大的资金密集型行业。

使用市净率估值方法，以下几个问题尤为重要。

1. 如何判断重资产公司的资产质量？

2. 市净率越低代表风险越小吗？

3. 在市净率维度下，如何设定安全边际？

看似独立的三个问题，其实彼此之间存在密切的相关性。下面通过数个案例，对它们进行详细解答。

三、康美药业案例：关于企业资产质量的判断

资产负债表里，资产类科目较多，此处以货币资金为例来讲解如何判断资产质量高低。

在上市公司的年审中，银行询证函是审计师最为重要的工作内容之一，用以确定上市公司银行存款的真实性。随着财务造假能力的升级（如康美药业 300 亿元货币资金造假退市案），使得原本相对简单的科目变得不再那么单纯。

假设上市公司端、银行端、审计师端都存在舞弊风险，我们如何能从公开的审计报告中察觉到蛛丝马迹呢？接下来，通过康美药业的历史财务数据进行分析（2018 年东窗事发后，造假被打断，我们重点分析事发前 2012—2017 年的数据）。

（一）有钱也不还

康美药业负债端长年存在大额有息借款，同时账面长年放着大额货币资金，宁可选择活期、定期或购买理财等低息方式，也不肯偿还利息更高的负债。

如表 6-1 所示，公司每年宁可支付越来越高的财务费用，也不肯用几百亿元的货币资金去偿还几十亿元的短期借款（短期借款一般为一年期借款，不存在无法提前偿还的问题）。这是第一个疑问点。

表 6-1　康美药业历年货币资金、短期借款和财务费用统计　　　　单位：亿元

年份 科目	2017	2016	2015	2014	2013	2012
货币资金	341.51	273.25	158.18	99.85	84.97	61.06
短期借款	113.70	82.52	46.20	34.20	22.94	21.00
财务费用	9.69	7.22	4.49	4.35	3.56	3.13

（二）不用也不还

有些企业正在筹措扩张、并购、重组、业务转型等需要大量资金的中长期计划，账面保持足够的货币资金，是为了择机待发。但两三年尚属合理，时间过长就可能存在猫腻。

表 6-2 是康美药业 2012—2017 年的现金流数据，可以看出其长年经营活动现金流净额为正，说明正常业务不存在资金缺口；投资活动现金流净额长年为负，说明每年存在一定规模的投资支出，但缺口规模与同期账面的货币资金余额相比明显过低，甚至很多年份完全可以被经营活动产生的现金流净额所覆盖（造血能力满足输血需求）。

表 6-2　康美药业历年经营活动和投资活动现金流净额统计　　　单位：亿元

年份 科目	2017	2016	2015	2014	2013	2012
经营活动现金流净额	18.43	16.03	5.09	11.32	16.74	10.08
投资活动现金流净额	−15.30	−19.86	−14.44	−7.69	−7.35	−13.82

长年均未出现大额资金缺口，且没有过高的投资需求，为什么不肯偿还几十亿元的有息负债？这是第二个疑问点。

（三）还了继续借

如果公司强调，择机待发，不发只因时机还没到。那么再继续分析。

如表 6-3 所示，从康美药业债务现金流可以看出，其长年保持借款额与还款额基本持平的状态。一家公司资金充足，却每年都要玩筹资活动的现金流游戏。这是第三个疑问点。

表 6-3　康美药业历年债务相关现金收付情况统计　　　单位：亿元

年份 科目	2017	2016	2015	2014	2013	2012
取得借款收到的现金	226.66	162.93	61.09	37.20	29.99	27.00
偿还债务支付的现金	252.61	182.34	61.55	54.94	28.00	21.40

上面三点疑问，是可以问上市公司董秘、证券事务代表甚至董事长的问题，但大多数读者鲜有这种直接对话的机会，那么起码要养成自问的习惯。自问一个为什么，无法合理作答尚情有可原；自问三个为什么，全都找不到合乎逻辑的答案，或许答案自己就出现了。

当然，以上内容是站在当前时点对于历史的回顾和分析，存在事后诸葛亮之嫌。但前事不忘，后事之师，面对问号很多的公司，在难以找到合理答案的情况下，请绕开它们。

对资产质量有了基本判断后，"市净率越低是否代表风险越小"和"在市净率维度下，如何设定安全边际"这两个问题，就相对容易理解了，我们一并进行分析。两个问题都涉及两个比较级维度，即横向对比（同行业维度）和纵向对比（自身历史维度），接下来继续借案例讲解如何具体分析。

四、模拟案例：市净率低并不等于风险小（同行业横向对比）

A、B是同一行业的两家公司，表6-4是它们的资产负债表。为清晰快速地阐明观点，我对报表内容进行了简化。

表6-4　A、B公司简化资产负债表　　　　　　　　　　　　　单位：万元

科目＼公司	A公司	B公司
货币资金	1000	200
应收票据	—	1000
应收账款（已提坏账准备）	50	2000
存货（已提跌价准备）	50	800
流动资产合计	1100	4000
固定资产（已提折旧）	2000	3000
商誉	—	5000
非流动资产合计	2000	8000
资产合计	3100	12 000
短期借款	—	6000
应付账款	800	500
流动负债合计	800	6500
非流动负债	—	—
负债合计	800	6500
所有者权益	2300	5500

假设目前市场给予两家公司的估值均为1亿元，通过计算可以得出，A公司对应的市净率约为4.35倍（1亿元/0.23亿元），B公司对应的市净率约为1.82倍（1亿元/0.55亿元）。如果仅从市净率的角度看，能否直接得出结论：B公司比A公司便宜呢？

答案是不能。前文曾强调，脱离价值讨论价格毫无意义。两家公司的资产质量不同，直接以市净率的比较判断贵或便宜，也是不科学的。即使两家公司公告的审计报告不存在任何舞弊行为、审计师已严格执行了所有必要的审计流程（如坏账计提等），B公司仍然存在以下问题：

（一）应收票据如为商业承兑汇票，存在无法足额兑付的风险；

（二）应收账款虽已计提坏账准备，但由于余额较大，存在计提坏账准备金仍不足额的风险；

（三）存货同样可能存在虽然计提了跌价准备金但仍不足额的风险，尤其对于周期类原材料存货，价格剧烈波动是经常发生的；

（四）目前的会计准则下，商誉不涉及摊销，如果商誉是由于收购其他标的形成，且收购标的实际业绩明显未达收购时点的业绩预期，就有可能存在大额减值风险，将直接削减净资产余额；

（五）短期借款余额较大，货币资金余额无法偿还到期本息的风险。

假设通过对 B 公司的深度研究，确实发现存在上述风险。为了留出足够的安全边际，对 B 公司的资产负债表进行调整，如表 6-5 所示。

表 6-5　A、B 公司简化资产负债表（调整后）　　　　　　　　单位：万元

公司\科目	A 公司	B 公司	B 公司（调整）
货币资金	1000	200	200
应收票据	—	1000	700
应收账款	50	2000	1500
存货	50	800	500
流动资产合计	1100	4000	2900
固定资产	2000	3000	3000
商誉	—	5000	2000
非流动资产合计	2000	8000	5000
资产合计	3100	12 000	7900
短期借款	—	6000	6000
应付账款	800	500	500
流动负债合计	800	6500	6500
非流动负债	—	—	—
负债合计	800	6500	6500
所有者权益	2300	5500	1400

调整后，B 公司对应 1 亿元估值的市净率约为 7.14 倍。相较于 A 公司，B 公司在市净率维度已不存在价格优势。

当然，如果通过深度研究排除上述潜在风险，那么 B 公司仍然具备价格优势。但不论最终的结论如何，都是以对公司的深度研究为基础和前提。

综上，从与同业对比的横向维度来说，PB 低不等于风险小。

五、招商银行与民生银行对比案例：市净率低并不等于风险小

市净率估值法在研究银行时经常用到，对于银行来说，影响净资产质量众多因素中，有两个极为关键：不良贷款率和拨备覆盖率。前者是金融机构不良贷款占总贷款余额的比重，越低越好；后者是实际上银行贷款可能发生的呆、坏账准备金的使用比率，用来衡量银行贷款损失准备金计提是否充足，越高越好。

此处选择已在 A 股上市的招商银行和民生银行为例，取两家银行 2016—2020 年五年间历史数据进行对比，如表 6-6 所示。

表 6-6　招商、民生银行历年不良贷款率和拨备覆盖率对比　　　　　　　　%

不良贷款率					
名称　　　年份	2016	2017	2018	2019	2020
招商银行	1.87	1.61	1.36	1.16	1.07
民生银行	1.68	1.71	1.76	1.56	1.82
拨备覆盖率					
名称　　　年份	2016	2017	2018	2019	2020
招商银行	180.02	262.11	358.18	426.78	437.68
民生银行	155.41	155.61	134.05	155.50	139.38

对比数据可发现，招商银行的不良贷款率处于连年下降趋势，五年内由 1.87% 大幅降至 1.07%；拨备覆盖率处于连年提升趋势，五年内由 180% 大幅升至 438%。两条指标均处于稳健向好态势。反观民生银行，五年内不良贷款率上升，拨备覆盖率下降，与招商银行背道而驰。

对于两者的分化，资本市场也给出了反应，如图 6-1 所示，从两家银行过去五年的 PB 估值中枢对比中便可一窥端倪。

5 年里，招商银行的 PB 基本在 1.113 倍至 1.986 倍之间波动，民生银行的 PB 基本在 0.470 倍至 0.910 倍之间波动，并且在这 5 年的大部分时间内，招商银行的 PB 均高于民生银行。另外，随着时间的推移，招商银行的 PB 越发向顶部靠拢，而民生银行的 PB 已降至阶段性底部。到 2021 年 4 月，二者的 PB 差异已达到 4 倍！

PB 始终高于对方且差距越拉越大，难道说招行一直都比民生银行"贵"吗？答案显然不是，请看二者在这 5 年的股价走势，如图 6-2 所示。

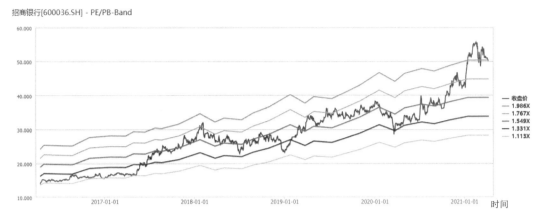

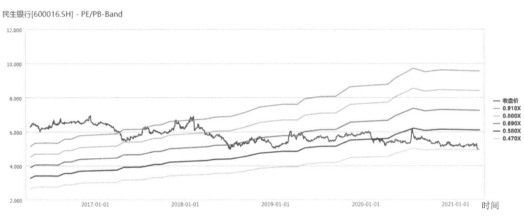

图 6-1　招商、民生银行 PB 估值中枢对比

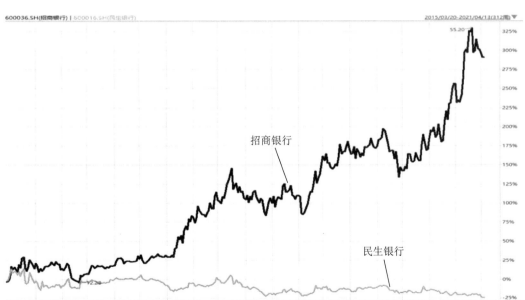

图 6-2　招商、民生银行股价走势对比

所以，PB 绝对值的高低未必代表股票真正"贵"或"便宜"。请牢记，资产质量才是 PB 角度下最关键的因素。

六、招商银行案例：通过自身历史维度（纵向）分析市净率

与横向维度的逻辑和前提一样，纵向维度仍然需要基于对公司的深度研究。在资产状况长期保持良好状态，且未来不会恶化的前提下，才能基于公司的历史估值中枢进行判断。

依然以招商银行为例，介绍如何进行纵向维度分析。首先截取招商银行 2007 年 1 月到 2021 年 4 月的市净率估值中枢图，如图 6-3 所示。

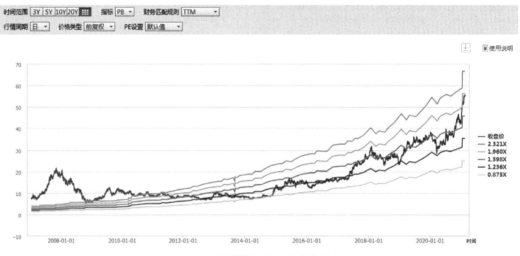

图 6-3 招商银行市净率估值中枢

可以看出，招商银行 2007 年 10 月市净率已经达到 20 倍以上，而在 2014 年 8 月跌至 0.9 倍附近。通过深度研究发现，该银行在业务发展、经营水平、风控能力等各方面始终处于国内银行业第一梯队。换言之，其资产质量在过去的 14 年中，始终保持了长期稳定的良好状态。在此前提下，2014 年 8 月的 0.9 倍确实比 2007 年 10 月的 20 倍更加安全。我们可以通过观察区间内的年化收益率来进行对比，如图 6-4、图 6-5 所示。

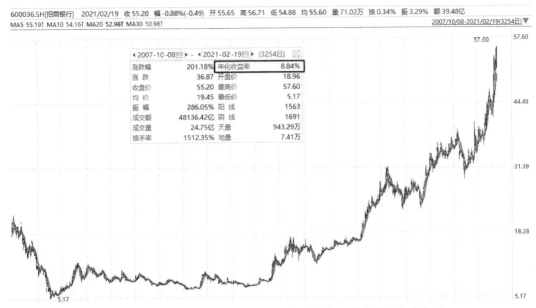

图 6-4　2007 年 10 月—2021 年 2 月招商银行股价走势及年化收益

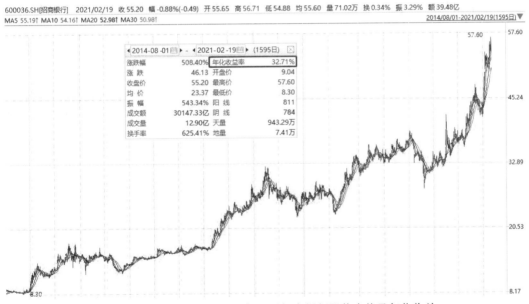

图 6-5　2014 年 8 月—2021 年 2 月招商银行股价走势及年化收益

　　从图中可知，假设自 2007 年 10 月持有招商银行股票至 2021 年 2 月，对应年化收益率约为 8.84%。但如果从 2014 年 8 月持有至 2021 年 2 月，对应年化收益率高达 32.71%！

　　在纵向维度上，也要先对上市公司做好充分的研究。如果公司的资产质量在历史长期保持健康稳定并且在未来也无明显恶化风险，PB 低等于风险小；如果公司的资产质量稳定性较差，或者在未来存在恶化风险，则 PB 低不等于风险小。

这一问题解答清楚后，市净率估值法下的安全边际如何设定，就可以通过类比轻易得到答案了。

同行业不同公司之间的选择：

（一）资产质量接近的，选市净率低的；

（二）市净率接近的，选资产质量好的。

同一公司不同时点的选择：

（一）资产质量健康稳定以及呈现向好趋势的，在市净率接近历史底部附近时出手买入或加仓；

（二）资产质量不稳定甚至有恶化风险的，市净率处于底部也不能盲目操作。

第四节 | 市盈率估值法介绍

市盈率，是指公司总市值与公司净利润的比率。先通过三个简单的公式，加深对定义的理解：

（一）公司总市值 = 每股股价 × 公司总股本

（二）公司净利润 = 每股净利润 × 公司总股本

（三）市盈率 = 公司总市值 / 公司净利润

基于公式（一）和（二），对公式（三）的分子分母同时除以公司总股本，可以得到一个完整的定义公式，市盈率 = 公司总市值 / 公司净利润 = 每股股价 / 每股净利润。这就是 PE 的来源，P 指 price per share（每股股价），E 指 earning per share（每股净利润，简称 EPS）。

对于新手来说，理解市盈率要比市净率稍难一些。上一节讲到，在市净率维度下，公司净资产 1 亿元，投资人给予公司的估值是基于 1 亿元净资产的质量，质量好的给予市净率和估值高一些，质量差的对应估值要低一些，总体来说相对直观。在市盈率维度下，为什么同样是净利润 1 亿元的公司，有的获得 10 倍市盈率，估值 10 亿元？有的获得 50 倍市盈率，估值 50 亿元？难道同样的 1 亿元净利润，在投资人眼中还不一样？不妨继续以小动物果园为例，从市盈率的本质说起。

上一节中，牛大叔以 60 万元的价格，从小猪手里买到了总资产 100 万元、负债 20 万元、净资产 80 万元的果园。果园在牛大叔的精心呵护下，每年都可以带来 20 万元的收入，扣掉设备折旧、树苗种子、化肥等成本以及水电、所得税等费用合计约 15 万元后，净利润能稳定保持在每年约 5 万元。

问：基于上一轮收购价格 60 万元，果园当前市盈率是多少？

答：市盈率 = 公司总市值 / 公司净利润 =60/5=12 倍。

问：假设每年 5 万元净利润无需进行再投入，牛大叔可以作为分红全部拿走补贴家用。对牛大叔而言，这笔投资的回报期是多久？

答案：回报期 = 投入成本 / 每年收回所得 =60/5=12 年。

等等，怎么跟第一个问题的计算过程和答案完全一样？没错，市盈率的本质就是静态投资回报周期（为什么叫静态，下文再作详细解释）。无论你是公司的唯一股东，还是众多股东中的一员，所有人在成为股东的时点，市盈率的本质就是这名股东的静态投资回报周期。但这里有一个前提，公司的现金分红率必须为 100%（现金分红率 = 现金分红额 / 可分配净利润总额）。

了解到本质之后，市盈率的适用范围好像一下子变大了：购买收益率 4% 的理财，静态投资回报周期是 25 年，相当于购买了市盈率 25 倍的股票；购买收益率 8% 的信托，静态投资回报周期是 12.5 年，相当于购买了市盈率 12.5 倍的股票。

反过来也是同样的道理：购买了 40 倍市盈率的股票，相当于投资了每年收益率 2.5% 的项目（如果分红率不为 100%，还会低于 2.5%）。那么问题来了，投资者为什么不直接去买收益更高的理财产品，而要购买市盈率 40 倍的股票呢？

这个问题暂且放一下，先来了解市盈率的几种口径吧！

一、常见的几种市盈率

静态市盈率、动态市盈率、滚动市盈率是比较常见的三种市盈率。

静态市盈率：公司当前总市值 / 公司前一会计年度净利润（上市公司须以年报公告为准）。比如现在是 2021 年上半年，市盈率 = 公司当前总市值 / 公司 2020 年度净利润。

静态市盈率的主要缺点在于，上市公司 T 年的年报一般会在 T+1 年的 3—4 月才会公告，例如贵州茅台 2020 年的年报就在 2021 年 3 月底才公告。那么 2021 年 3 月底前计算贵州茅台的静态市盈率，只能以 2019 年年报公布的当年净利润作为分母。存在一年多的时间差异，计算结果的准确性被降低了很多。

动态市盈率：公司当前总市值 / 公司未来会计年度净利润，比如现在是 2021 年上

半年，动态市盈率一般表达为 PE（21E）、PE（22E），分别代表公司当前总市值与
2021 年预测全年净利润、2022 年预测全年净利润的比率。

动态市盈率的主要缺点在于，未来年度净利润全部为预测值。如果预测结果过于
乐观，会造成分母过大，有动态市盈率计算结果被低估的风险。

滚动市盈率：公司当前总市值 / 公司最近四个季度的净利润之和（上市公司须以
公告为准）。假如现在是 2021 年 2 月，虽然 2020 年年报尚未公告，但 2020 年前三
季度审计报告均已公告，所以可以选取 2019 年四季度加上 2020 年前三季度形成一个
滚动的完整会计年度，一般以 PE（TTM）表示。滚动市盈率较前两者都更加精确，
也是最为广泛使用的市盈率口径。

下面将用一个例子来更加直观地阐述三种市盈率口径之间的差异：假设 A 公司的
总市值是 50 亿，目前 2020 年年报尚未公布，相关年份的净利润如表 6-7 所示。

表 6-7　A 公司净利润假设　　　　　　　　　单位：亿元

	2019 四季度	2019 年报	2020 一季度	2020 二季度	2020 三季度	2020 四季度	2020 年报	2021 预测	2022 预测
净利润（亿元）	1	3.67	0.8	1.5	0.9	未披露	未披露	5.28	6.34

则有：

（一）静态市盈率

PE=50/3.67=13.64（等到 2020 年年报公告后，分母换成 2020 年全年净利润）

（二）动态市盈率

$$PE（21E）=50/5.28=9.47$$
$$PE（22E）=50/6.34=7.89$$

（三）滚动市盈率

$$PE（TTM）=50/（1+0.8+1.5+0.9）=11.9$$

上面的例子揭示了两个重点：第一，静态市盈率与滚动市盈率是基于历史数据计
算的，而动态市盈率是基于未来预测数据计算的；第二，如果公司的净利润出现增长，
在公司市值不变的情况下，市盈率会降低（分子不变，分母变大，相除结果变小）。

回到前面的问题，40 倍市盈率（无特别说明的情况下，均指滚动市盈率）的股票，
和 4% 收益率（相当于 25 倍市盈率）的理财，选择前者的原因主要有两个：判断公司
未来净利润会保持增长，将市盈率逐步摊薄至 25 倍以下；或判断理财未来收益率会

下降，理财产品对应的市盈率逐步提高至 40 倍以上（第一点的影响一般会更大）。

理性人投资的是公司的未来，只要公司未来业绩可以保持长期增长，同等估值下对应的市盈率就会逐渐被摊薄。反之，即使当前的市盈率很低，公司未来业绩如果出现下滑，市盈率水平也会越来越高。这就是所谓的"估值陷阱"——市盈率低并不一定安全。

好了，现在我们知道，市盈率很大程度上体现了投资人对于公司未来业绩增长的预期。对于高速成长的企业，投资人可以接受以较高的市盈率买入，依靠净利润（分母）的不断增大，实现市盈率的逐年摊薄。那么预计未来业绩增速 20% 或是 50%，当下给多少市盈率合适呢？有一个指标，可以视为未来业绩增速与当前 PE（TTM）之间的桥梁——PEG。

二、市盈率相对盈利增长比率（PEG）

对于究竟是谁发明了 PEG，众说纷纭，投资界较为公认的是，将该指标发扬光大的是美国传奇投资人彼得·林奇。PEG 指标中的 PE 即 PE（TTM），G 指的是未来（一般不少于 3 年）净利润平均增速（Growth），PEG=PE/（G×100）。

假设 B 公司 2020 年 PE（TTM）为 25 倍，其未来三年的业绩预测如表 6-8 所示。

表 6-8　B 公司净利润及增速假设　　　　　　　　单位：亿元

	2020	2021E	2022E	2023E
净利润（亿元）	1.0	1.2	1.5	1.7
增速（%）	—	20%	25%	13%

粗略计算未来三年业绩的平均增速约为 20%，根据公式可得出，PEG=25/（20%×100）=1.25。

对于 PEG 指标，通常认为当 PEG > 1 时的价格偏高，PEG < 1 时的价格偏低。当然不同行业的参照值也存在差异，比如夕阳行业可以将 PEG 与 0.8 对比，朝阳行业可以将 PEG 与 1.2 对比。无论是 0.8 还是 1.2，并没有一个明确的要求，多是见仁见智的选择。但有一点是明确的，大多数情况下，同一行业内 PEG 低的企业相对安全一些；同一企业的不同时点，PEG 低的时候相对安全一些。

另外，在 PEG 的适用范围上也有三点需要注意：第一，PE（TTM）与 G 必须同时为正数，对于亏损或负增长企业，PEG 适用度较低；第二，PEG 对于 PE（TTM）在 5 倍以下的企业是可能失效的；第三，理论上，预测未来的年份越长，PEG 的效果越明显，但同时存在预测偏差也会越大的风险。所以通常情况下，可以使用未来 3～5

年预测利润的增速进行计算，读者可以根据实际情况调整预测年数，但最好不要少于2年，只用1年增速时，偶然性会使指标效果大打折扣。

三、市盈率估值法使用要点

使用市盈率进行估值时，还有几点需要留意。

第一，虽然我们经常使用总市值与净利润的比率计算市盈率（最简单直观），但请牢记市盈率最根本的公式，是每股股价与每股净利润的比率。在某些情况下，净利润的增长并不能带来每股净利润的提高。比如上市公司定向增发，虽然获取资金后可能实现了利润规模的扩大，但同时也增加了股本，或许会稀释增发前的每股收益。对这种情况需要追根溯源，使用每股指标进行计算，不要为了省事而偷懒。

第二，在大多数软件中，无论何种口径的市盈率，基本都是选用全口径净利润作为分母。全口径包含投资收益、资产处置、政府补贴等不规律因素的影响（一般统称为"非经常性损益"）。建议使用"扣除非经常性损益后的净利润"作为分母另行计算，更能体现出企业主营业务真实利润情况对应的估值水平。

第三，谨防估值陷阱。考虑到未来业绩的不确定性，市盈率与上一节讲市净率时的一个结论有些类似：便宜未必安全，昂贵未必危险。区别在于市净率看资产质量，市盈率看业绩成长。

最后，只有一种情况下市盈率为负，那就是标的公司处于亏损状态（市值或股价最低为零，不会为负）。对于初入股市的朋友们来说，负值市盈率的比较和分析没有意义。下一节中，我们会介绍另外一种相对估值指标，可用于为亏损企业估值。

第五节 市销率估值法介绍

人类的生命周期，起步于呱呱坠地的婴儿期，慢慢步入幼年、少年、青年和成年期，最后步入老年期。企业的生命周期也像人类一样被划分为几个阶段，比较常见的划分主要包括初创期、成长期、成熟期和衰退期。

如果我们每个人都有一张利润表的话，或许大部分人在进入成年期或开始工作之前，利润表都是亏损状态（不排除有优秀且早熟的朋友在成年期之前就已经开始赚钱了）。企业也是同样的道理，大多数企业是在进入成长期甚至成熟期后，才开始具备盈利能力。

处于青少年时期的孩子，赚钱能力基本为零，但学习成绩、爱好特长、性格脾气、待人接物等各个方面，同样可以作为判断其优秀程度的依据。处于亏损阶段的企业，市盈率基本不适用，有什么其他指标来判断呢？市销率或许能帮上忙。

一、市销率是什么

市销率，是指公司总市值与公司营业收入的比率。先通过三个简单的公式，加深对定义的理解：

（一）公司总市值 = 每股股价 × 公司总股本

（二）公司营业收入 = 每股营业收入 × 公司总股本

（三）市销率 = 公司总市值 / 公司营业收入

基于公式（一）和（二），对公式（三）的分子分母同时除以公司总股本，可以得到一个完整的定义公式，市销率 = 公司总市值 / 公司营业收入 = 每股股价 / 每股营业收入。这就是 PS 的来源，P 指 price per share（每股股价），S 指 sales per share（每股营业收入，简称 SPS）。

有了前两节的学习基础，本节不再对市销率的计算过程进行举例和演示，对市销率高低的判断也不再赘述，判断逻辑与市净率市盈率指标基本一致，重点讲一下市销率的应用场景和使用要点。

二、市销率用在哪儿

大部分企业都以盈利为目的，所以净利润增速、净利率、ROE 等指标的高低，成了判断一个企业优秀与否的主要依据。但本质上，企业当前"是否有利润"与"是否优秀"，这二者之间并不是彼此的充分或必要条件。有利润的不一定是好企业，暂时没利润的也不一定是差企业。

现实中，亏损的企业也不乏优秀的行业佼佼者。2000 年之前的亚马逊、2019 年之前的美团等，都是处于亏损阶段的优秀企业。虽然暂时没有实现净利润，但是在收入端保持了健康良好的增长；在成本和费用端，企业长期持续投入科技研发、市场调研、客户开发及测评等，这些开支虽然吞噬了企业的短期净利润，但对于企业长期自身发展、抢占市场、巩固行业龙头地位，都是不可或缺甚至是高瞻远瞩的。面对这类企业，市净率和市盈率估值法的局限性非常明显，市销率无疑是一种合理的补充。

三、市销率估值法使用要点

和净利润中的"非经常性损益"相似，企业收入的构成中也存在着与主业相关性较低的收入成分。因此在计算市销率过程中，营业收入通常选用"主营业务收入"。

同时，市销率以收入作为评价的主要依据，因此收入的质量就尤为关键。当企业存在应收账款账期较长、坏账率较高、应收票据占比较大等情况时，会对市销率的使用效果起到负面影响。

另外很关键的一点，在使用市销率的时候，务必要关注企业利润表各项的结构及其合理性，客观分析企业尚未盈利的真实原因。如果企业的利润是被长期持续的研发投入所吞噬的，且当这些研发开支在投入使用后可以达到预期效果，那么暂时性未盈利就是合理的。反之，如果企业未盈利的主要原因是收入大部分用于偿还贷款利息，或主营业务本身利润空间就很小等情况，未盈利的合理性就有待商榷。

至此，我们已将三种主要的相对估值法介绍完毕。为方便读者更加系统地了解它们，将其要点总结对比如下，如表 6-9 所示。

表 6-9　三种估值方法对比

估值方法	主要适用对象	侧重点	劣势
市净率	重资产企业 周期性较强的行业	资产质量	对利润指标的重视程度不够
市盈率	已进入盈利期的企业	盈利能力 业绩增速	中早期亏损企业或偶发性亏损企业不适用
市销率	轻资产企业 中早期亏损企业	收入增速 市场份额	对行业分析和企业未来预测的难度较大

要注意的是，表中的主要适用对象不等于只能适用的对象，侧重点不等于唯一的关注点。不管使用哪种估值方法，须始终记得，没有任何一种估值方法能一招鲜吃遍天。在实际操作中还需力求全面、谨慎，根据不同企业的特征，多思考、尝试不同的估值方法。例如研究银行时，可以同时结合如拨备准备金率等市净率因素与存贷息差等市盈率因素。研究白酒时，同时参考如价格走势、毛利率等市盈率因素与市场份额等市销率因素，甚至还可以借鉴存货跌价、商誉等市净率因素。表 6-9 是一个小工具箱，不同的估值方法犹如工具箱中的扳凿斧锯，需通力协作方能完成投资的精雕细琢。

|第六节| 指数分位估值法介绍

很多人喜欢用指数点位来判断当前时点是否存在泡沫、是否值得出手投资。客观讲，这种思路可能并不适用于所有个股的买卖择时。

比如上证综指从 3000 点跌回 2500 点，优质股票未必会跌多少，甚至可能会涨；上证综指从 2500 点涨回 3000 点，垃圾股票也可能继续跌。但指数毕竟是由 4000 多只股票根据权重计算得出的，对于判断相当一部分个股的当前位置还是具备一定参考价值的。

本节就来介绍指数点位的判断指标——分位值。这是一个统计学术语，我们不需要死记硬背定义表述，将指数分位值理解为对某一市场或某一行业所有成份股的"集体估值"并知道如何使用即可。

一、指数分位怎么用

下面以大家最为熟悉的上证指数举例说明。通过 Wind 的"指数估值"功能，可以找到如下界面，如图 6-6 所示。

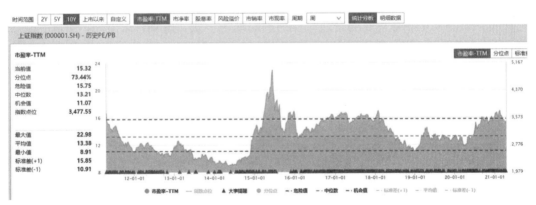

图 6-6　上证指数 PE（TTM）历史十年走势图

从中可以读出四点主要信息：

（一）这是上证指数 PE（TTM）的历史十年走势图。

（二）当前时点（2021 年 4 月 19 日），指数点位为 3477.55，对应 PE（TTM）为 15.32。

（三）分位点为 73.44%。这个百分比非常重要，意味着当前时点 15.32 倍的PE（TTM），高于历史十年中 73.44% 时间的 PE（TTM）。基于该分位点，我们很难判断当前的上证综指是不是贵，但起码没那么便宜。

（四）从历史十年统计数据来看，上证指数的危险值是 15.75（15.32 已经很接近了，侧面说明不算便宜）；机会值是 11.07，也就是跌到这个位置时，"抄底"的性价比可能更高。

可以通过调节"时间范围""市净率"等选项，从其他维度来判断上证指数目前的大概位置，比如"历史五年"的"市净率"分位值。

另外，上证 50、沪深 300、中证 500、创业板 50 等大盘指数，包括各个行业的指数，都可以实现上述功能。其他软件也有类似统计功能，很多投资达人也利用 Excel 自制为指数估值的工具。

二、指数分位估值法使用要点

第一，理论上分位值越小，风险越低。但分位值体现的只是历史，并不能用于预测未来。在实际使用中，还要结合宏观经济周期、行业发展阶段、财政货币政策等因素综合考虑。比如地产指数，当前时点 PB 历史十年的分位值仅为 1.2%，看上去已经很低，但如果结合房地产发展阶段、国家宏观调控政策等因素考虑，很难判断是否会更低。

第二，不要把指数点位与个股时机的判断混为一谈。指数分位值高，可能也有性价比很高的个股机会；指数分位值再低，也不能代表所有的个股都有投资价值。另外，个股参考类似指数分位估值进行择时的原理相同，本章第三节已用招商银行举例，最后实战篇中还会有相关案例展示。

第三，部分指数成立时间晚，历史年限短，分位值参考价值较低。

第四，购买指数基金或行业主题基金时，指数分位值可以作为一个不错的参考依据。

由此可见，市盈率和市净率等指标不但可以用于为个股估值，还能为行业甚至整个市场指数估值。可以从"性价比"的角度，为投资者提供买卖决策及仓位管理等辅助参考。

| 第七节 | 绝对估值法介绍

相对估值法简单易懂上手快，但都需要一个参照物，或是横向的同类可比公司，或是纵向的历史估值中枢，抑或是与"1"作比较的 PEG。仿佛一个公司值多少钱，或多或少都要受到其他公司或自身历史表现的影响。所谓"相对"，总要有个比较对象，这也正是相对估值法名称的来源和逻辑基础。

由于相对估值法过于依赖参照物，参照标的的状态会对估值结果造成较大影响。例如当市场出现长熊时，企业自身历史估值中枢或可比企业的估值水平都可能被长期低估，参考价值可能也被打了折扣。

那么，是否有一种完全剔除参照物影响，直接对目标企业内在价值进行估值的方法呢？那就是本章后几节将讨论的主角——绝对估值法。

一、绝对估值法的逻辑基础

所谓绝对估值，是基于反映目标企业经营状况的各项数据，直接估算其内在价值的估值方法。

这一理论认为，对于未来能够创造现金流的资产而言，其内在价值取决于该资产未来可创造现金流的时间、大小及其可预测性——各类有价证券如此，企业亦如此。换句话说，资产的价值并不局限于任何参照，而取决于该资产本身未来产生现金流的现值。因此，上市公司的内在价值，是将预期未来现金流，按照反映其风险的折现率，进行折现后的现值加总。

绝对估值法的分支有很多，其中使用率较高且便于初学者掌握的，主要是现金股利折现模型（Dividend Discount Model，简称DDM）和自由现金流折现模型（Free Cash Flow for the Firm，简称FCFF）两种。它们都属于广义的现金流折现法（Discounted Cash Flow，简称DCF），分别通过测算上市公司未来的现金股利或自由现金流，实现估算公司股票内在价值的目的。但无论何种方法，理解什么是"折现"都是展开学习的前提。

二、折现与折现率

折现，也叫贴现，是指将未来现金流折算成等价现值的过程。

举个简单的例子帮助大家理解：

今天马上得到100元和一年后的今天得到100元，如何选择？几乎所有人会毫不犹豫地选择前者。理由很简单：马上得到100元，最起码可以存在银行，无论利率高低，一年后连本带息取回至少是大于100元的（不考虑负利率情况发生）。

但如果换一种情况，今天马上得到100元和一年后的今天得到200元，又如何选择呢？多数人可能会更加青睐后者，理由也很简单：一年翻一倍的收益率十分可观，即使今天马上得到了 100 元，大多数人很难在一年后将其变成 200 元。

一年后的 100 元和 200 元，会让大家毫不犹豫地做出截然不同的选择。那么在 100 元和 200 元之间，应该存在某个数值或一个区间，会让人在选择时犹豫不决，而且这个数字或区间对于不同人可能又各不相同。

从资产角度来说，马上得到 100 元，可以购入理财产品，未来一年获取 4% 左右的固定收益，一年后变为 104 元左右；如购入信托，则可获取 8% 左右的固定收益，但风险或许略高于理财产品；从负债角度来说，马上得到 100 元，可以提前偿还贷款，未来一年减少 5 ～ 10 元的贷款利息，相当于变相获取了 5% ～ 10% 的收益。在上述几个数字中简单取一个中间值，比如你认为当前的 100 元和一年后的 106 元，基本上是等同的。那么 6% 这个数字有一个专门的名称，叫作折现率。

折现率，本质是资产未来预计取得的收益率水平，未来可以是一年、三年或者更长。根据公式定义，未来收益的现值 = 未来收益绝对值 /(1+ 折现率)^n，n 为与折现率匹配的折现期数（如以年收益率作为折现率，则 n= 需要折现的年数）；同理，如未来有多笔收益，则现值为每一笔收益折现到当前时点的数值之和。在上面的理财例子中，一年后的 104 元，等于当前得到的 100 元，即 104/(1+4%)^1=100。

三、折现率的应用

在现实中，理解和运用好折现率能帮助我们在投资理财决策中保持思路清晰并做出较优选择。请看下面两个案例。

（一）不同现金流的选择

现在有 A、B 两笔现金流，哪一笔更好呢？

A：一年后得到 10 000 元，两年后再得到 10 000 元；

B：一年后无所得，两年后一次性得到 20 500 元。

假设预期收益率是 4%，即以 4% 作为折现率。

A 现金流：一年后得到 10 000 元，两年后再得到 10 000 元，相当于当前时点马上得到约 18 861 元，计算步骤如图 6-7 所示。

合计	当前时点		一年后		两年后
	9615.38	10 000÷1.04	10 000		
18 860.94	←				
	9245.56	9615.38÷1.04	9615.38	10 000÷1.04	10 000
	←		←		

图 6-7　A 现金流计算步骤

B 现金流：一年后无收入，两年后得到 2.05 万元，相当于当前时点马上得到约 18 953 元，计算步骤如图 6-8 所示。

当前时点		一年后		两年后
18 953.40	19 711.54÷1.04	19 711.54	10 000÷1.04	20 500
←		←		

图 6-8　B 现金流计算步骤

由于 B 现金流的 18 953 元现值大于 A 现金流的 18 861 元现值，因此 B 现金流要优于 A 现金流。

此处的 18 861 元和 18 953 元有一个专门的名称——净现值（Net Present Value，NPV），是指未来资金流入的现值与未来资金流出的现值之间的差额。在上面的例子中，未来资金流出为 0，所以净现值等于未来资金流入的现值。如果存在现金流流出的情况，计算逻辑是和上面完全一样的，只需把每年的现金流入与流出分别折现到当前时点即可。

还是上面 A、B 两笔现金流，假设预期收益率是 8%，即以 8% 作为折现率，经过计算后，A 现金流的净现值约为 17 833 元，B 现金流的净现值约为 17 575 元，结论又变为了现金流 A 优于现金流 B。

（二）不同投资项目的选择

C：初始投入 2 万元，一年后追加投入 8 万元，两年后退出项目获得 11 万元，项目结束；

D：初始一次性投入 10 万元，一年后部分退出获得 5 万元，两年后全部退出获得 6 万元，项目结束。

在不考虑折现率的情况下，两个项目都是投资期两年，累计投入 10 万元，累计所得 11 万元，看上去并无差异。但一旦考虑折现，两者就出现了差异。以 4% 的折现率为例，C 项目的净现值为 0.48 万元，具体计算步骤如图 6-9 所示。

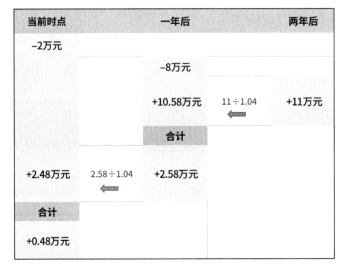

图 6-9　C 项目净现值计算步骤

同理可计算出 D 项目的净现值约为 0.36 万元，因此在 4% 折现率之下，项目 C 优于项目 D。

通过上面公式的定义及案例演示可以看出，绝对估值是针对某投资标的或投资项目未来现金流净额进行折现的估值方法。影响净现值的核心因素主要包括以下三点：

第一，未来现金流的大小。未来现金流净流入越大，折现到当前的 NPV 就越高。

第二，折现率的高低。折现率越低，折现到当前的 NPV 就越高。

第三，折现周期的长短。折现期数越短，现金流折现到当前的 NPV 就越高。

对于投资而言，第一点需要对投资标的进行深度的研究和判断。第二点可以选用机会成本（如不进行本次投资，而是选择购买理财、信托等的收益率）、资金成本（如贷款投资的资金成本 8%，则折现率应不低于 8%）或预期收益率（投资前的预期收益会直接影响参与投资的价格上限）。而第三条则取决于未来现金流产生的时点，同样是一块钱，一年后的一块钱比十年后的一块钱，现值要高得多。

第八节 现金股利折现模型介绍

之所以投资一家上市公司，成为它的股东，最原始的动机当然就是赚钱。赚钱又可以分两个层面：企业赚钱（前提基础）和股东赚钱（最终目的）。企业在获取利润的基础上，按照一定的规则向股东进行分红派息，从而实现为股东赚钱的最终目的。

人们都说"买股票，买的是企业的未来"，买的究竟是企业未来的什么？业绩 /

利润？市场地位？抑或是其他？答案有很多种，如果要挑出某个最能反映企业前景的指标，现金流无疑将是最佳选择之一。

上一节中提到的现金股利折现模型（以下简称"DDM"），对应的就是股东层面的现金流折现。该模型假设投资者在永久持有股票的条件下，现金股利是股东投资股票获得的唯一现金流。对于投资者而言，如果刨除股票涨跌差价带来的收益，未来获得的收益就是企业在获取利润后，按照一定的分红率进行的现金分红。因此未来从企业获得的全部分红的现值，就是企业当前的内在价值。

DDM 是最基础的绝对估值模型，自由现金流折现模型（以下简称"FCFF"）也大量借鉴了它的一些逻辑和计算方法。理论上，当企业自由现金流全部用于现金股利支付时，二者就并无本质区别。

一、DDM 的假设条件

DDM 的本质是根据未来获得全部现金分红的现值进行估值，所以有两个重要的隐含条件：一是企业能够永续经营，二是企业会一直分红。

假设一家企业的折现率为 i，当前的股息为 D_0，一年后的股息为 D_1，两年后为 D_2，以此类推，第 n 年为 D_n，则其未来的现金分红及折现值如表 6-10 所示。

表 6-10　未来现金分红折现示意表

	现　　值	第 1 年	第 2 年	第 3 年	……	第 n 年
股息		D_1	D_2	D_3	……	D_n
折现期		1	2	3	……	n
折现率		i	i	i	……	i
折现值		$D_1/(1+i)^1$	$D_2/(1+i)^2$	$D_3/(1+i)^3$	……	$D_n/(1+i)^n$

从上表可知，企业当前的内在价值就是将未来每一年现金分红的折现值相加，因此可得 DDM 的基本求和公式：

$$V = \frac{D_1}{(1+i)^1} + \frac{D_2}{(1+i)^2} + \frac{D_3}{(1+i)^3} + \cdots + \frac{D_n}{(1+i)^n} = \sum_{t=1}^{\infty} \frac{D_t}{(1+i)^t}$$

假如上市公司当前股价低于内在价值，则可认为在 DDM 下该企业被低估，反之则处于高估状态。

看到这里肯定有读者会问，道理很简单，但未来每一年的现金分红 D_1、D_2、D_3 乃至 D_n 等数值又该如何确定呢？对此，不同的假设条件下会有不同的结果，下面主要以最常用的两种情况为例进行进一步的分析。

二、零增长假设 DDM

零增长假设 DDM 最为简单，该模型假设企业未来每一年的现金分红都保持不变。

即：$D_0=D_1=D_2=D_3=\cdots\cdots=D_n$。

代入 DDM 中，利用无穷级数求和的数学方法简化后可得：

$$V=D_0/i$$

即：股价 = 每股现金分红 $/i$。

简单来说，当一家企业按照每年 2 元 / 股的标准来发放现金股利，那在 4% 的折现率下，其当前的合理股价为 50 元。也就是以 50 元的价格买入，长期持有的收益率为 4%。换句话说，如果期望获得不低于 4% 的预期收益率，那么购买该股的价格不应高于 50 元。

以长江电力为例，该公司成立于 2002 年，股权结构稳定。拥有长江干流上的三峡、葛洲坝、溪洛渡和向家坝等 4 座巨型水电站，是 A 股目前最大的电力公司。水力发电站的一大特点就是有水就有电，有电就不愁卖，再加上大坝这种东西用上个 100 年也是没问题的，所以水电站是最接近永续经营的资产。另外，水电站在建成后成本主要是就是大坝、厂房等固定资产的折旧费用和财政规费，原材料、废料处理等成本基本没有，不会受原料价格波动的影响，所以净利润也基本稳定，其 2016—2020 年每股现金分红为分别 0.725、0.68、0.68、0.68 和 0.7 元，几乎保持零增长，正好可作为 DDM 估值的典型案例。

假设长江电力未来每年现金分红都是 0.68 元 / 股，零增长，折现率 4%。代入公式计算，可得长江电力的合理股价为 17 元。即如果想获得每年不低于 4% 的预期收益率，就要尽量在 17 元以下购买他们家的股票。

需要注意的是，零增长模型下是基于企业当下盈利和分红情况对估值进行测算的，这些前提发生改变，估值结果也会随之变化。

2021 年 5 月 31 日，长江电力在接受调研时表示，公司正在着手研究乌东德水和白鹤滩收购方案，按照乌白电站建设进度，预计 2022 年 7 月全部投产。根据乌白电站的装机容量推算，投产后每年净利润至少增加 50%。若利润增长分红也随之增长，那么未来长江电力的现金股利至少应该提升至 1 元。

假设其他条件不变，那其当前的合理股价应该是 25 元。也就是说考虑到未来上市公司的利润增长，只要在 25 元以下购买股票，都能够获得长期不低于 4% 的预期回报。

三、固定增长 DDM

在现实中很少有永远不变的企业，毕竟成长如同逆水行舟，不进则退。于是就引出了第二种假设模型——固定增长 DDM。

这种模型是假设企业未来的股利以每年 g 的增长率进行增长，即 $D_1=D_0 \times (1+g)$，$D_2=D_1 \times (1+g)$，$D_3=D_2 \times (1+g)$，…，$D_n=D_{n-1} \times (1+g)$。

代入 DDM 中，利用无穷级数求和的数学方法简化后可得：

$$V=D_1 / (i-g) = D_0 (1+g) / (i-g)$$

即：股价 = 下一年每股分红 / $(i-g)$。

简单来说，当一家企业下一年按照每年 2 元 / 股来发放股利，在 4% 的折现率和 1% 的现金分红增长率假设条件下，其当前的合理股价为 66.67 元。也就是以 66.67 元的价格买入，长期持有的收益率为 4%。换句话说，如果期望获得不低于 4% 的预期收益率，那么当前购买该股的价格就不应高于 66.67 元。

依然以长江电力为例，当前企业正在围绕核心业务向外做延伸，各类战略投资仍在继续，未来的净利润也会进一步提升。虽然不一定会像以前一样保持每年 15% 以上的复合增长率，但以每年 1% 的平均速度成长应属合理。

那么以长江电力 2020 年的股息 0.7 元 / 股为基数，假设每年增长 1%，折现率 4%。代入公式计算，可得合理股价为 23.33 元。也就是说如果要获得每年不低于 4% 的预期收益率，就要尽量在 23.33 元以下买入长江电力。换句话说，只要在 23.33 元以下购买长江电力，未来每年都能获得不低于 4% 的预期回报。

四、DDM 的不足

首先，几乎没有企业能够一直存活并保持持续分红，因此在用 DDM 估值时应尽量保守一些去做预估，也就是通常说的"留足安全边际"。

其次，中国上市公司分红的"觉悟"普遍不高，而且在不同的发展阶段和经营情况下，上市公司每年的可分配净利润及分红率存在难以预测的变化，几乎不可能找到完全符合零增长或固定增长率的案例。

再次，无论是折现率还是增长率都较难确定，任何微小变动都会导致最后估值区间的大幅波动。例如在固定增长 DDM 中，分母为 $i-g$，如果 i 与 g 越接近，那么分母就会趋于无穷小，对应的合理股价会趋于无穷大，参考价值会越小。同样的，如果现

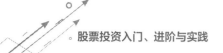

金分红的增长率高于预期收益率，则计算结果为负，导致结果无意义。

最后，DDM 还有一个隐含条件是坚持长期持有，但现实中除了极少数投资大师以外，很少有人能做到知行合一。

因此，DDM 更多是给投资者一个判定股价合理与否的思路。即使真的使用，也要尽量应用在经营稳定、现金流充沛和分红稳定的成熟价值型企业上。对于盈利多用于再投资、扩张规模或研发开支较大的成长型企业，业绩波动较大的周期型企业，以及不喜欢分红的"铁公鸡"企业，这一方法就不太适用啦！

第九节 │ 自由现金流折现模型介绍

由于上一节中所述的 DDM 缺陷的存在，现实中应用更为广泛的是本节将介绍的主角——FCFF。相较于 DDM 是用股东所获得的现金股利角度所做的股东层面的现金流折现；FCFF 是用企业所获得的自由现金流角度所做的企业层面的现金流折现。这是两者最明显，也是最本质的区别。

一、FCFF 基本原理

在第五章的现金流量表一节中曾专门介绍过自由现金流，它是最能体现企业价值的一种现金流。和 DDM 类似，FCFF 的基本原理也是将企业未来的全部自由现金流折现为现值，来衡量当前股票价格高还是低，如图 6-10 所示。

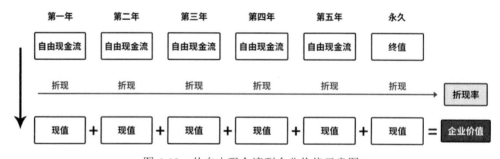

图 6-10　从自由现金流到企业价值示意图

FCFF 的公式为

$$V = \frac{\text{FCFF}_1}{(1 + \text{WACC})^1} + \frac{\text{FCFF}_2}{(1 + \text{WACC})^2} + \frac{\text{FCFF}_3}{(1 + \text{WACC})^3} + \cdots + \frac{\text{FCFF}_n}{(1 + \text{WACC})^n}$$

其中：V 是企业内在价值的意思，n 代表第 n 年，WACC 为企业加权平均资本成本率（Weighted Average Cost of Capital），也就是此处要用到的折现率。

将公式简化后为

$$V = \sum_{t=1}^{n} \frac{\text{FCFF}_t}{(1+\text{WACC})^t}$$

整个公式共有三个参数：折现率、即期自由现金流以及未来的预估现金流。先不要发憷，下面马上对这三个参数一一拆分解析。

二、折现率

FCFF 模型通常使用 WACC 作为折现率，但考虑到该数值计算起来比较复杂，估值精准程度不高的情况下一般选用 8% ～ 12% 替代。对风险较小的企业折现率赋值可以低一点，对风险较大的企业可以选用相对较高的折现率。

我们对加权平均资本成本（WACC）的计算方法做个简要介绍，供感兴趣的读者参考。为减小误差以近 5 年的数据作为基础，读者朋友也可以选择近 3 年或近 1 年为基础。

WACC=K_d（1-t）R_d+K_s×R_s

R_s= 权益资本成本；R_d= 债务资本成本；K_d= 债务资本比；K_s= 权益资本比；t= 企业税率。

其中，权益资本成本（R_s）通过资本资产定价模型（CAPM）来计算。

R_s= 无风险收益率 +Beta 系数 × 市场风险溢价

　　=R_f+β（R_m-R_f）

a. 无风险收益率（R_f）：可以通过查阅中国债券信息网，以中国 5 年期的国债收益率作为无风险收益率。

b. 市场风险溢价（R_m-R_f）：选取近 5 年上证指数每月的开盘和收盘指数，得到市场的月平均收益率，并将月收益率折算为年收益率。用上证指数的年收益率减去无风险收益率即为市场风险溢价。

c.β 系数：用目标股票近 5 年的月收益率与上证指数的月收益率线性回归得出的斜率表示。也可以通过 Wind、同花顺等软件的数据库直接提取（同花顺直接咨询 AI 小助手也能获得）。

d. 权益资本成本 R_s：将 a、b、c 代入 CAPM 即可得到。

e. 债务资本成本 R_d：可以通过查阅中国人民银行网站，选择近 5 年的 5 年期以上的贷款利率的平均数作为债务资本成本。

f.债务资本比 K_d：用债务资本比 K_d = 负债合计 / 资产合计，计算企业近 5 年的债务资本比的平均数。

g.权益资本比 K_s：用权益资本比 K_s = 所有者权益合计 / 资产合计，计算企业近 5 年权益资本比的平均数。

将以上数据代入 WACC 公式可求出企业的 WACC。

三、即期自由现金流

自由现金流的算法之前曾做过介绍，这里再从估值的角度讲解。

企业值多少钱，就是看它未来能赚多少钱，这里的钱必须是回归本质的"真金白银"——不要欠条（负债）、不要（固定）资产、不要名望（商誉）。而且这个现金，还得是在不影响企业正常运作的情况下，能从企业中拿出来的钱。有的企业看似很牛，但只要停贷就会出现停转，或者没钱上新设备，或者没钱买原料，或者没钱还债，反正是玩不下去了，这就可以说是并未实现"现金流自由"。

去伪存真后，自由现金流的公式便是：

自由现金流 = 税后净营业利润 + 折旧和摊销 - 资本性支出 - 营运资金支出

= 息税前利润（EBIT）×（1- 税率）+ 折旧和摊销 - 资本性支出

- 营运资金支出

这是目前应用最为广泛的公式，其中税后净营业利润实际上是在不涉及资本结构的情况下企业经营所获得的税后利润，也即全部资本的税后投资收益，反映的是上市公司资产的盈利能力，资本支出为购建固定资产、无形资产和其他长期资产所支付的现金。营运资金亦称营运资本，是企业流动资产总额减流动负债总额后的净额，即企业在经营中可供运用、周转的流动资金净额。

对于这一公式的理解可以围绕三方面进行：

第一，加回折旧和摊销。因为这部分支出并不影响现金流所以需要加回，比如商誉减值 100 万元，当年并没有产生直接的 100 万元现金损失，真正的现金流出在当年收购时就发生了。再比如固定资产累积折旧 10 万元，实际上在当年购买固定资产的时候，这 10 万元的现金流就已经流出了。

第二，税后净营业利润已包含利息费用，这一方面是因为自由现金流是归属于股东和债权人的现金流，而利息费用就是归属债权人的现金。另一方面，在前面计算折现率时已经包含债务融资的成本，如果再将利息费用从现金流中排除，就等于连续抵扣了两次。

第三，减除营运资金支出和资本性支出。前文说过，自由现金流是在不影响持续发展的前提下供企业自由支配的现金流，所以有必要将营运资金以及扩大企业发展的资本性支出剔除。

理解了上述三点，对自由现金流的认识应该能更充分。在日常应用中，为便于计算，自由现金流模型还会有一些其他变形，比如：

净资本支出 = 折旧 + 摊销 - 资本性支出

通常情况下，可以把企业净资本支出和企业的营运资金支出视为企业的再投资净额，而再投资金额和税后净营业利润的比值又被称为再投资率。

因此自由现金流公式又可以写作：

自由现金流 = 税后净营业利润 ×（1- 再投资率）

$$=EBIT×（1- 税率）×（1- 再投资率）$$

运用这个公式，可以极大方便自由现金流的计算过程。

四、未来的预估现金流

已知当前上市公司的自由现金流 $FCFF_0$，那么未来每一年的现金流 $FCFF_1$、$FCFF_2$、$FCFF_3$ 乃至 $FCFF_n$ 又该如何确定呢？根据企业的发展情况，其未来的自由现金流变化大致可以分三种情况假设：零增长、固定增长以及多阶段增长。

（一）零增长假设 FCFF

这是最简单的自由现金流折现模型，与零增长 DDM 类似，假设企业未来每一年的自由现金流都保持不变。

那么：$FCFF_0=FCFF_1=FCFF_2=FCFF_3=\cdots= FCFF_n$。

代入模型中，利用无穷数列极限求和的方法简化后可得：$V=FCFF_0/r$，其中 r 为折现率。

即：上市公司价值 = 当前的自由现金流 $/r$。

计算出企业价值后，要想计算当前的合理股价，还需要将企业价值转化为股权价值，因此要在企业价值的基础上扣除融资性负债（应付账款等经营性负债不须扣除）、优先股以及少数股东权益等；另外还要加上非营运资产的价值，如现金及现金等价物、交易性金融资产、可供出售金融资产、长期股权投资、投资性房地产、长期待摊费用等。

还是以长江电力为例，其近四年自由现金流情况如表 6-11 所示。

表 6-11　长江电力近四年自由现金流　　　　　单位：亿元

科目 ＼ 年份	2017	2018	2019	2020
税后净营业利润	257.92	257.71	235.64	277.52
折旧和摊销	122.98	122.23	120.6	116.38
资本性支出	25.56	31.19	27.17	36.28
营运资金支出	2.41	4.79	−37.58	33.99
企业自由现金流（FCFF）	352.94	343.97	366.65	323.64

长江电力近四年自由现金流均值为 346.8 亿元，假设其未来每一年的自由现金流都是 346.8 亿元，折现率按照 8% 算，那么其当前企业价值就为 4335 亿元。

考虑到当前融资性负债约为 936.33 亿元、少数股东权益约为 62.03 亿元、非营运资产价值 692.43 亿元和总股本 227 亿元等因素，假设未来自由现金流保持不变，其当前合理股价应为 17.75 元 / 股。

（二）固定增长假设 FCFF

优秀的企业发展势头越来越好，自由现金流也会成增长趋势。和 DDM 一样，FCFF 的第二种形态，就是固定增长假设模型。

它是假设企业未来的自由现金流以每年 g 的增长率进行增长，即 $FCFF_1 = FCFF_0 \times (1+g)$，$FCFF_2 = FCFF_1 \times (1+g)$，$FCFF_3 = FCFF_2 \times (1+g) \cdots\cdots FCFF_n = FCFF_{n-1} \times (1+g)$。

代入模型中，利用无穷数列极限求和的方法简化后可得：

$$V = FCFF_1 / (r-g) = FCFF_0 (1+g) / (r-g)$$

即：

$$内在价值 = 下一年自由现金流 / (r-g)$$

简单来说，一家企业自由现金流为 100 亿元、融资性负债及少数股东权益 50 亿元、非营运资产 50 亿元、总股本 20 亿元，那在 8% 的折现率和 1% 的股息增长率的假设下，其当前的内在价值为 1428.57 亿元。也就是以 71.43 元的价格买入，未来每年预计能够获得 8% 的预期收益率。换句话说，如果期望获得不低于 8% 的预期收益率，购买该股的价格就不应高于 71.43 元 / 股。

（三）多阶段增长假设 FCFF

在现实中，几乎每个企业都会随着生命周期的起伏而经历不同的成长阶段，如超高增长率的快速成长阶段，增长逐渐稳定的成熟阶段，以及增速开始趋缓的衰退阶段等。根据所处生命周期不同，不同上市公司未来自由现金流的增长速度也会各有差异，如图 6-11 所示。

图 6-11 各类增长模型示意

如果是稳定增长型企业,通常选取一个阶段用固定增长假设模型即可。如果是快速增长型企业,可根据企业所处阶段选取两阶段、三阶段甚至多阶段折现模型,也就是根据不同的阶段应用不同的增长率。比如两阶段模型中,第一阶段企业未来 5 年净利润均增速 3%,第二阶段也就是 5 年后则保持稳定的净利润增速 2%。

多阶段增长假设模型的自由现金流计算通常分为两部分,第一部分为前面几段的每年现金流的折现现值,第二部分为最后一阶段的永续增长自由现金流的折现现值。

公式为

$$V = \sum_{t=1}^{n} \frac{\text{FCFF}_t}{(1+r)^t} + \frac{\text{FV}}{(1+r)^n}$$

$$\text{FV} = \frac{\text{FCFF}_{n+1}}{r - g_2}$$

即:企业当前价值 = 第一年自由现金流折现现值 + 第二年自由现金流折现现值 + 第三年自由现金流折现现值 + …… + 第 N 年自由现金流折现现值 + 第 N 年末企业的价值的折现现值

第 N 年末企业的价值 = 第 $N+1$ 年的自由现金流 / (贴现率 – 增长率)

继续以长江电力为例,假设随着乌、白水电站的合并,在未来的三年里自由现金流随着净利润增长的幅度预计为 50%、30%、10%,其后净利润将保持着每年 1% 的永续增长,折现率为 8%。

长江电力近四年企业自由现金流的均值为 346.8 亿元,按照其增速,预测未来 3 年的自由现金流如表 6-12 所示。

表 6-12 长江电力未来 3 年自由现金流　　　　　　　　　　　　单位:亿元

	近 4 年均值	未来第 1 年	未来第 2 年	未来第 3 年
自由现金流	345.8	518.7	674.31	741.74

3 年后长江电力的自由现金流以 1% 的速度永续增长,那么在第 3 年年末,企业

永续增长部分的现金流价值为：

$$FV=\frac{741.74\times(1+1\%)}{8\%-1\%}=10\,702.25\ 亿元$$

所以，未来现金流如表 6-13 所示。

表 6-13　长江电力未来价值估算　　　　　　　　　单位：亿元

	第 1 年	第 2 年	第 3 年	第 3 年年末企业价值
自由现金流	518.7	674.31	741.74	10 702.25
折现比率	$(1+8\%)^1$	$(1+8\%)^2$	$(1+8\%)^3$	$(1+8\%)^3$

计算企业价值为：9513.68 亿元。

考虑到当前融资性负债约为 936.33 亿元、少数股东权益约为 62.03 亿元、非营运资产价值 692.43 亿元、总股本 227 亿元，假设其收购乌、白水电站花费 1000 亿元，且是通过负债收购，其当前合理股价应为 36.16 元 / 股。

五、FCFF 应用要点

在使用这一估值法时还有两点需要关注：

一是 FCFF 与 DDM 的折现率差异较大，这是因为"谁的现金流，就要用谁的折现率"。DDM 的计算对象是投资者的现金股利现金流，因此更多的是以资金成本收益率、投资机会成本等作为参照物。

而 FCFF 的计算对象是上市公司的自由现金流，需要找到企业本身的折现率，比较常用的就是 WACC，一般还可视情况在 8% ～ 12% 中选取合理数值套用。

二是读罢以上文字，会发现 FCFF 中的各种变量与假设极多，估值对象的净现值（NPV）会因折现率与增长率的不同产生较大差异。而在现实中，由于经营期限、期望报酬率以及现金流假设的不同，都会导致结果走向更大的分化。

但是，上市公司的价值等于其在剩余寿命下创造的自由现金流的折现值，这是这一估值方法最朴实、最根本的原理。因此，与其说 FCFF 是一种估值工具，不如将其视为一种思维方式，以帮助投资者更好地理解企业经营，寻找价值的本质。

第六章小结

市净率、市盈率和市销率等相对估值法简单易上手，却因为方法较粗放得出的结论不一定准确。且不同类型和不同发展阶段的企业，适用的估值法也不尽相同。如周期股就不能因为市盈率低就认为便宜；高速成长的企业用 PEG 估值，才能理解市场为何能接受其表面看高到离谱的市盈率；重资产企业更适合用市净率来匡算合理市值；而对尚在亏损中的高科技企业，用市销率来评估其安全边际更为科学。

与相对估值法比，绝对估值法似乎更加精确。但复杂的计算公式和对会计知识的高要求，会将大多数新股民吓倒（尽管我们已经努力降维，实在看不明白，理解基本原理即可）。而且无论分红还是自由现金流折现法，都基于过多的场景和数据假设，取值差以毫厘最后的结果可能会谬之千里，很容易犯下"精准的错误"。此外，对多数分红和现金流不稳定的 A 股企业，传统的绝对估值法可施展的空间也有限。

估值的精髓正在于"估"，请务必理解"估值是门艺术而非科学"的本义。这提醒我们在评判当下买入一个指数、行业和个股的性价比时，不仅可以结合几种估值方法相互验证，更应该结合基于财务指标的估值结论和技术图形。前者明确买入区间（当价格低于估值时）或卖出区间（当价格高于估值时），后者则可以为具体的买卖点（择时）提供参考。

结束行业、个股财务分析和估值这三大基本面内容的学习后，下一章即将开启的是对主要技术分析方法的探讨。

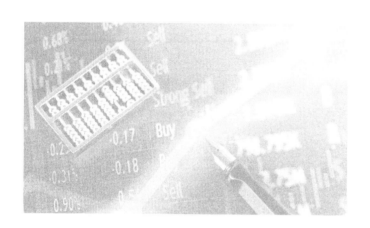

第 七 章

技 术

|第一节| **技术分析对股票投资的意义**

条条大路通罗马，股票投资也不例外。但在各类方法中，技术分析一直处于鄙视链下游，很不受人待见——券商研究员们宏观、行业、个股基本面分析得头头是道，但甚少分析技术图形；基金经理做产品路演时总是把从卖方那听来的观点复述一遍，再加点调研公司时获得的最新经营情况，但也羞于提及大盘或个股技术形态，仿佛那是下里巴人的东西；而散户呢，很多人都是在对几种技术方法浅尝辄止后，自以为大功练成冲进市场，结果被教训得体无完肤，由爱生恨把技术分析骂得一无是处。

于是这一起源于日本，成熟于美国，历史较基本面分析更悠久的投资方法（本书第二章"股市江湖各大投资门派简介"一节已作介绍）在我国日渐式微，成了机构不疼，散户不爱，只被某些股评博主用来装神弄鬼哄骗"韭菜"的工具。以至于某些偏颇刻板的"投资专家"，会用《我为何放弃技术分析》一类既无能又无知的标题来博人眼球。

但我始终坚定地认为，技术分析是对普通散户最友好的工具之一，也一直真诚地建议新手朋友必须掌握几门技术分析方法。很多人对技术分析存在误解，在应用于实战时也容易陷入误区。但如果因为个人能力问题无法驾驭好一匹马，怎么能对马破口大骂，而不反躬自省？

一、技术分析及量价时空

技术分析是以K线、均线、切线和波浪等图形为主要工具，判断股票、债券和期货等金融交易品种在量、价、时、空等四方面的变化趋势，并以结论指导下一步交易动作的研究方法。

量即成交量，价即价格。分析大盘指数时用到的是全市场的成交量和指数点位，具体到个股时是单只股票的成交量和成交价格。市场参与主体有机构、游资、散户等等，但最终落实到交易本身只分买方和卖方，成交量就是买卖双方就指数或个股价格达成共识时产生的交易额。

　　数字或图形的背后，反映的是买卖双方的意图。理解市场必须牢记"有买就有卖"，买方购买欲更强时买入力道更足，会推动价格不断攀升；反之，价格则会下挫。一般而言量价同步才是常态，放量上涨或放量下跌可视为买入或卖出的依据之一。而量价背离是"变态"，当价格上升时成交量不再增加，意味着在这一价格上能达成共识的资金开始减少，往往是上涨趋势发生转折的信号；反之，缩量下跌也可能是下跌趋势企稳的信号。

　　量价重要的道理多数人明白，但时空则是在技术分析中，人们容易忽视的另外两个要素。宏观分析需要建立经济周期观，基本面分析也会考虑行业和具体企业的生命周期。而对技术分析而言，必须将量价波动置于时间级别中去考虑——长线投资者关注大势，应用周、月甚至年线去观察指数、价格和成交量的变化；波段交易者，或今天买入明天就要卖出的短线投机者做技术分析时，则要把注意力集中在每日、60分钟、30分钟甚至是5分钟、1分钟的时间级别中，观察资金在短时间的意图变化。一般而言，个股的短期意图容易掩饰，小级别中的多空力量变化或市场情绪转换更不稳定，而难有资金能够持续影响大盘或个股的长期趋势性变化。

　　在各级别技术走势图中，时间表现为横轴，表征空间的纵轴体现的则是价格波动的幅度，如图7-1所示。

图7-1　量价时空示意

　　研究技术图形时一定不能孤立地看单独一个时间单位内的走势变化，而要结合其所处的具体"位置"综合分析，不同的图形信号因为所处位置的不同会有不同的含义。如同一根放量"长十字"，在股价顶部和底部出现时，释放的技术信号可能截然相反。时间和空间之间还可能互相转换——跌幅够大时，调整时间可能会缩短，调整时间足够长，也可能会为后市创造出更大的涨幅空间（即所谓的"横有多长，竖有多高"）。

当你熟悉技术分析后，会发现所有的方法都只是在努力解释和辨清量价时空四要素之间的关系，只是不同技术流派侧重点各有不同。如 K 线和均线分析法重点研究价格趋势，布林线分析法研究价格和空间，波浪理论则重在研究时空关系。而那些所谓的技术分析高手，不过是比一般人对这四个字的理解程度更深一些，对各门学问间的融会贯通做得较好些罢了。

二、技术分析的三大假设

理解"三大假设"是学习技术分析前的必修课，最早雏形出自技术分析鼻祖查尔斯·道，之后由约翰·墨菲丰富完善后在《期货市场技术分析》一书中正式归纳提出，现在早已成为全世界技术分析派的共识。

第一条：市场行为包容消化一切。这一条构成了整个技术分析体系得以存在的逻辑基础，用墨菲先生的话说，"除非已经完全理解和接收整个前提条件，否则以下的讨论毫无意义。"在纯粹的技术派看来，任何影响市场的政治、经济、心理因素，以及它们的一切变化，都将完全被指数或股价的波动所反映。

举个最近的例子，当新冠肺炎疫情袭来时，全市场交易者情绪必然高度紧张，宏观派会测算各类经济数据受影响程度，并预判政府会采取何种调控措施应对。基本面派会思考疫情对金融、消费、医药和科技等各个行业的影响，如旅游、交通运输等受冲击最大，医药和宅家经济可能会反受利好等。但技术派则会淡定轻松很多：他们只需要客观地"看图说话"，跳空上涨即是做多信号，破位下跌应该不假思索第一时间卖出避险。对原因的不关心看似武断，但只要在市场中浸淫的时间足够久，你会逐渐懂得指数和股价同时受宏观背景、行业政策、个股业绩、资金流向和市场情绪等多方面原因共同影响，各方面之间的涨跌促进力互相加成或抵消，构成一个难以琢磨的混沌系统。但所有的利好利空，最终都体现在技术分析派着力研究的量价时空关系之中。各类高深莫测的研究理论和精致复杂的计量模型，很多时候还不如简单明了的技术信号好用。

第二条：价格以趋势方式演变。技术派相信趋势一旦形成，价格会朝阻力最小的方向运动，如果没有外力干预，将按惯性继续沿已形成的趋势前进。只有当某种外力打破现有平衡时，才会出现具有操作指导意义的拐点信号。所以主流的技术派总强调"顺势而为"，一般不会做格雷厄姆般"捡烟蒂"式的左侧投资，而是等到技术信号确认有效后方才跟进。

第三条：历史会重演。墨菲先生认为技术分析其实和人类心理学联系紧密，价格

形态通过某种图表表现出来时，表征的是背后交易者看好或看空的心理。而人类心理从来都是"江山易改，本性难移"，打开未来之门的钥匙，就藏在过去的历史里。

实践中，有券商会推出"相似图形"的服务：即在过去的技术走势中找出和当下相符的一段，为投资者后市操作提供参考。在某些重大财经或公共事件发生后，也有专业研究者会用历史上类似事件对市场的影响来预判未来市场走势，如历次降准降息的影响、历届美国总统选举的影响、各类传染病疫情的影响，等等。这些研究和技术分析实质都一样，都是假定"历史会重演"。

但很显然的是，历史会重演不错，但这话说的只是大方向，绝不是细节上简单复现。A股每一轮牛熊市、每一段行情中的风格切换都有一定规律，如牛市多以"煤飞色舞"先行，金融板块殿后起涨为总攻信号，风格切换时都会有最强势板块或个股补跌等。但具体到某一时间段或某只个股的涨跌时，走势细节还是会差异极大，必须结合当时当地的具体行情周密分析。机械对比和生搬硬套自不可取，刻舟求剑本身又是真正的技术派所极力反对的。

三、如何正确理解技术分析的价值

（一）技术分析能较好地帮助散户抓住盈利机会，并避免深陷雷区

在股市食物链中，资金实力孱弱、市场灵敏度极低的散户天然地处于底层。机构、游资和大户可以通过各种渠道轻松获得的利好或利空信息，传导到散户时已经是"八手消息"。但成交量和价格却更不容易说谎（当然也会存在庄家通过坐庄，控制每日的成交量和价格，来进行做图骗线，这个问题可以通过选股来避免），以"看图说话"为特色的技术分析对非财经金融专业背景的普通人来说入门门槛更低，技术分析水平到一定程度后，能通过对量价时空的判断把握大盘整体走向和个股的买入、卖出机会。尤其是在真正理解三大假设中的"价格以趋势方式演变"，并能判断何时为空头主导的极空行情后，对新手下定决心及时止损大有帮助，能够极大程度避免再深陷乐视、康得新等一类雷区中不能自拔。

（二）技术分析只是交易方法体系中的一环而远非全部

一些偏执的技术派将宏观、政策、基本面和消息面的变化都视为无意义的噪音，这显然失之片面。任何单一方法都有优缺点，优秀的投资者不能光躲进书斋拨弄图表，成熟的交易系统应该尽量兼顾"几碗面"。即便在技术分析方法内部，不同方法应对

不同风格的市场也各有长短，如趋势性指标（均线等）在趋势明显的市场更管用，盘整行情中摆动指标（强弱指数、随机指数等）的应用价值则更高。道氏本尊在多个场合特别强调用不同方法相互印证的重要性，中国本土技术分析大神"缠中说禅"也建议过用三个互相独立的程序（即方法）优化选股时容易存在的"低迷不振"（即犯错）的问题。

（三）技术分析的结果必须用"概率思维"对待

对技术分析的评价容易走两种极端——支持者认为是万能神器，能够一招鲜吃遍天；反对者则坚定地相信技术分析都是事后诸葛亮，对股票实战毫无意义。给出具体支撑压力点位，报出个股止盈止损价格的更一定是江湖骗子，有这个能力为什么不去自己操盘做巴菲特，何必每天在各种媒体上抛头露面，赚流量的钱？

任何一个行业都存在良莠不齐的问题，股评师里"骗子"的确不少。但真正的技术分析人士绝不会轻易给出言之凿凿的答案，他们一定会反复提醒投资者，无论分析如何严密，出错的可能性仍然存在。任何预测结论都只是在阐述某种或某几种可能性，绝不能信口开河谈什么"确定一定以及肯定"。分析结论只是提供预判，最后结果正确与否必须交给市场印证。而一旦出错，必须采取措施果断纠偏。

还需要注意的是，技术分析应用于预判指数比预测个股准确率更高。技术分析某种程度上可视为集体心理的自我实现——某种均线形态，某个关键支撑压力点位可能本来没有太大意义，但市场中相信并以此为操作依据的人多了，便也具备了信号价值。但这个大型心理学实验（也可以视为行为艺术）成立的前提是参与主体足够多，才足以抵消个体间的差异。而个股尤其是小盘股走势，极容易受突发事件、市场情绪波动和庄家控盘等因素影响，大盘和部分超级蓝筹股除少数极端情况（如"国家队"入场救市）外，很少能受某方资金势力左右，在体现"市场行为包容消化一切"方面更加彻底。即便如此，本人在实盘操练时也绝不会"唯信号论"，而是将技术分析作为重要辅助工具，和其他方法配合使用。

最后，建议所有新入市的投资者养成定期复盘的好习惯。在掌握基本原理后，技术分析必须应用于实战。回顾每天或每周的行情，对后市做出预判并制定自己的操作计划，这本身也是一个熟能生巧的事情。在与市场的不断较量与磨合中，通过技术复盘能逐渐形成所谓的"盘感"，"每日三省吾身式"地总结经验教训，技术分析和股市盈利能力终将得到极大提升！

第二节 技术分析方法的五大流派

第二章介绍股市江湖各大投资门派时，提过技术派还可以根据具体分析工具和方法的不同，细分为 K 线流、切线流、形态流、指标流和波浪流等分支。正如博众所长方能铸就功夫大师，打造好的技术分析系统也不能固守单一方法，而应注重各种方法间的融会贯通和综合应用。

一、K 线流

K 线流旨在用图形的方式记录指数和个股价格在每个时间段的变化，注重研究 K 线及其组合形态的规律，借以判断市场中多空力量的对比，并凭此预测后市运行态势。K 线图最早由生活在18世纪的日本米商本间宗久发明，这一独具东方魅力的分析技术，经由美国人史蒂夫·尼森的传播，从 20 世纪 90 年代开始风靡全球。1998 年，丁圣元先生经授权翻译并出版尼森所著《日本蜡烛图技术》一书，成为早期国内技术分析启蒙读物，至今仍被万千股民奉为入门经典。

蜡烛图得名的原因是其形状和阴阳明灭的变化，酷似由点燃到燃烧再向寂灭过渡的蜡烛，如图 7-2 所示。"K 线"的得名则与日本从中国借去的"罫"字，用江南吴音念"kei"有关。同样用于预测未来，一早与占卜关联实属正常。且用阴线阳线黑白两色（现在都是红绿）表征市场变化，也暗合东方道家哲学。

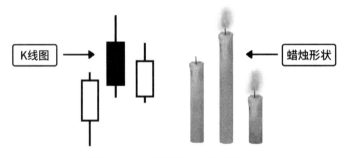

图 7-2　K 线图灵感来源于蜡烛

二、切线流

切线流的逻辑基础是前文讲述的技术分析三大假设中的"价格以趋势方式演变"，其核心玩法是按一定原则和方法在价格图中画出直线，并据此预判指数或个股价格的未来趋势。这些直线或平或斜，对价格起着支撑或压力的作用，被统称为"切线"。

寻找和绘制对后市价格走向有影响的切线的方法有很多，典型的包括趋势线法、通道线法、黄金分割线法、百分比线法、扇形线法、甘氏线法等。如今专业一点的炒股软件都会自带绘制各类切线的功能，使用比较简单，后文选取部分方法作为代表示范。

另外，严格意义上的切线特指直线，因此均线、布林线等同样旨在寻找支撑和压力的技术理论不能归为其中，这是很多人容易混淆的地方。但这类"找线"或"找点"的方法本质原理是相近的，配合起来使用，效果会更好。

三、形态流

形态流信徒们立足点更为宏大，注重观察较长一段时间价格走势的变化。他们笃信"历史会重演"：当指数或股价以某种典型波动轨迹出现时，复现其历史上有过的走势的概率较大。

从大的类型上看，形态可以分为持续整理和反转突破两种。持续整理形态是价格尽管有或上或下的变化，但总体是沿原来的运行趋势行进。反转突破形态则是多空双方打破了原有的"默契"，运行趋势出现根本性变化，出现这类形态的苗头时，要提防变盘。

四、指标流

指标流中理科生云集，尤其受到有数学或计算机背景的股民追捧。和偏直观感受的 K 线、切线和形态流不同，他们专注于研究各类记录股市运行特征的参数和技术指标，通过数据强弱的变化判断价格趋势的涨跌，并运用于指导买入卖出实战。这种方法相对更重视数据的客观性，尽量少掺杂个人的主观判断。因此有相当多的指标流技术派在计算机编程技术的帮助下，完成了向量化派的转变。

目前市场上技术指标繁多，典型的有 MA（移动平均线）、MACD（指数平滑异同移动平均线）等趋势指标，和 KDJ（随机指标）、RSI（相对强弱指标）、WMS（威廉指标）和 BIAS（乖离率指标）等研究超买或超卖的震荡指标等。此外，BOLL（布林指标）、OBV（能量潮指标）、PSY（心理线指标）等在主流炒股软件中也都有相关应用。

技术指标如弱水三千，可只取三瓢饮。选定学习和熟悉三个技术指标足以应对市场上的各类变化，个人建议必须掌握的是 MA 和 MACD 两个趋势指标，并辅之以另一个震荡指标即可。重点不是鹦鹉学舌般地去背"金叉买入，死叉卖出"一类的傻瓜式口诀，而是得努力理解技术指标背后的原理和其变化所释放出的多空信号。另外，各券商和研究机构近年来开发的各类情绪指标也可以作为参考：人气高时考虑风险，人气低迷时反而可以去发掘有无抄底机会，和市场冷热程度反着做可能会收获奇效。

五、波浪流

波浪理论的开创者是美国人拉尔夫·纳尔逊·艾略特，他认为股票价格的运动遵循自然界波浪起伏的规律，将股价上升期分为五浪，其中又可以细分 1/3/5 三个奇数上升浪和 2/4 两个偶数调整浪；股价下跌期分为 A/B/C 三浪，其中 A 和 C 是下跌浪，B 是反弹浪，如图 7-3 所示。自诞生之日起信徒也有很多，坊间对其有"道氏理论告诉人们何谓大海，而波浪理论指导你如何在大海上冲浪"之赞誉。

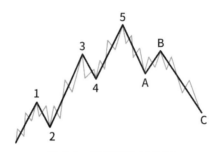

图 7-3 波浪理论示意图

每一个大浪中可以细分出更多的子浪结构，艾氏及其追随者还在理论中融入了神奇的斐波那切数列，使得令人眼花缭乱的各个浪，调整时长和幅度都洋溢着黄金分割法则带来的美感。

大浪套中浪，中浪套小浪，一浪之后还有一浪。千人千浪，每一个数浪大师都能把浪花拨弄得天花乱坠。坦率地说，我不太熟悉波浪理论，也不会将其应用于投资实战。在现实中，除了经常看到一些股评师用波浪理论得出的结论被实际行情"打脸"外，确实没遇过几个真正的冲浪高手。但波浪理论能够开一派学说且影响颇广，也说明它可能蕴含有某种普通人难以参悟的道理吧！

技术分析派兵多将广，除以上五大主流外，还有人通过解读盘口语言和分时图进行超短线交易，此外还不断有全新的指标或方法被创造出来。更多的人则选择站在巨人的肩膀上，在前人开创的学说中挑选合适的工具，打磨和完善属于自己的复合技术系统。本章后几节将选择最常见、个人也认为最实用的几种技术分析方法，结合实例进行讲解。

分时技术简介及示例

习惯"看图说话"的技术派需要分析的图形种类繁多，但分时图是基础中的基础。看懂分时图的含义是解读市场和个股行情，展开各类技术分析的必经之路。很多超短线高手仅靠盘口数据和分时图形就能观察多空交战情况，判断主力动向，进而对后市走向做出预判。分时图分为指数分时图和个股分时图，二者基本要素类似，只是细节上略有差别。

一、大盘分时图示例

如图 7-4 所示，先通过这张 2020 年 12 月 3 日的上证指数分时图来了解分时图的大致结构。

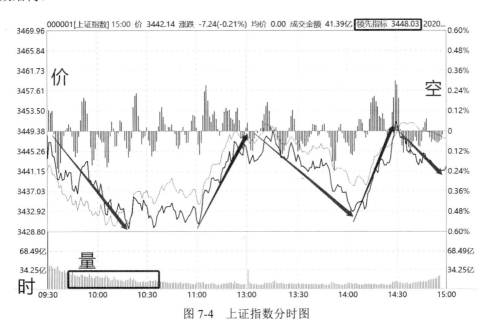

图 7-4　上证指数分时图

分时图简单实用，图形的左边是指数点位，右侧是涨跌幅度。横轴以每分钟为单位向前推进，成交量在图形底部以红绿白色等柱子的形式（部分软件还可以将柱体设置成黄蓝白色等，黑白印刷只有深浅之分）展示。正常交易日全天共 4 个小时，一共会出 240 根柱子。

当某一分钟收涨时买方占优显示红柱，反之出绿柱。全天开盘和收盘两个时间段因为集合竞价前后成交都会更密集，成交量柱都会较其他时间更长。一般指数在涨的时候红柱子越高越好，跌的时候绿柱子越低越好，也就是所谓的上涨放量下跌缩量。零轴附近的柱子则是反映即时所有股票的买盘与卖盘在数量上的比率，红柱线的增长减短表示上涨买盘力量的增减，绿柱线的增长缩短表示下跌卖盘力度的强弱。图 7-4 中可以看到当日上证指数行情空方占优，特点是下跌和横盘震荡时成交量较大而上涨却乏力，且下午转战后半场后交易情绪更加低迷。

细心点的话，还会发现图中有两条走势曲线。其中主要的那根偏粗，而体现"领先指标"的那根偏细，在很多行情软件中通常分别用两种不同的颜色展示，即所谓的"黄白线"。

两者区别何在？受关注度更高的是粗的那根白线，它体现的是加权平均法下的上证指数。即既考虑个股股价，也考虑个股的股本，大盘股股本越大所占权重越大，故而对指数影响力也就越大。而黄线代表的"领先指标"，则是运用算术平均法，不考虑股本差别，通过将所有股票的价格简单相加后平均计算得出。

多数时候二者波动幅度和方向趋同，但如果市场出现结构化行情，如权重股大涨或大跌，而中小盘股票走势截然相反时，便会出现白线在黄线之上，或黄线在白线之上的"背离"状态。不用去细分行业涨跌，通过分时图中两条曲线的走势，就能对市场的风格变化有所把握。如 2020 年 12 月 3 日午后指数的两波跳水，就是由金融和能源等权重板块主导。

二、个股分时图示例

再来看个股的分时图，以 2020 年 12 月 3 日山西汾酒的走势为例，如图 7-5 所示。

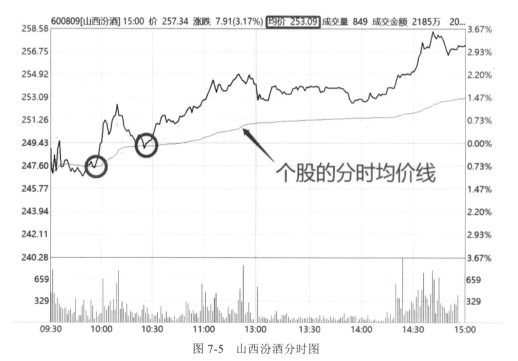

图 7-5　山西汾酒分时图

个股和指数分时图最大的不同，就是黄白线没了，但多了一根分时均价线。这是以盘口总成交额除以总成交量的运算方式计算每一股即时的平均成交价，能精确统计当前所有参与者的持仓成本。人们通过观察，总结出了四点靠股价走势线和分时均价线关系分辨当日个股强弱的规律：

（一）当股价持续在均价线上方运行时，表明市场预期较好，买盘踊跃，当天介入的大部分资金都能赚钱，这是盘口强势特征；

（二）当股价持续在均价线下方运行时，表明市场预期较差，卖盘踊跃，当天介入的大部分资金都亏钱，属弱势特征；

（三）当均价线从低位持续上扬时，表明市场预期提高，投资者纷纷入场推动股价上涨，综合持仓成本不断抬高，对股价形成支撑；

（四）当均价线从高位持续下挫时，表明市场预期较差，投资者纷纷离场迫使股价下跌，综合持仓成本不断下降，对股价形成压制。

因以上规律的存在，个股均价线可作为分时图中支撑和压力点位的参考，常被用作日内做 T 的辅助工具。以图 7-5 山西汾酒分时图为例，股价在 10 点和 10 点半两次回跌至均价线附近时均得到支撑，表明该股当日走势偏强，短线可以积极的态度参与。最后尾盘拉升时成交量明显放大，也进一步佐证了这一判断。

再看同一交易日陕西煤业的表现，如图 7-6 所示：三次向上试探均价线都遭遇压制，午后更是跌幅扩大，下跌时放量反弹时缩量，是典型的弱势行情。逢反弹至均价线附近时减仓，至于何时接回则需要结合日线以下级别 K 线和均线等辅助判断。

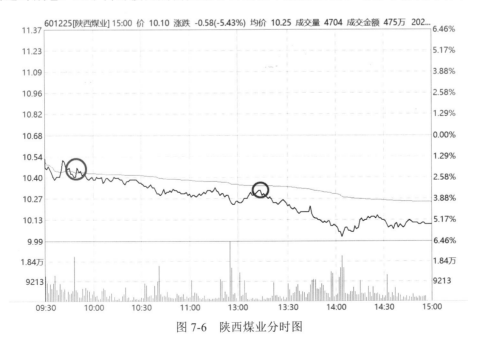

图 7-6　陕西煤业分时图

股票投资入门、进阶与实践

三、其他分时技术分析术语

除分时图形的基本构成和运行规律外，分时技术分析还需要掌握以下几个基本术语，它们在各类软件的盘口图中会经常出现，如图 7-7 所示。

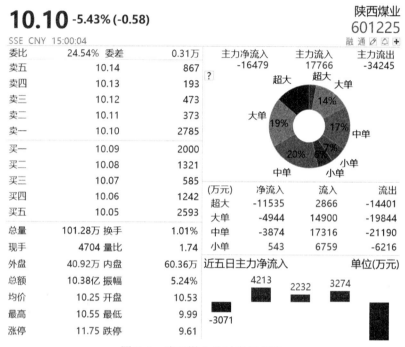

图 7-7　陕西煤业分时盘口信息

（一）买卖五档

在每天买卖的委托单中，这是多空各方交易意图的直接体现。买盘、卖盘各五档，如果愿意付费券商还能提供十档交易信息服务，有的专业机构甚至会调看百档数据。但对普通投资者来说看个大概，了解下多空方支撑或打压股价的意愿和实力强弱即可。

（二）委比和委差

相比看买卖五档，委比是以数值比例的方式，更直观体现某一时段买卖盘相对强度的指标。其计算公式是委比 =（委买手数 − 委卖手数）/（委买手数 + 委卖手数）× 100%，取值范围为 ±100%。当委比为正值时说明买方占优，数值越大买方实力越强，委比为负值说明卖方占优。当委比值为 +100% 时个股涨停，反之个股则惨遭跌停。

委差是用大盘或个股的买单总量减去卖单总量，反映买卖双方力道对比。正数为买方占优，负数为卖方更强。

（三）换手率

换手率是指在单位时间内，某只个股的累计成交量与其流通股本之间的比率，反映的是单个股票的筹码流通情况，一般讨论较多的是每日换手率。

大盘股因为总股本大换手率会偏低，小盘股总股本小交易活跃换手率会更大。换手率合理偏高的个股（如 3% ~ 5%）适合短线操作，也更适合小资金投机，而当单个交易日出现换手率过高（如超过 10% 甚至 20%）的异常现象时，要注意分析主力意图——这种情况一般发生在急涨或急跌行情中，要么是主力对倒吸引市场关注、要么是主力派发筹码，散户务必提高警惕防止掉入陷阱。

（四）量比

量比是衡量相对成交量的指标，是指股市开市后平均每分钟的成交量与过去 5 个交易日平均每分钟成交量之比。通常认为量比为 0.8 ~ 1.5 属于正常状态，而如果低于或高于这一阈值则是出现了缩量或放量，特别是量比数值低于 0.5 倍或高于 2.5 倍时要重点留意股价走势。

（五）内盘和外盘

内外盘也是新人容易困惑的一个知识点。所谓内盘，是指按照买方已经挂好的价格成交的主动性卖盘，越大表示主动性抛盘越多。而外盘则刚好相反，是指按卖方已经挂好的价格成交的主动性买盘，越大表示主动买入的资金越多。二者加起来就是总成交量。

从概念看就知道，一般而言内盘越大越利空，外盘越大越利多。但具体到实操中，还是要结合个股所处的相对位置分析。如在低位区内盘大，股价却一再拒绝回调，说明委买盘的增多，反而是空方力量衰竭的信号；反之高位区外盘大，股价却滞涨，则意味着后市股价有可能转跌。

此外，还有很多软件会在分时图中提供资金流入流出的信息服务。这点在本书前几章中已经讲过，一是各家数据测算模型不一，统计结果不一定准确；二是主力有意掩盖意图的话，也会选择将大单拆成小单进出货。因此这类分析结果仅供参考，并不能得出超大单净流入就一定涨这类武断结论。

市面上有海量传授分时图战法的书，也有很多超短高手宣称仅靠读盘口语言就能"骑牛抓牛"。但个人认为，分时技术分析相较后面要讲的方法更难独当一面。道理很简单，仅凭一时半会儿的走势判断后市变化极容易出错，在 A 股 T+0 尚未落地的背

景下，分时图战法地位尤其尴尬。还是建议多与其他方法配合使用，综合分析后得出的预判结论和实战结果胜率会更高！

第四节 | **K 线技术简介及示例（上）**

鄙视技术分析的人认为红绿驳杂的蜡烛图毫无用处，"华尔街不看 K 线"一类的陈词滥调随处可见。K 线的确是在亚洲地区影响力更大些，但欧美也有本土原创的棒线技术（又称"美国线"），二者无论在表现形式还是分析方法上都殊途同归。前文已对 K 线技术产生的背景和影响做过论述，下面分上下两节对其基本原理、12 种形状和常见组合形态展开介绍。

一、K 线的基本原理

单独一根 K 线是由实体、影线和阴阳两色共同构成的柱状图，中国内地、日本和韩国的主流软件用红色代表上涨的阳线，绿色代表下跌的阴线。中国香港和欧美地区则反其道行之，绿阳红阴。这体现的主要是文化差异，习惯就好。本书由于是黑白印刷，用白色代表阳线，黑色代表阴线。

下面以日 K 线为例讲解 K 线基本原理。

当日收盘价高于开盘价时收阳线，低于开盘价时收阴线。对阳线而言，最高价高于收盘价的差值部分用上影线体现，最低价低于开盘价的差值部分用下影线体现。而对阴线来说，最高价高于开盘价的差值部分用上影线体现，最低价低于收盘价的差值部分用下影线体现，如图 7-8 所示。

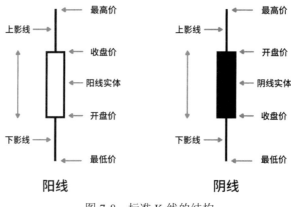

图 7-8 标准 K 线的结构

　　还要注意一种特殊情况：如果当日开盘价较前一交易日高开较多，即便收盘价低于开盘价收阴线，但还是高于前一日收盘价。这样的阴线其实还是收涨的，所以被称为"假阴线"。反之，如果当日开盘价较前一交易日低开较多，即便收盘价高于开盘价收阳线，但还是低于前一日收盘价，这样的阳线被称为"假阳线"。假阳线和假阴线在震荡行情中意义不大，但如果在趋势性上涨或下跌一段时间后出现，则有可能是行情扭转的信号。

　　K线原理简单，但不要小看其蕴含的开盘、收盘、最高和最低四个价格信息。尤其对大盘而言，开盘价是所有参与者综合了前一交易日收盘后的所有市场信息之后，经过集合竞价博弈得出的"谈判结果"，能为整天行情定下基调。最高价和最低价是当天市场多空情绪的两个极值，如果相差悬殊说明市场交易活跃多空争夺激烈，反之则是买卖双方情绪不高，惜筹的背后是对行情判断较为谨慎。收盘价则是技术分析派最为重视的，其他三个价格都是过程，而它反映的是菜市场一天热闹买卖之后，讨价还价的各方都必须接受的最终结果。交易软件中的各类技术分析指标，也基本以收盘价为基础制作。

二、12 种 K 线形状

　　实体、影线和颜色三要素的变化，可以衍生出 12 种基本 K 线，如图 7-9 所示。

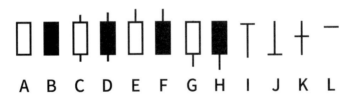

图 7-9　12 种基本 K 线形状

它们的名称和分别代表的技术含义如表 7-1 所示。

表 7-1　各 K 线名称及意义

图　形	名　称	意　义
	光头光脚大阳线	实体越长，表明涨势越强烈
	光头光脚大阴线	实体越长，跌势越强
	阳线	多空争夺强烈，多方胜于空方 实体的长度与多方力量正相关

图　形	名　　称	意　　义
	阴线	多空激烈交锋，空方占优 实体的长度与空头力量正相关
	光脚阳线	多头总体占优 上影线越长，则上方空头阻力越大
	光脚阴线	股价先涨后跌，空头占优 上影线越长，则上方空头阻力越强
	光头阳线	股价先跌后涨，多头占优 下影线越长，表明多头力量越大
	光头阴线	下方有支撑，跌势企稳 下影线越长，表明下方多头支撑力越强
	T 字线	可以是小阴线或者小阳线 一般下影线越长，表明买方力量越强
	倒 T 字线	可以是小阴线或者小阳线 上影线越长，卖方力量越大
	十字线	多空双方暂时处于平衡态势
	一字线	多头极强或者空头极强 或是极端冷门，成交异常冷清的品种

　　A、B 构成一组极端矛盾，即所谓的"光头光脚阳"和"光头光脚阴"，表明当日多方或空方牢牢占据主导优势，对对手盘发起步步紧逼。A 股目前仍有涨跌停板限制，主板和中小板个股一日之内涨跌幅最高可达 20%，也就是人们乐于调侃的"20cm 长腿"K 线。而限制扩大一倍的创业板和科创板个股，在极端情况下更"有幸"可以看到加强版的"40cm 大长腿"。

　　这类图形不轻易出现，一旦出现便对后市具有重要指导意义：光头光脚阳线出现在指数或股价底部，后市止跌反升概率大；如果在近期高点出现，究竟是新高突破还是短线见顶，则要结合成交量和其他技术分析方法判断。光头光脚阴线出现在顶部，是趋势反转还是主力通过大跌洗盘需要综合分析；而如果跌跌不休时继续以这种"断头铡"的极端形式大跌，如图 7-10 所示，应该视为逃命信号——君子不立危墙之下，尤其勿再冒险博反弹。

图 7-10 完美世界日 K 线图

相较于光头光脚线，C—H 这 6 种图形则更为常见。K 线实体越长说明上升或下跌力度越强，趋势延续的可能越大，反之则情形相反。如果实体较短，则其对走势的预示意义较小。此时上下影线的长短更值得关注，它们分别反映阻力或支撑的强弱。对指数而言涨跌幅超过 3% 的 K 线可以视为大阳或大阴线，个股的话得到 5% 以上才可称为大阳或大阴线。

C、D 都同时带有上下影线，如果中间实体较小则被形象地称为"纺轴线"。其阴阳颜色并不重要，表达的是多空双方交锋焦灼，没有一方能占据主导优势。

E、F 和 G、H 即光脚阴阳线和光头阴阳线。光头阳线表明盘中下探低点后收回，全天收盘在最高价，表示的是强势信号；光脚阳线虽然盘中上探高点后回落，但全天无下探动作，也是较为强势的表现。同样的方法解读，也可以得出光头阴线和光脚阴线都是市场或股价偏弱的信号。

当 E、F 实体较短，上影线是实体长度的 2～3 倍，没有下影线或下影线短到可以忽略不计时，根据所处价格区域的高低位置不同分别构成"倒锤线"和"射击之星"，如图 7-11 所示。

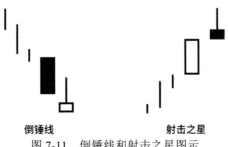

倒锤线　　　　　**射击之星**
图 7-11 倒锤线和射击之星图示

倒锤线出现在下跌趋势尾端，价格已在底部但全天以多头反攻为主，虽收上影线

反弹暂告失败，却仍有止跌反升的指示信号作用。射击之星也称"流星"或"扫帚星"（从名字看就不太受人喜欢），出现在上涨趋势的末期。创新高后却上攻乏力大幅回落，上影线越长转跌概率越高，如图 7-12 所示。

601933.SH[永辉超市] 2019/08/29 收9.94 幅1.72%(0.17) 开9.83 高10.10 低9.83 均9.95 量42.67万 换0.45% 振2.83% 额4.30亿

2019/07/25-2020/01/17(120日)▼

射击之星出现后从顶部回撤30%

倒锤线出现后底部反弹接近翻倍

图 7-12 永辉超市日 K 线图 1

两者阴阳颜色并不重要，但收阳的倒锤线和收阴的射击之星释放的转势信号更强。缺口方面，也是有缺口比没有缺口的指示作用更强。另外，这两种图形最终能否构成反转，都需要后续 K 线辅助确认。

当 G、H 实体较短，下影线是实体长度的 2 ~ 3 倍，没有上影线或短到可以忽略不计时，根据所处价格区域的高低位置不同分别构成"锤子线"和"上吊线"，如图 7-13 所示。

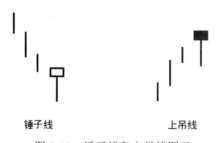

锤子线　　　　上吊线

图 7-13 锤子线和上吊线图示

锤子线出现在下跌趋势尾端，原理和倒锤线类似，如名字一般对跌跌不休的股价起到一锤定音的作用，且后市看多意味较倒锤线更强，如图 7-14 所示。上吊线出现在上涨趋势的末期，原理和射击之星类似，且后市看空意味较射击之星更强。

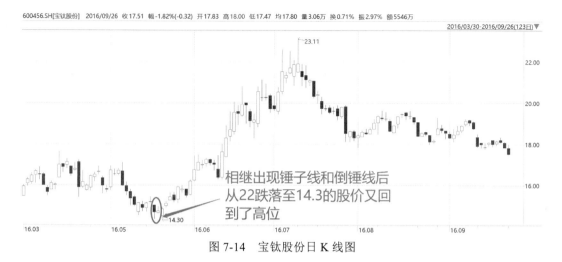

图 7-14　宝钛股份日 K 线图

I、J 实际分别是 G、H 和 E、F 实体被压迫到极致后的一种变体，前者形似大写字母 T 也称"T 字线"或"蜻蜓线"，后者因为像个墓碑被人们取名为"墓碑线"，如图 7-15 所示。这两类极端图形释放的都是强烈的变盘信号：T 字线如果出现在底部，也被俗称为"单针探底"，是多方奋起反击的表现，有止跌回升的意味在其中；如果发生在连续多个涨停板后的登顶过程中，则有必要开始提防主力出货或用大跌达到洗盘的目的。

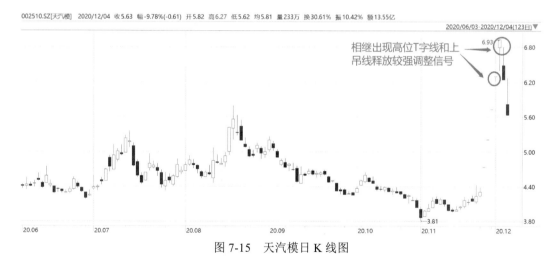

图 7-15　天汽模日 K 线图

顶部墓碑线可作为市场见顶的辅助判断信号，如出现在较低位置则意味着经历大幅上涨后最后还是回落到了开盘价，只能宣告本次反弹失败，后续能否卷土重来仍有待观察。

K 和 I 的共同特点是开盘和收盘价一致，没有实体部分，故也统称"无实体线"。如果当天的开盘价和收盘价相等，画出的 K 线就是一根十字星。根据全天波动振幅大小，十字星还可以进一步分为大十字和小十字。大十字星涨跌波动较大（振幅大于6%即可，具体比例并无统一规定），一般伴有较大量能，反映的是推动原趋势的一方能量消耗殆尽，可视为变盘信号，也有"趋势破坏者"之称，如图7-16所示。小十字则是多空双方达成弱平衡，除非伴随量能极大或极小，否则对后市指导意义有限。

图7-16　复星医药日K线图

　　如果开盘后全天价格没有一丝波动，最后收的便是"一字线"。这种极端图形表示多空某一方力量占绝对主导地位，对手盘毫无还手之力。一字线涨跌方向若和此前K线相同，趋势多半能得以延续，如果方向和此前K线相反，则可作为预判拐点将至的信号。

　　以上12种K线基本能涵盖所有市场情形，其他无非柱状实体和上下影线的长短不同的变体而已。需要强调的是，在实际操作中不必按图索骥般地追求所谓"完美图形"，如下影线较短的光头阳线可以视为光头光脚阳，实体部分较小的纺轴线也可以近似地视为十字星。重点是理解图形变化后的寓意，才能达到灵活运用K线捕捉交易机会的目的。

第五节 │ K 线技术简介及示例（下）

　　单根K线的基本形状就有12种，一旦排列组合更会花样繁多，变化万千。人们在实践中归纳出海量的组合形态，并常用天气、动物或军事术语来命名。力求精准、接地气的同时，也通过生动形象的描述帮助巩固记忆。本节介绍较有代表性的，分别由2、3、5根K线构成的八对相互对称的经典组合。

一、鲸吞线和孕育线

鲸吞线和孕育线都是由两根一长一短的 K 线组成的反转形态。它们图形正好相反：前者后一根 K 线较长，包裹前一根较短的 K 线，像一条饕餮大鲸在吞食小鱼；后者则是一根较短的 K 线被前一根 K 线所包含，像正在母腹中孕育的宝宝一样，故也称"身怀六甲""母子线"和"怀抱线"等，如图 7-17 所示。其中长 K 线的实体部分必须完全包含短 K 线上下影线，否则便可能构成其他形态。

图 7-17　鲸吞线和孕育线图示

鲸吞线分为"牛市鲸吞"和"熊市鲸吞"，如果两根 K 线颜色相反，也就是俗称的"阳包阴"和"阴包阳"。一般前一根短 K 线成交量较小，后一根长 K 线相对放量，分别向外界传达跌势转涨或涨势转跌的信号。如果组合中两根 K 线都很长，便构成所谓的"穿头破脚线"，表达的转势信号意味更加强烈。

图 7-18 是 2015 年上证指数由牛到熊的转势中曾出现的熊市鲸吞图形，相对高位出现此种图形是在提醒人们危险即将到来。如果此时能得到其他技术分析方法的印证（如后文要讲的均线破位和顶背离），以及发现基本面上存在估值偏高，宏观面流动性趋紧等问题，应该进行减仓或止损等避险操作。

图 7-18　上证指数日 K 线图

和鲸吞线一样，孕育线也分"牛市孕育"和"熊市孕育"两种。如果出现在一大波上涨或下跌之后，也构成趋势可能反转的信号，如图 7-19 所示。

图 7-19　新希望日 K 线图

孕育线还有一种被称为"十字胎"的特殊情况：后一根被包含的 K 线是十字星，这比普通孕育线表达的反转意味更加强烈，如图 7-20 所示。

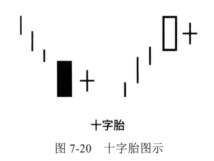

十字胎

图 7-20　十字胎图示

二、好友反攻和淡友反攻

光看名字就能知道，"好友反攻"是多方吹响了集结号，而"淡友反攻"则是形势转空的早期迹象。这一组对称图形均由一阴一阳两根 K 线构成，好友反攻出现在下跌行情的末端，先出现一根中阴线或大阴线，后一个交易日股价延续跌势，跳空低开幅度较大。但此后盘中逐渐上涨，最终收盘是一根中阳线或大阳线，收盘价与前一根阴线收盘价相同或相近，如图 7-21 所示。

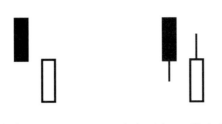

好友反攻图形　　　好友反攻图形的变化图形

图 7-21　好友反攻图示

淡友反攻出现在上涨行情的尽头，先出现一根中阳线或大阳线，后一个交易日延续涨势，跳空高开幅度较大。但此后盘中开始回落，最终收盘是一根中阴线或大阴线，收盘价与前一根阳线开盘价相同或相近。

三、曙光初现和乌云盖顶

"曙光初现"是好友反攻的进阶版本，同样由前阴后阳两根 K 线组成，但跳空低开幅度较好友反攻小，且阳线实体深入阴线实体一半以上。这让多头看到了希望的曙光，比好友反攻传递的后市看涨信号更强，如图 7-22 所示。

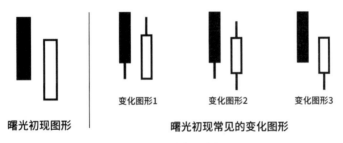

曙光初现图形　　　　变化图形1　　　变化图形2　　　变化图形3
　　　　　　　　　　　　曙光初现常见的变化图形

图 7-22　曙光初现图示

"乌云盖顶"则是淡友反攻的高阶版，高开幅度较淡友反攻小，阴线实体部分向下深入前一根阳线一半以上。这种图形给人以山雨欲来风满楼的观感，一旦出现，后市有谨慎防空的必要，如图 7-23 所示。

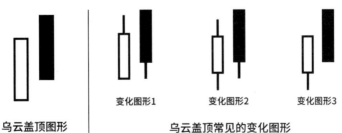

乌云盖顶图形　　　　变化图形1　　　变化图形2　　　变化图形3
　　　　　　　　　　　　乌云盖顶常见的变化图形

图 7-23　乌云盖顶图示

曙光初现和乌云盖顶后一根 K 线深入前一根 K 线的部分越大，转势信号就越强烈。如图 7-24 所示，分众传媒在 2015 年 11 月至 2016 年 1 月的这段走势，从顶部 17 元以上高开收乌云盖顶形态后，一路跌至 6.94 元方才见底便是血淋淋教科书般的例证。

图 7-24　分众传媒日 K 线图

四、旭日东升和倾盆大雨

比曙光初现更强的止跌反升信号是"旭日东升"：阴线之后不再低开，后一根 K 线开盘价在前一日收盘价之上，且全天以上涨为主最终收盘在前一日开盘价之上，犹如一轮冉冉红日从底部升起，太阳升得越高，则企稳信号越明确，如图 7-25 所示。

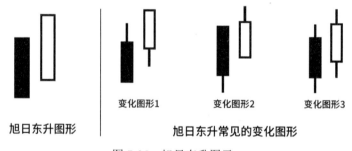

图 7-25　旭日东升图示

比乌云盖顶更强的由涨转跌信号是"倾盆大雨"：阳线之后直接低开，经历一天调整后收盘在前一日开盘价之下，好似一场瓢泼大雨，即将开启对多头而言难以接受的漫长雨季，如图 7-26 所示。

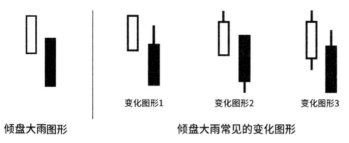

图 7-26　倾盆大雨图示

对倾盆大雨而言，阴线实体低于阳线实体的部分越多，转势信号越强。若同时伴随有成交量的急剧放大，预示后市杀伤力可能会更加惨烈，如图 7-27 所示。

图 7-27　永辉超市日 K 线图 2

从好友反攻到曙光初现再到旭日东升，三者反弹信号逐级增强；从淡友反攻到乌云盖顶再到倾盆大雨，见顶信号也一个比一个强烈。反弹信号出现后一般不建议马上买入或补仓，只是可以暂不急于止损；见顶信号出现后一定要保持警惕，至少应不急于买入或加仓，尤其注意避免匆忙接可能从顶部掉落的飞刀。

五、启明星和黄昏星

启明星和黄昏星是一对由三根 K 线组成的相互对称图形，分别出现在下跌和上涨趋势的尾声，也是一组典型的变盘信号，如图 7-28 所示。

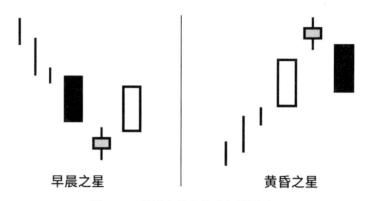

图 7-28　早晨之星和黄昏之星图示

　　启明星也称"早晨之星"，象征着跌势结束黎明即将到来。第一根 K 线为跟随下跌趋势的阴线，第二根 K 线为小实体，和第一根 K 线之间如有跳空低开缺口反转信号更强，收阳线反转信号比阴线更强。如果收十字星则构成"十字启明星"，比普通启明星反转信号更强。第三根 K 线为深入第一根 K 线实体的阳线，和第二根 K 线之间如有跳空高开缺口反转信号更强，且实体越长反转信号越强，如图 7-29 所示。

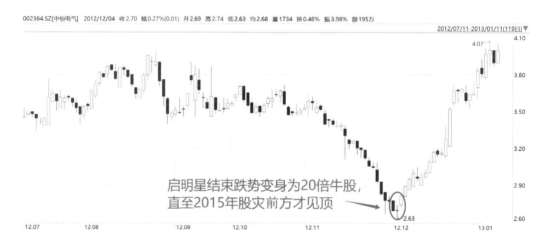

图 7-29　中恒电气日 K 线图

　　黄昏星也称"昏星"，象征着涨势告一段落夜幕将至。第一根 K 线为继续上涨的阳线，第二根 K 线为小实体，和第一根 K 线之间如有跳空高开缺口反转信号更强，收阴线反转信号比阳线更强。如果收十字星则构成"十字黄昏星"，比普通黄昏星反转信号更强。第三根 K 线为深入第一根 K 线实体的阴线，和第二根 K 线之间如有跳空低开缺口反转信号更强，且实体越长反转信号越强，如图 7-30 所示。

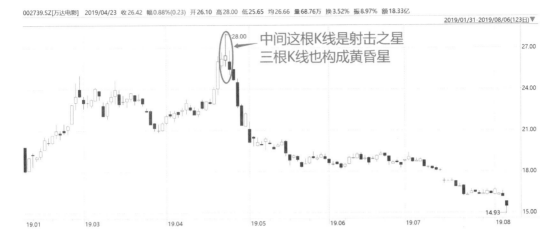

图 7-30　万达电影日 K 线图

六、红三兵和黑三兵

"红三兵"和"黑三兵"互为对称，分别由三根连续上涨的阳线或连续下跌的阴线组成，如图 7-31 所示。"连续上涨"要求后两根 K 线的开盘价和收盘价都要高于前一根的开收盘价，"连续下跌"要求后两根 K 线的开盘价和收盘价都要比前一根的开收盘价更低。

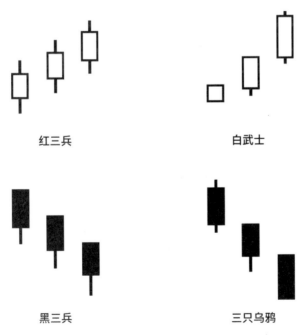

红三兵　　　　　　　　　　白武士

黑三兵　　　　　　　　　　三只乌鸦

图 7-31　红三兵和黑三兵图示

严格意义上的红三兵要求后两根 K 线的开盘价在前一根 K 线实体之内，上影线较短也即收盘价在全天最高点附近。如果三根 K 线都是光头阳线，则构成"三个白武士"，看涨信号较普通红三兵更强。

黑三兵则是后两根 K 线的开盘价在前一根 K 线实体之内，下影线较短也即收盘价在全天最低点附近。如果三根 K 线都是光脚阴线，则是多头最不愿意看到的"三只乌鸦"，转跌信号较普通黑三兵更强。

还需要注意的是，只有出现在下跌或横盘趋势中的三连阳才可视为红三兵参考。如果徒具红三兵之形，但所处位置在上涨很长一段时间后的相对高位，尤其是第三根阳线实体较短上影线较长的话，反而是上涨力道衰竭的变现，有可能是"强弩之末"构成多头陷阱，如图 7-32 所示。

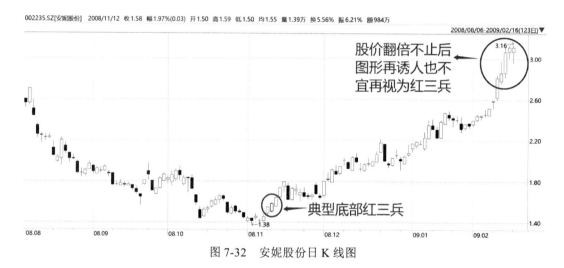

图 7-32　安妮股份日 K 线图

同理，黑三兵如果出现在连续下跌行情中也起不到转势信号的作用。

七、多方炮和空方炮

标准的"多方炮"和"空方炮"由三根阴阳叠加的 K 线组成，形似架好的一门大炮，随时准备对敌方发起进攻，是人们俗称的"两阳夹一阴"和"两阴夹一阳"的雅称。此外还有多种变体形式，但原理和技术信号类似，如图 7-33 所示。

多方炮一般出现在股价底部盘整的尾声或上涨趋势之中，表现为两根较长的阳线夹住一根阴线（有时也可能是十字星）。此种形态并非绝对的看涨信号，需要结合成交量（最好是上涨放量下跌缩量）、均线系统（最好位于各条均线之上）和第四日 K

线形态等因素观察。如果炮台架好后次日没有继续放量上涨，有可能是一枚"哑炮"，甚至可能是多头陷阱。

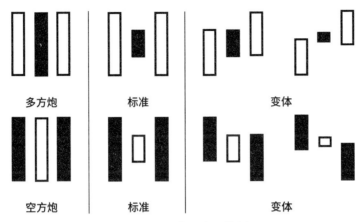

图 7-33 多方炮和空方炮图示

空方炮在涨势和跌势中都可能出现，无论处在何位置都是谨慎防空的信号。尤其要提防持续上涨一段时间后的顶部空方炮：在股价持续攀升后收长阴线，本就意味着已有获利盘止盈；次日低开高走但只收相对较短的阳线，是多头能量消耗殆尽无力上攻的表现；第三日再次高开低走明确空头夺回主动权，炮台架好随时可能发难。如还伴随有破位放量下跌等技术信号，操作以尽快出货避险为宜，如图 7-34 所示。

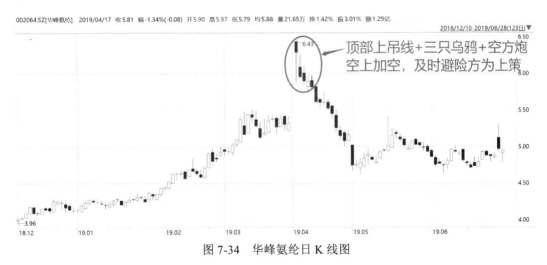

图 7-34 华峰氨纶日 K 线图

八、升势三鸦和降势三鹤

和上述组合不同，"升势三鸦"和"降势三鹤"由 5 根 K 线组成，如图 7-35 所示。

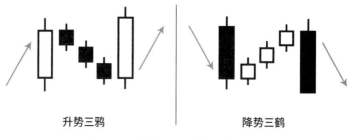

升势三鸦　　　　　　　　　降势三鹤

图7-35　升势三鸦和降势三鹤图示

升势三鸦也称"上升三法"，还有个诗意的名字叫"上升三部曲"。它发生在上涨途中，第一根K线为中阳线或大阳线，接着用基本运行在第一根阳线内部的三根小阴线或中阴线（形似三只乌鸦）下跌洗盘，最后以一根长阳线收尾且收在第一根K线收盘价之上。

降势三鹤正好与升势三鸦相反，也被称为"下降三法"或"下跌三部曲"。它发生在下跌途中，第一根K线为中阴线或大阴线，接着用基本运行在第一根阴线内部的三根小阳线或中阳线（形似红三兵）上涨诱多，最后一根K线以大跌姿态宣告空头的胜利，收在第一根K线收盘价下方，彻底打破人们对上涨的幻想。

这两种图形背后的实质，都是此前的上涨或下跌趋势得以延续，途中虽遇小规模抵抗，但第一根K线划定的关键支撑或压力位都未被有效突破，此时勿轻言见顶或见底，而应该选择握紧筹码或迅速出逃。

理解本质后，还有一些虽不符合标准形态，但基本原理类似的图形也可视为类似信号处理。如图7-36所示，2018年跌势之中的东阿阿胶就曾出现过两组类似跌势三鹤的图形，都是在提醒投资者现价离底部还有空间，抄底一定要慎之又慎。

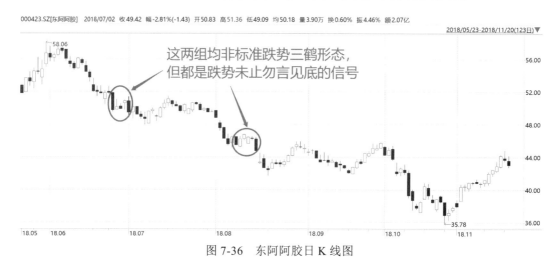

图7-36　东阿阿胶日K线图

九、K线技术的注意事项

K线理论是亿万股民在长期实践中总结而成的集体智慧结晶，但在实盘运用时仍有以下几点请务必注意：

第一，K线能过滤短线情绪的噪音，却无力反映当日交易的风起云涌。正所谓可以用分时图画出K线，但却不能用K线倒推出分时图。同一形状K线背后，其分时变化可能迥异。如同样是涨停长阳，有的是开盘起涨迅速封死涨停，有的却是在多次打开涨停反复吸筹，有的甚至是一日之间大起大落数次，临收盘才最终封板，不同分时图走势传达的市场信息会有较大差异。这就意味着不能笃信裸K战法，聪明人会点开关键K线的分时图，去观察其内部博弈情况的细节，如图7-37所示。

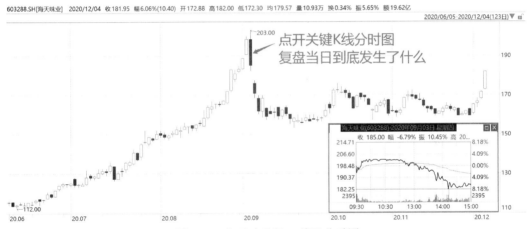

图7-37 海天味业日K线及分时图

第二，运用K线时勿忘"级别"观念，根据交易习惯多级别套用效果更佳。除日K线外还有其他时间级别的K线，从下至上有1分钟/5分钟/15分钟/30分钟/60分钟/120分钟和周、月、季甚至年K线等。这些K线的基本原理一致，但时间越短K线变化越灵敏，所携信息不确定性大。时间越长趋势信号越确定，却又会因变化迟缓指导性不强。投资者可以根据自己的交易习惯选定几个不同级别的K线图持续观察，相互套用辅助参考使用效果更佳。

第三，K线只是经验总结并非科学，降低出错率需多掌握几种方法，丰富和完善自己的"武器库"。关键K线实体的高低点、上下影线所高摸或低探的位置、经典转势形态的出现，对判断指数涨跌趋势和个股的买点卖点都有重要意义。但市场变化纷繁复杂，有反转信号不一定马上反转，横盘或趋势延续信号也极有可能会被突发事件打破，更别提A股中还有大量靠"骗线"为生的庄家游资存在。所以"裸K战法"不可盲从，K线分析不能作为战略决策的依据，而只是众多战术手段中的区区一种。这

两节为清晰展示案例刻意隐去了量能、均线和 MACD 等信息，实战中 K 线分析必须结合其他工具使用才能达到判断后市趋势和找准支撑压力等关键位置的效果。

最后，K 线"盘感"是反复训练的产物。很多新手会羡慕和感慨于高手技术分析的准确度，殊不知所谓的"盘感"都是在市场中历经锤炼后得来。本人除坚持每日复盘外，还会用坐地铁、临睡前的一些碎片时间，在同花顺 app 上玩一个叫"K 线训练营"的游戏。虽是模拟但参与的都是个股在过去某段时间的真实走势，勤加训练对提高 K 线分析能力会有帮助。

分上下两节讲的只是基本 K 线原理和经典图形，它有点像日语，入门容易，精通却很难。更多的 K 线应用智慧，还得靠大家自己在实践中探索和总结。

第六节 | 均线技术简介及示例

前两节介绍 K 线时，为方便大家领略"裸 K"的魅力，有意隐去了均线。而在实战中，缠绕在红红绿绿的 K 线周围，那几条颜色更丰富的婀娜曲线同样是重要的技术分析工具。

一、均线的基本原理

均线的全称是"移动平均线"（moving average），最早由美国人格兰维尔（Joseph E.Granville）于 20 世纪 60 年代发明。他在道氏理论"价格以趋势方式演变"的基础上，于《每日股票市场最大获利战略》一书中提出"均线买卖八大法则"，以 200 日均线为锚预测股价未来走势，影响力持续至今。

所谓"移动平均"，是指对某一周期内指数或股票收盘价格持续跟踪，计算平均数时剔除某一周期前的旧价格，不断更新最近的价格后算出平均价。然后在坐标图中将这些价格连成点，由此得出一条移动平均线。

以 5 日均线（简称 MA5）为例，就是把最近 5 个交易日（T1—T5）的收盘价加总后除以 5 得出一个均价，到第 6 个交易日（T6）时将 T1 价格剔除，再加上 T6 的新价格除以 5 得出一个新均价，以此类推可不断迭新出后续交易日 5 日均价，彼此连线后便出现 5 日移动平均线。

除对最近 5 日均价连线外，还可以用同样的原理计算和绘制 10 日线、20 日线、30 日线乃至更长的时间周期均线。越长期均线走势越平缓，信号意义也更重要。越短期均线越灵敏，但因变化过快信号效果也容易不稳定，故只能作为短线操作参考，如图 7-38 所示。

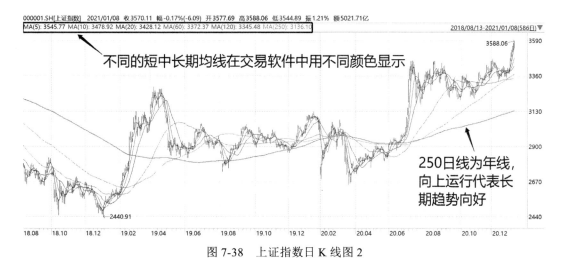

图 7-38　上证指数日 K 线图 2

在日线级别之外，更长还可以跟踪周均线、月均线、季均线甚至年均线，更微观的则有 120、60、30、15、5 甚至 1 分钟均线等。每一时间级别都有相应的 MA5、MA10、MA20、MA30 等等，其绘制原理和日均线相同。

但要注意长时间级别中的短期均线对应日线并不短——如周线的 MA10 涵盖的是 50 个交易日以上的价格变化；短时间级别的长期均线对应日线也不长——如 5 分钟的 MA120，也不过跟踪 5×120 分钟即 10 个小时的变化，对应的天数也不过 2.5 个交易日而已。用不同时间级别均线跟踪短、中、长期趋势时要注意这一点，根据自己的交易偏好选择同一级别下的多条均线配合使用的同时，如能与不同级别均线套用（如根据日均线和周均线金叉共振买入）效果会更佳。

计算移动平均价格时除简单算术平均外，还有人认为对距离最近的不同交易日价格赋予相同权重并不合理，要通过"加权平均"的方法，即对越近交易日的收盘价赋予更重或更轻的权重占比后再加总平均：支持"前沿加重"方式计算的人认为越近的价格越影响交易者情绪、心理和策略；而支持"后沿加重"的人却认为前者过于主观，为追求客观性和稳定性，要求调高更远交易日的权重后再进行移动平均。

但均线的精髓，就在于通过对市场持仓成本的平均钝化主观情绪和人为操纵因素，以达到跟踪一段时间内价格趋势的效果。加权平均加入了主观判断的思维，是个仁者见仁，智者见智的问题。对此，墨菲先生《期货市场技术分析》一书中援引美国 1978 年《商品年鉴》研究成果，在对 13 种大宗商品从 1970—1976 年的走势跟踪后，证明简单平均的方法反而能取得更好效果。

二、均线的功能

（一）可用于跟踪指数或个股趋势，决定"做不做"

价格趋势只分三种情况：上升、横盘和下降。当指数或个股处于上升趋势中时，后入场者的成本不断攀升，造成短中长期均线呈不同斜率向上抬升，较短期均线位于较长期均线之上。这时多数人才更容易赚到钱，这样的市场或个股参与价值更大。

指数或个股价格在一段时间内上蹿下跳，并无出现明显上升或下跌趋势时，均线系统会反复缠绕。既然没有明显获利机会，便可以选择持币观望或轻仓试探。

而当指数或个股不断下跌，均线系统齐头向下，较长期均线压着较短期均线走时趋势走坏，获利很难获利空间也有限。如果买入后轻易"越跌越补"，更有重仓被套的风险，此时耐心等待趋势反转才是明智的选择。

如图 7-39 所示，以家家悦在 2020 年 2 月 3 日至 2021 年 1 月 11 日近一年的日线走势举例，上升、盘整和下降三段趋势非常明显。上升趋势中容易获利，盘整中股价来回拉锯想赚钱很难，而到了下降周期中几乎怎么操作都赔钱，最后都得以止损出局，否则极容易深套。

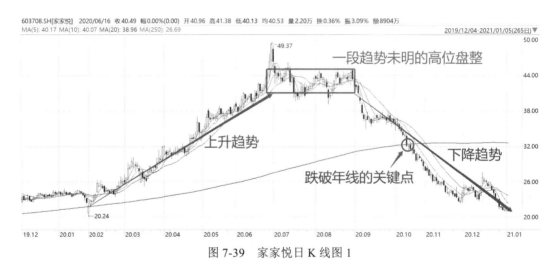

图 7-39　家家悦日 K 线图 1

观察和判断趋势的技术工具还有很多，但均线无疑是最简单好用的一种。趋势交易者会以长期均线为标准，指数或股价在半年线或年线上方运行时才参与，短中期均线在上升趋势中才考虑重仓，确认跌势后坚决止损出局观望。选择比努力更重要，这是很多老江湖的投资之道。

（二）可用于寻找支撑和压力，指导"怎么做"

谋定而后动，观势后择时。人们可以通过观察 K 线与均线的相对位置，判断场内交易者的盈亏情况，寻找指数或个股的支撑和压力点位，用以指导买卖操作。

如 K 线跌至某一均线附近时，这一时间周期内买入的绝大多数投资者已经没有浮盈，抛售止盈动力减弱。也会有人趁此时补仓或建仓买入，这就起到了均线的支撑作用。而如果该支撑均线被"有效跌破"（跌幅较大或 3 ～ 5 个交易周期内未能收复），则在短期内转化为压力。后续价格再反弹至此处时，很多套牢的人一回到成本附近会蜂拥而出，也有此前抄底赚钱的人开始有止盈需求，这又是均线构成压力的成因。

同样的道理，扮演压力角色的均线一旦被"有效突破"（涨幅较大或站稳均线 3 ～ 5 个交易周期），又能转化为股价乖离均线过大下跌回调时的支撑，如此周而复始。

仍以家家悦为例，在 20 日均线跌破前，该条均线一直可以作为逢低买入的重要参考。而在确认转势后，每次 K 线反弹至该均线附近均遭打压，均线的支撑和压力功能转换极为明显，如图 7-40 所示。

图 7-40　家家悦日 K 线图 2

还有必要补充的是，时间周期越长的均线稳定性越高，其支撑和压力作用越明显。方向朝下的均线支撑作用较差，朝上的均线的压力作用相对也会弱一些。

除成本因素外，所谓支撑和压力在某种程度上也是群体心理学或行为金融学在股市中的体现：均线有"技术分析之母"的美誉，当多数参与者都信奉这一套交易方法，用其作为下买卖单的准则时，会产生"自我实现"的效应。

三、格兰维尔均线买卖法则

在明白均线的原理和功能后,再来看格兰维尔先生提出的均线买卖法则就很简单了。

如图 7-41 所示,折线为指数或股价(以下统称为价格), 曲线为 200 日均线。整个规则分为 4 个买点和 4 个卖点:

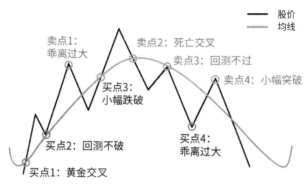

图 7-41　格兰维尔均线买卖法则

1. 当下跌的均线开始走平并有逐渐上升之势,价格从下方向上突破均线时,是第一个买点;

2. 当价格在经历小幅上涨后回调,但回踩不破均线时,是第二个买点;

3. 当价格涨幅过大,乖离均线较远时,多方获利丰厚有减仓或卖出需求,这时出现第一个卖点;

4. 当价格从上方向下小幅跌破均线,但因均线还没有转势只是上涨斜率和速度逐步放缓,在与均线再度金叉时可作为第三个买点;

5. 当价格再一次跌破均线,且均线已经开始走平甚至转为降势时,是第二个卖点;

6. 均线确认进入下降趋势后,价格反抽未能突破均线,说明此时抛压依然沉重,是第三个卖点;

7. 第四个买点的原理和第一个卖点相似,都是价格乖离均线过远,突然的暴跌诱发资金抄底,是第四个买点;

8. 但超跌后的小幅反弹不能扭转均线继续下行的趋势,在价格再一次跌破均线后,第四个卖点出现。

格兰维尔买卖法则曾是均线派奉为圭臬的经典战法,但以 200 日均线来指导现在的股市操作并不合宜,且这仅是一种理想化的价格沿均线规律运转模型,真实的市场走势远比这复杂。

重要的是理解其原理，在实际操作中可以用长期均线作为趋势参考，选取 2～3 根短中期均线构建自己的均线系统。

四、均线技术的注意事项

（一）关于均线参数的选择

一般炒股软件自带的均线参数分别为 5、10、20、30、60、120 和 250 等。双休制下一周有 5 个交易日，5 日线反映一周均价走势，它对市场变化反应敏锐，对短线行情的启动或结束有极强的助涨助跌作用，也被俗称为"攻击线"；半个月对应 10 个交易日，一个月一般有 20 个左右交易日，一个季度对应 60 个交易日，它们分别被冠以"操盘线""辅助线"和"决策线"等名称，30 日线被称为"生命线"，意指中期趋势由其决定，重要到关乎股价生死。

但这样的命名并无实际意义——如果是超短线操作，5 日线便极重要。如果是价值投资，哪怕"生命线"跌破也依然可以做到淡定长持。另外，还有人喜欢另辟蹊径，如用斐波那切数列中的 5、8、13、21、34、55、89、144 等"神奇数字"来设置均线参数，理由是可以避免落入庄家为骗线设置的"均线陷阱"。但这同样大可不必，因为均线的意义本来就在于反映成本，体现多数人对某一价格区间的认同，而简单常规的均线设置已足够满足需求。

（二）多均线系统准确性会更高

大道至简，有很多人号称一条均线可以打天下。但我认为一个好的均线系统，要由 1 条长期均线（年线或半年线）和 2～3 条短中期均线组成。其中，用稳定性更佳的长期均线观势，用灵敏性更佳的短中期均线择时。没错，K 线需要通过组合优化胜率，均线同样应该用组合的方法才能得到更稳定的效果。

用于择时的短中期均线实际构成一个比价系统：每天的价格实际是参数为 1 的均线，其与均线的关系和短长期均线之间的关系类似。因此格兰维尔买卖法则中阐释的几种买卖情形，同样可用于由短长期均线组成的系统。

多用几条均线的好处在于可以获得多个信号的互相验证，如当较短期均线跌破或突破后，较长期均线可构成新的支撑或压力。但数目也不宜过多，太驳杂的线过于凌乱，反而容易因此漏掉重要买卖信号。根据个人操作偏好，制订一套得心应手的均线系统用作参考即可。

（三）重视关键均线形态发出的买卖信号

因为价格波动的存在，均线之间经常会发生各类交叉，但多数时候可能只是"普通交叉"。当较短期均线自下而上穿越较长期均线，且两条均线都齐头向上时，即所谓"黄金交叉"，一般可视为买入信号。尤其是遇上多条均线向上发散多头排列时，预示着后市上涨概率大，如图 7-42 所示。

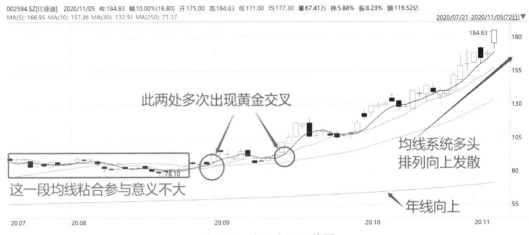

图 7-42　比亚迪日 K 线图

反之，当较短期均线自上而下穿越较长期均线，且两条均线都齐头向下时，是"死亡交叉"，一般可视为卖出信号。尤其是多条均线向下发散空头排列时，预示着后市下跌概率大，如图 7-43 所示。

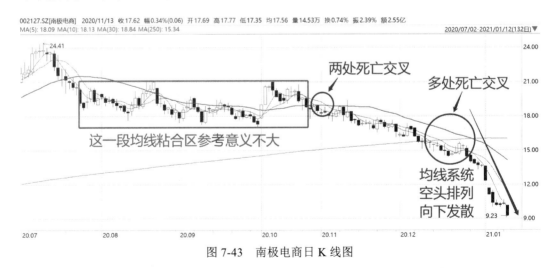

图 7-43　南极电商日 K 线图

价格陷入横盘整理，各条均线反复交叉缠绕，这也是均线系统的一种常态，被称为"均线粘合"，它可以出现在筑底或筑顶等任何一个阶段。期间因参与者持仓成本相近，多空任一方都无法战胜对手。故可操作性不强，只有等待明确的变盘信号发出后再行操作为宜。

（四）用前复权处理因除权除息造成的均线扭曲问题

当股票配股、转送股或分红后，在 K 线图中会留下或大或小的除权除息缺口。举个简单的例子，一只原本每股价格 10 元的股票，在 10 送 10（每 10 股送 10 股）除权后，总市值不变股票数量较此前多出一倍，每股价格也相应要打对折降至 5 元，配股、转股和分红也都是同样道理。这本身对股票原本价值没有影响，但会使原本顺畅运行的 K 线和均线系统发生重大变化，如图 7-44 所示。

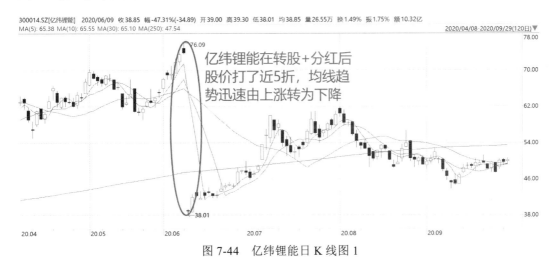

图 7-44　亿纬锂能日 K 线图 1

这种变化多少会干扰投资者判断，但解决起来也很简单，只要用软件对其进行复权处理即可。所谓复权就是对股价和成交量进行权息修复，按照股票的实际涨跌重新绘制走势图，并同时把成交量调整为相同的股本口径。一般有两种复权方法：一种是向前复权，即保持现在的股价不变，将除权前的价格缩减，之前的 K 线向下平移，使图形吻合以保持股价走势的连续性；一种是向后复权，就是保持先前的股价不变，而将除权后的价格增加，之前的 K 线向上平移。因为前复权后的价格和当前价格保持一致，所以人们往往多使用前复权的方法观察股价走势。

图 7-45 便是亿纬锂能经前复权处理后的图形，除权后 K 线和均线的无缝衔接，便于人们更好地观察和跟踪股价走势。

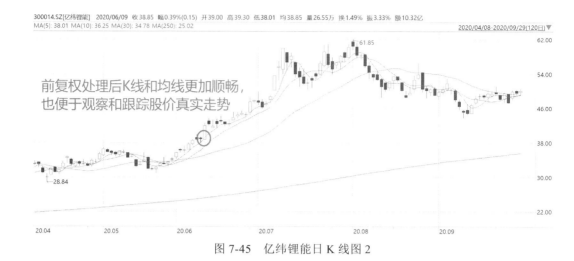

图 7-45　亿纬锂能日 K 线图 2

（五）与其他技术结合，准确性会更高

短线交易者还可以结合 K 线，制定一个跌破下方某根支撑均线止损，反弹至上方某根压力均线附近止盈，突破某根均线买入的操作纪律。为避免被某些"技术噪音"干扰或欺骗，可设定一些"过滤器"提高操作的准确性。如规定必须满足跌破或突破的幅度超过一定百分比，或 K 线位于均线下方或上方超过 3～5 个交易日后方能执行操作等条件。当然，如果某天发出极端的交易信号（如"一阳穿三线"或"一阴穿三线"）时，均线系统原运行态势被急速扭转后应该加快操作，否则容易错过买入或逃跑的机会，如图 7-46 所示。

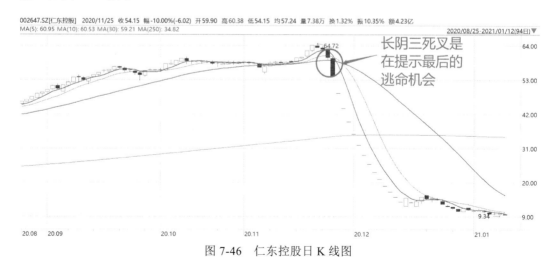

图 7-46　仁东控股日 K 线图

除 K 线外，量能、MACD、关键切线、走势形态等也是应综合考虑的要素，这一点后续几节还会反复提及。

（六）培养多级别验证的习惯

日线信号不明朗时可下降到各分钟级别中寻找支撑压力或买卖信号，持股时长就在几天内的选手，用 30 和 60 分钟等均线指导操作会更富效率。当较小级别均线系统全部被跌破或突破后，可调升到更高级别图形中寻找新的支撑和压力。如果各级别均线都朝向一个方向运行（多级别共振），后市潜在的涨跌幅会更大。各级别均线恰巧在某一点位重合时，此处的支撑和压力会更强。

第七节 切线技术简介及示例

除蜿蜒缠绵的均线外，用以观察和把握趋势的技术工具还有一条条笔直的"切线"，它们同样能起到支撑和压制价格运行的作用。与均线不被人为干预，只是对平均成本客观反映和被动跟踪不同，切线需要技术分析者寻找指数或股价的关键点将其连线，因而不可避免带有一定的主观色彩。

一、切线的基本原理和种类

切线理论仍是技术分析三大假设中"价格以趋势方式演变"和"历史会重演"的落地，是遵循"顺势而为"交易思想发展而来的重要分析方法。无数研究者在股市实战中都会发现一个事实：上涨中的指数或股价，往往会在某个关键位置被打压；下跌中的指数或股价，又可能会在跌到某个点位时被拉起。而且这些位置还会被多次触及，似乎有种魔力在控制着价格的波动运行。

这其实和均线理论一样，还是和人们的交易成本和心理因素有关。切线分析方法的任务，就在于把这些对价格起过支撑和压力作用的点位找出并连接成线，以预测下一个关键位置，并用于指导制定或修正下一步的交易策略。

根据具体连线画法的不同，切线分析方法分化出趋势线、轨道线、交叉线、百分比线、黄金分割线、速度线、扇形线和甘氏线等支系。本书主要对最常见，股民应用较多的趋势线、水平线、轨道线和黄金分割线进行介绍，因为这些方法出发点一致，方法贵在精而不在多。

二、趋势线

严格来说，所有的切线都是为跟踪价格波动趋势而画，所以这里的趋势线是狭义的，特指在明显上涨或下跌趋势中，斜率向上或向下的单条切线。

（一）上升趋势线

在一段持续上涨的行情中，将具有由跌反涨转折意义，且逐渐抬升的两个关键低点连成直线，便可得到一根上升趋势线。上升趋势线将在后续回调中发挥支撑作用，且必须得到第三个低点的确认，才可证明有效，如图 7-47 所示。

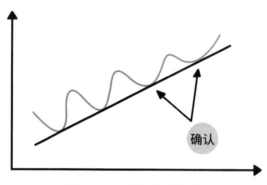

图 7-47　上升趋势线图示

画上升趋势线时原则上应以 K 线实体部分，即阳线的开盘价或阴线的收盘价为基点。但也不排除某些特殊情况，如下影线极长的 K 线、成交量异常放大或缩小的 K 线，其下影线也可作为关键点使用。前两个作图关键点之后的第三确认点，也允许以下影线的形式测试支撑，如图 7-48 所示。

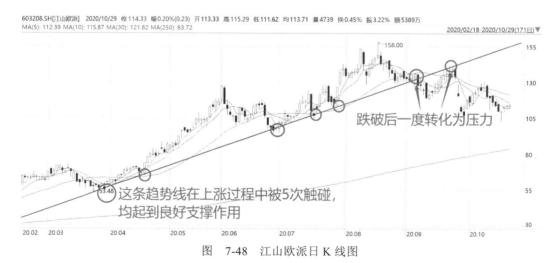

图　7-48　江山欧派日 K 线图

（二）下跌趋势线

在一段持续下跌的行情中，将具有由涨转跌转折意义，且逐渐压降的两个关键高点连成直线，便可得到一根下跌趋势线。下跌趋势线将在后续反抽中发挥压制作用，且必须得到第三个相对高点的确认，才可证明有效，如图 7-49 所示。

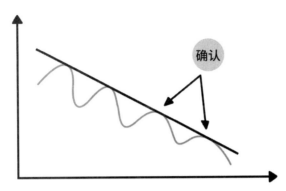

图 7-49　下跌趋势线图示

画下跌趋势线时原则上应以阳线的收盘价或阴线的开盘价为基点，但也不排除某些特殊情况，如上影线极长的 K 线、成交量异常放大或缩小的 K 线，其上影线也可作为关键点使用。前两个作图关键点之后的第三确认点，也允许以上影线的形式测试压力，如图 7-50 所示。

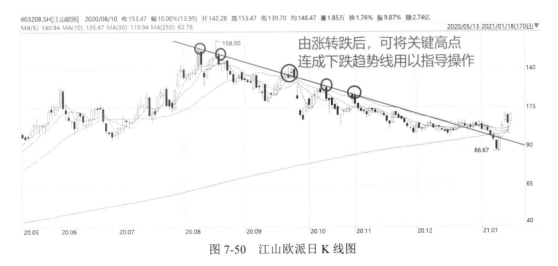

图 7-50　江山欧派日 K 线图

无论哪个时间级别的趋势线，也无论是上涨还是下跌趋势线，在画线时都需注意拉开点与点之间的距离，过于贴近的点连线很难起到支撑或压制效果。

趋势线周期级别越高越稳定，延续时间越长越有效，上涨或下跌时被触碰的次数越多支撑越有效。趋势线失效，也即所谓"有效突破"或"有效跌破"应以收盘价为准，且和均线突（跌）破一样，以空间（±3%）和时间（在趋势线之上或之下3天以上）标准为参考。

此外，当个股配股、送转股或分红后，也应和上一节中均线应用一样，做前复权处理后再画线。

三、水平线

指数或股价在一段时间内无明显上涨或下跌趋势，而是在某一区间内横盘震荡，一到某个点位或价格就遭打压，而跌到某个位置又被"捞起"，这时就可以用"水平线"，即和时间坐标轴平行的直线来标注关键位置，以指示压力和支撑，如图7-51所示。

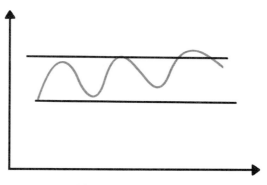

图 7-51　水平线图示

趋势线需要找两个点，且获得第三个点的确认。相比之下，水平线的画法更简单，一般只要找一根关键K线，以其高点或低点为基准横向延展即可。但如何定位关键点非常重要，在以前期波动中阶段性高低点为基准，综合考虑量能、特殊K线形状、走势形态（下一节还将展开介绍）等因素外，还应该尽可能使该价格水平线穿过更多的其他K线，这样找到的价格经更多交易日验证，也是前期成交筹码密集区，否则画出的水平线容易不够准确。

以海螺水泥2019年7月5日至2020年2月3日的走势为例，最佳水平线应该以2019年7月5日收盘价41.3元为基准画出。这条线在次年春节长假结束后，该股随新冠肺炎疫情系统性风险大跌时体现了良好支撑，将股价从跌停位置拉回。而如果以2019年11月4日跳空高开K线开盘价42.08元为基准画线，则会失之精准，甚至可能会导向错误的操作，如图7-52所示。

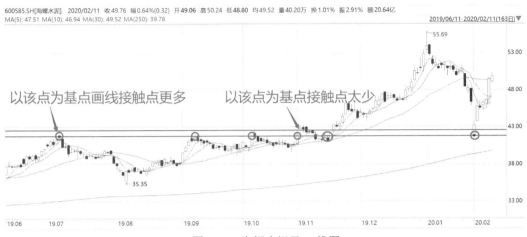

图 7-52　海螺水泥日 K 线图

图 7-52 也能体现水平线的技术价值：股价一反弹到附近就下跌的压力线，在暴跌中竟然能起到关键支撑的作用。此前压制的原因是套牢盘一回本就抛售，而转为支撑的原因则是跌到浮盈盘成本附近后，前期盈利者在一轮"过山车"之后惜售，且较高点跌幅较大诱发场外资金抄底，于是股价又在此处回升。

横盘震荡中可分别选定一条支撑线和压力线，构成一个所谓的"箱体"。如图 7-53 所示，上证指数在 2020 年 7 月 9 日至 12 月 31 日期间的走势就是最典型的例证。高位震荡近半年间，无数股民被忽上忽下的行情折磨不已。在蓄势多时后，终于在年底完成对 3450 点压力水平线的突破，且在 2021 年新年首个交易日获回踩验证。这类箱体的上沿（俗称"箱顶"），一般能在日后的回调中起到重要支撑作用。

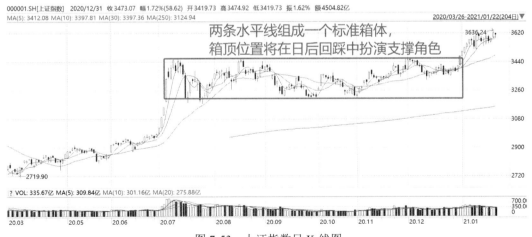

图 7-53　上证指数日 K 线图

四、通道线

两条平行的水平线组成箱体，两条平行的趋势线则构成一个"通道"。指数或股价在其间起伏穿行，两条趋势线也像铁轨一般把价格车轮死死框住，因此通道线也被称为"轨道线"。

趋势线是通道线的基础，用绘制趋势线的方法获得一条上升趋势线后，通过向上平移的方式画另一条平行线，使其尽可能贴近或穿越前两个波峰的高点，就可以得到一个上升通道，如图 7-54 所示。

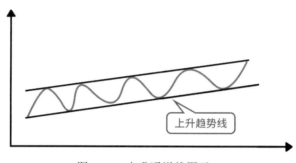

图 7-54　上升通道线图示

类似地，在画出下降趋势线后，向下平移画另一条平行线，使其尽可能贴近或穿越前两个波谷的低点，可以得到一个下降通道，如图 7-55 所示。

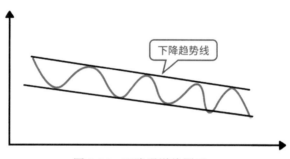

图 7-55　下降通道线图示

当然，现实中很难得到精准平行的通道线，绘制时不必过分追求完美。

通道线的在于限定价格运行区间，其上轨和下轨都各自有压力和支撑的作用。对上升通道线而言，压力上轨有效突破后可能会加速上行，这时通道的斜率会往上抬升，如形成新的趋势要重新绘制一组新的上升通道线；支撑下轨有效跌破则有转势的可能，如确认转势要开始绘制下降趋势线。

如图 7-56 所示，红旗连锁在 2020 年 2 月 5 日至 11 月 5 日期间就经历了一轮标准的转势：在 7 月 24 日以一根长阴线跌破上升通道后，股价进入下行周期，此时通过绘制新的下降通道线，能更好地指示抢反弹后的止盈位置。

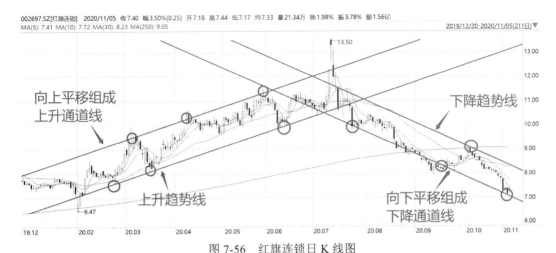

图 7-56 红旗连锁日 K 线图

通道线的斜度变化意味着行情节奏的快慢切换，而通道线的宽度则影响着交易者波段操作的可作为空间。指数的不同时期或不同的个股通道线宽窄都会有差异，指数宽幅震荡时期或通道线宽幅较大的个股更适合波段操作，根据上下轨寻找支撑做高抛低吸效果较好；而指数加速上行或下跌，或个股通道线变得很窄时，轻易卖出或买入容易被甩下车或套牢，上行应以持股待涨为主，下跌宜观望不轻易出手抄底，直到新的技术信号出现再考虑改变操作策略。

以道明光学在 2020 年 2 月 10 日至 10 月 27 日走势为例，2 月 10 日至关键转势点 8 月 19 日之间，K 线在较宽的通道线内波动，这留给交易者较大的波段操作余地。而 8 月 19 日进入窄幅下降通道，每一次出手抄底都无太大利润可言，这种走势的个股最好不参与，如图 7-57 所示。

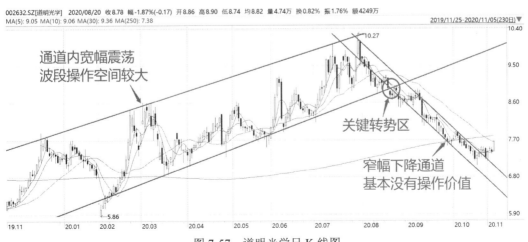

图 7-57 道明光学日 K 线图

五、黄金分割线

上小学时，数学课本上就曾出现过"黄金分割比"：在线段 AB 之间找一个点 C，使其中一部分 AC 与全长 AB 之比等于另一部分 BC 与 AC 之比。按照这一算法得出的比例约为 0.618，剩下的 BC 占全长之比则为 1-0.618=0.382，如图 7-58 所示。

A   0.618   C   0.382   B

图 7-58　黄金比例分割图示

老师还告诉我们，如果肚脐眼离脚底的距离与头顶到脚底的距离之比是 0.618 的话，那是模特们拥有的"黄金身材"，看上去最和谐美丽。

事实上，黄金分割理论早在公元前 6 世纪就由数学家毕达哥拉斯发现，并在后世的美学、音乐、建筑等领域得到充分应用。无论是古希腊的帕提农神庙、文艺复兴时期达·芬奇、米开朗琪罗所作名画，还是现代百事可乐、苹果等品牌的 LOGO 设计，奔驰、宝马等名车的外形设计，都有黄金分割的影子在其中。

黄金分割还能和斐波那契数列产生共鸣。这一递推数列得名于 13 世纪意大利数学家莱昂纳多·斐波那契（Leonardo Fibonacci），它由 1、1、2、3、5、8、13、21、34、55、89、144 等数字构成。从第三项开始，每一个数字都是前两个数字之和；越往后递推，前一个数字与后一个数字之比越来越趋近 0.618，某一个数字与后两个数字之比越来越趋近 0.382。其神奇之处在于能和很多自然现象吻合：向日葵种子阵列、花瓣数、树枝数、蜂群家谱、海螺外壳，甚至人体 DNA 结构都与斐波那契数列中的数字相关。

当人们将这些数学规律应用于股市技术分析后，竟然发现同样能起到良好的指示作用，黄金分割线理论、波浪理论等即由此诞生。除 0.382 和 0.618 这两个最著名的黄金数字外，0.236、0.5、0.809 等几个与之相关的数字也被应用于黄金分割切线绘制中。

早期技术分析派前辈得用绘图尺在图纸上辛苦画线，幸运的我们如今能得到交易软件帮助。只需要找到所分析周期内的高低点，就能轻松通过画线工具箱中的"黄金分割"功能画出数条百分位线。这些水平切线能神奇地充当我们判断指数或股价将在何处获得支撑，又在涨到什么位置时承压回落的重要参考。

以近十余年上证指数月线为例，以 2005 年 6 月 998 点为低点，2007 年 10 月 6124 为高点，画出黄金分割切线后能看到，是 80.9 百分位 1991 点附近在两次熊市后扮演重要支撑角色，并分别激发出了 2008 年底至 2009 年 7 月牛市和 2014 年 7 月至

2015 年 6 月史诗级疯牛。而 2015 年牛市见顶，2018 年 3587 见顶，都是在 23.6 和 50 百分位遭遇重压，如图 7-59 所示。

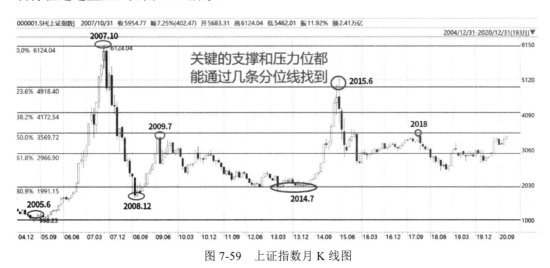

图 7-59 上证指数月 K 线图

创业板指数月线同样可以用黄金分割法找支撑和压力，其对长期关键点位的指示作用精准到令人叹为观止。突破重要百分位线后往往意味着有阶段性行情，跌至重要百分位线附近也不必再过于悲观，如图 7-60 所示。

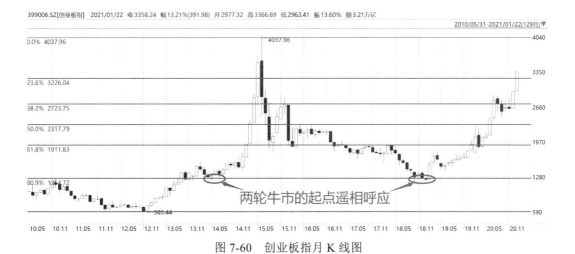

图 7-60 创业板指月 K 线图

除用于观指数大势外，黄金分割法寻找个股买卖点效果也很不错。有必要提醒的是，跟踪指数长期走势时黄金分割线是从下往上画还是从上往下画不必过于在意，但指导个股操作时需要明确一个规则：如果是在一段明显下跌行情结束后，见底博反弹想要找的应该是压力位，此时黄金分割线应该从最低点往上画，这样画出的线更准确些，如图 7-61 所示。

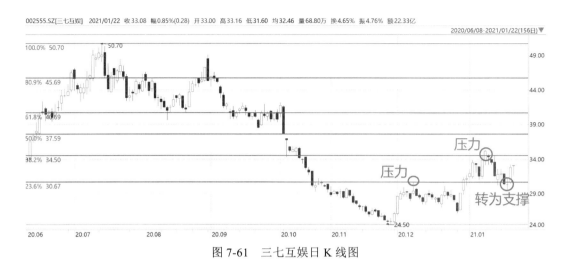

图 7-61　三七互娱日 K 线图

反之，如果是上涨行情结束确认转跌后，更需要的是找到支撑位，此时黄金分割线应该从最高点往下画，如图 7-62 所示。

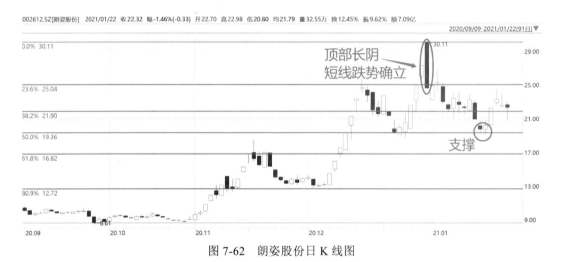

图 7-62　朗姿股份日 K 线图

黄金分割战法也并不是百战百灵，明显的一个缺陷是对无明显上涨或下跌趋势、处于横盘震荡期的个股指导效果不佳。此外，也有人诟病黄金分割和斐波那契数列并无严密的逻辑基础，其高低点的选取有很大主观因素，更多是有了结果之后的强行画线解释。

本人认为任何一种方法只要有群众基础，就应该以"兼听则明"的态度对待，更何况这一"玄学"的神奇有目共睹。至于它的缺陷，可以用和其他切线、其他技术结合应用的办法来补足。

第八节 ┃ 形态技术简介及示例（上）

"形态"一词在技术分析中经常出现，如 K 线理论中由三五根 K 线构成的，反映较短时间价格变化的"组合形态"，及均线和 MACD 等指标理论中黄金交叉、死亡交叉等"瞬时形态"。但同一个词在不同语境中内涵会有差异，本节将介绍的"狭义"形态技术，跟踪价格变化的时间周期较 K 线组合更长，期间上下波幅更大。"W 底""M 顶""头肩底"等经典形态，实际就是由十几甚至几十上百根 K 线构成的一条条价格曲线。在拉长时间轴后，形态技术分析往往比简单几根 K 线组合或某一两个金叉死叉得出的结论更可靠。

该理论在技术分析界影响深远，在欧美技术派尊为"圣经"的《股市趋势技术分析》一书中，作者不惜笔墨，用占比超二分之一的篇幅讲解各类经典形态。之所以安排到靠后的位置讲解，是因为展开形态分析需要以掌握 K 线、趋势线、水平线等知识为前提。

一、形态技术原理及两大基本类型

基本面派相信"价格围绕价值波动"，而在技术派眼中，价格由多空双方力量对比决定。二者势均力敌时价格会在某一区间内颠簸拉锯，而一旦某种变量（政策、业绩变化或突发事件等）打破平衡，多空双方会因此改变作战策略，直至在另一个价格区间达成新的共识。

平衡、打破平衡与新平衡三者交织循环，但无论是温和的小幅震荡，还是激烈的多空转换，都会在图形中留下痕迹。人们在实践中观察典型运动轨迹出现后的涨跌规律，总结出一套用于指导"逃顶抄底"的理论。

基本的形态分类只有两种：平衡与新平衡之间原有趋势不变，也就是价格经震荡后仍能与此前运动方向保持一致的，被称为"持续整理形态"，如三角形整理、旗形整理、楔形整理和矩形整理（箱体）等；如果趋势发生反向变化，也就是所谓转折性"拐点"出现，便是"反转突破形态"，典型的有 V 形底和倒 V 顶、W 底和 M 顶、头肩底和头肩顶、圆弧底和圆弧顶等。

区分二者的意义在于，如果价格仍能以原趋势运行，交易策略可不做大的变更，反之则有必要及时调整。道理简单，但准确判断的难度并不小——从后视镜看顶底形态一目了然，身在局中之时却不容易辨清方向。尤其对个股而言，庄家可能会操纵股价，刻意制造某种形态达到诱骗散户的目的。因此形态理论并非研究简单的"加强版 K 线组合"，判断是何种形态及其是真是假，都需要结合成交量、运行时长、趋势线是否的确有效跌破等条件综合考虑。

先讲几组经典的反转突破形态，这类图形出现时价格容易发生较大变化，需要重点掌握。

二、"V"形底和倒"V"顶

"V"形底和倒"V"顶是一组变化最极端的反转突破形态，常出现在大涨或大跌的前夜。因运动轨迹形似正写和倒写的英文字母"V"而得名，也被称为"尖底"和"尖顶"，如图7-63所示。

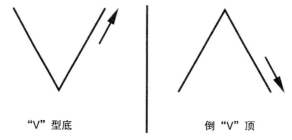

"V"型底　　　　　　　　　　　倒"V"顶

图 7-63　V 形底和倒 V 顶图示

其他形态往往有个横向延展和缓冲的过程，而"V"形底和倒"V"顶常在短短几个交易日内形成，其产生一般与某种突发利好或利空消息有关。

如在 2008 年熊市中，海螺水泥从最高点 24.3 元每股暴跌至 3.64 元每股。2008 年 11 月初"4 万亿"经济刺激计划出台，对水泥板块构成重大利好，作为行业龙头海螺水泥率先开启"V 形反转"，股价一路飙高至 13.5 元每股才罢休，如图 7-64 所示。

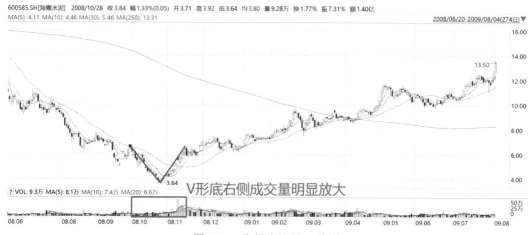

图 7-64　海螺水泥日 K 线图

"V"形反转需要有成交量的配合，在海螺水泥一例中，便可明显看到左侧杀跌力量的枯竭，和右侧起涨后成交量的明显放大。同时，这类形态的转势点，一般伴有十字星、锤子线、上吊线、启明星或黄昏星等变盘 K 线信号的存在。

如图 7-65 所示，2010 年 11 月陆家嘴的倒"V"顶，便是以一颗放量射击之星为转势点，此后股价猛跌两年惨遭"脚踝斩"，直至 2012 年底的 3.69 元每股才见底。那次见底也很有意思，又是一个以锤子线为转势点的"V"形底。

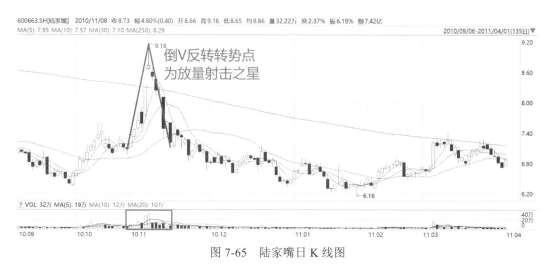

图 7-65 陆家嘴日 K 线图

"V"形反转来势汹汹，较难把握，一旦抓住便是极好的抄底和逃顶机会。但因缺乏颈线辅助判断，只能以典型的 K 线形状、重要均线的收复或跌破作为买卖点参考。当然，在学过 MACD 和顶底背离技术后，与之结合能帮我们更清晰地分辨顶底。

三、"W"底和"M"顶

一个"尖"很孤独，且进退时点不好把控。当有两个"尖"相继出现在同一价格区间时，便有了足够我们比对、分析和决策的时间。两个"V"形底组成"W"底（即双重底），两个倒"V"顶组成"M"顶（即双重顶，我也形象地称其为"金拱门"）。

和"V"形反转不同的是，"W"底和"M"顶形态中有两条可辅助判断的重要切线，分别是下降（上升）趋势线和颈线，如图 7-66 所示。

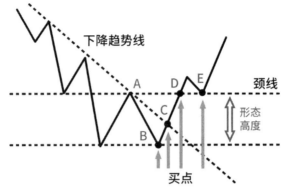

图 7-66 "W"底形态图示

在一段大幅下跌行情后，成交量逐渐萎缩价格触底。当反弹至 A 点时遇阻回落，此时 A 点与前面几波下跌时转折点可连接一条下降趋势线。行至前低附近的 B 点时再次反弹，这次价格突破伴随着成交量的逐渐回暖，在与趋势线相交于 C 后继续上涨，回到与 A 点平齐的 D 点时，可以连接一条与下方两个低点连线基本平行的颈线。突破颈线后还可能伴有小的回踩，被称为短线的"反扑"。这次反扑如果得逞，"W"底形态便构筑失败，重回底部做箱体震荡或其他持续整理形态。如果反扑失败在 E 处止跌继续上行，本次"W"底便可宣告成功。

其中 B、C、D、E 均为理论上的买点，但在实践中建议在上涨趋势基本明朗的 D 和 E 点再做行动。

"M"顶的构筑过程和"W"底正好相反，反映的是由上涨趋势向下降趋势的转换过程，如图 7-67 所示。

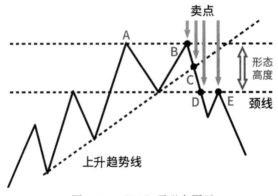

图 7-67 "M"顶形态图示

注意第二个"尖"构筑，一般要求成交量较前一个波峰明显萎缩，因为出现这样的情况才意味着做多量能逐渐衰竭，也构成后面我们会谈的"量价顶背离"。和"W"底相反，"M"顶的 B、C、D、E 均为理论上的卖点，但在实践中建议在下跌趋势基本明朗的 D 和 E 点再做行动，操之过急容易被诱空。

示意图仅是理想的模型，在实践中"W"底和"M"顶的两个"尖"很难完全平齐，高低点之间相差只要不过大即可。如果"W"底的第二低点较第一低点略高，"M"顶的第二高点较第一高点略低，反转形态构筑成功的可能性更大。

个股短线尚有被资金操控刻意"画图"之嫌，但指数的形态不容易说谎，识别"W"底和"M"顶对判断行情大势有重要意义。如图 7-68 所示，上证指数 2018 年 10 月至 2019 年 1 月和 2019 年 3 月至 4 月分别构筑的"W"底和"M"顶就非常经典，其双针探底的 2449 点、2440 点和"M"顶头部的 3288 点都成为日后很长一段时期的支撑和压力数字。更神奇的是，这两个形态的颈线在时隔多月之后也依然重要。尤其是"W"底颈线，在 2020 年初市场因新冠肺炎疫情大跌时帮助本人判断支撑位起到了关键参考作用。

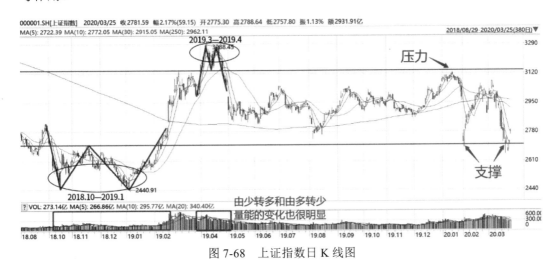

图 7-68　上证指数日 K 线图

四、头肩底和头肩顶

走势在"W"底和"M"顶基础上再"纠结"一番，三个"尖"同时出现就是所谓的"三重底"和"三重顶"，形成原理和应对之策和前两者类似不再赘述。但如果三重形态出现"变异"，中间的那个波折更加突兀时，便有了市场中更常见的，因形似人的头部和两个肩膀而得名的反转突破形态——头肩形。

头肩底是下跌趋势临近结束的转势形态，三个底部都需要成交量放大的配合，只有这样才意味着有主力资金开始抄底。其下降趋势线和颈线的绘制和"W"底原理相同，较好的买点是在右肩突破颈线的 E 点以及"反扑"不跌破颈线的 F 点，期间如伴有成交量的再次放大底部信号就更明确，如图 7-69 所示。

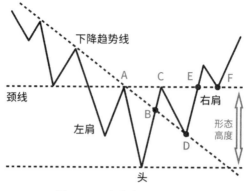

图 7-69　头肩底形态图示

实战中各点的位置分布不会像示意图般严丝合缝，买入点也可以根据个人风险偏好不同选取。如东华科技在 2010 年 4 月至 10 月近半年的头肩底构筑过程中，以 B 和 D 为买点入场的人，就比股价行至 E 和 F 之后再动手获利空间更大，如图 7-70 所示。甚至有的人会以放量突破均线压力的战法提前在 7 月左右抄底，但这是一把双刃剑——一旦筑底失败将面临较大的回撤风险，在安全性和收益率之间如何取舍终究还看个人。

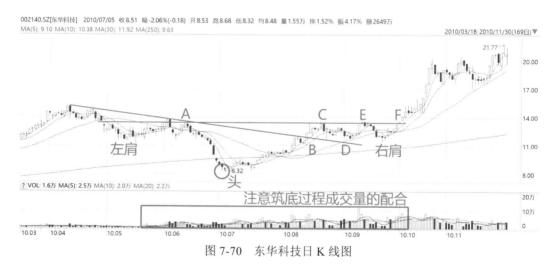

图 7-70　东华科技日 K 线图

头肩顶被《股市趋势技术分析》作者誉为"最可靠"的反转形态，但它的"可靠"同样建立在成交量的配合和颈线的有效跌破（判断规则同均线、趋势线）之上。具体而言，右肩区域成交量少于左肩才意味着做多势力衰竭，无力再支撑股价突破上升趋势线。只有颈线被洞穿后才能宣告顶部形态筑成，E 点和 F 点是最后的"逃命"点，如图 7-71 所示。

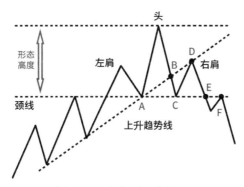

图 7-71 头肩顶形态图示

无论是"W"底、"M"顶还是头肩形，在实践中颈线保持绝对水平较为少见，更多情况下都会或多或少地向上或向下倾斜。底部形态中颈线向上更有利于价格企稳回升，顶部形态中若颈线向下则是更明确的筑顶信号。

此外，多个短期、局部的顶底形态还可以组合成更长时间周期、更大规模的"复合形态"。构筑形态花费的时间越长，规模越大，突破颈线后价格反转的程度就愈加猛烈。2008年起涨的5倍明星股梦网科技，在2010年12月见顶后构筑复合头肩顶，其杀跌威力之大足以令股价腰斩之后再"脚踝斩"，此前涨幅在两年内全部回吐，如图 7-72 所示。

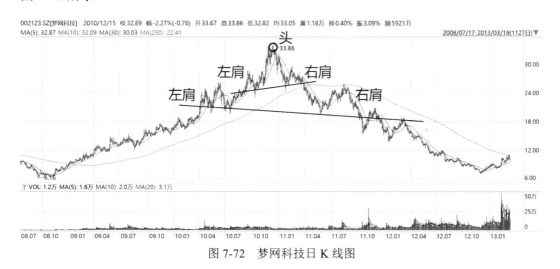

图 7-72 梦网科技日 K 线图

五、圆弧底和圆弧顶

"圆弧底"和"圆弧顶"因形似一道圆弧得名。它不似"V"形反转般发展迅猛来去匆匆，个股圆弧反转的出现一般和机构、庄家隐秘、缓慢地建仓或出货有关：为掩盖交易意图,大资金极有耐心地在底部或顶部某一价格区间慢慢吸筹或温和出货,留下若干根来回拉锯、但涨跌幅又不大的K线群。成交量的特点是首尾大中间小,同步呈现出一条开口向上或向下的弧线,放量突破或跌破颈线时是重要的买卖参考点。其构筑过程艰辛耗时较长,多出现在周线级别的牛熊转换期间,在日线图中并不多见,如图7-73所示。

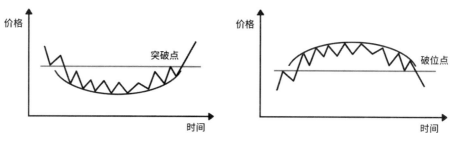

图 7-73　圆弧底和圆弧顶形态图示

周线圆弧形态往往预示着史诗级大底或大顶,2008年3月至2009年9月的亿晶光电,便是花费一年半时长绘制而成的圆弧底经典案例,如图7-74所示。单股价格从1.47一路涨至28.43,如此惊人的涨幅让其成为老股民至今难忘的"妖股"回忆。

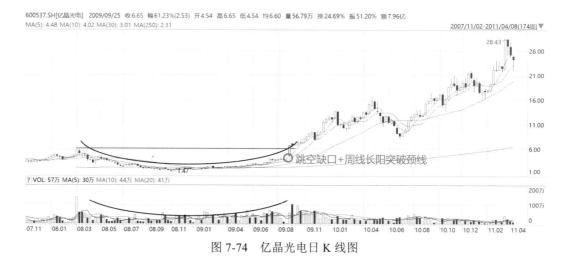

图 7-74　亿晶光电日K线图

当然,圆弧形态同样存在主力骗线的可能,顶底画好后结果继续上涨或回调的案例也很多。针对这一点,结合颈线、均线和顶底背离技术,才能规避被诱多或诱空。如图7-75所示,上证指数千禧年的2445大顶便是在颈线和年线接连失守、MACD明显顶背离后,被证明"有效"的圆弧顶形态。此时不宜对牛市继续抱有幻想,通过减仓或调仓换股来规避风险才是更理性的应对之道。

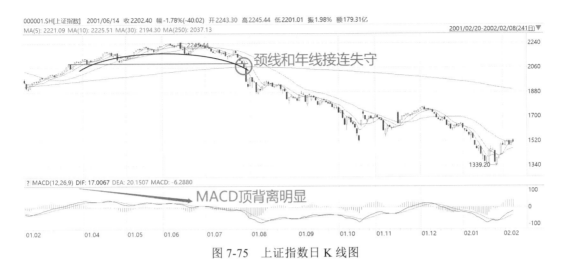

图 7-75　上证指数日 K 线图

除以上经典反转形态外，还有喇叭形、菱形、潜伏底等。但或者是转势成功率不如头肩顶一类高，操作指导性不强，或者可视为下节将介绍的三角形、矩形等持续整理形态的变体，在此不再一一展开。

第九节　形态技术简介及示例（下）

暴风骤雨般的反转突破固然能给我们带来重要的交易机会，但激情只是一时，多空双方都需借相对缓和的持续整理形态停歇一段，以缓解激烈交战后的疲惫。休整时间不会太长，上下振幅也不会太大，结束后一般能继续按原趋势运行。实践中也存在三角形、旗形、楔形整理和箱体震荡"夜长梦多"，反而变成突破的案例。但那毕竟是少数情况，一般还是将它们归类为经典的持续整理形态。

一、对称三角形

标准的对称三角形形态由角度相同，但方向相反的两条上下趋势线组成。背后的逻辑是多空双方在形态高度内的价格区间势均力敌，在彼此消耗中成交量逐渐萎缩，直至迎来最后的放量突破。根据趋势线"两点定一线"且需要第三点确认的原理，一个完整的三角形形态至少需要 5 个点才能确认。但第 5 个点，也就是压力和支撑线最后的交点并不太重要，因为绝大多数的三角形会在突破点 A、C 或回踩（反抽）点 B、D 完成对原形态的突破。反而是越拖到最后保持原趋势的动能越不足，突破力度会逊色很多，有时甚至构成意外反转，如图 7-76 所示。

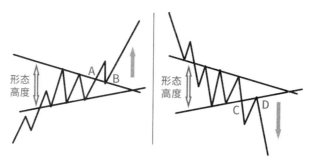

图 7-76　对称三角形形态图示

　　根据形态学原理，反转突破后会朝原趋势的反方向运行至少一个形态高度（以突破点为起点）。持续整理同样如此，休整结束后价格多半能沿原趋势继续运行，看涨或看跌一个形态高度左右。在实践中以此原则测算下一压力或支撑的效果的确不错，但记住不可教条，形势经常发生变化，根据实际走势并结合其他方法不断修正目标位才是明智之举。

　　如图 7-77 所示，金枫酒业在 2007 年 1—3 月的近似对称三角形走势中，形态高度约为 40%（即每股 4 元），3 月底股价突破 12 元后走出整理区域，涨至目标价 16 元后又跳空高开，随后回补缺口但不破趋势。股价再度上行了一个形态高度，直到 20 元才以收一颗射击之星宣告见顶回落。

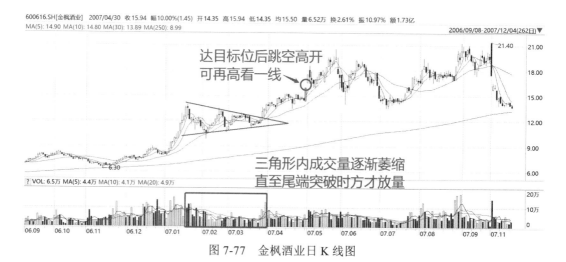

图 7-77　金枫酒业日 K 线图

二、直角三角形

　　完美的对称三角形在现实中少有，直角三角形是其变体之一。它又有两种分类：将对称三角形的下降趋势线拉至水平，可以得到一个在上涨趋势中常见的上升三角形；

反之，将上升趋势线拉平，得到的是在下跌趋势中较常出现的下降三角形，如图7-78所示。

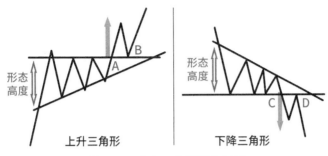

图7-78 直角三角形形态图示

上升和下降三角形的原理和对称三角形类似，A、B点和C、D点是较好的买点或卖点。在上升三角形中，空方保持在一个价格附近出货，而多方在下方买入的价格逐步提高，亦即下跌时的支撑不断被抬高。卖盘被消化完毕后，价格有望沿原趋势继续上涨。下降三角形正好相反，空方出货的价格逐步降低，代表的是对未来的悲观。尽管下方有买盘接货，但愿意支付的对价却不再提高，反弹动能逐渐衰减后，一旦放量跌破支撑可能会引发更惨烈的跌势。

再多想一层：如果上升三角形出现在下跌趋势中，下降三角形出现在上涨趋势中会如何？答案是，想扭转趋势很难。吉比特在2020年5—6月和2020年11月至2021年1月的两段图形便是很好的例子：涨势中的下降三角形在守住支撑后，下跌反而是又一次上车的机会，而跌势中的上升三角形末端再遭放量跌穿支撑，其后还会有新低出现，如图7-79所示。

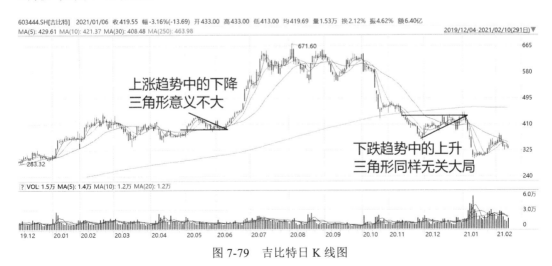

图7-79 吉比特日K线图

能够扭转趋势的"神奇顶底三角"的确有但并不多见，即便是有浓重反转意味的"反向"三角形在大势面前也难有作为。三角形欲扮演反转突破角色，除与出现前涨幅或跌幅已经过大有关外，还得伴有突发利好或利空等强刺激，这也是为什么一般将其视为持续整理而非反转突破对待的重要原因。

三、楔形

楔形是对称三角形的另一种变体，由相互聚拢、方向相同的两条趋势线组成。两条趋势线向上的楔形被称为上升楔形，如果出现在下跌趋势中多数只是一段反弹插曲，此后继续向下的概率较大；反之则是下降楔形，如果出现在上涨趋势中，结束后一般还能再度打开上涨空间。它和后面要讲的旗形整理一样也有一根"旗杆"，突破后理论涨跌幅度以一个形态高度甚至旗杆高度为限，如图 7-80 所示。

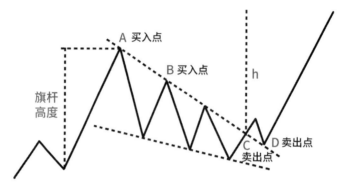

图 7-80　楔形形态图示

像一个楔子般插向与当前趋势相反的方向，而一般情况下价格波动高低点都在抬高的上升楔形反而看空，高低点逐级降低的下降楔形反而看多，是很多人对楔形整理的困惑之处。但以上升楔形为例，仔细观察就能发现，高点抬升的速度慢于低点走高的速度，伴随着成交量的逐渐衰竭，往往只是对下行趋势的一段抵抗，最后还是会回到原趋势之中。这点和前述上升三角形还有差异：后者有一个明显出货位，当筹码消化压力清除后能继续上涨，而上升楔形每一次新波动都在趋弱，只能说明买方兴趣不断减弱。

同理，下降楔形也常是上涨趋势初期的"洗盘好工具"。如图 7-81 所示，航天电器 2013 年 7 月至 2015 年 4 月这波多头行情中，主力三次动用下降楔形以达到洗清浮盈盘的目的。而如果能明确这只是上升趋势中的下降楔形，以年线为支撑坚定持有筹码不动摇，或在回档整理结束后果断买入，便能获得极丰厚回报。

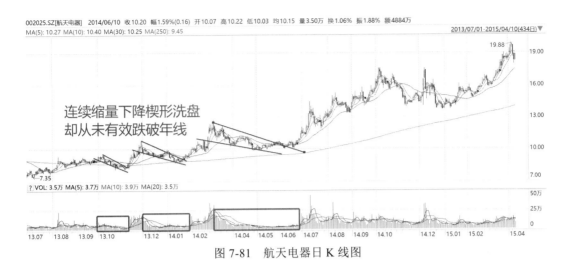

图 7-81 航天电器日 K 线图

　　如果当前趋势中出现同向楔形，一般只要顺势作为持续形态看待即可。除非楔形运行时间过长，调整幅度过大（如明显大于旗杆高度），或趋势线角度过于凌厉（超过45度）以至于可能破坏原运行趋势时才考虑视为反转形态，需要做反方向操作应对。如 2015 年牛市便是在 6 月中旬以上涨楔形见顶，在此后一路下跌中出现的上涨楔形，倒是"老实"扮演了下跌中继的角色，如图 7-82 所示。

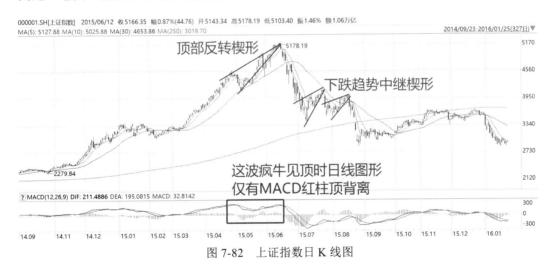

图 7-82 上证指数日 K 线图

四、箱体

　　在介绍切线技术时已经提到过箱体，这也是一种常见的持续整理形态。它也被称为"矩形整理"，由一上一下两条分别起压力和支撑作用的平行水平线组成，因形似横卧的箱子而得名，如图 7-83 所示。

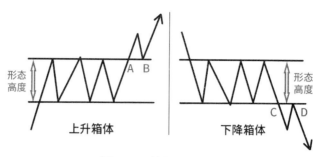

图 7-83　箱体形态图示

经过一轮明显上涨或下跌行情后，多空双方在某一价格区域内势均力敌，来回拉锯。一涨到某个位置附近便回落，一跌到某个位置附近又拉起，反复多次后便形成了一个容纳价格作"困兽之斗"的箱体。

除少数箱体会因跌破或突破上下边界变成"三重顶（底）"或"多重顶（底）"外，绝大多数情况下，箱体"纠结"过后会沿原运动方向运行。如果箱体本身形态高度足够，当然可以在此区间波段操作高抛低吸。而突破后的 A、C 点，以及回踩或回抽的 B、D 提示的买入或卖出信号，则更要注意重点把握。

切线一节中已经举过上升趋势中的指数箱体震荡后继续向上的案例，个股的箱体整理多数也遵循此种规律。如 2020 年大牛股比亚迪的两次箱体突破，都是在股价大幅上涨后以横盘方式休息整理，待多空双方筹码交换完毕选择继续上攻更高位置，如图 7-84 所示。

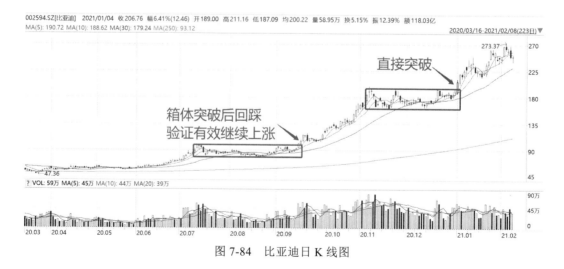

图 7-84　比亚迪日 K 线图

股谚"横有多长，竖有多高"，正是上升箱体的形象写照。当然，如果是下降箱体，则可能会遭遇"盘久必跌"的悲惨结果。因此，在能预判一段行情为箱体整理的情况下，务必在保持耐心的同时提高警惕——不要轻易被震荡洗出筹码，当上升箱体发出有效突破箱顶信号后果断买入或加仓做多，下降箱体有效跌破箱底后就得第一时间减仓或出局避险，以防损失进一步扩大。

五、旗形

顾名思义，旗形就像一面迎风飘扬的旗。从图形看，既可以理解为矩形整理两条水平线同向上倾或下倾，也可以认为是楔形整理两条趋势线外扩后的变体。它们同为持续整理形态，出现时表达的技术意味也近似，如图 7-85 所示。

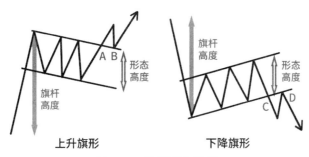

图 7-85　旗形形态图示

楔形和旗形还有一个差异点需要注意："上升旗形"是指在经历一段"升旗"般地迅速大幅拉升后，"旗面"下飘的形态；而如果是类似上升趋势中方向向下的楔形，一般称之为"下降楔形"。这是形态理论中约定俗成的叫法，少数图书中也可能出现完全相反的称谓（如将本书中的"下降楔形"称为"上升楔形"），因此初学者容易混淆。但只要理解楔形和旗形整理都是对原趋势过于迅猛的一次反向修正，震荡整理后一般仍能重回趋势中的本质，就不会被此类"名实之争"所困扰。如图 7-85 所示，上升旗形突破上方趋势线后的 A 点和回踩时的 B 点是较好的买点，下降旗形跌破下方趋势线后的 C 点和反抽时的 D 点是较好的卖点。

和楔形类似，旗形有效突破后的理论涨跌幅也以一个形态高度或旗杆高度为标准。且旗形出现后同样要关注持续时间和整理幅度——如果拖得太长，保持原趋势运行的能力会下降；如果震荡过大，甚至都跌（升）破旗杆基底（顶）了，原趋势也自然被破坏，应考虑是否构成其他形态。尤其是在巨幅拉升后出现这种情况不能心存侥幸，很容易直接走入跌跌不休的下降通道。如泸州老窖在 2020 年 8 月底至 9 月底的回调，最高点距最低点跌幅不超过 10%，旗形整理后依托 30 日均线继续上行，且此后涨幅巨大。而 2021 年 2 月中下旬的下跌过快跌幅较大，显然不能再视为温和的旗形整理，而应该做头肩顶甚至倒 V 形反转预判，一旦有效跌破颈线位要做好减仓或止损准备，如图 7-86 所示。

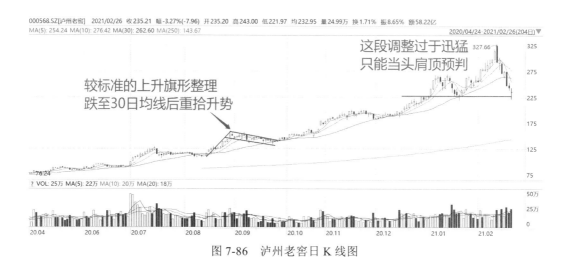

图 7-86 泸州老窖日 K 线图

正因为如此，旗形整理一般在日线及以下时间级别中出现较多，周线、月线图中不太常见。

六、关于形态技术的补充说明

走马观花地分两节把主要的反转突破和持续整理形态过一遍，显然只是向初学者们揭开了形态理论的冰山一角。但只要理解各形态变化表象后的实质，把握经典形态的涨跌规律，相信能触类旁通、举一反三地理解更多的变体。

还需反复强调的是，同一个图形出现在不同的价格位置或时间区间，传导的技术信号可能截然不同。如同一个下降楔形，在上涨初期可能是洗盘，在巨幅上涨后出现很可能是在构筑顶部。同一个头肩顶，在 30 分钟级别中看是做头，放到更大的日线级别看可能只是箱体中的一次震荡。不可机械地"望图生义"，脑海中时刻提醒自己要有"级别"观念。

至于形态理论受人诟病的"反应滞后"，容易导致获利不充分、止盈止损不及时等问题，只要结合 K 线、均线、趋势线和顶底背离等其他技术，能够得到较好的优化。任何技术都做不到一劳永逸、百试百灵，更不必奢望每一次抄底逃顶能够精确地买在最低，卖在最高。

第十节 │ MACD 顶底背离技术简介及示例

"背离"的本意，是脱离事物运行原本正常的轨道，或是与常规、习惯等背道而驰。如某个城市高速发展，生活在其中的人们幸福感却不断降低，这是一种背离。夏天临近，你想减肥的心情日益高涨，无奈管不住嘴也迈不开腿，体重还是在爬坡式抬升，这也是一种背离。若在宏观经济研究中出现该词，意指某些一般情况下该同步的数据指标发生了与常态不符、运行方向不一致的情况。如宏观篇中提到过的社融和 M2 背离，M1 和 M2 的"剪刀差"背离等。

股市中背离也时常发生，如一国经济很糟糕，股指却节节高升；某个公司基本面极差，股价却被炒上天，这类技术面和宏观面、基本面夸张背离吹成的泡沫，终将被时间之神戳破。具体到技术分析中，背离又有了更丰富的含义：广义背离有 K 线背离（如持续上涨后出现的长阴杀跌）、量价背离和趋势背离等。狭义背离特指技术指标背离，且有顶底之分——股票或指数在上涨过程中不断创新高，而技术指标不跟随创新高甚至更低，这被称为"顶背离"；反之，在下跌过程中不断创新低，而指标拒绝再创新低或反而向上抬升，便是所谓"底背离"。

MACD 一类的趋势指标和 KDJ、RSI 一类的震荡指标都能应用到顶底背离技术，限于篇幅本节仅以 MACD 顶底背离技术为代表展开介绍，其他方法道理相通，举一反三即可掌握。

一、MACD 基本原理

MACD 是英文 Moving Average Convergence Divergence 的缩写，中文名称为"平滑异同移动平均线"。严格来说，它不是一个指标，而是由"两线一轴一柱"共同组成的一套指标体系，如图 7-87 所示。

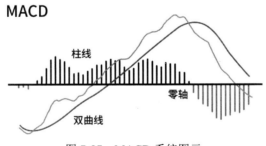

图 7-87　MACD 系统图示

"两线"是指被俗称为"快线"的 DIF 线和"慢线"的 DEA 线。DIF 值由指数或股价的短期平均值（通常是 12 日）减去长期平均值（通常是 26 日）得来，DIF 便是英文单词 difference（差值）的前三个字母。当它为正数时代表着短期均线在长期均线之上，价格处于上涨状态；反之，为负数时短期均线在长期均线之下，价格正在下跌中。DEA 值是 DIF 值的 9 日移动平均值，是 Difference Exponential Average 的缩写。

将逐个交易日的 DIF 值和 DEA 值连线，可得到一个随指数或股价变化不断聚合和离散的双均线系统（convergence 和 divergence 就是收敛和发散的意思）。MACD 的英文全称前两个字母和均线（MA）一致，只不过计算 DIF 值和 DEA 值时用到的是此前曾介绍过的"加权平均法"，为最近的价格赋予更高的权重罢了。

至于为什么一般软件选择 12、26 和 9 作为主要参数，应该和早期每周、每半个月和每个月分别有 6、12 和 26 个交易日有关。9 的选择更多来自于人们的约定俗成，用一个适中的数字再次平滑 DIF 值变化。现在也有人嫌传统参数不能灵敏反映市场变化，会设置其他数字如 5、13 和 8 一类的个性化组合来替代。

"一轴"是指位于图形中间的零轴，"一柱"是指位于零轴上下方，颜色或红或绿的 MACD 柱线，也被称为 BAR 值，由 DIF 与 DEA 的差值再乘以 2 算出。如此设计是为了更突出地体现多空动能的变化，以方便我们观察：当数值为正时位于零轴上方显示为红色，此时市场中多头占优；反之，当数值为负时位于零轴下方显示为绿色，此时为空头市场。红绿柱越长，代表 DIF 和 DEA 的距离越大，也就是上涨或下跌的动能越大。当红柱变绿柱时，对应的是 DIF 和 DEA 的死叉，反之对应的是金叉。

二、MACD 金叉死叉技术

DIF 和 DEA 本质就是两条均线，参照均线原理，利用二者的缠绕关系可以发现以下规律：上涨趋势中的指数或股票，其 DIF 和 DEA 都会在零轴上方运行一段时间。DIF 自下而上金叉 DEA 意味着长短期均线距离在变大，价格上涨势头更加猛烈；而 DIF 自上而下死叉 DEA 则代表上涨势头开始减弱，如图 7-88 所示。

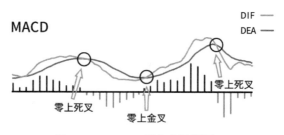

图 7-88　MACD 零上交叉图示

指数或股票转跌后，DIF 和 DEA 会逐渐转负回到零轴下方。若 DIF 金叉 DEA，此时 DIF 的绝对值开始缩小，意味着下跌势头趋于减弱；而 DIF 死叉 DEA 预示下跌势头越来越强，如图 7-89 所示。

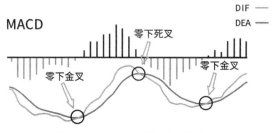

图 7-89　MACD 零下交叉图示

　　零轴附近或恰好在其之上发生的金叉或死叉可能是一段上涨或下跌行情的起点，自然值得重视。而当金叉和死叉位于零轴上下方时信号意义也有所差异：一般认为零上金叉的看涨意义强于零下金叉，零下金叉只有多次出现，稳定性和可靠度才会提高，由此可能带来的上涨力度才会更大；同理，单次出现的零上死叉可能只代表一次小的回调，而零下死叉出现后下跌的概率和幅度都会更大。

　　以 2020 年大牛股泸州老窖为例，该股在当年 4 月 20 日 DIF 和 DEA 双双转正后，一直保持零轴上方运行至 2021 年 3 月 5 日。在这近一年的多头走势中，每一次零上死叉后都只是一段不破 30 日均线的回踩，而每一次零上金叉出现，都是极好的买入机会。这一完整的极强趋势，直到 2021 年 2 月 24 日，30 日线被击穿后才告终结，如图 7-90 所示。

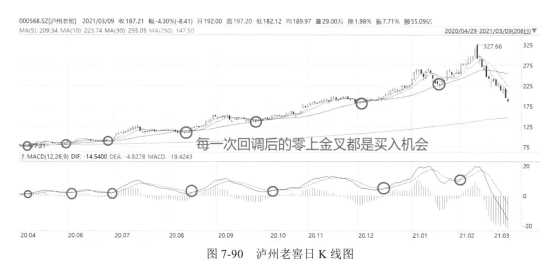

图 7-90　泸州老窖日 K 线图

　　而同时间段大熊股家家悦的走势，则是零下金叉既难以带来较大的涨幅，也很容易转为死叉的经典案例。零下死叉杀伤力更大，该股在 2020 年 10 月 14 日出现的零下死叉，让本已经回调超 30% 的股价再度腰斩。这是习惯做左侧交易，总喜欢抄底买"便宜货"的投资者需要时刻提防的技术风险点，如图 7-91 所示。

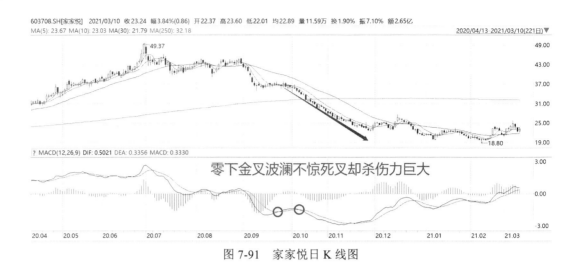

图 7-91 家家悦日 K 线图

实战中还存在本在回落的 DIF 重新转强，与 DEA "死叉不死"的情况，这被形象地称为"鸭子向上张嘴"。应当视为趋势走强对待，不必急于卖出。如 2020 年末寒锐钴业下跌结束进入盘整后，在 11 月初和 12 月末分别出现过两次"鸭子向上张嘴"，在 K 线获得下方均线支撑，配合 DIF 获得 DEA 支撑后，岌岌可危的股价得以重新上行。尤其是第二次，股价从 75 元一口气拉到近 121 元方才见顶回落。如果眼见 MACD 走弱就马上卖出，会错过超 60% 的涨幅，如图 7-92 所示。

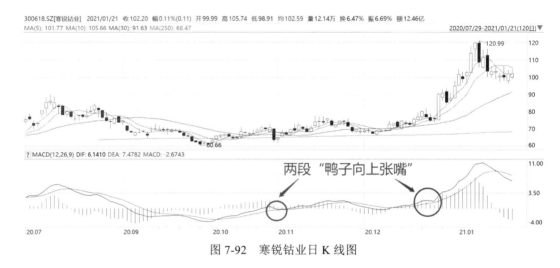

图 7-92 寒锐钴业日 K 线图

本在上升的 DIF 再度走弱，与 DEA "拒绝金叉"，就会变成"鸭子向下张嘴"，这预示着下跌或盘整还将继续，准备买入的资金选择再观望更稳妥些。

金叉和死叉技术只是 MACD 的初级用法，用它们指导买入和卖出交易更适用于如以上两个例子一般的单边趋势行情。一旦陷入震荡市，DIF/DEA 和所有技术指标一样都容易出现"钝化"现象（类似于此前讲过的均线粘合），反复缠绕、频繁出现的金叉和死叉会令投资者陷入迷茫和疲惫。即便在极强趋势行情中，真正有买入或卖出意义的，也只有最后一个金叉或死叉。

而顶底背离技术正是可以帮助应对震荡盘整以及在趋势行情中抓住关键买卖点的工具，因此坊间有"新手看金叉，老手看背离"的说法。

三、MACD 顶底背离技术

读罢以上内容，就能明白看似复杂的 MACD 背后不过是价格上涨或下跌动能的图形化表达。"一鼓作气，再而衰，三而竭"，当上涨或下跌的攻势动能一波更比一波弱时，也就是趋势可能发生扭转的节点。MACD 涨跌动能的减弱，主要体现在快慢线背离和红绿柱背离上。

（一）快慢线背离

当指数或股价创出新高或新低，对应的 DIF 值和 DEA 值却未能同步新高或新低，这种情况被称为"快慢线顶底背离"，其实是短线价格的涨跌力道和速度较此前一段时间趋弱的表现。一般还会伴有量能的异常缩小或放大，均线走平走缓和 M 形、头肩形等明显的顶底形态。

如 2019 年 3 月 12 日创业板收在 1773 点，在经历一段无顶背离的调整后再创新高至 1792 点。但此时 DIF 和 DEA 值却较此前大幅回落甚至无法金叉，这无疑是向投资者发出的顶部信号。在此后跌破均线系统、M 顶形态确认和量价背离等看跌要素集齐后，指数跌幅之巨接近一轮小型股灾，如图 7-93 所示。

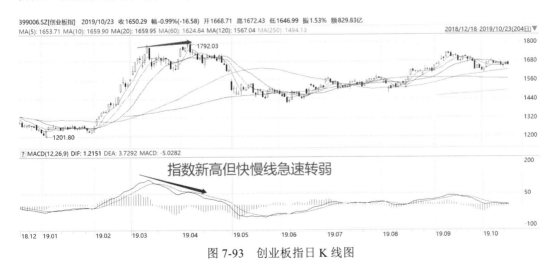

图 7-93　创业板指日 K 线图

（二）红绿柱背离

当指数或股价创出新高或新低，对应的红绿柱却未能同步新高或新低，这种情况被称为"红绿柱顶底背离"。红绿柱值是 2 倍 DIF 与 DEA 的差值，因此红绿柱背离较快慢线背离会更频繁出现。相对灵敏是优点，但也决定了可靠性不如后者。故红绿柱背离多用于指导短线操作，与快慢线背离情况不一致时应以后者为准，两种背离若同时出现信号意义更强。

还是以家家悦 2020 年 10 月至 2021 年 3 月的表现举例。10 月 14 日之后的这段大跌后的确有红绿柱底背离，但缺少快慢线底背离的陪伴，这就为此后的"背离之后还有背离"埋下了伏笔。在小幅反弹后又两次创出新低，但可以明显看出后面的两波下跌逐渐趋缓，且红绿柱和快慢线都同步底背离。这样的底部信号质量更高，分批建仓或短线博反弹的性价比也更高，如图 7-94 所示。

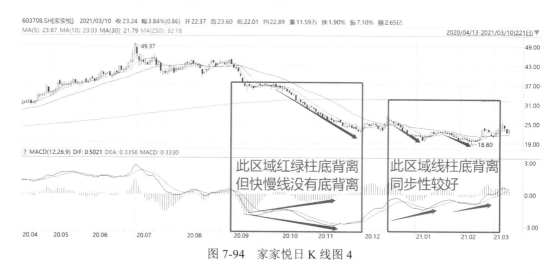

图 7-94　家家悦日 K 线图 4

根据对照比较两根柱线的相对位置，红绿柱背离还可以细分为当堆背离、邻堆背离和隔堆背离三类。从背离对价格的扭转程度看，一般邻堆背离比当堆背离更重要，隔堆背离又比邻堆背离更值得重视。

以顶背离为例，价格创出新高，而在同一堆红柱中对应的柱线反而更短，此为"当堆背离"。这种情况出现后一般会有一波"自然回落"，调整的幅度和时间可能不会太大太长。如图 7-95 所示，上证指数 2020 年 7 月 13 日收在 3458.79，较 7 月 9 日创新高。但 MACD 红柱反而更短，随后尽管出现多根长阴杀跌，但还是在 30 日线支撑下回到前高附近。

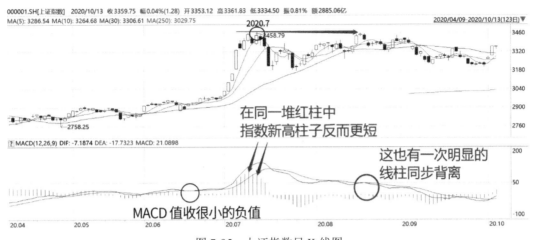

图 7-95 上证指数日 K 线图

还可以观察到 7 月高点对应的这堆红柱，与前一堆红柱间仅仅相隔两颗几乎在图形中看不见的"小绿豆"（这是因为 6 月 15 日和 16 日两天 MACD 值收很小的负值）。这两堆红柱构成"相邻关系"，且因为新高的后堆比前堆 MACD 值更大，故不存在"邻堆背离"，这也是这波调整并不算严重的原因之一。

而调整结束指数在 8 月 18 日重新回到 3458 附近后，对应的 MACD"小红豆"与 7 月那堆红柱之间隔了多根绿柱，且线柱明显更低，这种情况就是典型的"隔堆背离"，此后一直横盘到 12 月 2 日才创新高。

四、MACD 顶底背离技术的注意事项

（一）顶背离要谨慎防跌，底背离不急于抄底

背离出现并不意味着一定会马上转势，可能只用小幅涨跌或横盘来消化背离，也可能会被突然的放量拉升或下跌冲破背离（如前文提到的"鸭子向上张嘴"），还有可能走出如家家悦案例中的"背离之后还有背离"，极其考验耐心。

要对这些不确定性进行优化，需要明确一个原则：底背离不着急抄底，多次背离或背离程度足够大才考虑买入；顶背离则要慎重对待，初次背离或背离程度不严重也应该做好减仓或止盈等防跌准备。而如果顶背离严重或出现二次甚至多次顶背离后，一旦跌破重要均线或某个关键支撑位，建议尽快出局避险。

如隆基股份在 2021 年 1 月 27 日首次顶背离后回调，在 30 日线支撑下于 2 月 18 日再创新高。此时线柱同步二次顶背离且程度较为严重，2 月 22 日跌破 30 日线就是较好的离场信号，如图 7-96 所示。

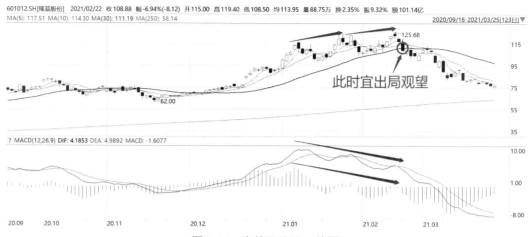

图 7-96　隆基股份日 K 线图

（二）树立级别意识，学会拆解不同级别的背离

在本章第一节中强调过技术分析要有"级别观"，这在运用背离技术时尤为重要。如果没有明显的顶部或底部迹象，背离技术不就无用武之地了吗？图形中没有明显顶底背离，价格为什么也会出现大幅的上涨或下跌？这些初学者的常见困惑，都可以用拆解不同时间级别背离的办法来解答。

在较大级别中不能明确顶底时，可以下沉一个或多个级别去观察。如 2020 年 7 月至 12 月创业板曾经历过一段长达半年的箱体震荡，当 9 月 11 日调整至 2474 点时，尽管较此前高点已经跌超 400 点，但从日线角度看仅处在一个不上不下的尴尬位置，并不能明确是底部，如图 7-97 所示。

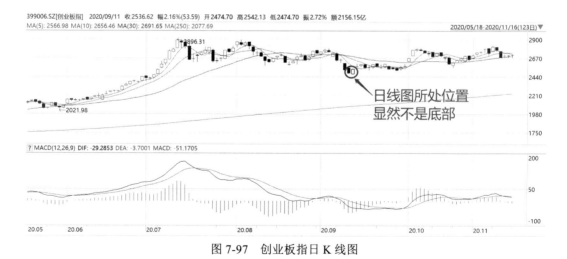

图 7-97　创业板指日 K 线图

既然不是底部，基于底背离逻辑的"抄底"也无从说起。但如果我们像杨宗纬在《洋葱》中唱到的一样，一层一层剥洋葱般地，从 120 分钟开始逐级向下看，会发现

9月11日这天上午10点以后，在很多人被持续调整折磨到"忍无可忍"快要放弃时，30分钟图形中终于出现了久违的底背离，如图7-98所示。

图 7-98 创业板指 30 分钟 K 线图

世界上没有无缘故的爱和恨，在背离理论看来，任何上涨或下跌都由某一级别的顶底背离所引发。如果日线级别中没有，就去120分钟图形中找，靠120分钟图形依然不好判断，就再逐级下沉，直到找到诱发转势的蛛丝马迹为止。创业板9月11日这次30分钟底背离出现后带动指数上涨，此后60分钟、120分钟也逐渐走出了底背离共振，最终2474点确认为这一轮横盘调整的底部。

（三）理解级别间的包容关系，小级别须服从大级别

背离是在描述过程，只有在DIF线死叉或金叉DEA线后才能确认形成"结构"。在顶底结构确定后，可以用所处时间周期乘以24计算可能的调整时长——如5分钟结构对应2小时的上涨或下跌周期，30分钟结构对应3天（12小时），日线结构对应24天；而若遇到的是周线级别调整，更要做好短则1月，长则半年以上长期作战的准备。当然这只是大致的估算，如果涨跌幅度过小或太大，对应调整的时间也可能会延长或缩短，这也是技术分析中"时空转换"思想的体现。

1分钟、5分钟一类的小级别背离出现较为频繁，只对超短线和短线选手有参考意义。周线、月线以上的大级别背离较少发生，一旦出现调整时长和幅度都会较为夸张，值得中长线投资者重视。一般波段操作者多关注30分钟、60分钟顶底背离的变化即可。

务须注意的是，小级别的涨跌变化蕴含在大级别中运行，级别越大呈现的涨跌信号就越稳定，趋势越明确，实践中尤其要注意小级别服从大级别的操作原则。对某只股票你可以基于较小级别底背离做一波反弹，但如果更大级别呈现的是顶背离状态，

还是得做好逢压力卖出，或本级别反弹结束后止盈。

如蓝思科技 2021 年 3 月的日线底背离如果确认形成结构，可以考虑介入参与一波反弹，如图 7-99 所示。

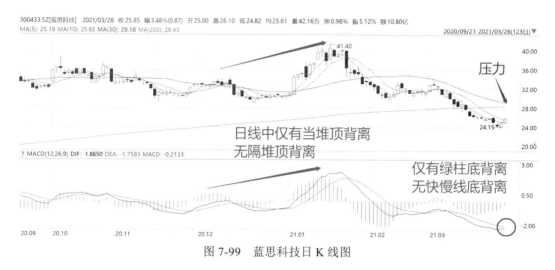

图 7-99　蓝思科技日 K 线图

但一方面由于缺少线柱同步底背离，另一方面不能忽视周线趋势还没有修复，即便有日线底背离也是在周线级别调整中运行，抄底需要保持谨慎态度，且对反弹的力度和高度不必抱太高预期，如图 7-100 所示。

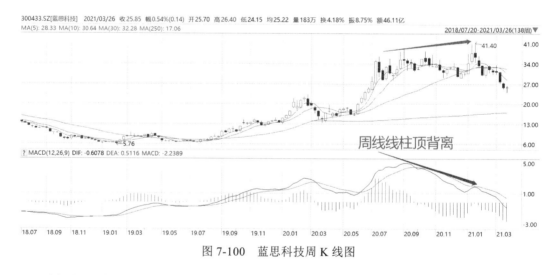

图 7-100　蓝思科技周 K 线图

最后还要提醒的是，MACD 顶底背离技术脱胎于均线，其滞后性较后者有过之无不及，此种缺陷在本节各案例中均有体现。市场走势千变万化，机械套用某套公式或口诀，很可能被残酷现实教训得体无完肤。只有在真正理解 MACD 技术指标和顶底背离背后的原理的基础上，结合均线、趋势、形态等多种技术方法辅助判断，才能融会贯通地掌握好这门"擒龙术"。

第七章小结

本章从讲述技术分析的意义出发，介绍了各个流派的独门秘技，重点讨论的分时、K线、均线、切线、形态和MACD顶底背离技术，均是技术分析基础中的基础。它们表面看似迥异，内里其实有千丝万缕的联系，都是"量价时空"四维逻辑在图形中的不同表现形式。新手只要真正理解其运转原理，勤加训练定能体会其中规律进而熟练运用。囿于篇幅没有展开的KDJ、RSI、布林线等技术，在习得基本方法后，相信上手也不会太难。要明白没有哪种方法"更高级"，选择自己用起来最得心应手、效果最佳的几种就好。

技术有用但并不万能，绝对的"唯信号论"过于偏激，在技术分析时少使用"确定一定以及肯定"一类言之凿凿的词语，而应接受概率论——在突发事件或异常资金扰动之下，技术分析时常会显得无能为力，绝无可能做到百分百准确。要尽量规避"技术失灵"造成损失，除反复提及的综合运用几种技术方法相互验证外，养成分批买卖、及时止盈止损的交易纪律也很重要。

另外，技术面和宏观面、基本面、消息面等都会有"神奇联动"——宏观经济、企业经营情况和政策消息的风吹草动，会让指数和个股起伏不已，难免在图形中留下痕迹。从这个角度看，无论你最后皈依哪一"股林"门派之下，懂点技术分析总是有百利而无一害。

第 八 章

消 息

| 第一节 | **消息的分类及其对市场的影响**

有人的地方就有江湖，有江湖的地方就有"消息"。消息一词本义简单，就是"新鲜的事儿"。但在股市中内涵却极丰富，大至国际战争的爆发、全球瘟疫的流行，小到某上市公司实控人的桃色绯闻、某基金经理的调仓换股，都可以称为消息，并在不同程度上影响市场的走势。

1955 年 9 月 24 日（周六），时任美国总统艾森豪威尔心脏病发作，周末过后的第一个交易日，道琼斯指数暴跌 6.5%。2008 年 4 月 24 日，我国财政部将证券交易印花税从 2‰下调至 1‰，当日沪指涨幅高达 9.29%，股票几乎全线涨停。无论哪个时代哪个国度，利用热点制造概念，围绕好坏消息追涨杀跌都是股市"传统"，甚至许多消息派更直言"炒股就是炒消息"。即便 2017 年 11 月某官媒发表头版社论，要求抑制"炒小、炒新、炒差、炒消息"等"不良文化"，近年来，监管部门对内幕交易打击也愈加严厉，A 股消息炒作之风依然盛行不衰。

爱凑热闹和趋利避害根植于人性，在市场经济中利用信息差赚钱亦无可厚非。通过合法合规渠道获取消息，并凭借对消息的分析和理解买卖股票也是投资模式的一种。一面倒式地全盘否定并不客观，也不合理，更不现实。本节从基本分类出发，指出哪些消息应视为"噪声"过滤，又有哪些消息能带来赚钱的机会，或帮我们避开亏损的陷阱。

一、真消息与假消息

按消息的性质可分为真消息和假消息，辨别真伪是讨论消息影响的第一步。真消息的影响值得进一步讨论，假消息有时同样会在市场上掀起滔天大浪。如近年来隔一段时间就会传言某某证券将和某某证券合并，每次都能带来当事企业甚至整个证券板块的大涨，而在辟谣后又会把之前的涨幅回吐干净。当然也有消息之前是"谣言"，最后却成为"遥遥领先的预言"的案例，如 2021 年 3 月有传言称欧菲光被剔除出苹

果产业链，利空成真自然对股价会产生消极影响。

对消息真假的判断要结合来源是否权威、内容是否符合逻辑、市场有无异动等因素综合考虑。自媒体时代，太多"标题党"胡编乱造，时间、地点、人物、过程、结果等语焉不详，明显违反常理的消息应该先质疑后求证，不能听风就是雨。一般真消息曝出前后综合指数、行业指数或个股多少会有异动，市场波澜不惊则多半属于假消息。如若市场因假消息异动，在利好证伪后要迅速撤离避免损失扩大，利空证伪后可考虑补回被谣言制造者骗取的筹码。

二、公开消息与内幕消息

按消息的来源是否为公开渠道，可分为公开消息和内幕消息。股民们热衷于打探各类内幕消息，仿佛那是催涨股价的灵丹妙药。但需要知道，"内幕交易、泄露内幕信息罪"和"利用未公开信息交易罪"是刑法中的两个罪名，前文中所说的"炒消息"，更多指的就是这类违法犯罪行为。智商、财商、情商三高的内幕知情者会明哲保身，市场上不会有那么多一手内幕消息满天飞。当一个所谓的"内幕"传到普通投资者耳中时，往往已经过无数次以耳传耳，且不说是否面目全非，真有啥利好，股价也早就在天花板上。等你自以为拿到绝密消息如获至宝地追高买入，多半就是去接盘啦！

证券市场有严格的信息披露制度，投资者完全可以通过合法合规的手段收集关于目标企业的相关信息（本章第三节会展开介绍）。多看正规媒体新闻报道，多读财报研报跟踪企业基本面消息面变化，少听信微博大V、亲朋好友或张三李四的"八手消息"，才是一个成熟投资者应有的"消息观"。

三、有实质影响的消息和无效消息

这是按消息面世后是否有实质性影响作出的划分。举个例子，当新冠肺炎疫情袭来时，主营业务有口罩、医用手套、呼吸机和疫苗的企业股票会大涨。此时你不能视为单纯的"概念炒作"，因为疫情的发生确实能为这些企业带来巨量的订单，对业绩有显著拉升作用。有的公司甚至可以从此前的默默无闻到人尽皆知，迎来企业生命周期的估值拐点，由此奠定行业龙头地位，典型的就如2020年的30倍牛股——英科医疗。

这就是所谓"有实质影响的消息"。同理，企业的一个重要订单、一次成功收购、一项天量罚款，都会对财务报表造成或好或坏的影响，这些都是值得重视的消息（是否重大、长期影响可再分析）。

而无效消息则是必须要过滤掉的噪声。如政府文件提到某个字眼就让一个版块股票集体暴动;马斯克在社交平台上的一次发帖,就能促成特斯拉甚至整个新能源车产业链大涨;某一篇纯学术论文(如"基因改造""人口危机"),就能带火一个概念猛炒。但需要思考的是,这种消息对企业的业绩改善有任何实质性作用吗?

还有比以上更夸张的——"奥巴马当选,澳柯玛涨停""川普当选,川大智胜涨停,西仪股份跌停""文章出轨,伊利股份跌停"一类的闹剧总时不时见诸报端,这些更是只能当笑话看看就好,千万当不得真!

不要参与无效消息的炒作,真捂不住耳朵管不住手参与了,也必须尽快止盈或止损结束荒唐的闹剧。

四、宏观消息、行业消息与个股消息

宏观经济和行业、个股基本面的变化,及各类突发事件,共同组成了消息面。

宏观面的消息包括 GDP、PMI、社融等经济数据公布,存款准备金、存贷款利率和印花税等货币财政政策调整,长远经济规划(如"一带一路""十四五"),重大会议(如"两会"、中央经济工作会议)和区域建设规划(如雄安新区、海南自贸区建设)以及国际地缘政治经济事件等,其影响往往较全面、重大和深远。除前文降印花税触发全市场暴涨的经典案例外,较近的还有 2018 年中美贸易摩擦叠加国内金融政策转向"去杠杆"对 A 股造成的影响,很多人应该记忆犹新。2020 年春节前夕突如其来的新冠肺炎疫情,更是让股民如临大敌、夜不能寐,节后首个交易日跌幅创近年来之最。

宏观数据和政策的影响可参看第三章宏观篇,这里谈一下应对如贸易摩擦、新冠、非典等突发重大事件的经验。对这类不可控和难以规避的系统性风险,投资者应该抑制恐惧,相信丘吉尔先生的那句名言——"永远不要浪费一场危机",多做逆向思考。且不说还存在"国产替代"、医药等受益股,即便对其他短线杀跌的个股而言,只要基本面足够优秀,商业逻辑未受根本性创伤,这种无辜错杀挖出的大坑,一般都是难得的买入机会。回想 2018 年底买入美的集团等白马股的,这几年赚了多少?若无2020 年初新冠肺炎疫情造成的普跌,贵州茅台哪有千元以下买入的机会?

相比宏观消息,行业性消息影响不了全局,但足够让某个板块内的一众个股鸡飞狗跳。行业性利好自然是你好我好大家好,行业性黑天鹅的影响则需要辩证看待。一般而言,对行业进行整改整顿或提出某些约束性措施的监管政策,从长远看对行业龙头较有利。如 2020 年 8 月监管部门出台新规控制房地产企业有息债务增长,设置"三道红线"（即剔除预收款后的资产负债率大于 70%，净负债率大于 100%，现金短债比小于 1.0 倍），根据触线程度不同，将试点企业划为"红、橙、黄、绿"四档，分档设定有息负债规模增速阈值。这样的政策相当于堵死了红色一档地产企业举债融资的空间，资金杠杆率高的三、四线房企尤其是民营企业更是被赶到了极尴尬的境地。短线看地产板块整体承压难免，但其中资金面宽裕的万科、保利等龙头企业，长远看因受益于行业集中度提升，市场份额可能会更大。

类似这样的案例还有很多，如白酒塑化剂事件、限制三公消费、医药集中带量采购、新能源补贴退坡等行业性利空，短线无区别杀跌过后，事后看都是相关龙头的低位买入机会。因此，和宏观黑天鹅类似，要擅于捕捉行业黑天鹅带来的逆势抄底机会，而不是一见所谓利空就躲得老远，不敢再碰。

个股的消息更多更杂，既包括引发基本面（估值）变化的事项，如业绩提升或下降、并购重组、定向增发、回购（注销）、分红、高送转、签订重大合同等，又包括会激起股价巨震的突发事件，如实控人死亡或犯罪、管理团队变动、企业违规或犯罪被罚、财务造假被曝光、安全生产事故等。

宏观和行业消息是"大"消息，个股消息则是"小"消息。但对持股人而言，"小"消息的影响更关乎切身利益，接下来几节专门就各类眼花缭乱的个股消息展开详谈。

第二节 | 业绩披露对个股的影响

消息一出，只要事关持仓个股，一般人下意识的第一反应就会想，这是利好还是利空？该继续加仓还是赶紧卖出？遗憾的是，多数新手股民面对五花八门的个股消息或是一脸茫然——日本决定向海水中排放核废水后，就有投资者跑到上证 e 互动平台上问太平洋（一家券商）董秘对公司有何影响。或是思考后得出的利好或利空结论和实际情况截然相反——低价定增明明是利空，错把利空当利好买入吃套的案例却屡见不鲜；还有的确实是利好，但股价在此前早已大涨，一追高买入又成了"接盘侠"。诸如此等，看消息炒股的小白一买就套，一卖就飞，屡屡受挫后投资体验极差。

接下来的内容是对主要的、公开的、常见的、的确有可能影响个股短线走势的消息做分类解析，而诸如"某私募要对 600×××突击建仓""某董事长小姨子买了好几百万元的 300×××"一类的小道消息不在讨论之列。本节先讨论业绩报告、预告和快报等业绩披露消息对个股的影响。

一、业绩报告

季报、半年报和年报等定期财报公开披露，是对短线股价影响最明显的一大消息类型。一季报的集中披露期在 4 月，半年报在 7—8 月，三季报在 10 月，年报则必须在次年的 4 月前完成对外披露。财报披露前后股价容易鸡飞狗跳，这也是 4、7、10 月等财报月个股分化程度和市场波动一般较其他月份大的原因。

通过第五、六章的学习，我们知道业绩同比增长或扭亏为盈反映的是基本面改善，也对压降个股估值有好处，一般被视为利好。如 2021 年 4 月 12 日，热景生物披露第一季度业绩预告，预计一季度将实现归属净利润 5.6 亿～ 6.6 亿元，同比增长 109 125%～ 128 630%；扣非净利润 5.58 亿～ 6.58 亿元，同比增加 116 212%～ 137 071%。消息一出次日股价直接拉涨 20%，在短短 12 个交易日内涨幅超 272%，成为近年来业绩高增拉升股价的经典案例。

反之，业绩同比下滑或转亏则为利空。如果某家公司在业绩公告后又下修业绩，或者干脆宣布无法按时发布业报，或者被会计事务所出具保留意见、否定意见和无法表示意见的审计报告，那都是可能会引发抛售潮的重大利空。

但判断业绩好坏不能只单纯看营业收入和净利润等数字大小，除了要比较扣除非经常性损益后的净利润情况，并考虑同 / 环比增速、对照期基数是否正常和股价相对位置高低外（如受新冠肺炎疫情影响，2021 年多数企业一季报同比大增，但这并不一定能反映实际情况，因为 2020 年业绩基数普遍较低），还有一个极重要的参考因素——业绩是否"超预期"，"业绩超预期"或"不及预期"才是很多老手和机构买入或卖出股票的经典策略。

举个简单的例子。2021 年 4 月 29 日，同在白酒板块的洋河股份和水井坊一个涨停，一个跌停，原因是两者都在前一天晚上公布了一季报。洋河涨停是因为业绩爆表，水井坊是因为业绩很糟糕么？不，事实恰恰相反——洋河净利润同比下降 3.49%，扣非净利润也仅增长 19% 出头，ROE 还同比倒退 1.59 个百分点；而水井坊无论净利润还是扣非净利润都稳稳涨超 100%，ROE 同比增长 9.23%！

业绩公告就是交考卷，"优生"遭遇暴打，"差生"反而被大肆奖励，市场先生这位老师很不公平，很不可思议是吗？但股价的反常表现背后，是在白酒板块个股普遍暴力反弹背景下，洋河股价自 2021 年春节后接近腰斩后距底部仅反弹 16%，而水井坊股价在当日跌停前已较底部接近翻倍。洋河低迷的原因是市场普遍对其业绩预期较低，而水井坊此前的涨幅早已暗含了市场的高预期，这正是投资圈通常所说的 price in！最后考试结果出来，以为会得零分的差生居然及格了，而被寄予厚望以为会得满

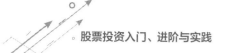

分的只考了 95，就出现了如上令人困惑的"反向分化"。

因此，"预期"而不是简单的数字，才是判断业绩利好或利空与否的关键。但一般投资者尤其是新手，是不大可能做好对上市公司业绩预判的。如果有兴趣有能力，可以收集多家机构对同一公司的研报，上面会有对未来一段时间业绩的测算（通过订单、同业比较、历史比较和实地调研等手段再加估值推演得出）。还有更省力的办法，就是如 Wind、同花顺、东方财富和部分券商的炒股软件上，有各机构对某一公司的"一致性预测"统计（不同机构间预测值会有差异，一般取算术或加权平均），等实际业绩出来与之简单比较便能得出大致结论。缺憾是目前多数软件只有年度预测值，季报和半年报业绩的测算还需要手动拆解并做技术调整，如图 8-1 所示。

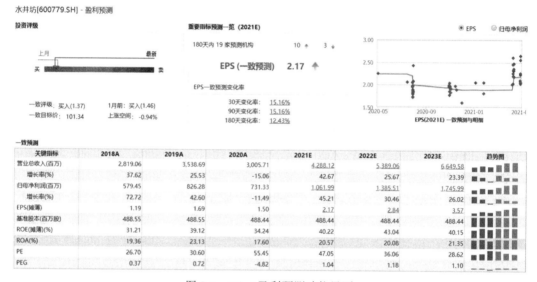

图 8-1　Wind 盈利预测功能界面

二、业绩预告和快报

业绩预告和快报同样有预期引领功能。按规定，深交所主板上市公司年报、半年报和三季报如出现净利润为负或扭亏为盈，或与上年同期相比上升或下降 50% 以上等情况须进行业绩预告，一季报预告不做强制披露要求。上交所主板、科创板和深交所创业板，仅对符合上述条件（创业板还多一条：期末净资产为负）的企业有年报预告要求，一季报、半年报和三季报均无要求。业绩快报现在也属于企业自愿披露事项，盈利情况较好、有市值管理需求的企业可能会用这种方式"剧透"业绩。

预告和快报数据出来后（一般是个区间值），同样可以将之与"一致性预测"做比较。但因业绩已提前为市场知晓并反映在涨跌之中，待正式财报出炉后，如果只在预告或快报的区间之内则无惊喜或惊吓，即便数据再好或再差对股价影响可能也有限。只有最终实际业绩落在下限之下或上限之上，才能理解为"不及预期"或"超预期"，进而引发股价大幅波动。

第三节 | 再融资对个股的影响

再融资是指上市公司通过配股、增发和发债等方式，在证券市场上进行直接融资。再有钱的主儿也有缺钱的时候，再融资对上市公司的进一步发展能起重要推动作用。近年来资本市场的再融资功能越来越受重视，2020 年 2 月再融资新规发布，更被视为管理层呵护中小上市企业，为其解决融资难等问题的重大利好。但利好的是融资方，对股价的具体影响则需要具体分析。

一、公开增发 / 定向增发

IPO 是上市公司首次公开发行股票向市场募资，增发则是已上市企业出于某种目的再融资而再次发行股票的行为，主要分为公开增发和定向增发两种。无论哪种形式均需满足组织机构健全、管理层勤勉尽职、财务状况和盈利能力不存在明显瑕疵等条件，故能获准增发的企业基本面一般不会太糟糕。

公开增发因条件苛刻近年少见，最近较有市场影响力的是 2019 年 11 月 29 日紫金矿业公开增发 23.46 亿股募集资金总额 80 亿元案例，当日股价小幅下跌 2.2%。原股东持有的股票并不增加，但总股本增加后一般会导致同期每股账面权益（净资产值）增加，同期每股收益会被摊薄，因此公开增发通常被视为利空。

定向增发较为常见，特别是在 2020 年定增新规出台后更是被资本圈玩得风生水起。公开增发稀释原股东权益的影响同样存在，且为顺利完成再融资，发行价一般会在当前股价基础上有一定比例折让，锁定期满后解禁还存在抛售隐忧（公开增发无锁定期），即便参与方不减持，也可能因避险情绪引发股价短线下挫。

如此之下，定增却并不一定是利空，特别是在牛市氛围下反而有可能是利好。为什么？一是看定增的参与者中是否有"大牛"。大牛既包括高瓴资本、高毅资产等明星金融机构，也包括如葛卫东一类的"牛散"。他们基于看好逻辑参与某股票的定增，容易引发市场追涨（这当然不一定是正确的，再牛的人也有犯错的时候）。二是看定增的价格。如果定增价格折让不多甚至溢价认购，可以认为定增报价竞争激烈，市场普遍看好该企业发展。典型案例有 2020 年 7 月高瓴资本较发行底价溢价 24%，斥资近百亿元追逐宁德时代；高毅资产、睿远基金 UBS、JPMORGAN 和葛卫东等花费 58 亿元溢价 32.47% 狂买闻泰科技等。这些消息公布后，都促成了定增企业股价的短线暴涨。三是看定增项目募资用途。如果企业定增的目的是为了引入某位重量级战略投资者，注入某项优质资产或投向一个优质的、有发展前景的、能为企业基本面改善带来正向影响的项目，也会被市场视为利好。

二、配股

配股原理与增发类似，区别在于未引进新股东，而是向原股东们按持股比例配售一定数量的新发行股票。配股价会较市价有所折让，总股本增加同样存在稀释每股权益的问题，因此一般被视为利空。如 2021 年 3 月 1 日，中信证券跳空低开 3%，盘中最大跌幅一度达到 8%，原因就是此前公布的 280 亿元配股方案。

但短线杀跌并不能完全说明问题，和增发一样，优质企业配股后短线下跌，中长期业绩和股价表现却稳健上扬的案例同样不少。如港股药明生物在一年内 6 次配股，每次配股引发的下跌都令抄底党趋之若鹜，是典型的"越配越涨"案例。因此，配股消息短线确实偏空，对高速成长的企业而言，却可能因再融资获得更强增长动力而成为中长期利好。

还有一点需要提醒，持股者如无意参与配股，一定要在缴款起始日前卖出（一般上市公司会在这天开始停牌），否则会因除权承受亏损。

三、发债／发可转债

增发和配股之外，发债也是企业再融资的常见方式。

普通债券发行属于中性消息，当然如果负债成本过高，发债后负债率过高，或融资用途仅仅是借新还旧，也会引起市场对其基本面的质疑。

可转债是持有人既可以持有到期获取本息，又可以在满足一定条件的情况下将债券转换为股票的、兼具债性和股性的特殊债券。对上市公司而言，可转债融资成本（利率）比普通公司债低，如果可转债持有人最终选择转股更几乎是没有成本。但对原股东而言，若转股在理论上存在类似增发或配股稀释权益的负面影响。因此，可转债发行时也会给原股东优选认购权。

和是否参与配股需要根据实际情况考虑不同，配债一般建议参与。因为只要不是大熊市，可转债上市交易后一般会有一定涨幅。若真不幸下跌了，持有到期也不存在亏本的问题。如果无意认购不需要提前卖出股票，忘记认购或缴款也不用紧张，因为可转债发行不需要除权，也不会对股价造成大的利空。

第四节　现金分红和高送转对个股的影响

上市公司分红有两种形式：向股东派发现金股利和股票股利。现金股利是指以现金形式向股东发放股利，称为派息或派现；股票股利是指上市公司向股东无偿赠送股票，即在分红时并不支付现金，而是向股东赠送股票，从而将本年度利润转化为新的股本，留在公司里进行再投资。上市公司可根据情况选择其中一种形式进行分红，也可以两种形式同时使用。

和发达国家的成熟市场不同，A股在2013年前"重融资，轻回报"的氛围较重，大部分上市公司分红的积极性不高。在2013年证监会颁布《上市公司监管指引第3号——上市公司现金分红》，对现金股利和股票股利的关系做出有针对性的引导后，我国上市公司的分红占比显著提升。2020年，七成A股上市公司发布现金分红方案，累计分红总额1.52万亿元，同比增长11.76%，刷新历史纪录。其中，194家公司现金分红总额超过10亿元，24家公司分红总额超过百亿元。

以上数据统计的还仅仅是现金股利，除此之外还有股票股利等形式。表面上看，发放股利是上市公司回馈股东的重要方式，两者都能给股东们送去"福利"，但是否属于真利好，并不能武断下结论。

一、现金分红

"某某股票马上要分红了，能不能买上赚点利息钱啊？"这是很多不懂分红规则的小白幻想的捡便宜大好事。

首先，不是明天分红今天买上就能分到钱，分红公告中会有明确的股权登记日，在那天之后买入的都不能获得分红。其次，羊毛出在羊身上，分红金额是要从股价中扣除的，之后需要做相应的除权除息处理。如果持股不满一定时限，还需要被征收税率不等的红利税，显然分红对短线投资者并不算什么好消息。平时还有某些个股在分红登记日当天和前一两天股价下跌，就是因为部分投资者不想参与分红，赶在登记日前集中抛售造成的。

但能长期保持稳定分红率，持续回报股东的企业一般经营较为稳健，财务状况也不存在大的瑕疵，故天然受长期价值投资者青睐。

需要注意的是异常的巨额分红，更不一定就是利好。因为这看似诱人，但"好处"的绝大部分都被持股比例较高的大股东拿去了（如中国神华 2020 年派发股息近 360 亿元，分到散户部分不超过 25.2 亿元），且其红利税可以抵扣需要缴纳的企业所得税款。有时异常高分红甚至会被质疑为变相的减持套现或利益输送，诱发股价大跌。

二、高送转

发放股票股利的具体实施方式分为送股和转增股两种。送股是把公司的未分配利润以股票的形式派发给投资者，把利润留在公司；转增股是把公司的资本公积金转化成股票，再向投资者派发，把公积金留在公司。严格来讲，转增股并不是分红的一种形式，分红是将当年的收益，在扣除公积金等费用后向股东发放。而转增股本是从公积金中提取的，即将上市公司历年滚存的利润及溢价发行新股的收益通过送股的形式回报投资者，实际效果与送红股基本相同。

和派现类似，无论送股还是转股都只是数字游戏。而且因总股本的扩张，每股收益等关键财务指标还会下降，市盈率也随之提高。但为什么送转，尤其是高送转消息一出还总被视为利好，甚至形成了 A 股定期炒作的一个热点题材呢？

一是有一种流传甚广的增加流动性假说。即如果一个股票价格过高，会对资金量较小的投资者构成买入门槛，导致流动性不足。而经过高送转的"打折促销"，增加炒作热度的同时还给股价打开了更大的上涨空间。二是高送转后会"填权"，即除权除息后留下的股价缺口会因上涨而填平。

对于贵州茅台、爱美客、卓胜微一类股票单价较高的各行业龙头，如果股价能降下来的确会吸引更多小散参与。但要注意这类标的绝大多数筹码在机构手中，散户的加入能改善流动性很可能是个伪命题。真正优秀的企业流动性也足够强，倒是某些要靠高送转消息引起市场注意的"小烂差"，可能会被庄家借此机会减持和甩货。此外，高送转之后一定会大涨特涨只是部分个股的"幸存者偏差"，参与高送转炒作后股价一蹶不振的案例也不胜枚举。

因此，高送转和分红一样不能简单地归为利好。近几年高送转炒作之风有所收敛，可能也与投资者认知水平提高有关。

第五节 并购重组、股权激励和业绩承诺对个股的影响

一、并购

并购主要有吸收合并和收购两种形式。前者是势均力敌的两个或多个企业的相互融合，合并组成一家新的企业。可能会保留原本某一方的名字，但实际上已经成为新的法律主体，也可能会起一个全新的企业名称。典型如申银万国与宏源证券合并案，每隔一段时间传出的某券商与某券商合并消息也是此类。后者是由一家占优势地位的企业吸收别家或多家企业，被收购方从此处于被管理和控制的状态，如闻泰科技收购安世半导体案。

吸收合并的消息通常被理解为短线利好，但长远看企业的联姻能否实现资源整合、优势共享和巩固市场地位等效果仍有待观察。收购的消息一般对被收购方构成利好（前提是收购价没有被过分压低），但对主导收购的一方而言则需具体情况具体分析——如果收购来的标的对财务报表并非有利甚至构成拖累，则反而可能是利空。此外，如果收购时溢价太高，收购后却不能达到既定创利目标，还可能为日后因商誉减值、业绩爆雷埋下隐患（如华谊兄弟天价收购美拉传媒案）。

二、重组

和并购的焦点在股权、公司控制权的转移不同，重组侧重于资产关系的变化。

在我国，上市公司及其控股公司购买、出售资产达到 50% 比例的，就构成法律意义上的重大资产重组。它与并购经常交互发生，先收购后重组，或先重组再并购在资本运作中也是经常采用的方式。

重组通常也会被市场当利好来炒作，很多散户往往不懂关注重组能否给企业带来实质性改变，甚至也不介意股价当前所处位置，喜欢一听到此类消息就提前潜伏，也有人专门炒有被收购被借壳预期的 ST 股，一旦真停牌就满心欢喜等着数涨停板。却忘了，如果不幸重组失败，股价可能会因"利好落空"而把此前涨幅回吐。且要注意停牌期内大盘和行业指数的涨跌幅一般会有对应的补涨或补跌动作。

同时，随着近年来并购重组政策的不断完善，以及注册制的分步落地，以高估值、高杠杆、高溢价为特征的"三高"交易受到严格抑制，借壳上市事件大幅减少（2019年有 8 起，2020 年仅有 6 起）。壳股价值还将持续下降，基于并购重组逻辑的盲目狂炒热潮也不复从前。

三、业绩承诺 / 股权激励

并购重组过程中还经常伴随有业绩承诺和股权激励条款，这是为鼓舞管理层、被收购方和员工更好地尽职履责，尽快达成业绩目标所做的安排。用博人眼球的业绩提升计划和激励方案提振将士士气和股民信心，可谓一举两得的利好，推出的方案如超市场预期，则令股价短线上扬的可能性较大。

如 2021 年 1 月 28 日绝味食品发布限制性股票激励计划，拟向 124 名激励对象授予限制性股票数量 608.63 万股，股票来源为定向发行普通股，首次授予价格 41.46 元。激励计划解除限售考核年度为 2021—2023 年，业绩考核指标为营收增长率，以 2020 年营收为基数，2021、2022、2023 年营业收入增长率分别不低于 25%、50%、80%。此消息公布当日，该股果断封涨停板，此后短短几个交易日内股价涨幅超 15%。

但对未来的期许，谁也不能保证一定能实现。业绩承诺落空，激励措施只是画饼充饥的故事在资本市场并不鲜见。在前述美拉传媒收购案中，华谊兄弟 2015 年斥 10.5 亿元巨资收购成立仅 2 个月、资产总额仅 1 万元出头的、由名导冯小刚领衔的美拉传媒。后者承诺在收购后的 5 年内每年税后净利润不低于 1 亿元且每年保持 15% 的增长，否则以现金补足差额。结果此后几年电影市场风云骤变，又叠加疫情影响，牛市时夸下的海口最终落寞收场，豪赌式收购一地鸡毛。华谊兄弟股价也一蹶不振，从基金重仓的大热明星股沦落到无人问津。

第六节 | 增减持和回购对个股的影响

个人炒股涨多了就恐高想卖，跌多了就着急补仓或者抄底。上市公司也类似，牛市中时不时见到产业资本、投资机构或大股东、二股东、高管等宣布减持，而熊市尾声的一大特征就是仿佛商量好似的、纷至沓来的增持公告。

增持是利好吗？多数时候是。如果是名人或大机构的大手笔增持，更是重大利好。无论是出于维护股价还是争夺控制权的目的，买入力道加大都会带动股价短线上涨。但实践中要注意增持里的猫腻：有的公司不明确增持金额，雷声大雨点小。如宣告增持不超过 100 亿元，最后只增持 1 个亿元，被忽悠的散户也无可奈何。有的公司不明确增持的时间，抠抠搜搜大半年也不见行动，甚至增持计划时限已过，以种种理由不履行承诺，就有点耍赖的意思。增持公告里藏着附加条件（如增持价格不高于××元），最后因股价上涨不了了之的案例也时有发生。

减持，特别是实控人、大股东等重要角色的减持在多数时候也是利空无疑。但牛市中也存在发布减持公告，甚至已经做出实际减持后股价依然上涨的案例。如2020年6月底7月初，卓胜微两度公告持股5%以上股东计划减持，股价却只做小幅调整后继续拉升，7月中旬后随创业板指一同见顶回调，却在股价跌到第一次宣告减持的位置后重启涨势，最后在半年不到的时间里完成翻倍壮举。

还要注意的是，如果确因资金另有安排，或出于某种原因被动为之（如外资就受制于持股比例约束），或产业政策安排（如国家集成电路大基金减持某芯片股），而不是基于长期不看好、对经营不善投反对票的减持，带来的下跌可能反而是买入机会。

回购是上市公司从二级市场上购回发行在外的一定数额股票的行为，其方式和效果，以及公告中可能隐藏的问题都和增持类似，也不能一看回购就将其视为重大利好武断买入。

好企业表示愿意并实际付出真金白银的回购计划当然是利好，如2020年10月31日，牛市中股价表现不佳的格力电器再次抛出不低于30亿元不高于60亿元，买入股价不高于70元每股的豪气回购案后，股价于次日跳空大涨，一路涨到69.79元才罢休（这个数字也够精准的）。

而"忽悠式"回购呢？2018年11月，拓维信息公告不低于5000万元，不超过1亿元，回购价格不高于5元每股的计划（比格力吝啬多了）。结果在公告十个月内连1股都没买。甚至在回购计划公布后，董事长、董秘和财务总监等人还抛出2213.9万股的减持计划。这类公司的股票，能买吗？敢买吗？

此外，回购分注销和不注销两种。如能将股份注销，减少股票供给的同时增厚每股权益，这是真正意义上的利好。如果股份回购后又用作股权激励或员工持股计划，或暂时收入囊中，仍保有待上涨后向市场抛售的可能性，这类回购便只能当中性消息看。

第七节 应对利好、利空的原则和方法

除前几节盘点的各主要类型外，还有一些本影响不大，但也容易引发股民情绪波动的消息，如股权质押、解除质押、获奖、获得专利、被罚、被点名批评、发生诉讼、实控人/股东/高管涉事被查、获得订单、被某合作方踢出采购名单等，爆出后的各类花式解读经常造成人们的困扰。

对此把握一个原则——只要对财报三张表不产生实质性影响的消息，都不是太重

要的利好或利空，不必为此过于紧张或兴奋。不要因媒体吹嘘好消息就不假思索地买入，对坏消息而言，只有事态确实严重，甚至上升到需要讨论企业的生死存亡或未来发展方向的程度，如某游戏企业实控人被投毒身亡、欧菲光被剔除出苹果产业链等，才需要考虑是否卖出避险。

实在吃不准消息的利好利空性质，可考虑以下三点。

首先，是卖出还是买入。在一般情况下，对于估值偏高、技术图形偏空的股票，利空出现大概率下跌，即便是利好也可能被主力借机出货，这类股票优先考虑的是卖而不是买。反之，如果估值不高，股价又处于技术底部，由于假利空、小利空或短线利空长线实则利好的消息出现小幅下跌，反而应考虑暂时持有甚至补仓或买入。但如若底部再出现大跌，技术图形完全破位的情况，需要在第一时间止损，不可急于抄底。底部股因受消息刺激上涨则可考虑买入或补仓，如果是放量大涨，更是明显的买入信号。

其次，何时卖出或买入。对于已决定要操作的股票，多数应选在第一时间卖出或买入。尤其是卖出，尽量要果断执行。

再次，卖出避险或买入盈利后如何处理。卖出后，仍有投资者会心存不甘打算日后回补。对此，稳健的方法是建议站稳均线系统后再考虑重新介入。而对基于利好的投机性买入，可制订如 10% 一类的止盈目标，分批次卖出获利了结。

芒格先生曾言："许多 IQ 很高的人却是糟糕的投资者，原因是他们的品性缺陷。我认为优秀的品性比大脑更重要，你必须严格控制那些非理性的情绪，你需要镇定、自律，对损失与不幸淡然处之，同样地也不能被狂喜冲昏头脑。"

人们总是为所谓利好和大涨狂喜，为利空、大跌而恐慌或悲伤，这些都是必须要克服的消极情绪。事实上，比起战术层面的分析和安排，更重要的是学会控制情绪保持沉稳，并学会多一层次的逆向思考。在市场因消息恐慌时想想会不会提供错杀机会，人们一片兴致盎然时反而要保持冷静，尽量平抑心情不随众狂欢。

第八章小结

读罢本章，大家会明白市场中的消息变幻万千，很少有套路化的绝对利好或利空，都需要细致入里的个案解读和实事求是的综合分析。有的读者可能会更加困惑——以为的利好不是利好，以为的利空也不一定是利空，利空出尽是利好，利好出尽是利空！到底该怎么办？

不必沮丧和迷茫，需要记住，决定股价长期表现的是基本面，消息面只是诱因、只是导火线。如果暂时欠缺消息解读的能力，别忘了前几章我们学过的基本面估值和技术分析方法，它们都可以为投资决策提供帮助。

消息和情绪总是一体的，"韭菜"之所以总被来回收割，就是太容易在好消息前花枝招展，坏消息降临时花容失色。在海量的信息冲击之下，务必保持仿佛置身事外般的冷静与镇定！控制情绪的水平，往往比专业的分析能力更重要。

在逐一普及宏观面、基本面、技术面和消息面常识后，我们终于即将解锁综合实战篇的学习内容。在下一章里，我会用一系列实际案例，为大家展示将"几碗面"融会贯通后的魅力。

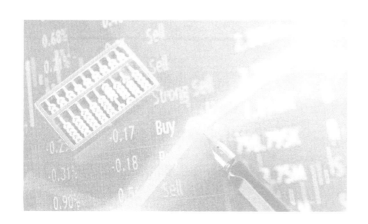

第九章

实 战

| 第一节 | 打造个人专属股票池

和市面上的同类书不同，本书的实战篇并不想一上来就对各类个股的买卖点技术分析，鼓舞新人们兴奋地抓牛杀熊。实战第一课，即我们认为在做好理论知识储备后，入市时应执行的第一步是打造适合自己的股票池。

一、构建股票池的意义

基金公司和证券公司自营、资管部门等机构都设有专门的投资决策委员会，其主要职责之一就是根据对宏观经济形势和市场走势的判断，从内外部研究员推荐报送的成百上千只股票中，选定 100 ～ 300 只不等组建重点股票池，再在其中优选 50 ～ 100 只，构成核心股票池。

研究员还必须对重点池特别是核心池股票进行定期或不定期的实地调研和投资评级跟踪，有任何投资风险或舆情事件时，需要第一时间向投委会报告，投委会需定期（一般是每季度或半年）对股票池进行更新。名单确定后，投资经理被限定只能在股票池内选择标的投资，核心池和重点池个股还有不同的高低配置比例限制要求。

个人应该学习机构的这套规范性做法。这样做的好处，是尽可能地避免在头脑发热之下的冲动型投资，好的股票池可以为股海畅泳保驾护航。前文曾说过，A 股近4000 只股票，多数股票仅适合短线投机，只有少部分好股才有长期持有价值。经过层层筛选的股票基本面可靠程度较高，踩雷的概率会降低许多。

在框定股票池后，就不会被海量的个股乱花渐欲迷人眼。只需要和自己最熟悉的股票打交道，跟踪公司的业绩表现和新闻动态，当基本面、技术面或消息面出现交易信号时，能迅速做出反应。买卖动作都有逻辑，就不会在机会来临时行动滞后，风险加大时还浑然不觉。

二、如何打造股票池

对于这个问题，多数人在新手时期都是困惑的——要么所了解的股票还不多，要么就是看好的股票太多，这个看上去不错，那个看上去也挺好，很容易犯选择困难症。

了解市场还不够的新人不能急，要给自己一个适应、学习和积累的过程。股票池应由小扩大，研究明白一个纳入一个。相反，感觉好股太多眼花缭乱的"半桶水"新人，应学会做减法，股票池"含股量"不能太大，更不能成为一些垃圾票的集中营。

总的来说，打造股票池的建议如下。

1. 股票数量：不宜过多，以 30 ～ 100 只为宜。道理很简单，机构有强大的研究资源支持，可以同时覆盖三五百只股票。而个人能力和精力都有限，贪多求全反而适得其反。

2. 覆盖行业：要足够分散。本书在行业篇中强调过行业分析的意义，市场风格是轮动的，除个别能够保持长期强势的行业外，多数行业容易在各领风骚数个月后归入沉寂。股票池中涵盖多个行业和题材，会方便我们在政策性、趋势性投资机会出现时选配个股。

每个人都有不同的投资偏好和擅长方向，可以据此打造适合自己的专属股票池。以小潴创投公众号的"潴100股票池"为例，如表9-1所示，近100只个股主要集中在消费、医药、科技、新能源和金融等行业和题材中。另还配有部分农业、环保、军工、传媒、汽车（也可归入消费或新能源）股，港股也专设一个门类单列。"水股"则是指基本面不错，但因各种原因股价暂时表现不佳的标的。2020年下半年通胀预期渐起，我针对此种情况对原本不甚喜爱的周期行业（业绩周期性强、股价波动大）进行一次集中选股，加入了中国巨石、旗滨集团、宝钢股份和陕西煤业等化纤、钢铁和煤炭行业龙头。

表 9-1　2021 年版"潴 100 股票池"

消费	科技	新能源	医药	地产	军工	基建	文娱传媒	港股
美的集团	立讯精密	新宙邦	通策医疗	招商银行	圣农发展	中国重汽	吉比特	阿里巴巴
格力电器	士兰微	先导智能	爱尔眼科	宁波银行	普莱柯	鸿路钢构	芒果超媒	腾讯控股
海尔智家	蓝思科技	特锐德	恒瑞医药	券商	牧原股份	潍柴动力	三七互娱	农夫山泉
浙江美大	韦尔股份	华友钴业	片仔癀	东方财富	环保	三一重工	分众传媒	小米
安琪酵母	华润微	赣锋锂业	华东医药	中金公司	玉禾田	徐工机械	光线传媒	美团
朗姿股份	卓胜微	隆基股份	迈瑞医疗	保险	龙马环卫	周期	万达电影	锦欣生殖
华致酒行	宝信软件	宁德时代	欧普康视	中国平安	高能环境	紫金矿业	共创草坪	新 N 大水股
中国中免	三花智控	亿纬锂能	智飞生物	中国太保	瀚蓝环境	万华化学	锦江酒店	小熊电器
海天味业	TCL	恩捷股份	稳健医疗	地产	军工	华鲁恒升	汽车	海螺水泥
伊利股份	汇川技术	天赐材料	昭衍新药	万科 A	中航高科	扬农化工	比亚迪	新希望

续表

消费	科技	新能源	医药	地产	军工	基建	文娱传媒	港股
洽洽食品	广电计量	上机数控	长春高新	保利地产	火炬电子	桐昆股份	长安汽车	涪陵榨菜
公牛集团	海康威视	阳光电源	泰格医药	家居建材		金发科技	福耀玻璃	
泸州老窖		日月股份	一心堂	东方雨虹		中国巨石	上汽集团	
洋河股份			药明康德	亚士创能		杰瑞股份		
贵州茅台			康龙化成	顾家家居		赛轮轮胎		
青岛啤酒			英科医疗	三棵树		旗滨集团		
珀莱雅			山东药玻	科顺股份		宝钢股份		
贝泰妮			美迪西	伟星新材		陕西煤业		

注：选定偏好行业，按合理比例配置！每月将从股票池中选票组成金股、激进组合，仅供参考！股票池一季度变动一次！

为控制个股数量，同一行业中基本面接近的个股也不必重复入选。如白酒业中绩优股众多，挑选头部的"茅五泸汾洋"作为代表即可；银行业中的招商、平安、兴业和宁波基本面和股性也近似，可在其中选择更偏爱的，没必要一股脑都放进股票池中。

3.选股因子：通过前面的学习，我们已经了解了许多财务和估值指标，包括营收增速、净利润增速、自由现金流、净资产收益率、毛利率和分红率，这类指标对选股非常重要。

新人基本面分析功底弱？没关系，还有一种偷懒的方法——抄机构作业。

公募基金的重仓股可以是选股的重要来源之一，共同特点是财务表现健康，各细分行业排名龙一、龙二的优质企业。为什么？忘了前文说的，机构持股一般都是经过层层筛选的么？相比之下，私募基金重仓股会更注重价值发现——也就是可能会有股价暂处底部，还没被市场充分认知的个股。但很多私募基金持仓不像公募般定期公开披露，且变动相对也会更大。

去哪找相关数据呢？有数据统计能力，可以用 Wind、Choice 等软件加工数据，找出所谓机构重仓股。没有的话，可以在天天基金网、私募排排网等 app 上翻阅明星基金十大重仓。最后会发现，多数都是耳边常常听到的那些行业龙头，和"潜100股票池"重叠很多。

此外，我们还会基于事件驱动、消息面发酵等逻辑选股，或根据一些卖方机构的内推，把一些还没被主流机构覆盖的个股选入（如后文将介绍的鸿路钢构、美迪西等）。

对于完全没有接触过股票投资的新人来说，面对两位数的行业、四位数的上市公司，着实容易无从下手。这里给大家提供一个建议——以自己感兴趣的领域作为切入点。如果以完全陌生且兴趣索然的行业或公司入手，初学者往往举步维艰，而兴趣是学习最好的老师，女性读者看看医美或化妆品公司，宅男读者看看游戏公司，有买房

计划的读者看看地产和家电公司，有换车想法的读者看看新能源或传统汽油车公司。在充满兴趣和求知欲的情况下，往往可以事半功倍。而且，就算最后没能做出投资判断，起码对自己感兴趣的领域也会有进一步了解，这时间和精力也算没白费嘛！

三、股票池的管理

股票池建好后当然不是一劳永逸的，后续的管理也很重要。

成分股出现由盈转亏、涉及诉讼或被他国制裁一类的坏消息不打紧，只要不是会导致基本面重大变化的利空都可以不急于移出股票池。但如果有财务造假、实控人或管理团队道德品质败坏等原则性问题，应该第一时间进行调整。

股价走势和估值变动也需要定期跟踪，但其变化并不是调入或调出股票池的主要原因。如有的企业业绩飙升是由于季节性、政策性因素，或干脆就是一次补贴或胜诉带来的，这样的股票短炒可以，但放入长期股票池还不够资格。再比如，分众传媒在2018年3月至2020年4月长达两年的时间内股价低迷，经济周期、盈利模式和应收账款等问题造成了很多骑墙派的大 V 甚至机构由多转空。但因基本面没有发生本质变化，管理团队依然保持优秀，我们从未将其移出股票池。类似的案例还有乐普医疗和汤臣倍健等，这些"老朋友"这么多年来一直在"潜100股票池"中。

打造股票池的核心目标在于缩小研究范围，在去粗取精精耕细作精益求精后，最终将为选定投资组合保驾护航。下一节，就来谈谈如何在股票池中挑选个股做组合。

第二节 精选个股做组合

第一章"股票投资组合的必要性"一节强调过组合投资的意义，在打造好个人专属的股票池后，下一步便是在股票数量较大的池子中，优中选优搭建股票组合。

一、股票组合搭建步骤

现以百万级别资金为例，具体说明如下：

第一，每个月或每个季度定期调整组合，在选股时要综合考虑几点因素。一是宏观环境和经济周期导向，如货币政策宽松时可适当多配成长风格类个股，通货膨胀严重时重点精选周期类个股（但同样要避免行业过度集中的问题）；二是个股业绩导向，即近期财报表现不佳的个股少配或不配，多选择业绩较好或有向好预期的个股；三是消息面导向，当股票池中某行业有政策催化因素（如 2020 年中新能源政策利好不断），或个股有"消息引火索"（如新冠疫情利好智飞生物、英科医疗等抗疫题材股）时，都可以在当月或当季组合中做一定配置。在"海选"出个股后，每只股票视估值情况赋予 8% ~ 15% 的仓位占比，原则上估值偏高的低配，估值偏低的高配。再看好的股票，仓位占比也不建议超过资金的 20%。

第二，分析每只股票的行业特性。分清楚目标个股是属于强周期行业（如能源、钢铁），还是抗周期行业（如消费、医药）甚至逆周期行业（低端消费行业、部分科技企业）。同一级行业个股持仓占比不建议超过 30%，尽量做到行业分散周期对冲，避免出现组合由于行业过分集中暴涨暴跌的情况，而且充分分散行业能够获得更稳健的收益。

以我们在 2020 年 5 月做的一组关于股票组合的回测试验为例：

第一个组合以平安作为保险股的代表，美的作为家电股的代表，恒瑞医药作为医药股的代表；

第二个组合除以上三股外，再加上招行作为银行股的代表，山西汾酒作为消费股的代表，兆易创新作为科技股的代表；

第三个组合是某券商的全市场多因子 Alpha 选股策略选出的 150 只个股；

第四个组合选择了格力电器、顺丰控股、泸州老窖、中国中免、永辉超市和海天味业 6 只个股，这六只股虽然都是近两年表现优异的个股但是整体上却都属于消费板块。

4 个组合的成分股平均配置，净值曲线走势与万得全 A 对比如图 9-1 所示。

图 9-1　各投资组合与万得全 A 净值曲线对比

可以看出，因所选之股基本面质地较好，所有组合在回测时间段均能跑赢万得全A 指数。但各组合表现还是有明显不同：

组合一在 2019 年上半年的普涨行情中表现与组合二基本一致，但是当 2019 年下半年市场出现风格切换时，两者表现开始拉开差距。当进入 2020 年 2 月的结构性行情后，这种优劣分化更明显。

组合三则由于选股过多最终表现趋于指数化。

组合四虽然最终收益与组合一基本相同，但是由于全部重仓在了同一板块内，行业过分集中，导致组合暴涨暴跌。

总体上看持股数适中并充分分散行业的组合不仅能获得更多的超额收益，而且波动也更平缓，更适合专业能力不强的普通人投资。

巴菲特旗下的伯克希尔，就因对看好的板块配置过于集中，被迫在 2020 年 3 月新冠肺炎疫情引发的美股股灾中，为控制回撤在底部割肉了航天股和银行股，此后的股票走势却不跌反涨。极端情况下，"股神"也因行业配比不合理的问题而不得不接受市场先生的教训。

基金是分散投资的典范，但有的基金也会因为将组合都分散配置在一个板块的"假分散"而砸锅。以嘉实环保低碳为例，2016—2017 年，该基金几乎将全部的仓位都集中配置到光伏行业，在那两年光伏景气周期中，在补贴政策加持下如沐春风。结果 2018 年光伏产能过剩叠加补贴退坡，板块相关个股集体大幅回调，导致基金净值直线下跌近乎腰斩。行业主题属性过于鲜明的基金再优秀，也只能按一定比例配置，股民朋友在打造自己的"致富组合"时同样要注意避免"假分散"的问题。

检视购买每只股票的"初心"：是受到某些消息影响准备短博一把，还是相信这个企业会有更好发展而长期持有。原则上对消息股审慎对待，而对有长持价值的优质个股，哪怕短期表现不尽人意也可以多配一些，作为自己股票组合的核心担当。至于哪些股只能短炒，又有哪些个股值得长持，可参看第一章"多数股票只适合投机"和"好股长持，静待花开"两节。

萝卜青菜各有所爱，每个月我们会在小潴创投公众号中更新两个投资组合，以满足风险偏好不同的投资者需求。其中金股组合常驻嘉宾有中国平安、招商银行、海螺水泥和美的集团等市值偏大、业绩表现稳定、股价波动范围更小（也不排除极端情况波动较大，但可以依靠组合平滑），因此更值得长期持有的好股，适合资金体量较大、追求平稳收益、风险承受能力较低的稳健、保守型投资者；激进组合的目标是博取更高收益，在选股风格上以成长风格为主，个别月份甚至会将非常看好、但来不及纳入股票池的个股置于组合中。

如 2019 年 12 月，在听罢某券商建材行业分析师路演，又精读多篇财报和研报，并结合技术图形分析后，笔者将当时还默默无闻的鸿路钢构第一次置入组合中，如图 9-2 所示。

分类	证券代码	证券简称	最新价	持仓数量	持仓市值(元)	最新权重	浮动盈亏(元)	累计盈亏(元)	浮动盈亏率	累计盈亏率	利息收入	已实现盈亏	持仓成本(元)	成本价格
合计(10)					1,725,364.60	100.00%	713,444.04	728,062.60	70.50%	71.95%	14,618.60	0.00	1,011,920.60	
股票(9)CNY					1,422,205.00	82.43%	626,071.04	640,689.60	78.64%	80.48%	14,618.60	0.00	796,134.00	
CNY	300136.SZ	信维通信	25.6600	2,500	64,150.00	3.72%	-34,450.00	-34,325.00	-34.94%	-34.81%	125.00	0.00	98,600.00	39.4400
CNY	002624.SZ	完美世界	21.0600	3,450	72,657.00	4.21%	-6,693.00	-6,141.00	-8.43%	-7.74%	552.00	0.00	79,350.00	23.0000
CNY	300413.SZ	芒果超媒	65.3100	3,300	215,523.00	12.49%	115,005.00	115,335.00	114.41%	114.74%	330.00	0.00	100,518.00	30.4600
CNY	002541.SZ	鸿路钢构	50.8800	9,100	463,008.00	26.84%	374,465.00	375,921.00	422.92%	424.56%	1,456.00	0.00	88,543.00	9.7300
CNY	601628.SH	中国人寿	32.8400	2,900	95,236.00	5.52%	87.00	2,204.00	0.09%	2.32%	2,117.00	0.00	95,149.00	32.8100
CNY	601166.SH	兴业银行	22.5400	5,300	119,462.00	6.92%	19,345.00	23,383.60	19.32%	23.36%	4,038.60	0.00	100,117.00	18.8900
CNY	603866.SH	桃李面包	34.6000	2,520	87,192.00	5.05%	9,108.04	12,708.00	11.66%	16.27%	3,600.00	0.00	78,084.00	30.9857
CNY	002466.SZ	天齐锂业	51.0300	3,100	158,193.00	9.17%	80,972.00	80,972.00	104.86%	104.86%	0.00	0.00	77,221.00	24.9100
CNY	002304.SZ	洋河股份	183.4800	800	146,784.00	8.51%	68,232.00	70,632.00	86.86%	89.92%	2,400.00	0.00	78,552.00	98.1900
基金(1)CNY					287,300.00	16.65%	87,373.00	87,373.00	43.70%	43.70%		0.00	199,927.00	
CNY	515000.SH	科技ETF	1.7000	169,000	287,300.00	16.65%	87,373.00	87,373.00	43.70%	43.70%	0.00	0.00	199,927.00	1.1830
现金资产					15,859.60	0.92%						0.00	15,859.60	
CNY	CNY	人民币			15,859.60	0.92%	0.00	0.00	0.00	0.00	0.00		15,859.60	

图 9-2　2019 年 12 月激进组合

虽当月仅上涨 8.84%，但这次选股却成功捕获了一只未来的 5 倍股，此后该股又连续多次出现在后续几个月的组合中，为提升组合业绩立下汗马功劳，图 9-3 为鸿路钢构截至 2021 年 5 月初的收益。

图 9-3　2019 年 12 月激进组合净值曲线

二、组合成份股的调整

和 2019 年 12 月激进组合类似，2019 年 5 月至 2021 年 5 月，两年间我们每个月精选的组合战胜市场的概率在 80% 以上。即便选定后不做任何操作，"无脑"持有，对标万得全 A 指数也能保持较高的胜率。

但是，在实盘操作中还是建议根据个股的估值和股价表现进行主动干预，我们也确实会在每个月末，对组合尤其是激进组合进行重新评估和调仓换股，特殊情况下还可能会在月中就进行调整。

如个股出现重大风险事件股价暴跌时，要果断移出。典型案例是 2019 年 5 月和 6

月金股组合中均有某地产龙头，7 月因前两月内涨幅平平对其调换。但巧合的是，就在 7 月，该股董事长王某某爆出猥亵女童案，股价连续三个一字跌停板。当时仍有部分跟投组合的粉丝持有该股，打开跌停板后我的第一个建议就是果断止损，并毫不犹豫将该股移出潴 100 股票池（此案涉及实控人道德问题，与本人价值观冲突不可原谅），尽管该股在继续下跌 20% 后触底反弹，甚至在 2020 年牛市中创出新高，但从此再也没在潴 100 股票池中出现过。

这也是为什么用于留存记录的 2019 年 5 月金股组合中仅有 6 只个股，却留有近 20 万元现金的原因，如图 9-4 所示。

分类	证券代码	证券简称	最新价	持仓市值(元)	最新权重	浮动盈亏(元)	累计盈亏(元)	浮动盈亏率	累计盈亏率	利息收入	已实现盈亏	持仓成本(元)	成本价格
合计(6) CNY			-	2,176,314.68	100.00%	1,115,389.60	1,153,369.98	105.13%	108.71%	37,761.60	218.69	1,060,924.98	
股票(6) CNY			-	1,980,419.24	91.00%	1,115,389.60	1,153,369.98	128.94%	133.33%	37,761.60	218.69	865,029.54	
	CNY 000568.SZ	泸州老窖	243.3000	500,711.40	23.01%	355,622.40	362,084.52	245.11%	249.56%	6,462.12	0.00	145,089.00	70.5000
	CNY 000651.SZ	格力电器	59.0800	178,303.44	8.19%	22,736.40	33,903.00	14.62%	21.79%	11,166.60	0.00	155,567.04	51.5464
	CNY 603288.SH	海天味业	168.6800	320,998.04	14.75%	183,602.77	185,729.01	133.63%	135.18%	1,712.88	413.27	137,395.18	72.1193
	CNY 600036.SH	招商银行	53.6900	222,276.60	10.21%	81,825.03	90,670.98	58.26%	64.56%	8,859.60	-13.75	140,451.57	33.9255
	CNY 600763.SH	通策医疗	335.3400	632,115.90	29.05%	492,493.95	492,599.64	352.73%	352.81%	0.00	105.69	139,621.95	74.0700
	CNY 601318.SH	中国平安	69.9300	126,013.86	5.79%	-20,890.95	-11,617.07	-14.22%	-7.91%	9,560.40	-286.52	146,904.81	81.5232
现金资产				195,895.44	9.00%					0.00		195,895.44	
	CNY CNY	人民币	-	195,895.44	9.00%	0.00	0.00	0.00	0.00	0.00		195,895.44	

组合名称 小潴创投5月金股组合　**业绩基准** 万得全A　**创建日期** 2019-05-07　**净资产** 2,176,314.68　**日回报** 1.16%

视图类型 综合模板　　业绩基准 万得全A　报告货币 人民币

图 9-4　2019 年 5 月激进组合

又如当组合中某只个股涨幅较大，已经达到配置组合时设定的目标位，或导致仓位占比明显超过合理比例后，可以分批进行减仓操作（可借鉴植物学术语，形象地称之为超标"打顶"）。如某只股票初始占比 15%，结果一路上涨达到了 25% 之多后，可将其减持到 20% 甚至回归到 15% 的初始仓位。盈利资金除留作现金，待其他个股出现机会时出击外，还可以补足到因浮亏持仓占比低于初始仓位较多，但尚未达到止损条件的组合成份股中。

对成份股调整的讨论，本节暂且点到为止。具体哪些个股可以入选股票组合，哪些个股该移出，在实际操作中又有哪些触发止盈止损的因素，后面几节结合个股实操案例详细展开。

第三节 | 基于低估值的买入：以中国国贸为例

国贸中心作为首都著名地标之一，在全国享有极高知名度。它坐落于中央商务区（CBD）最核心地段，由中国大饭店、国贸大厦西楼、国贸商城、中国国际贸易中心等建筑群组成，是我国规模最大、功能最为齐全的综合性高档商务办公区之一。

但其背后的上市公司中国国贸，在 A 股中却是不折不扣的冷门股——自 1999 年登陆上交所主板后，除 2007 年和 2015 年大牛市中随市场狂奔有过较好表现外，多数时间均表现平平，并没有太多投资者和资金关注。

2020 年 6 月底，当各类成长股在"疫情牛"中大涨特涨之际，我们发掘了这只明显因疫情受损（店铺不开业、商场客流量减少、租金下滑等）造成股价下跌、在地板上翻身乏术的"烟蒂股"，并坚定持有近一年。直到 2021 年 5 月大涨，各类机构和大 V 开始猛吹后方才分批减仓，如图 9-5 所示。

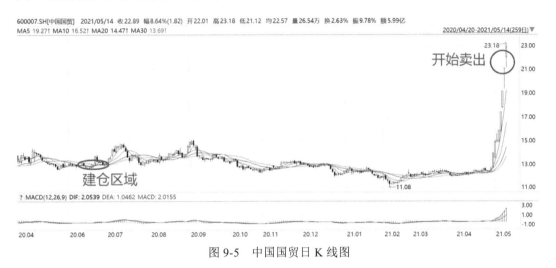

图 9-5　中国国贸日 K 线图

为何对这家在当时看来既无业绩，也无题材，更明显没有资金参与的"三无"公司青睐有加？又为什么选择在人声鼎沸，各路资金纷至沓来的时候转身离开？下面就开始介绍该股的投资逻辑以及实操经验。

一、基本面分析

我们在决定买入前，对中国国贸做过较为详尽的基本面研究。既有优、劣势等类似 SWOT 的定性分析，也有基于财务数据的定量分析。现简要概括如下。

（一）优势

1. 标的稀缺。在国贸三期于 2017 年竣工验收并投入使用后，中国国贸已经发展为总体占地面积达 17 公顷，总建筑面积达 110 万平方米的大型城市综合体，且均位于超一线城市的超核心地段，这在北京甚至全国、全球范围内都是少有的。上市公司在地域、品牌、知名度等方面已形成较深的护城河，被后发复制或赶超的可能性较低。

2. 盈利稳定。剔除 2020 年疫情影响，历史十年中上市公司的毛利率、净利率、ROE 等核心盈利指标，整体呈稳定上升态势，如图 9-6 所示。

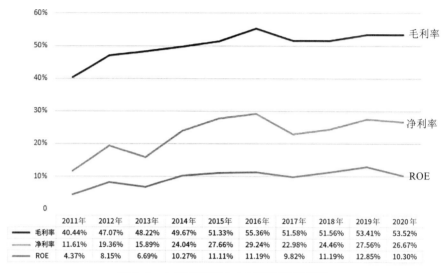

	2011年	2012年	2013年	2014年	2015年	2016年	2017年	2018年	2019年	2020年
毛利率	40.44%	47.07%	48.22%	49.67%	51.33%	55.36%	51.58%	51.56%	53.41%	53.52%
净利率	11.61%	19.36%	15.89%	24.04%	27.66%	29.24%	22.98%	24.46%	27.56%	26.67%
ROE	4.37%	8.15%	6.69%	10.27%	11.11%	11.19%	9.82%	11.19%	12.85%	10.30%

图 9-6　中国国贸历史十年盈利指标概况

3. 现金流充裕。剔除 2020 年疫情影响，历史十年中上市公司的经营活动现金流净额呈上升态势；截至 2020 年底，上市公司账面有息负债 20 多亿元，且绝大部分为长期借款；货币资金及等价物接近 20 亿元；现金到期债务比 81.93%，无风险敞口。

4. 资产质量扎实。上市公司目前拥有国贸一、二、三期，中国大饭店，国贸公寓等楼宇的运营权和部分所有权。在当前土地价格下，即便按照私有化退市或清算价值计算，也有 200 亿元以上的价值。

5. 暴雷风险低。截至 2020 年底，上市公司资产负债率为 33.7%，商誉为零。更难能可贵的一点是，第一大股东中国国际贸易中心有限公司财务数据相当稳定，信用评级 3A，且股票质押为零。

（二）劣势

1. 宏观因素影响。中期来看，出租率、租金等核心指标受宏观因素影响较大。在经济下行周期，更可能会出现租户数量和质量双降的情况。如在最近的新冠疫情中，业绩便承受了明显冲击，处于餐饮行业的中国大饭店所受影响尤大。

2. 行业面临变革。中短期看，城市去中心化或产生负面影响。如望京 CBD、亦庄工业园区等新兴区域中心，会存在一定分流效应；中长期看，不排除新兴模式（如共享办公室、远程办公等）会对行业产生颠覆性挑战。

3. 自身成长性较弱。短期来看，自国贸公寓完工投入使用后，上市公司已阶段性完成了全部开发，暂无新开发计划。未来业绩增长主要依靠出租率、租金的提高及成本费用的控制，业绩增长空间相对有限。

综上，该上市公司属于业绩稳定、现金流充沛、风险较低的稳健型标的。但由于成长性不足，很难通过未来业绩的增长消化估值。所以在制订作战计划时，确定以"捡烟蒂"投资策略为主，以估值为导向，弱化技术面择时，等待明显低估的机会出现，严格守好出手底线不轻易追高。同时必须提醒的是，这种策略赚的主要是估值修复的钱，由于目标企业业绩增长空间有限，天花板非常明显，要懂得知足和落袋为安。

二、估值确定建仓价格

（一）相对估值法估值

中国国贸在 2015 年之前处于密集开发期，业绩增速较高，近五年新增营业面积的增速有所放缓，业绩也进入了相对平缓期。故我们选择历史五年的市盈率中枢进行分析，如图 9-7 所示。

图 9-7　中国国贸市盈率波动曲线

可以清楚地看到，该公司市盈率在过去五年的大部分时间里处于 13 ～ 27 倍的区间范围。虽然在 2017—2018 年偶尔超过中枢上限值，但下限值基本稳定在 13 倍左右。

据中国国贸 2019 年年报披露 EPS 为 0.97 元 / 股，所以在市盈率维度下，股价底部区域为 0.97×13=12.61 元 / 股。

除市盈率外，估值篇中还强调过，对重资产经营的企业可以参考市净率估值。尤其对中国国贸这种类地产公司，在参考净利润和市盈率的同时，还需关注其资产质量，毕竟上市公司持有的不只是诸多楼宇的经营权，还有部分所有权。

同样选取历史五年的市净率中枢进行分析，如图9-8所示。

图 9-8　中国国贸市净率波动曲线

该公司市净率在过去五年的大部分时间里处于 1.464 ～ 3.17 倍的区间范围。虽然 2017—2018 年有部分时间的市盈率超过中枢上限值，但中枢下限值基本稳定在 1.464 倍左右。

据中国国贸 2019 年年报披露 BPS 为 7.52 元 / 股，所以在市净率维度下，上股价底部区域为 7.52×1.464=11.01 元 / 股。

因此，在相对估值法维度下，中国国贸股价的建仓区域可定在 11 ～ 12.6 元之间。

（二）绝对估值法估值（FCFF 口径）

第六章中提到过，FCFF 包含非常多的假设条件。在对上市公司研究过后，我们给予以下核心假设，如表 9-2 所示。

表 9-2　中国国贸 FCFF 核心假设

内　　容	假　设	依　　据
EBIT 未来五年增速	3%	1. 国贸公寓开业后产生增量； 2. 房租每年有 5% 左右增长； 3. 疫情等不利影响。 综上，保守预估 3%
五年后永续增速	1%	周期足够长的情况下，没有企业可以永续存在，保守预估 1%
折现率	8%	1. 上市公司主营业务 ROE 略高于 10%； 2. 有息负债率较低。 相对乐观预估 8%

基于估值篇的自由现金流计算公式，得出未来五年及永续阶段现金流如表 9-3 所示。

表 9-3 中国国贸未来现金流预测

指标＼预测数	2020 年预测数	2021 年预测数	2022 年预测数	2023 年预测数	2024 年预测数	永续部分预测数
无杠杆自由现金流（a）	115 409 万元	119 045 万元	122 805 万元	126 695 万元	130 720 万元	1 886 102 万元
折现率	8%					
折现年数	1 年	2 年	3 年	4 年	5 年	5 年
折现系数（b）	1.081	1.082	1.083	1.084	1.085	1.085
NPV（a/b）	106 860	102 062	97 487	93 125	88 966	1 283 649

进而可进行以下估值计算推演，如表 9-4 所示。

表 9-4 中国国贸估值演算

无杠杆自由现金流折现值合计	1 772 148（表 9-3 的 NPV 之和）
加：非营运资产	886 421 万元
现金	122 947 万元
交易性金融资产	0
可供出售金融资产	0
长期股权投资	1547 万元
投资性房地产	750 544 万元
长期待摊费用	11 383 万元
其他	0
减：融资性负债及少数股东权益	216 270 万元
短期借款	0
长期借款	216 000 万元
应付债券	5 万元
其他	0
少数股东权益	265 万元
归属母公司股权价值	2 442 299 万元
股本（普通股）（万股）	100 728
合理股价	24.25 万元
安全边际（风险偏好不同，因人而异）	50%
可建仓价格	12.12

因此，通过绝对估值法计算，中国国贸股价的建仓区域也在 12 元附近。

三、实际操作复盘

在经过缜密的基本面分析和估值计算后，确定操作类型为低频率，并做好了长期持有的心理准备。基于上文中的投资逻辑和计算结果，将建仓价格定为 12.5 元附近。在 2020 年 6 月底，以 12.6 元的成本建仓，仓位一成。

2020 年 9 月股价最高达到 15.08 元，浮盈约 20%，对应市盈率 16.53 倍。由于市盈率估值指标尚处于相对低位，且绝对股价距离合理价格尚有较大空间，未进行减仓操作。

2020 年 10 月底，公司披露三季报，业绩下滑近 20%，主要原因是中国大饭店等业务板块受到的疫情影响尚在延续；而写字楼出租等业务板块较疫情严重的一二季度，已呈现趋于稳定的态势。这属于市场已经 price in 的利空，且此种表现较业内可比同行并不算差。

2021 年 2 月上旬，股价跌至最低点 11.08 元，对应市盈率 13.51 倍。当时国内疫情状况控制良好，从中长线角度来看，上市公司业绩回升概率较高。同时，上市公司自身负债结构等基本面并无恶化，现金流依旧充沛。于是在操作方面，不但没有因技术面 K 线创新低而止损，反而选择在 11.2 元附近增加一成仓位，合计仓位两成。

2021 年 3 月，公司披露 2020 年年报，全年业绩下滑约 15%，四季度单季同比下滑约 9%。看似利空实则较前三季度已有好转，故无操作。

2021 年 4 月底，公司披露 2021 年一季报，业绩同比增长约 16%。虽然相对增速较高，但主要是 2020 年同期基数较低造成。如果看利润绝对值，依然没能回到疫情之前 2019 年一季度水平。疫情影响之大超乎此前判断，因此下调了合理目标价 20%，即 24.25×0.8=19.4 元 / 股。

2021 年 4 月 30 日开始，中国国贸突然开始以涨停板启动大涨行情（这是一个技术上的买入信号）。在这一段时间内，因股价尚在估值范围内故无任何操作。而到 5 月 12 日又一次封涨停板，19.15 元 / 股已经开始接近调整后的合理价格。本着"不超跌不买，回归合理就卖"烟蒂股投资原则，开始执行分批减仓策略，当日卖出四分之一。本文写作当日（2021 年 5 月 13 日）该股又以涨停价格开盘，再次果断卖出四分之一。剩下的一半仓位，仍将视后市行情分批卖出。

四、"烟蒂股"投资的补充说明

当股价在一个月左右时间内接近翻倍后，市场上各种声音开始追溯"上涨的原因"——有说是受益于 REITs（房地产投资信托）概念，有说是与之前的王府井一样有免税店概念，还有说是因为商业地产租售涨价，更有夸张的把它和房产税开征联（臆）想到了一起。这类事后诸葛亮意味极浓的分析毫无意义，对我们而言，曾经的买入理由是低估，当这一情况发生变化后，知行合一地离开就好了。

在选择烟蒂股的那一刻，就要做好长期作战的心理准备。这种股票由于业绩增速较低，无法形成戴维斯效应，所以波动周期跨度较长、波动幅度也相对较小。我们持有期的前 10 个月中的大部分时间都是浮亏的。如果过程实在难熬，就把它当银行理财产品，想想 3% ~ 4% 的股息率吧！你在买理财之后，会每天登录账号看本金吗？

最后提醒一点，基于低估值淘金烟蒂股，一定要避免频繁操作，我们在将近一年的时间内操作没有超过 5 次。如果实在管不住手，起码给自己限定一个相对较高的操作门槛，比如 10% 以上的涨跌幅，才进行补仓或减仓操作。涨 3 个点就减，跌 2 个点就加，虽然好过追涨杀跌的"韭菜"思维，但长期下来便会发现，大部分收益都以手续费的形式被券商拿走啦！

第四节　基于业绩超预期的买入：以美迪西为例

在行业篇中，我们花费较多笔墨对医疗，尤其是其中的 CXO 赛道做过介绍。本案例的主角美迪西，便是驰骋在该赛道中的一匹黑马。2021 年 1 月，它以大大超市场预期的亮眼业绩闯入了我们的投资视野。

一、基本面分析

美迪西 2004 年在上海张江成立，由毕业于美国的药理学及毒理学博士陈春麟先生一手打造。由于家族企业性质，且创始人和部分董事籍贯福建莆田，同时多位股东在多家莆田系医院担任要职，导致该公司在较长一段时间内被打上"莆田系"标签。

但美迪西以一台分析动物血样的仪器作为创业起点，经过多年积累和沉淀，早已发展为一家专业的生物医药临床前综合研发服务 CRO。研发能力涵盖临床前研究的所有板块，这种水平在国内仅有药明康德等极少数龙头能够达到，如图 9-9 所示。事实上，公司和研究机构也都以"小药明"作为自身定位或市场对标。

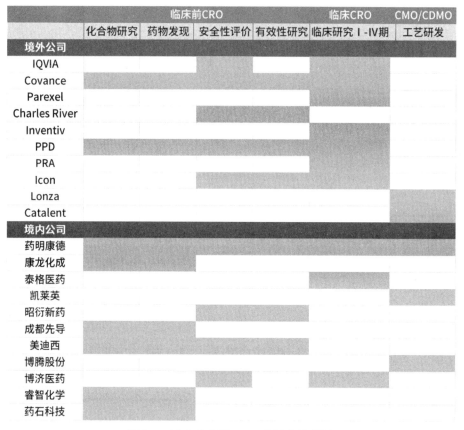

图 9-9　国内外主要 CXO 公司业务范围

美迪西研究和开发人员占比超 80%，出色的研发能力也得到了国内外制药巨头的认可。到 2021 年，公司已经为超过 900 家国内外客户提供外包服务，其中既包括恒瑞医药、扬子江药业和石药集团等国内龙头，还覆盖了武田制药、强生制药、葛兰素史克和罗氏等海外大型医药企业。而对于医药外包服务行业而言，手握优质的客户资源，即意味着大量的订单和源源不断的营收。

经过十余年的技术积累，公司如今已经进入快速增长期。2014—2020 年 6 年间，公司营业收入从 1.09 亿元上升至 6.66 亿元，复合增长率达到 35.21%。同时，由于国内成本优势明显，美迪西的净利率明显高于海外 CRO 巨头。2020 年美迪西净利率为 20.15%，而市场份额第一的国际巨头昆泰制药净利率仅有 4.9%。

由于早前拥有泰格医药、凯莱英、药明康德和昭衍新药等 CRO 代表股的投资经历，我们对这一景气赛道已经比较熟悉。其实自 2019 年 11 月美迪西上市以来，我们就对该股有所跟踪。只是出于对科创板，尤其是新上市企业的谨慎，一直没有将其纳入股票池。直到它满周岁后的年报预告超预期，才构成了我们正式入场的一个契机。

二、业绩超预期：买入时机出现

2021 年 1 月 8 日晚，美迪西披露 2020 年报预告，全年业绩同比增长 85% ～ 100%，四季度单季增长 140% ～ 190%，全年扣非利润增长 100% ～ 115%，四季度单季增长 221% ～ 285%。这是其继 2020 年中报和三季报之后，业绩继续大超市场预期。

更为关键的是，预告中披露 2020 年新签合同金额较 2019 年增长 110%。这令我们大呼惊艳：根据前期已披露的公开信息，测算得出 2020 年新增合同金额为 13 亿元左右，远高于 2020 年的预期年收入 6.6 亿元，这意味着 2021—2022 年美迪西持续高增长的希望非常之大。而此前机构对 20 年业绩的一致性预期是 1.06 亿元，同比增长 58% 左右，2021—2022 年的复合增长预期是 42% 左右，分别对应 1.51 亿元和 2.14 亿元左右的净利润。

经过当晚对公司公告和财报的研究，我们上调 2021—2022 年的业绩预期增长到 80% 和 50% 左右，分别对应 2.32 亿元和 3.48 亿元。也就是说仅 2021 年的利润就已经高过了此前券商对 2022 年利润的一致性预期！

从估值的角度看，美迪西当时的股价是 173.32 元，动态市盈率是 46.3 倍，对应 2021 年动态市盈率是 30.9 倍，远低于当时同行业 2021 年的 75 倍左右、2022 年的 55 倍左右的水平。作为二线中小市值公司，美迪西在近几年"漂亮 50"的行情中承受一定估值折价。但因其业绩和未来增长预期明显高于同行，我们认为它可以而且应当享受对标行业龙头的估值。

而如果分别给予美迪西 2021—2022 年 75 倍和 55 倍的动态市盈率，则对应股价区间为 280.5 ～ 308.6 元，对应当天收盘价上涨空间可达 62% ～ 78%！（当然，目标价还会随着后续业绩和市场 / 行业估值变化不断修正。）

以上是对美迪西业绩超预期事件的思考全过程，但这是从未来一年目标价的角度分析上涨空间。从中短期看，由于美迪西是次新股，必须关注近期公司解禁和减持因素：好在当时解禁的股东中占比较大的只有同一个一致行动人控制下的三家创投公司（深圳人合资本管理有限公司下的人合安瑞、人合厚信和人合厚丰），它们合计持股 5.44%，近期减持计划只有 1%，故影响不大。另有几个小股东也偶有减持，量更小可忽略不计。

三、实际操作复盘

从当时的技术图形看，美迪西已经形成一个 90% 左右几近完成的圆弧底调整形态。2021 年 1 月 8 日（周五）当晚我考虑的是，如果美迪西 1 月 11 日（下周一）高开高走，一旦圆弧底完整形态得到确认，便可在突破前期高点位置加仓，如图 9-10 所示。

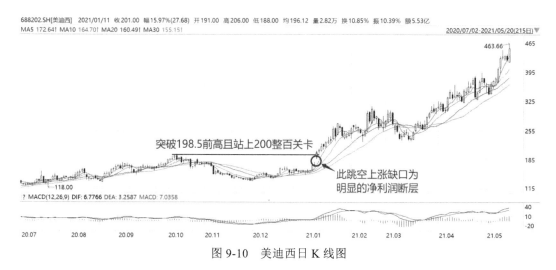

图 9-10　美迪西日 K 线图

果然，1 月 11 日美迪西 9 点 24 分集合竞价高开在 189 元，成交量约为 1000 万元，绝对量看似不大，但对于它平时经常不到百万级别的开盘成交，已经算是放巨量了。

因该股处在我们最为看好的赛道之上，前述分析又表明 12 个月目标价空间很大，同时开盘量价表现也符合预期。所以当即下单 191.1 元，开盘一次性介入 4% 仓位，最终开盘价落在 191 元，市场合计总成交 1300 余万元。

开盘后股价继续放量拉升，在突破前期高点 198.5 元并站上 200 元关口后加仓 2 个点仓位，综合成本价 194 元。

此后美迪西一路震荡上行，途中有小幅调整但从没跌破成本价和上涨趋势，期间公司 2021 年一季报等各类公告都向好，用机构的研报标题说是"业绩持续超预期"，所以一路持仓上涨，接下来 4 个多月上涨近 140%（以本文写作时 5 月 20 日的收盘价计算）。考虑到同期上证和创业板等指数的较弱表现，其逆势上涨尤为难得。

四、业绩超预期买入法的补充说明

业绩超预期果断买入，业绩不及预期无情卖出，是国内外机构和很多牛散高手的常用套路。每年 4 月、8 月、10 月等财报披露季，个股间涨跌分化尤为严重，很大程度上就是受此影响。

这一方法看似简单，实则是基于基本面和技术面共振的选股和交易策略。除需要对目标股基本面长期跟踪，对技术面跳空高开缺口（当然也可能平开甚至低开，只是高开缺口的看多信号更强烈）有精准把握外，还得深刻理解欧奈尔（《笑傲股市》作者）、马克·米勒维尼（《股票魔法师》作者）等投资大师所谓的"净利润断层"理论。

净利润断层是指因为企业发表的公告中业绩大增，股价被人抢筹导致的跳空缺口。净利润断层包含两个内容：一个是净利润，另一个是断层。净利润指"净利润惊喜"，也就是净利润超预期的意思。而"断层"即"缺口"。缺口一般是当日的最低价高于前一日的最高价，产生股价的断层。按照缺口理论，缺口分为突破缺口、普通缺口、逃逸缺口等。

如何断定出现了净利润断层？创造跳空缺口的当天，除去高开低走影响人气的走势之外，日内上升或震荡走势的同时，交易量明显放大，或突破阶段新高，或日内强势涨停等迹象可以断定这是一个强势的"净利润断层"，投资者可以看高一线，如果叠加所有因素的同时放量涨停，净利润断层的效果就更理想了。

新手要亲自上手做业绩预测是不太现实的，至于如何获取机构对目标股的盈利预测数据，我们已经在消息篇"业绩披露对个股的影响"一节中详细说明。

建议大家多用小资金练习该买入方法，技艺娴熟后再加大力度投入。另外请务必记住，没有一种方法能够百试百灵、百发百中。如果你理解是"超预期"而市场却并不买账，股价没有如期走强或缺口迅速回补，一旦触发止损条件还是得按纪律认亏离场！

第五节 | 基于事件超预期的买入：以一心堂为例

零售药店是医疗行业的重要组成部分，属于产业链中的医药流通环节。上游连接医药制造商或批发商，下游为消费者提供药品、医疗器械、保健品等医疗健康产品。在近年来人口老龄化和健康意识觉醒等背景下，该行业迎来快速发展期，且呈现出连锁化、龙头化的特点。

2019年全国药店总数达52.4万家，连锁率55.74%。单体药店的数量绝对值首次出现下降，生存空间进一步受更具备资金和资源优势的连锁大药房挤压。由于业务属性的原因，该行业地域性较强。在A股已上市的药房股中，我们之前更多关注和参与的是湖南起家，市场拓展较早店铺已遍布全国的龙一益丰药房，和以经济发达地区（广东）为主阵地、业绩增速较快的大参林。

那一心堂又是何时进入我们的"击球区"？别急，还是先做基本面功课。

一、基本面分析

一心堂由出生在云南哀牢山区的阮鸿献先生一手创立，他把一家小小的中药材铺一步步做大，发展为坐拥 6266 家门店，年销售额 104 亿元，会员数 2000 多万的大型连锁药房（注：此为 2020 年 3 月数据，本书写作时的 2021 年 5 月，对应数值已经分别增长至 7537 家、127 亿元和 2400 多万）。一心堂门店主要集中在云南、贵州、四川、广西和重庆等地，故在业内有"云南王""西南王"等美称。公司连续多年蝉联全国医药零售连锁十强企业，并在中商情报网发布的《2019—2020 年度中国药品零售企业综合竞争力排行榜》中，获得中国药品零售企业运营力年度冠军。

因其业务主要集中在西南地区，范围内缺少明显竞争对手，较难出现替代风险。而公司也在通过快速扩张加速竞争优势，仅 2019 年一年就增加了 718 家门店，总门店数增长 12.94%，并开始有规划地走出西南，向天津、上海、海南和河南等地进军。但快速扩张没有明显加大一心堂的债务负担，公司 2019 年有息债务仅有 4.83 亿元，相比于公司 9.83 亿元左右的经营现金流和 14.6 亿元的现金来说，资金充足无明显债务风险。

另外，公司电商业务也在快速增长。一心堂旗下的一心到家负责 O2O 电商业务，省会城市及地级市是该项业务的重点区域。2019 年，一心堂电商业务收入为 7343 万元，同比 2018 年增长率 2.2 倍。

但与优秀的同行比，深处西南腹地，一心堂创利能力较弱：2019 年益丰药房、大参林、老百姓门店平均收入分别为 216.24 万元、234.25 万元、227.44 万元，而一心堂门店平均收入仅有 167.23 万元。这影响了公司的资本回报率，使一心堂有点像行业中的"灰姑娘"，净资产收益率和估值等关键指标在很长一段时间内都被竞争对手压制，如表 9-5 所示。

表 9-5　四大药房 PE（TTM）与 ROE 对比

公　　司	PE（TTM）	ROE
益丰药房	52.96	12.72%
大参林	40.24	20.39%
老百姓	37.86	15.58%
一心堂	17.82	14.00%

尽管一心堂业绩稍弱，但考虑到基本面并无明显瑕疵，当时的估值却仅到行业内其他公司一半左右。显然，市场对其价值尚未充分挖掘，对其增长潜力也没有足够重视。

二、股权激励超预期：买入时机出现

转机出现在 2020 年 3 月 19 日。当晚一心堂公布的 2019 年年报显示，公司全年实现营业收入 104.79 亿元，同比增长 14.2%；归母净利润 6.04 亿元，同比增长 15.90%；扣非归母净利润为 5.91 亿元，同比增长 16.22%；基本每股收益 1.06 元。

应该说这样的业绩表现中规中矩，也基本都在各机构事前预测范围之内。真正有意思的是与年报同时披露的一份限制性股票激励方案："拟授予限制性股票数量 600 万股，占公司已发行股本总额的 1.06%。本激励计划首次授予激励对象限制性股票的授予价格为 10.72 元 / 股，首次授予限制性股票的激励对象人数为 95 人。"

我们知道，一心堂此前的"不受待见"和公司的门店布局、管理层缺乏激励以及业绩增长相对缓慢等有关，市场对其近三年的业绩增长预期也较其他同行更低，对应 2020—2022 年三年复合增长率仅在 15% 左右。

而当晚公布的股权激励计划恰好扭转了以上估值压制因素：以 2019 年为基数，2020—2022 年业绩增长要求分别达到 20%、40% 和 65%，复合增长达到 18%，被激励的高管方能行权。这是一心堂上市后首次施行股权激励计划，既能彰显对公司未来发展的信心，也能够绑定核心管理层共同利益。考虑到激励政策一般会略低于实际业绩增长，我们上调 2020 年、2021 年业绩增长分别到 25% 和 23%。

更关键的是，不光业绩预期每年从 15% 调升了 10 个点、8 个点，更在于业绩增速调升后，由于业绩增长加快以及管理层激励机制的完善，公司估值即使达不到行业最高，大幅修复到行业平均水平附近的问题也不大。这对当时仍处于 2018 年以来估值底部的一心堂而言，如图 9-11 所示，已经足以形成"戴维斯双击"。

图 9-11　一心堂市盈率波动曲线

所以，在预期公司 2020 年、2021 年增长 25% 和 23% 的情况下，分别给予公司略低于同行业的 2020 年 28 倍和 2021 年 25 倍的市盈率，便估算出未来 12 个月内可能达到的价格区间为 37.22 元和 40.87 元，对应当时仅 19 元出头的股价有 95%～115% 的上涨空间！

三、实际操作复盘

从技术图形上看，一心堂在 3 月 19 日前近一年的时间内股价都处于下降通道。尤其是在利好出现前几个交易日，更是缩量急跌创出日线新低，如图 9-12 所示。

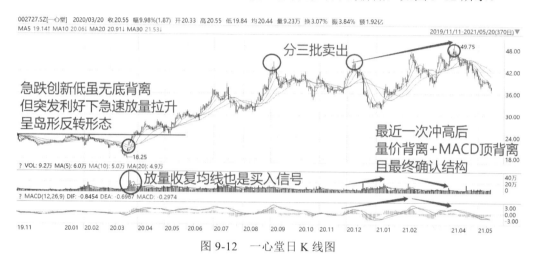

图 9-12　一心堂日 K 线图

结果股权激励方案一出，迅速扭转市场预期和场内资金态度。3 月 20 日开盘公司直接高开 9 个点，量能同比放大到百倍以上。遇此情形果断以开盘价介入 4 个点，原本计划在封死涨停前一秒再加仓 2 个点，但当天整个涨停过程只用了短短两分钟，没来得及腾出仓位，所以只能第二天介入。

第二天开盘高开 5.5% 左右，以 22.08 元每股的价格继续增持 2 个点，两天综合成本 21.2 元 / 股。

此后，由于公司业绩持续向好，股价走势一路沿均线系统震荡上行。股价不但从未跌破成本价，还在半年内一度达到 43 元（前复权价格）之高。由于已经明显超过 12 个月目标价的上沿 40.87 元，故选择在 9 月 3 日做第一次减仓操作，止盈了约 50% 的仓位。

很巧的是当天 K 线收长上影，随后股价见顶回落，开始了一段时长近 3 个月，振幅在 20% 以上的整理。直到 12 月 8 日，股价再次涨到前一次卖出价附近，我们抓住这次机会再进行了一次止盈。日后看这两个减持日的 K 线，构成了一组有趣的见顶双针遥遥相望。

最后一次减持，也就是完全清仓发生在 2021 年 4 月初。卖出理由有三点：一是一心堂此时滚动市盈率 36 倍，估值已经修复至合理；二是股价已经超出最初买入时目标价近 20%；同时，在技术形态上，与前高比呈现明显的量价背离和日 MACD 顶背离。至此，本轮对一心堂长达一年多的操作结束。虽已清仓但继续留在股票池中观察，此后如果再次出现买入理由，仍可考虑是否介入。

四、事件超预期买入法的补充说明

事实上，除股权激励外，收购或被收购、增持、回购等事件如果超出市场预期较多，能够为公司未来成长带来较大正面影响，市场资金都会"用脚投票"，为其上涨推波助澜。关键还是在于对事件影响的定性准确与否，以及认识深度几何，这当然还是要求投资者对公司的基本面有清楚的认识，对其动向有持续的了解和跟踪。

上一节提到，个股业绩超预期的财报公布后，只要次日大盘不出现大的回调，一般股价会表现不错，强势股甚至放量高开高走，盘中不再回落形成所谓"净利润断层"。与之类似，超预期事件一旦披露，会被敏锐的市场各方迅速捕捉和解读，也会在随后的技术图形中留痕。由此产生的跳空高开缺口，可以类比前者称之为"利好事件断层"。

操作方式也与"净利润断层"类似：对基本面熟悉且有把握的股票，在制定好操作计划（含买入价格、仓位、次数和止损位等）后可果断买入，但此后如果表现不如人意，跌至止损标准后也请务必按纪律退出，久拖不决是超预期买入法的大忌！

第六节　止盈与止损：以泸州老窖和家家悦为例

前几节展示的是基于各种投资逻辑的个股买入实例，但俗话说"会买的是徒弟，会卖的才是师傅"。股价波动本是常态，极端市场下个股更容易随指数大起大落。要想在残酷股市中长期生存，光会买买买可不行。为了不在纸面富贵后坐一轮过山车跌回原点，或被某只个股深套到茶饭不宁，学会适时止盈和止损也是必备的功课之一。

一、止盈止损的触发条件

止盈和止损要解决的是个股何时卖出的问题。"人生若只如初见，何事秋风悲画扇。"股票买卖也是一样的道理——既然买入的逻辑可以是基本面优秀、估值偏低、业绩超预期、事件超预期或技术面发出买入信号，那当最初促使你买入的因素发生变化时，便到了要考虑离开的时候。

（一）基于基本面变化的止盈 / 止损

此处的基本面特指个股定性分析部分，如企业的管理团队发生重大变故、行业地位遭遇重大挑战、商业模式不再适应监管或市场环境、企业由成熟期进入衰退期等。无论持仓盈亏与否，这些因素的变化都可以是卖出个股的由头。

（二）基于估值变化的止盈 / 止损

还记得"市盈率 = 每股股价 / 每股净利润"和"市净率 = 每股股价 / 每股净资产"这两个公式么？当个股股价上涨或净利润 / 净资产下降导致市盈率上升，超越历史估值合理区域过多（用估值百分位表或 PE/B-Band 观察）；或用 PEG 估值法，市盈率除以扣非净利润增速的比值过大；或企业由盈转亏导致市盈率由正转负，遇到以上诸种情况，都可以执行止盈或部分止盈（即减仓）操作。如果并未盈利而是买在了股价高点处于浮亏状态，亦可卖出防止亏损扩大。

（三）基于消息面变化的止盈 / 止损

"买消息，卖事实"是消息派皆懂的股市俚语，意思是当诱使股价上涨的某个消息真实落地时股价会见顶回落，对基于此消息投机买入的短线筹码而言，此时便是抛出良机。而当市场出现系统性风险，或个股出现足以令股价大跌的实质性利空时，只要不是真正坚定长持的价值投资者，都可基于避险需要果断止盈或止损。即便一字板封死跌停暂时无法卖出，一旦有逃生机会也还是应该优先考虑出局观望。

（四）基于技术面变化的止盈 / 止损

回忆下技术篇曾学过的内容：某根释放强烈回调信号的 K 线，明显的 M 顶或头肩顶形态，有效跌破重要均线、趋势线或切线，连续多次顶背离，以及股价已处底部再创新低等，这些技术信号的出现都是在提醒我们可以止盈或止损。

（五）基于目标价的止盈 / 止损

实战中还有部分投资者更"纯粹"，他们不会考虑以上各个因素的变化，而是在买入价格的基础上，将某个盈利或亏损比例（如 10% 或 20%）作为目标止盈 / 止损位，一旦抵达便坚定按纪律执行。

尽管我们每个月在小潴创投公众号推出组合表时也会给出目标参考价，如表 9-6 所示，但取值更像是一项基于技术和估值分析的系统工程，且逐月会随实际股价变化进行调整。单纯采用一个比例数值指导操作简则简矣，难免有过于简单粗暴之嫌。

表 9-6 2020 年 11 月金股组合

股票代码	股票名称	止损位	止盈位	建议配比	行 业	备 注
601318	中国平安	76.3	83.5	10%	保险	短炒勿入
600036	招商银行	38.5	42	10%	银行	短炒勿入
000568	泸州老窖	152	随时	10%	消费	涨幅很大，恐高勿入
603288	海天味业	157	176	10%	消费	短炒勿入
600276	恒瑞医药	88	95	10%	医药	短炒勿入
600298	安琪酵母	52.3	62.8	10%	消费	新低须止损
000333	美的集团	73	随时	10%	消费	涨幅很大，恐高勿入
600048	保利地产	15.4	16.4	10%	地产	短炒勿入
000661	长春高新	330	410	10%	医药	新低须止损
000625	长安汽车	14.8	17	10%	汽车	涨幅很大，恐高勿入

注：止盈止损位给得很谨慎，故仅作参考，长持的不必纠结于几个点的盈亏。

（六）更好投资机会出现时的止盈 / 止损

如果持仓股票没有出现以上变化时，建议继续耐心持有。但还有一种情况可以考虑减持——性价比更高的投资机会出现。当然，这类卖出操作的目的不仅在于锁定收益，而是换仓进入更好的一条跑道。比如业绩拐点、技术突破、政策导向等，都是性价比的参考因素，我们很难完整列举出所有情况。

但在这里可以给大家一个方向性建议供参考：当在成长性和低估性二者间难以判断性价比高低时，应优先考虑成长性。比如 25 倍市盈率的消费行业（比如白酒四龙头）和 8 倍市盈率的传统行业（比如水泥），虽然后者的估值明显低于前者，而且基本面不错业绩也相对稳定，请毫不犹豫地选择前者。

而如果同行业或同题材中有基本面更优秀，或估值更为合理的可替代品出现时，无论当时盈亏与否，都可考虑是否执行调仓换股操作。

二、实际操作复盘

通过本书前几章的学习，我们知道基本面、消息面和技术面三者是彼此联动的，前两者的各种变化都会在技术图形和走势中留下痕迹。下面将以技术分析为主，同时结合基本面和消息面的变化，详解两个有代表性的止盈止损案例。

（一）泸州老窖案例

泸州老窖在白酒界素有"浓香鼻祖，酒中泰斗"美名，旗下"国窖 1573"等系列

酒芳香四溢，企业品牌价值声名远播。同时它也是一只 A 股中难得的"长牛型"股票，自我们组建潍 100 股票池起就一直位列其中从未移出，并是各月组合的常客。

距今最近的低点出现在 2020 年 3 月 19 日，下跌原因既有系统性风险因素（新冠肺炎疫情导致指数整体大跌），同时市场也担心因疫情白酒销量下滑影响业绩。但股价跌至 64.07 元见底后的反弹令市场惊艳——至 2021 年 2 月 18 日盘中高点 327.66 元时，涨幅已经超过 500%，如图 9-13 所示。

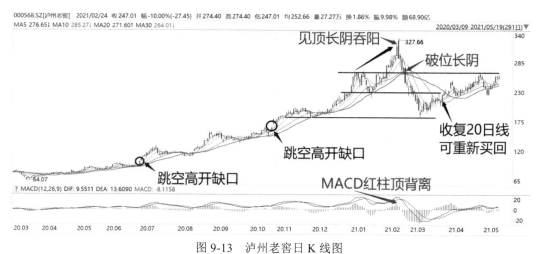

图 9-13　泸州老窖日 K 线图

在这段涨幅中有两个跳空高开缺口值得注意：

2020 年 6 月 30 日泸州老窖西南大区下发文件，称鉴于端午期间销售良好导致库存不足，7 月 1 日暂停西南大区各经销客户国窖 1573•鸿运 568 订单接收及货物发运。另在隔日的股东大会上，林峰总经理指出从二季度起疫情缓解后，国窖 1573 和特曲的动销恢复情况良好，茅台、五粮液、国窖 1573 等高端白酒品牌市场价基本达到历史最高水平。

这两则消息让市场极为亢奋，7 月 1 日和 2 日两天股价迅速蹿升近 18%，图形上留下基于消息面的跳空高开缺口。

图 9-13 中标出的第二个跳空高开缺口显然又属于所谓的"净利润断层"——2020年 10 月 28 日收盘后公布三季报，扣非后净利润同比增速达 48.53%，大幅超出市场一致性预期，次日股价高开高走直至涨停。此后无论指数如何巨震，这两个高开缺口至今（本文写于 2021 年 5 月 19 日）未回补，走势之强势可见一斑。

对泸州老窖这只爱股，从 2020 年 4 月有效企稳 20 日线与 30 日线后的半年内，无论股价如何涨跌都建议坚定持有。但 10 月 29 日后，我转而提醒该股持有者，特别因涨幅过大导致持仓超 10% 推荐比例的，要开始注意做部分止盈。

为什么？

原因很简单：在此之前泸州老窖估值较历史过往均属可接受范围，而 10 月 29 日后估值已经开始脱离合理区域，如图 9-14 所示。而上一个估值高点出现在 2018 年 1 月，其后股价发生了什么呢？是从 70.87 元跌至 31.91 元的残酷腰斩！

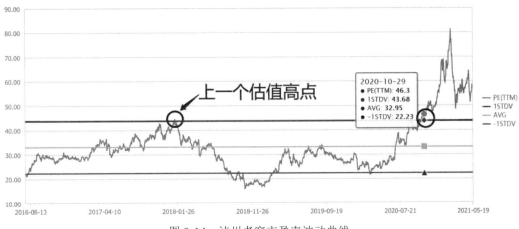

图 9-14　泸州老窖市盈率波动曲线

但请注意，这时的建议只是部分止盈而不是清仓式止盈，这又是为什么？

别忘了估值篇讲过的，除了静态和滚动市盈率外，还有一个动态市盈率！因为三季报大超预期，机构普遍提升了对泸州老窖的预期。如中信证券就将其 2020 年、2021 年和 2022 年每股净利润预测分别大幅提高，对应的 2020 年预估动态市盈率 42 倍，比 46 倍的滚动市盈率低了不少，2021 年和 2022 年的预估动态市盈率更是仅 33 倍和 27 倍。

另外，如果从 PEG 估值的角度看，无论是用滚动还是动态市盈率计算，考虑到三季度 48.53% 的扣非净利润增速，尽管泸州老窖已较股价底部涨了近 3 倍，但当时确实还不算畸高（PEG ＜ 1），依然有想象空间！

事后证明，不但机构给出的 200 元目标价实现了，甚至更高的 265 元、279 元、300 元等高峰都一一触碰。就像技术篇中曾讲过的，泸州老窖每波拉升后均伴有回调，且 10 月 29 日的前两次回踩依然未破 30 日线，在 2021 年 2 月 18 日大跌前的确未见明显的日线顶背离，因此在这天前但凡有人问我该股如何操作，给出的建议都只是部分止盈——只需要削减超出组合占比 10% 以上的部分即可。

2 月 18 日后，由于 20 日和 30 日均线都未触及仍有支撑可守，在见顶长阴出现后多观望了几日。直至 2 月 24 日跌停跌穿 30 日均线，特别是下方疑似头肩顶颈线（参见技术篇"形态技术简介及示例（下）"一节）跌破后才建议有盈利者落袋为安，不幸在高位买入的先止损避险。

卖出建议发出后股价又下跌了超过 20%，这段快速拉涨导致估值飙升，最后以回

撤近 44% 才告终的"杀估值"惨剧,至今仍令人心有余悸。直至重新站稳 20 日线才建议再度开仓,此后的行情犹未可知。但如果后市再次出现股价与内在价值严重不匹配,或技术图形走坏等情况,还是需要做相应的止盈止损操作。

(二)家家悦案例

家家悦由威海糖酒采购供应站改制而来,自 1995 年开始转型连锁经营。2016 年在上交所主板上市后,通过新店拓展、老店升级和并购同行等方式在省内外跑马圈地。现已发展为拥有直营门店 930 余家,会员 911 万,网络覆盖河北、安徽、内蒙古、江苏和北京等 60 多个市县的大型综合性零售商超。

在 2020 年一季度随市场普跌后,商超赛道中的多个公司,如永辉超市、红旗连锁、步步高和家家悦等受疫情下热炒必选消费逻辑催化,迎来所谓"宅家经济"牛市行情。从家家悦历史表现看,其两个估值顶分别出现在新上市的冲高阶段(这是 A 股中很多新股的共同特点)和 2020 年 6 月底,如图 9-15 所示。

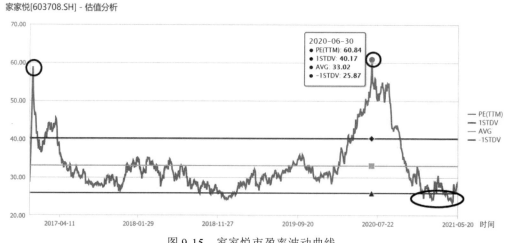

图 9-15 家家悦市盈率波动曲线

随后的大幅重挫和 7 月后流动性偏紧市场转入强震有关,也有快速扩张导致各类费用激增,营收增长利润反而下滑等因素。

我们倒没有参与其股价翻倍之旅,而是在它估值回归到底部,技术面多次底背离,且以涨停之姿站上 30 日线,开始走出下降通道后建仓的。具体分析可参见技术篇中,2021 年 3 月中旬撰写的"MACD 顶底背离技术简介及示例"一文。

买入后仅涨 10% 左右,在上方筹码密集区承压回落。随后股价恢复此前的弱势,于 2021 年 3 月 23 日跌破 30 日均线,4 月 23 日创出收盘价新低,遂基于操作纪律止损,如图 9-16 所示。

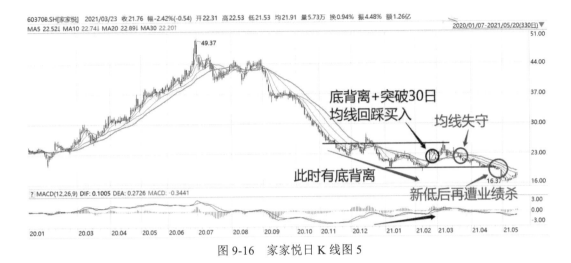

图 9-16　家家悦日 K 线图 5

止损后没几天，4 月 29 日收盘后家家悦同时发布 2020 年报和 2021 年一季报。2020 年四季度扣非后净利润增速同比下降 69.1%，2021 年一季度扣非后净利润增速同比下降 27.2%。公司解释原因有三点：2020 年同期业绩高基数、采用新会计准则和 2020 年下半年新开大量门店尚处业绩培育期。

当晚机构研报纷纷调降其盈利预测和目标价，次日股价低开低走直至跌停，如图 9-17 所示。

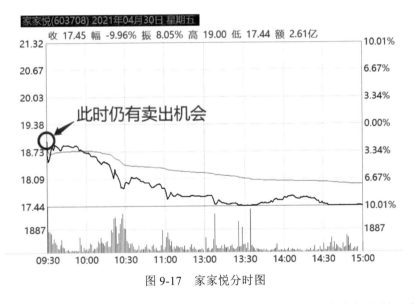

图 9-17　家家悦分时图

很多时候，股价的弱势往往能透露某些"坏消息"，这一次止损纪律又帮我们避开了一个业绩雷。即便此前因各种原因没有卖出，4 月 30 日当天的小幅低开也应及时出货避险——前提是你得密切关注其业绩变化情况，否则白白吃一个跌停却连原因都不知道！

但考虑到基本面并非"变质"，估值也仍处于历史底部，并没有将其移出股票池，2021 年中报、三季报如能体现业绩好转，或技术图形重新走强，依然可以再次买入。

套住后就舍不得割肉的投资者怎么办呢？等企稳！一定得等放量站上 20 或 30 日均线 3 ～ 5 个交易日后方才考虑补仓！

三、止盈与止损的补充说明

止盈和止损就像一块硬币的正反两面：表面看似迥异——一个是为了锁定利润一个为了防止亏损进一步扩大，背后逻辑实则浑然一体——都是为提高资金利用效率而服务。

人性是贪婪的，获利后总还想进一步扩大盈利比例。却不懂将已经鞠躬尽瘁的老股（涨速和业绩增速放缓）卖出后，还可以换上一匹飞驰得更快的"骏马"。

人性也天然厌恶失去，很多人无法接受亏损的事实。却不懂资金有时间成本和机会成本，在此处失去的可以在别处收回。

人性还是患得患失的，止盈后万一再涨怎么办？刚一止损，股价就直接原地起飞怎么办？

想克服人性的弱点很难，除了要在投资观上接受止盈止损外，还应该在投资方法上武装自己。

建议在实操时止盈可以相对慢些，用分批减仓的方式避免踏空。止损则要果断和坚决，不能眼见一艘船已有漏洞仍放任其不断下沉。而补仓或止损后重新杀回马枪的动作切莫操之过急，请耐心等待技术、业绩和消息等因素共振走强的时刻。如果没有，则要么弃而寻找另一片森林，要么继续等待！

第九章小结

纸上得来终觉浅，绝知此事要躬行。宏观、行业、财务、估值和技术分析都是理论储备，本章所讨论的实战，是前几章内容的总结、糅合和应用。从搭建股票池到精选个股做投资组合，再到个股的买入、卖出、止盈、止损和仓位管理，每一个环节和交易动作，都是在消化以上各门知识后的融会贯通；从刚翻开本书的一脸茫然，直至读罢本章后的豁然开朗，作为新手的你也应该已经体会到了打通任督二脉的酣畅淋漓。

每一天都有千千万万宗交易在发生，本章举的例子只是其中微不足道的几个。但如果能够凭此举一反三，会发现万变不离其宗，各种买入和卖出动作都无非在围绕预期、估值和技术图形在进行。还需要指出的是，之所以未在本章中再安排长期持有某只个股的案例，一是因为第一章"好股长持，静待花开"一节已经做过专门介绍，二是因为持有过程实在枯燥无味，若作为案例情节难以做到生动有趣。但是，这并不能否认这类投资才是我们获利最主要来源的事实。

知识要落到实地，最重要的是知行合一。波谲云诡、一日三变的资本市场更是无时无刻不在考验每一位"理论拥有者"的心理素质和实战能力。我们建议新人量力而行，从不影响生活和心情的资金规模做起，从股票组合做起，从认真研究企业后方才入手一只个股做起。在还是一张白纸时就养成健康的交易习惯，打磨出良好的交易体系，能够为今后操盘更大资金，赚取更丰厚、更稳定的收益打下扎实的根基。

后 记

我从小爱往书店跑，对每本书背后的作者既羡慕又崇拜。但2012年法学专业毕业进入农总行工作的我，当时肯定想不到自己能有机会写书，更想不到写的是关于股票的书，而且还是在学界有名的清华大学出版社出版。

世上有太多"想不到"——这本书从拟提纲、写作、修改到最终定稿的两年，正值新冠肺炎疫情肆虐，资本市场上演了各种"想不到"的离奇剧情，全世界投资者为之叹息、错愕、狂欢以及悔恨。各类型股票不合常理的暴涨暴跌，让人们好不容易才树立起的"投资信仰"摇摇欲坠。但在写作过程中，我力求不受外部波动的影响，坚守求学时就信奉的"价值中立"原则，只为给大家创作一本能看进去、能看懂、看懂之后能真正"穿越牛熊"、多年之后仍会觉得有用的书。

感谢和我一起辛苦"码字"的王俊龙，从2018年全行理财师大赛认识你，就知道你是一位可同行之人；感谢责任编辑顾老师，要不是你的策划、鼓励和鞭策，这本书问世的可能性几乎为零；感谢为本书写作提供了直接帮助的武方瑞、鲁勰铮、李滟泽和侯华杰，你们都有本职工作，仍抽出时间和精力为我提供内容或制图的帮助；也感谢为本书写作提供后勤保障的马臻远同志，"军功章"也有你的一半。

最应该感谢的，还是多年来一直热心支持我的"潜粉"——这本书本来就是答应送给你们的礼物。

朱孜

2021 年 11 月 13 日